LICHTSCHLAG 46

LICHTSCHLAG 46

Übersetzt ins Deutsche von Heidi Nijhof-Mühlemann
Lektorat: Ulrich Wille
Umschlaggestaltung: Martin Moczarski
Printed in Germany.

ISBN: 978-3-393562-75-7

Sid Lukkassen

Abendland und Identität

Mit einem Vorwort von Thierry Baudet

Dies ist schon immer Weisheit gewesen, Öffentliches von Privatem zu trennen, das Recht der Ehe zu achten, Städte zu gründen, Gesetze in Holz zu ritzen.
Horaz, „Ars Poetica“, I., 396.

Mark Rutte, seit 2010 Regierungschef der Niederlande und seit 2006 Parteichef der Volkspartij voor Vrijheid en Democratie (VVD), mit dem niederländischen Original dieses Buches

Inhaltsverzeichnis

Vorwort von Thierry Baudet

Vor noch gar nicht so langer Zeit äußerte der britische Politiker Boris Johnson die Annahme, dass muslimische Terroristen allesamt ‚sexuell frustrierte Wichser' seien. Das würde ihr Verhalten erklären: ihre Aggression und ihren Drang, alles vernichten zu wollen. Diese Bemerkung passt zum allgemeinen Gefühl unserer Zeit, dass sexuelle Befreiung gut ist – und umgekehrt: Wer seine Triebe unterdrückt, wer also ‚sexuell frustriert' ist, kann sich nicht richtig entwickeln und es zu nichts bringen.

Wenige bestreiten, dass bei fundamentalistischen Muslimen vieles nicht in Ordnung ist. Es ist ziemlich sichtbar, dass sexuelle Frustration in diesen Kreisen endemisch ist. Aber besteht da auch ein ursächlicher Zusammenhang? Lange Zeit hätte man so etwas für absonderlich gehalten. Jahrhundertelang wurde allgemein angenommen, dass solche Frustration gerade der Anfang sei von Zivilisation, Schöpfungsdrang und Würde. Während der längsten Zeit unserer Geschichte wurde sexuelle Unterdrückung als Grundlage für eine Zivilisation angesehen. Das sehen wir schon bei Maria, die – just weil sie noch Jungfrau ist – das Kind Gottes gebären kann. Auch Jesus scheint in der Folge keine Triebe zu haben, denn gerade daraus erfolgt seine göttliche Abstammung und seine Kraft. Vernachlässigen wir unsere Keuschheit, so wie die dekadenten Kaiser des Römischen Reiches es taten, bricht alles in sich zusammen.

In vielen europäischen Mythen und Erzählungen kommen Versionen dieser Sitte vor. Faust schloss einen Pakt mit dem Teufel, um das anmutige Gretchen verführen zu können; Madame Bovary richtet sich selbst (und ihren Charles) durch ihre vielen Affären zugrunde; das Gralsschloss aus der Parzival-Sage wurde grau und unfruchtbar, weil König Amfortas sich hatte verführen lassen und so seine Pflicht versäumte. Zu gleicher Zeit hatten unsere Helden – die christlichen Heiligen und die frommen Ritter der Tafelrunde, die Heldinnen Penelope, Lucretia, Susanna und die Jungfrau Jeanne d'Arc – allesamt ihre Triebe vollständig unter Kontrolle.

Gut war die Selbstbeherrschung; schlecht die Liederlichkeit. Diese Idee wurde erst kürzlich ins Wanken gebracht. Geht die freudianische Kulturtheorie noch aus von der Notwendigkeit des Unterdrückens für die ‚Umsetzung von Triebregungen in große kulturelle Schöpfung', lehrt Freuds Lehrling Wilhelm Reich etliche Jahrzehnte später, dass es das Unterdrücken vor allem ödipaler Triebe ist, das die patriarchalen Zusammenhänge instandhält und dem Aufblühen der freien, offenen Gesellschaft entgegenwirkt.

Kein Wunder, dass „Narziss und Goldmund" – das ganze Werk von Hermann Hesse übrigens – von der neuen Generation so gerne und oft gelesen wurde. Kein Wunder, dass der arme Jake aus „The Sun Also Rises", impotent aus dem Ersten Weltkrieg gekommen, als letztes Opfer der Alten Welt beweint wurde. Philip Larkin hatte ganz einfach recht, als er dichtete, dass „Sex im Jahr 1963 begann" – dem Jahr, in dem „Sergeant Pepper's Lonely Hearts Club Band" erschien.

In „Triebstruktur und Gesellschaft" (1955) kritisierte Herbert Marcuse, Herold der neuen Ordnung, Sigmund Freuds Gedanken, „Zivilisation beruhe auf der andauernden Unterdrükkung der menschlichen Instinkte". Er bemängelt die Auffassung, dass „die freie Befriedigung von menschlichen Instinkten nicht vereinbar (ist) mit einer zivilisierten Gesellschaft" und dass „Ablehnung und Aufschub die Voraussetzungen (sein sollten) für Fortschritt". Das Projekt, das er durchführt, ist „Wiederaufnahme der Diskussion [...] Ist eine nicht repressive Zivilisation möglich?"

Marcuse glaubt, dass die Antwort bejahend sein muss – sogar, dass die einzige Zivilisation, die dieses Namens würdig ist, nicht repressiv ist. Diese Idee fand viel Beifall, was wieder einmal bestätigt wurde durch die Bemerkung von Boris Johnson. Terroristen, das müssen wohl „sexuell frustrierte Wichser" sein. Freie Jungs und Mädchen tun anderen Menschen nichts

Schlechtes an, die sind gut und lieb und bringen der Welt den Fortschritt.

II

Genau das wagt Sid Lukkassen zu bezweifeln. Nach dem Vorbild von Houellebecq meint er, dass uns der freie Liebesmarkt – eine unvermeidliche Folge der freien sexuellen Moral – letztendlich zugrunderichten wird. Wir werden unglücklich davon, weil wir atomisieren, vereinsamen und „mutterseelenallein in einem Pflegeheim" unser Ende finden, wie er auf den letzten rabenschwarzen Seiten von „Abendland und Identität" schreibt. Zudem, und darum geht es Lukkassen eigentlich, wird dies unsere Kultur schwächen, wir denken nur noch an das Heute – nicht an die Zukunft – und lassen uns, teils geopolitisch, teils demographisch, überwuchern durch andere, weniger hedonistische Kulturen.

Das Buch regt an durch die weitherzige Gelehrtheit des Autors. Gleichzeitig geht „Abendland und Identität" aus von Unterstellungen, die man als Leser(in) guten Gewissens bezweifeln kann. Gibt es wirklich eine so weitgehende sexuelle Befreiung? Oder sehen wir einfach nur wieder aufkommende Tugendhaftigkeit? Wie würde man heutzutage auf Jan Wolkers' „Turks Fruit" reagieren? Während ich dies schreibe, erreicht mich die Nachricht, dass Schüler nach der Sportstunde nur noch mit Unterhose an duschen wollen. Der durchschnittliche Niederländer hat zeit seines Lebens nicht mehr als sechs, höchstens sieben, Bettpartner. Oder ist es gerade genau das, was der Autor bezweckt – dass wir in einer Scheinwelt totaler Freiheit leben, während der größte Teil der Bevölkerung diese Vergnügungen entbehrt?

Und wie steht es mit der Vereinsamung und Atomisierung? Ein bekannter konservativer Philosoph sagte einmal zu mir, dass er zugeben musste, dass Menschen ‚bei weitem nicht so unglücklich seien', wie er es ‚gerne gesehen hätte'.

III

Houellebecq beschreibt eine wichtige menschliche Gemütsregung – Einsamkeit, Verdrießlichkeit –, gibt aber damit nicht unbedingt die Wirklichkeit wieder. Und ist die Ursache der Problematik der einsamen Senioren nicht einfach demographisch? Nie zuvor gab es verhältnismäßig so viele alte Leute. Es ist eine beträchtliche Herausforderung, für all diese Leute zu sorgen, aber tun wir es wirklich so schlecht?

Zum Schluss eine dritte Frage: Ist unsere Kultur, unsere Zivilisation, im großen und ganzen wirklich in solch schlechtem Zustand, wie Lukkassen suggeriert? Ist es fünf vor zwölf, ist die Rede von einem kollektiven ‚Todestrieb'? Oder könnte man im Gespräch über die Menschenrechte, das doch weltweit geführt wird, eine Art säkulares Christentum wiederfinden? Ist anstelle von Expansion durch Eroberung in der Vergangenheit gegenwärtig die Rede von spiritueller oder ethischer Hegemonie in der westlichen Welt? Und kommt die Menschheit dadurch nur ganz langsam – auf Höhen und durch tiefe Täler – einander näher? Sehen wir innerhalb unserer Landesgrenzen nicht immer mehr Vorbilder gelungener Integration – von Ahmed Aboutaleb über Humberto Tan bis Nasrdin Dchar?

Durch seine Titelwahl folgt Lukkassen der Tradition Oswald Spenglers und anderer, namentlich deutsch-romantischer Kulturpessimisten. Das waren Kinder des Gymnasiums des 19. Jahrhunderts, wo Latein mit extremem Enthusiasmus studiert wurde, wobei infolgedessen viel Nachdruck auf das Römische Reich gelegt wurde. Der Niedergang der antiken Zivilisation war diesen Menschen nicht nur sehr vertraut – er wurde als Schicksal erfahren. Sie identifizierten sich mit Cicero und wollten ihr eigenes, großartiges Ende voraussagen.

Dementsprechend übertrieben sie das Drama vom „Untergang" von Rom so sehr – statt eines historischen Tatsachenberichts wurde es ein Epos, eine Tragödie (worin sie selbst die Heldenrolle spielten). Man negierte das Byzantinische Reich, das nach dem Untergang von Rom doch noch 1.000 Jahre lang weiter bestand; und man wollte von den Unterschieden zwischen damals und heute nichts wahrhaben – so ist in „Der Untergang des Abendlandes“ mit keinem Wort die Rede von den Vereinigten Staaten von Amerika, einer westlichen Macht, die gerade am Anfang des 20. Jahrhunderts aufstrebte und immer noch eine beeindruckende Vitalität aufweist.

Die Tradition von „abendländischen Untergangspropheten“ hat beträchtliche Schwächen; gleichzeitig ist es zweifellos berechtigt, anzunehmen, dass unsere Zivilisation andauernd bedroht und herausgefordert wird. Jahrzehntelang war unser wichtigster Gegner der Kommunismus – und kaum ist er bezwungen, taucht schon wieder ein neuer auf: der imperialistische Islam. Macht unsere Promiskuität uns verwundbar? Liegt es an der sexuellen Befreiung (insofern sie sich je durchgesetzt hat), dass wir immer wieder in die Enge getrieben werden? Oder ist die persönliche und sexuelle Freiheit des Westens gerade unsere einmalige Stärke – das, was uns letztendlich am attraktivsten, vitalsten und lebensfähigsten macht? Wo liegt das Gleichgewicht zwischen Vergeistigung und Liederlichkeit, bei welchen Verhältnissen finden wir das Maximale?

Diese Art von Fragen beschäftigten mich, nachdem ich „Abendland und Identität“ gelesen hatte – und ich betrachte die Fähigkeit des Autors, Zweifel zu säen, als eine bedeutende Eigenschaft. Was genau hat alles mit allem zu schaffen? Worum genau geht es? Welches Element welcher Entwicklung ist problematisch wofür? Mit seiner breit gefächerten, kulturphilosophischen Reichweite des Geistes lädt Lukkassen ein zu einer Partie intellektuellen Freistilringens auf hohem Niveau.[1]

Thierry Baudet, geboren 1983 in Heemstede, ist Jurist und Historiker, Autor und Kommentator. Er promovierte 2012 an der Juristischen Fakultät der Universität Leiden mit einer Dissertation über Souveränität. Er war Kolumnist für das „NRC Handelsblad“ und publizierte acht Bücher, unter anderem „Conservatieve Vooruitgang“ („Konservativer Fortschritt“), „Aanval op de Natiestaat“ („Angriff auf den Nationalstaat“), „Oikofobie“ und den Roman „Voorwaardelijke Liefde“ („Bedingte Liebe“).

1 Einführung

Jeder gute Philosoph ist das schlechte Gewissen der Zeit, in der er lebt. Die Träume der 68er-Generation brachten nicht, was viele sich davon erhofft hatten. Die sogenannte „Befreiung" verwandelt sich in eine Vernichtung – eine Vernichtung von Werten, Sitten, Tugenden und Erbe. Die kulturellen und sozialökonomischen Symptome davon sind sowohl in den Vereinigten Staaten als auch in Europa weit verbreitet, werden aber kaum benannt, gerade weil sie den größten Schaden bei Leuten zutagetreten lassen, die nur wenig Bildung genossen haben.

Dieses Buch aber handelt nicht von der Erhebung der Unterklasse dank höher Gebildeten. Auch das ist der kulturmarxistische[2] Lack, der die kulturelle Fäulnis bedeckt, die seit 1968 um sich greift. Verschiedene Intellektuelle sind sich inzwischen darüber einig. Man denke an Michel Houellebecq, Roger Scruton, Christopher Caldwell und Theodore Dalrymple. Sogar schwarze Intellektuelle teilen diesen Befund. Als da wären Dambisa Moyo, Ben Carson und Thomas Sowell, wie auch der Politiker Allen West. Durchbrüche entstehen erst, wenn andere Fragen gestellt werden. Dieses Buch handelt vom Weiterwuchern der christlichen Schuldkultur über den Kulturmarxismus, und davon, wie die Wechselwirkung zwischen Kulturmarxismus und Sexualität sich ins Gegenteil verwandelt. Nämlich eine ungleiche und atomisierte, auseinanderfallende Gesellschaft. Dieses Buch trägt dazu bei, einen eventuellen Durchbruch zu bewirken, indem es innerhalb der Strömung der Kulturkritik ein anderes Paradigma anbietet.

Mit dem folgenden Text versuche ich, eine gesellschaftliche Diskussion über ein großes Tabu zu entfesseln: die wachsende sexuelle Ungleichheit in der westeuropäischen Gesellschaft. Eine Ungleichheit, die durch politische und kulturelle Strukturen verstärkt wird. Diese Strukturen werden legitimiert, indem man dazu aufruft, die Schwächeren zu beschützen. Auch das

Kritisieren derjenigen, die als Schwächere gelten, wie auch die guten Absichten ihrer Verteidiger, ist nämlich tabu. Ich kann Ihnen nicht versprechen, dass das, was Sie lesen, alle Antworten enthält auf die Fragen, die bis heute nicht oder kaum gestellt wurden – wohl aber, dass die Fragen deutlicher hervortreten. Die politische Philosophie hat seit ihrer Entstehung kaum Rechenschaft abgelegt über die Macht, die von der Sexualität ausgeht; das beruht darauf, dass man Macht auf eine Stufe stellte mit Wirtschaft und Staatspolitik. In diesem Buch werde ich diese Lücke füllen.

Die Nachwehen von 68

Die Generation 68 erlöste uns von Verpflichtungen, Rollen und persönlichen Vorbildern. Zwei politische Strömungen, die zusammenhängen mit diesem Umbruch, sind Libertinismus und Sozialismus. Beide haben zur Folge, dass quantitative, nicht qualitative Strukturen die Wesensart einer Gesellschaft bestimmen. Um dauerhaft bestehen zu können, braucht eine Gesellschaft einen gemeinsamen Zielpunkt, und dieser kann nicht Launen der Massen oder dem persönlichen Geschmack des Individuums entspringen. Ob man es nun von links oder von rechts betrachtet: Seit 68 ist der Konsumismus im Aufschwung, gerichtet auf die sofortige Befriedigung von Bedürfnissen; er richtet sich auf das, was gerade „hip“ ist und kultiviert Verführung, Ablenkung und Gruppenzwang. Oft ist die Befriedigung von kurzer Dauer. Der Konsumismus flüchtet vor den größeren Fragen und Aufgaben in Zerstreuung und Genuss. Er tauscht die darüberliegende Rationalität gegen Impulse des Individuums, und die genügen nicht als Pfeiler einer Zivilisation. Kurz und gut, Konsumismus ist zu schwach als Stütze einer Zivilisation – das werde ich näher erklären im Kapitel „Kunst, Kultur und Kapital“.

Im westeuropäischen Staat bleibt wenig übrig, womit man sich, neben dem subjektiv bevorzugten Konsumieren, als Individuum identifizieren kann. Ich spreche über ein Gefühl von Unbestimmtheit, dem Gefühl, an sein Schicksal ausgeliefert zu sein. Man geht durchs Leben, ohne für irgendetwas Bedeutendes einen Beitrag liefern zu können, ohne für die eigenen Talente Anerkennung zu verspüren. Man ist nicht zuallererst Bürger, sondern Konsument. In Westeuropa werden Menschen in Staaten mit viel Freiheit, Toleranz und Gleichheit geboren. Doch reicht das unbestimmte Gefühl – ein gefühlter Mangel an Begeisterung und Verankerung – wie auch die Zwanglosigkeit und Apathie, die hier herrschen, anscheinend aus, um eine Minderheit von jungen Leuten aufzuwiegeln, einen religiösen Krieg gegen den Westen zu führen.[3]

Nach den Gemeinderatswahlen von 2014 stellte Geert Wilders seinem Publikum folgende Frage: „Wollt ihr mehr oder weniger Marokkaner?" Dieser Aufruf verschleiert – obwohl wir die unverhältnismäßigen Zahlen über Kriminalität unter Ausländern oder Niederländern ausländischer Herkunft absolut nicht negieren dürfen – ein schwerwiegenderes, unterschwelliges Problem: das Verbleichen und Losmachen des Ankers westlicher Werte. Ich selber weigere mich, eine sterbende Zivilisation einfach so hinzunehmen. Letztlich sind nur vier Fragen wichtig: „Wie leben und wofür leben? Wie sterben und wofür sterben?" Wie Friedrich Nietzsche schon feststellte, bedeutet ein gutes Leben führen auch, zum richtigen Zeitpunkt sterben, was an erster Stelle voraussetzt, dass man auch in der richtigen Epoche geboren wurde.[4]

Unterdessen kann kaum noch im Rahmen unserer Gesellschaft das Leben, der Luxus und die Würde aufs Spiel gesetzt werden für eine Sache, die die Bequemlichkeit des Privatlebens übersteigt und die Zukunft von Volk und Vaterland berührt. Das Leben kann über seine zeitbegrenzte, subjektive, vergängliche Dimension hinaussteigen, indem es dienstbar gemacht wird für etwas, das noch großartiger und wertvoller ist als das Selbst und dessen Leben: Ein Mensch erfährt auf diese Weise Stolz und Erfüllung, indem ihm die Chance geboten wird, sich würdig zu betätigen. Zur Zeit haben wir viel, was man vom Leben erwarten darf. Es fehlt uns aber eine würdige Sache, für die man das Leben aufs Spiel setzen möchte. Obwohl wir unsere Ambitionen noch austoben können in extremen Sportarten, Fußballigen und den politischen Spielchen innerhalb des Geschäftslebens, scheint es hier eher darum zu gehen, dass unsere Urtriebe in gute, besser gesagt unsittliche, Bahnen geleitet werden, um den Schaden für die Außenwelt in Grenzen zu halten. Der postmoderne Mann ist abgerichtet, domestiziert.

Auf die oben genannten Fragen bekommt der Europäer keine Antworten – die wesentlichen Werte seiner Zivilisation verflüchtigen sich. Neue Zeiten verlangen neue Fragen und neue Antworten. Doch gleichzeitig stehen Europäer in ihrem eigenen Land Gruppen gegenüber, die sehr wohl spirituelle Anker und Zusammenhalt untereinander kennen. Das wird als bedrohlich empfunden. Aber es ist gerade die 68er-„Pro-Immigrations"-Welle gewesen, die die westlichen Traditionen auf die Schippe nahm, so dass dem Individuum auf der Suche nach Genuss nichts mehr im Wege stehen konnte.

Wenn wir ehrlich sein wollen, hat die 68er-Strömung die westliche intellektuelle Landschaft seit 50 Jahren dominiert, ohne eine zusammenhängende Antwort von „rechts", das heißt, abgesehen von dem Hinweis auf den auf Erfahrung beruhenden Erfolg der freien Marktwirtschaft. Jetzt, da einer Bank nach der anderen durch den Staat oder die EU finanziell aus der Klemme geholfen werden muss, stößt sogar dieser Erfolg an seine Grenzen.

Dieses Unvermögen, darauf eine zusammenhängende Antwort zu finden, kommt unter anderem daher, dass Liberale, Konservative und Nationalisten sich auf im Westen besonders tief verankerte religiöse Ansichten stützen, die mit dem Fortschritt von Wissenschaft und Technik überholt wurden. Obwohl meine Analyse der „progressiven Klasse" von 68 sicher wider den Strich geht, kann ich mein Werk doch nicht eindeutig als „konservativ" bezeichnen. Meine Analyse zeigt nämlich auf, wie typisch konservative Ansichten wie der religiöse Begriff der Seele und die viktorianische Auffassung von Romantik und des Anknüpfens von Beziehungen zu den Problemen beitragen. Durch Christentum, Kolonialismus und Sozialismus entwickelte Europa nämlich eine Besessenheit von Opfern – der weiße heterosexuelle Mann ist der Bösewicht der Geschichte. Im Christentum liegt, mehr als bei anderen Religionen, der Nachdruck auf Demut, Mitleid und der eigenen Sündhaftigkeit. Dies erklärt, wie Feminismus und militanter Antirassismus in den 60er Jahren so einfach Wurzel fassen konnten.

Dies alles setze ich unter den Nenner „Kulturmarxismus" – eine Bewegung, die sich hingezogen fühlt zu allem, das schwach und wehrlos scheint; der Schutz von Minderheiten befriedigt ein intensives geistiges Bedürfnis. Hingegen wirkt alles, was Kraft und Autorität ausstrahlt, abschreckend auf Kulturmarxisten.

In den ersten Kapiteln erkläre ich, wie der Kulturmarxismus in den 60er Jahren zur dominanten Strömung in Westeuropa wird. Einerseits werden seit der „fröhlichen Revolution" allerlei Formen von abweichender Sexualität allgemein akzeptiert, andererseits unterstützen seit 2014 immer mehr politische Parteien und Bewegungen die Forderung, das Mindestalter für Prostitution in den Niederlanden und Deutschland auf 21 Jahre zu erhöhen. Während Europa es skandalös findet, dass Russland Aufklärung über Homosexualität erschwert, zieht sich die freigekämpfte Heterosexualität im „liberalen" Westen wieder zurück in die Tabusphäre. Männer dürfen wohl als 18-Jährige selbst bestimmen, sich als Soldat feindlichen Kriegern in Afghanistan zu stellen, Frauen in diesem Alter dürfen aber nicht für sich selbst entscheiden, ob sie ihren Körper für Geld zur Verfügung stellen. Das rührt daher, dass das viktorianische Bild von der zerbrechlichen, reinen, verletzlichen Frau trotz der sexuellen Revolution allgemein gültig geblieben ist.

Der Feminismus und das viktorianische, romantisierte Bild von Beziehungen bestimmen die herrschende Kultur. Dabei wird das Gefühl zum Prüfstein der Wahrheit verklärt: Emotionen werden überbewertet beim Benennen von Tatsachen, und Konsequenzen müssen Vorstellungen weichen. Ob es nun um Multikulturalismus, Frauenrechte oder Umweltaktivismus geht: „Progressive" Vorstellungen gelten als über alle Kritik erhaben, und es ist eine Kultur politischer Korrektheit entstanden, die nachteilig ist für die intellektuelle Maskulinität. Eine Kultur, die ich durchbrechen will.

Sexualität als neue Scheidelinie

Meiner Meinung nach hat etwas begonnen, das der französische Autor Houellebecq eine „metaphysische Umwälzung" nennt. Damit meine ich eine Umwälzung in unserer Gesellschaft, die zu vergleichen ist mit den Wellen, die durch Marx oder Freud ausgelöst wurden. Von jeher begründete Ideologien wie Liberalismus und Sozialismus haben ihre Wurzeln in der Aufklärung und beziehen sich auf Besitz und die Verteilung der Produktionsmittel. Die Technik jedoch machte im vergangenen Jahrhundert ein allgemeines Wohlstandswachstum möglich, wodurch Unterschiede im Wohlstand beträchtlich nivelliert wurden. Früher telefonierte man bei den Nachbarn, heutzutage hat jedes Kind ein Handy. Besitz wurde indessen weniger wichtig als Kriterium für narzisstische Differenzierung oder Quelle individueller Statusunterschiede. Die Produktionsmittel – und die Frage, ob diese privater oder kollektiver Besitz sein sollen – waren traditionell die Scheidelinie zwischen den gesellschaftlichen Klassen. Besitz bestimmte zum großen Teil das Ansehen eines jeden in der Gesellschaft. Ob man reich oder arm war, bestimmte hauptsächlich das persönliche Wohlbefinden und wie man sich profilierte.

Die Scheidelinien zwischen Kasten und Klassen werden unscharf. In den westlichen Ländern bestimmen nicht länger Glaube (katholisch gegenüber protestantisch) oder soziale Klasse (Proletarier gegenüber Bürgertum) das Verhältnis untereinander, sondern die Profilierung des Individuums – besonders sein sexueller Marktwert. Wenn Kinder in der Schule ausgeschlossen oder gehänselt werden, hat das nicht so sehr mit der Kirche zu tun oder der sozialen Klasse, zu der sie gehören. Mehr denn je geht es um die Eigenschaften des Individuums, und dann namentlich um dessen Attraktivität im weitesten Sinn des Wortes. In „The Culture of Narcissism" (1979) beschreibt der amerikanische Historiker Christopher Lasch, wie die Verherrlichung des Individuums seit der Säkularisierung um sich greift: von plastischer Chirurgie bis zu Obsessionen mit „Health Food“ und Fitness. So wie Traditionen wegfallen, wird der Mensch im Westen in einen darwinistischen Kampf verwickelt, bei dem es um Schönheit, Jugend und Gesundheit geht.

Wie man als Teenager die eigene Attraktivität erfährt, bestimmt größtenteils den eigenen Lebensweg. Je populärer man ist, je zufriedener man mit der eigenen Sexualität ist, mit desto mehr Selbstvertrauen wird man später wagen, sich in Situationen zu begeben, die einem nicht vertraut sind. Man wird mehr Erfüllung aus dem Leben holen und müheloser neue Herausforderungen angehen. Je höher der sexuelle Marktwert des Individuums, desto größer der Kreis in Frage kommender Partner. Während die großen politischen Fragen das Verteilen von Wohlstand betreffen, hat die sexuelle Seite des Lebens mindestens soviel Einfluss auf das Lebensglück. Obwohl der sexuelle Marktwert des Individuums bestimmend ist für die Art, wie es sein Leben erfährt, wird dies durch die Gesellschaft fortwährend geleugnet, es ist einfach tabu.

Weil die Produktionsmittel eine kleinere Rolle spielen, kehren wir eigentlich zum tierischen Stadium des Urmenschen zurück, in dem Fortpflanzung das Privileg der Attraktivsten ist. Es ist wieder ein Wettstreit, wobei diejenigen, die nicht zur Elite gehören – oder die nicht forsch oder schön genug sind –, schon während ihrer Jugendjahre lernen, eine unterwürfige oder abwartende Haltung einzunehmen gegenüber der Gruppe. Die Philosophen, Laboranten und Ingenieure, auf deren Genialität und Erfindergeist die westliche Zivilisation beruht, degradieren wir in unserem Selbstbild zu Bücherwürmern, Nerds oder langweiligen Intellektuellen. Die in der Renaissance verankerte europäische Maskulinität wird verdrängt durch amerikanischen (Macho-) Gangsta-Rap und eine (feminine) Boy-Band-Maskulinität.

Europäische Maskulinität

Daraus ergibt sich, dass nur noch Minderheiten Maskulinität besitzen dürfen. Man denke an das aufdringliche Machogehabe, das wir in den Rap-Clips sehen. Der durchschnittliche Europäer bekommt die viktorianische/christliche Botschaft mit auf den Lebensweg, dass er Mädchen sachte und mit Respekt behandeln muss, in der Praxis aber gibt sich die Feminität hin an die aggressive Maskulinität, die durch Flirtcoaches auch schon mal als „Alphamännchengehabe“ bezeichnet wird. Inzwischen wird die europäische Maskulinität – die tatsächlich die Weltmeere bezwang, die Erde geographisch fixierte, indem sie Karten zeichnete, und die der Vater der heutigen Naturwissenschaften war – systematisch degeneriert. Wenn ich an die europäische Maskulinität denke, dann denke ich an den stilvoll gekleideten Aristokraten, der fest entschlossen auf die wild schäumenden Wellen starrt. Die europäische Maskulinität ist nicht nur tatkräftig und rationell, sondern auch erfindungsreich, intellektuell und kunstsinnig. Die europäische Maskulinität wird jedoch durch das Multikulti-Denken als Bösewicht der Geschichte auf die Seite geschoben.

Karl Marx hatte unrecht: Nicht der Besitz der Produktionsmittel, sondern der Besitz der sexuellen Selektionsmacht ist die treibende Kraft der Zivilisation. In Europa liegt die Macht einseitig bei der Frau; die Frau träumt davon, erobert zu werden, wünscht aber, in ihrem Tempo erforscht zu werden. Es ist der Mann, der den Annäherungsversuch macht, die Frau ist es, die abweist oder das Licht auf Grün schaltet. Wer diese Dynamik nicht akzeptiert, überschreitet Grenzen. Die sexuelle Selektionsmacht bestimmt, welche Elemente in die Zukunft übertragen werden sollen. Übertragen Sie diese Begriffe auf die heutige Zeit, und Sie können den Charakter der nächsten Generation voraussagen. Auf der Straße gelten als das Höchste an Anziehungskraft der „Justin Bieber pretty boy“ und der „50 Cent gangstah thug“.

Das unbestimmte Gefühl führte zusammen mit dem Untergraben der europäischen Maskulinität zu abnehmenden Geburtenraten. Der Mann verlor seinen Status als Oberhaupt der Familie; seine Identität als Handwerker wurde zu temporärer Arbeit entwürdigt. Er fühlt sich überflüssig und hält es deshalb nicht für nötig, eine Familie zu gründen. Überalterung und Verjüngung nehmen zu, wodurch Demographen von einem „sterbenden Europa“ sprechen.

Liberalismus und Sozialismus haben ihren Ursprung in der Aufklärung. Die Auffassungen über die Aufklärung waren damals sehr radikal, sind gegenwärtig aber „Mainstream“ geworden; ob es sich nun um Atheismus, Trennung von Kirche und Staat, Freihandel oder Demokratie handelt. Auf dem Gebiet von Sexualität und Beziehungen haben sich aber die christlich-viktorianischen Ideen gehalten; obwohl die Leute weniger danach leben, man denke an die vielen Scheidungen und alleinerziehenden Eltern, leben sie im Bewusstsein immer noch weiter. Die Verlockung der kosmopolitischen, erkämpften Sexualität ist gleichzeitig nicht ohne Folgen für Dinge wie Loyalität, Anhänglichkeit und Bindung – namentlich für die Familie aus der Unterklasse hat das Folgen. In den Vereinigten Staaten erhalten 23 Prozent der schwarzen Kinder von ledigen Müttern keine nennenswerte Bildung.[5] Oft fehlt ein Vater, der als Vorbild auftreten kann. Dazu kommt noch die Hip-Hop-Kultur, die das Opfersein, das Abgewiesenwerden durch die Gesellschaft verherrlicht, das Abdriften von Jugendlichen ist die Folge davon.

In den Niederlanden der kulturellen Säulen begrenzten Klasse, Wohlstand, Religion und Ruf der Familie die Anzahl der möglichen Sexpartner. Obwohl die materielle Konkurrenz durch Staatsregulierung nicht mehr so groß ist, ist gerade auf sexuellem Gebiet ein enorm harter Konkurrenzkampf entstanden. Infolgedessen haben manche ein abwechslungsreiches Sexualleben mit vielen exotischen Partnern. Andere haben kaum Sex, leben aber in einer bis zum Gehtnichtmehr sexualisierten Gesellschaft (man denke allein an Reklame). Die sexuelle Selektionsmacht scheint tatsächlich nicht reguliert. Eine Tatsache, die durch Platon, Montesquieu und gegenwärtig Houellebecq als Achillesferse der freien Gesellschaft gedeutet wird.

Sexualität wird eine wichtige Trennungslinie werden in den Konflikten des 21. Jahrhunderts – Konflikte, die oft weltweit auftreten werden. Der durchschnittliche Wärmetechniker oder

Lastwagenfahrer kann nämlich den stets größer werdenden Ansprüchen immer besser ausgebildeter Frauen immer weniger gerecht werden. Er sucht also seine Zuflucht bei Rendezvous mit Frauen aus traditionellen, nicht-westlichen Kulturen. Feministinnen sehen dies als bedrohlich an, weil es die Alleinherrschaft der sexuellen Selektionsmacht durchbricht.

Der Kampf um die sexuelle Selektionsmacht wird unter der Flagge der machbaren Gesellschaft geführt. Nachdem die „Progressiven“ erst die sexuelle Befreiung bejubelt hatten, entfesselten sie in der Folge, im Namen der Schwächeren und der Wehrlosen, einen intensiven Krieg gegen die Prostitution.[6] Der Philosoph Bart Croughs bemerkte zum Beispiel, dass bei männlichen Sextouristen immer wieder spottend die Aufmerksamkeit auf den Leibesumfang, die Glatze und das fortgeschrittene Alter gelenkt wurde, während weibliche Sextouristen von dieser Behandlung verschont blieben.[7] Dazu verwies er auf eine Reportage über weiblichen Sextourismus in „Vrij Nederland“, derzufolge westliche über 60-jährige Frauen nach Gambia abreisten, um sich, mit Hilfe einer gut gefüllten Geldbörse, einen jungen afrikanischen Mann zu angeln. Im Vergleich dazu wurden Männer, die in Länder wie Thailand oder auf die Philippinen reisten, um eine Ehefrau zu suchen, des öfteren in dieselbe Kategorie eingeordnet wie Frauenschänder und Pädophile.

Meine Arbeitshypothesen lauten folgendermaßen:

1. Die Tatsache, dass immer mehr westliche Männer ihr Glück bei Frauen aus traditionellen Kulturen suchen, kann erklärt werden durch den langfristigen Einfluss des Kulturmarxismus auf die Mann-Frau-Beziehungen in der westlichen Kultur.

2. Die Tatsache, dass die europäische Kultur so anfällig ist für Kulturmarxismus – die Obsession bezüglich Minderheiten, Opferstatus und Schuldgefühlen –, lässt sich aus dem Wesen des Christentums erklären.

Die Folge von Punkt zwei ist eine Hierarchie von Opfern. Wer am bemitleidenswertesten ist, ist der Heiligste. Die weiße Frau musste von den 68ern freigekämpft werden, denn sie war das Opfer des weißen Mannes und dessen Patriarchats. Aber wenn die Interessen der europäischen Frau in Konflikt geraten mit denen des Nordafrikaners, der sie auf der Straße als „blonde Hure“ beschimpft, werden die Interessen des Nordafrikaners höher bewertet, denn der Nordafrikaner ist bedauernswerter: Er werde auf dem westlichen Arbeitsmarkt benachteiligt. Das CBS (Zentrales Büro für Statistik) dokumentierte seit 1974 in den Festnahmedokumenten und seit 1983 in den Kriminalstatistiken keine ethnische Herkunft mehr. Solche Tatsachen nannte man beim CBS „laakbare entiteiten“ („verwerfliche Gegenstände“).

Der surinamische Forscher Ruben Gowricharn versuchte dieses Tabu zu durchbrechen mit seinem Buch „Tegen beter weten in“ (1992, „Wider besseres Wissen“). Aus einem Land stammend, wo sich niemand an kulturellen Unterschieden stört, stellte Gowricharn fest, dass in den Niederlanden die Kultur der untersuchten Gruppe nie und nimmer als möglicher Mitverursacher von Zurückgebliebenheit genannt werden durfte. Die Betreffenden waren doch schon „entmutigt, diskriminiert, gehindert durch die Behörden, negativ beeinflusst durch ihre soziale Umgebung, krank, zu alt, oder versuchten durch Schummeln/Betrügen die weitere Beschädigung ihres Selbstwertgefühls durch lang andauernde Arbeitslosigkeit zu verhindern“.[8] Erst in den 90er Jahren wurden die Richtlinien des CBS angepasst.

Bezeichnend ist die noch nicht so lange zurückliegende Weigerung des Sozialen und Kulturellen Planbüros, die Kriminalitätsziffern von Leuten ausländischer Herkunft einzubeziehen bei einer Forschung über die Arbeitslosigkeit innerhalb dieser Gruppe.[9] Die Publikation des ersten Berichts über Aktivitäten von marokkanischen Jugendbanden in der Innenstadt von Amsterdam, geschrieben 1988 durch einen städtischen Untersuchungsbeamten, wurde durch den damaligen Bürgermeister van Thijn kategorisch verhindert. Dem Untersuchungsbeamten wurde ein Sprechverbot auferlegt, und er bekam mehrere Telefonate, in denen er als „Janmaat-maatje“, also als Rassist beschimpft wurde. Ein anderes Beispiel betrifft zwei Lesben, die zurechtgewiesen wurden, weil sie sich in einem Supermarkt küssten; später entschuldigte die Leitung des Supermarktes sich. Bei einer Umfrage in einer Zeitung urteilte die Mehrheit der Befragten, dass homosexuelle Menschen sich im allgemeinen schnell gekränkt fühlen.[10] Der französische Experte Pierre Rosanvallon stellte fest, dass sich als Opfer fühlen eine immer größere Rolle spielt beim Ansprechen von Wählern. Dazu bemerkt er, dass sich dies schlecht verträgt mit dem Entwickeln eines positiven politischen Staatsbürgersinns – eher werden als Unrecht erfahrene Gefühle verstärkt.[11]

Im Februar 2014 schrieb die siebenjährige Charlotte Benjamin, möglicherweise angeregt durch ihre Eltern, einen Brief an den Spielzeughersteller Lego. Das Mädchen beklagte sich, dass die Mädchen in der Lego-Welt vor allem zum Einkaufsbummel gingen und daheim herumsaßen, während die Männer als Lebensretter auftraten. Im Oktober 2013 erweckte ein Katalog von Bart Smit, worin junge Mädchen mit Haushaltsartikeln wie Bügeleisen und Staubsauger spielten, unter feministischen Niederländern eine vergleichbare Volkswut. In noch kommenden Kapiteln weise ich nach, dass die westliche Zivilisation auf eine Situation zusteuert, in der Männer nicht mehr bereit sind, die Kohlen für Frauen aus dem Feuer zu holen. Um Missverständnisse zu vermeiden, betone ich an dieser Stelle schon mal, dass der Prozess, der die Feminisierung der westlichen Kultur beschreibt, zwar mit dem sozial-politischen Feminismus zusammenhängt, aber keine direkte Folge davon ist. Feminisierung bedeutet an erster Stelle das Scheitern des Gleichgewichts zwischen maskulinen und femininen Werten, Tugenden und Eigenschaften innerhalb einer Kultur. Das Verschwinden dieses Gleichgewichts in Europa hat mehrere Ursachen, die ich in den Kapiteln in diesem Buch erläutere.

Eine europäische Bewegung

Man kann in Frage stellen, ob die bis jetzt ausgeklügelten philosophischen Theorien und politischen Systeme eine Wende bewirken können. Vor allem, weil das politische Denken an und für sich schon besessen ist von Opferkomplexen, moralischer Empörung und der daraus entstehenden passiven Aggression.

Die Lösung liegt weniger in der Politik als in der Kultur. Denn wo immer die Politik keinen Standpunkt gegenüber der Kultur einnimmt, lässt man eine fremde Kultur die eigene Politik übernehmen und bestimmen. Was wir brauchen, ist eine europäische Bewegung, eine ihrer selbst bewusste Elite. Wir brauchen kein Parteiprogramm, sondern eine Philosophie. Sind Parteiprogramme dazu da, um schön zu tun, wenn Wahlen im Anzug sind, führt ein Philosoph einen intellektuellen Krieg, der fortdauert, bis die Wahrheit zutage tritt.

Diese Bewegung wird sich in Westeuropa nur langsam durchsetzen; ironischerweise wird sie vor allem in Osteuropa ihren Anstoß finden. Möglicherweise wird sich der Eiserne Vorhang im Nachhinein als versteckter Segen erweisen. Die kommunistische Abgeschiedenheit sorgte nämlich dafür, dass der Kulturmarxismus, und damit die antiwestliche „Weg mit uns"-Mentalität in Osteuropa kaum durchdrang.[12] Das Endziel ist das Wiederfinden des europäischen Selbstwertgefühls und das Ausgleichen der Gegensätzlichkeit in gegenseitiger Abhängigkeit der Geschlechter.

2 Marxismus und Kulturmarxismus

Der Marxismus ist sowohl ein ökonomisches als auch ein philosophisches System; er ist ein (durchtriebener) Versuch, politische Macht zu erlangen im Namen der Schwachen und Verworfenen. In diesem Kapitel erläutere ich die Transformation des Marxismus zum Kulturmarxismus. Der Marxismus ist als ökonomisches Projekt fehlgeschlagen, es gelang ihm aber, zu überleben, indem er sich zusätzlich auf Kulturanalysen konzentrierte. So verschmolz der Marxismus mit der höheren westlichen Kultur und legte so die Basis für die heutige politische Korrektheit und die Beherrschung der öffentlichen Meinung.

Nach Marx‘ Lehre ging es um den ökonomischen Kampf um die Produktionsmittel, den Kampf zwischen der Arbeiterklasse und dem Bürgertum. Ethische, kulturelle und philosophische Fragen – wie etwa die Frage nach dem guten Leben – spielten für Marx eine untergeordnete Rolle. Denn wes Brot man isst, des Lied man singt. Erst kommt das Fressen, und dann die Moral. Dieses Axiom, bekannt als die Basis-Überbau-Theorie, ist ein Grundsatz des Marxismus. Die Basis umfasst die Produktionsverhältnisse, der Überbau ist die Fortsetzung davon. All die großartigen Gedanken, die nach Meinung der Humanisten sowohl die Zivilisation tragen als auch den Fortschritt vorantreiben – von ästhetischer Schönheit bis zu moralischer Gerechtigkeit –, sind für Marx Nebenerscheinungen der Ökonomie. Dadurch ist der Marxismus antihumanistisch. Der Marxismus kennt keine Gedankenfreiheit oder einen unabhängigen Geist. Jeder Versuch, zu einer objektiven Wahrheitsfindung zu kommen, ist von vorneherein eine Äußerung von Klassenbewusstsein.

Seit den 20er Jahren des 20. Jahrhunderts bezogen die marxistischen Denker ihre Theorien immer seltener auf ökonomische und politische Fragen. Der Marxismus hörte auf, über das maßgebliche Thema zu schreiben: die Ökonomie (aufzufassen als Markt- und Produktionsverhältnisse). Der Marxismus richtete sich akademisch immer mehr auf Kultur und die Analyse und Destruktion von künstlerischen Darstellungen. Was erst nur ein Nebenprodukt von Produktionsverhältnissen sein sollte, wurde zum Hauptziel umgetauft, und in dieser Umwandlung tritt der parasitäre Charakter des Marxismus zutage.

Eine Ausnahme bei diesem thematischen Übergang war der Italiener Antonio Gramsci, der letzte marxistische Denker, der versuchte, den Klassenkampf in seinen Werken noch mit aus Beobachtung und Experiment gewonnenen Tatsachen zu begründen. Im Gegensatz zu den übrigen westlichen Marxisten war er der Auffassung, dass die Lebensfähigkeit der Oberschicht ein politisches Problem war, das theoretische Behandlung verdiente. Im Gegensatz zu Russland beruhte der Kapitalismus in Europa auf der Einwilligung der Masse. Dadurch konnte das Volk ohne Zwang unter Kontrolle gehalten werden, wodurch keine Revolte entstand. Gramsci untersuchte die ökonomischen und kulturellen Ursachen dieser Zustimmung im Verhältnis zur Erhaltung und Untergrabung der sozialen Ordnung. Er kam zum Schluss, dass in Europa die Macht über die Arbeit über mitfühlende Strukturen ausgeübt wurde. Wir kennen das als das „Rheinland-Modell", bei dem Arbeitgeber und Obrigkeit sich gemeinsam der Arbeiter annehmen, wobei es Gelegenheit gibt für Besprechungen und Verhandlungen. Eine Revolution nach dem Vorbild der Bolschewisten würde in Europa nicht stattfinden können (so misslang die Revolution, die in den Niederlanden vom Sozialdemokraten Troelstra ausgerufen wurde, sie bewirkte gerade königstreue Demonstrationen als Gegenreaktion).

Gramsci begriff, dass die Verbreitung des Marxismus eine langwierige Angelegenheit werden würde mit langem Anlauf und vorgeschobenen Posten. In Europa hätte der Kampf durch geheime Vereinigungen innerhalb von Organisationen geführt werden müssen, durch Gewerkschafter, Journalisten, Lehrer und Akademiker – die berüchtigte „fünfte Kolonne". Um den Kapitalismus zu Fall zu bringen, mussten die Kultur, die Traditionen und Quellen geistigen und seelischen Halts untergraben werden. Nicht nur die ökonomischen Produktionsmittel, sondern auch die Macht der Medien und das Beherrschen der Meinungsbildung wurden zum Kampf eingesetzt. Man sprach vom „langen Marsch durch die Institutionen", ein Ausdruck, der auf Mao Tsetung verweist, der mit seiner kommunistischen Armee einen langen Umweg machen musste, bevor er in China die Macht ergreifen konnte. In Amerika wurde diese Fackel durch Saul Alinsky weitergetragen, der sich an die rebellische Generation wandte. In „Rules for Radicals" (1971) erläuterte er Agitationstechniken, mit denen man gängige Werte und Traditionen mittels Beeinflussung der Medien zerstört.

Die marxistischen Voraussagen vom Klassenkampf wurden außerdem geschwächt durch den wachsenden Wohlstand der 50er und 60er Jahre. Statt dies empirisch zu untersuchen, passten Denker wie Adorno und Horkheimer den Marxismus an die entstandene Situation an. Sie gaben das marxistische Forschungsprogramm nicht auf, verlegten aber die Kampflinie von der Ökonomie zur Kultur. So entstand der Kulturmarxismus.

Die kapitalistische Unterdrückung wurde nicht länger als Gegensatz zwischen Arm und Reich angesehen, sondern als Unterdrückung des Menschen selbst. Das will sagen: eine Unterdrückung der Natur des Menschen und seiner Triebe. Die Vernachlässigung des Themas Ökonomie bereitete den Weg dafür, andere Denker zur marxistischen Theorie hinzuführen, Denker wie Sigmund Freud. Der Mensch hatte ein natürliches Potential erotischer Triebe gekannt – der Kapitalismus hatte diese gute und natürliche Kraft unterdrückt, um den Menschen produktiver zu machen. Hinfort wurde der Sturz des Kapitalismus als eine psychologische Befreiung präsentiert. Institutionen wie die Familie und der Mann als Familienoberhaupt und Alleinverdiener mussten untergraben werden. So entstand das, was Adorno und Horkheimer als „Kritische Theorie" bezeichneten. Viele Theorien, die heutzutage an Universitäten gelehrt werden, haben ihren Ursprung in dieser Kritischen Theorie, dem metaphysischen Umsturz der 68er-Generation. Man denke an ein Fach wie Genderstudien. Dabei haben etliche Forscher sich zum Ziel gesetzt, die Gegensätze zwischen Männlichkeit und Weiblichkeit der traditionellen westlichen Überlieferungen aufzuheben.

Das Ziel der Kritischen Theorie ist die Zerstörung von Kulturgut. Oder das Zurückdrängen von seit jeher geltenden Wahrheiten zugunsten des Relativismus, auf dass dem Menschen im Westen der Boden unter den Füßen weggezogen wird. Auch der Multikulturalismus – also der Import nichtwestlicher und sogar antiwestlicher Kulturen – ist Teil dieser Agenda. So wird der westliche Mensch in einen freien Fall manövriert, einen das Leben müßig beschauenden Taumel, um von einem Nullpunkt aus fortzuschreiten. Auf diese Art und Weise versuchen Kulturmarxisten, den westlichen Bürger empfänglich zu machen für die machbare Gesellschaft. In diesem Modell ist der Mensch eine tabula rasa, ein unbeschriebenes Blatt in einer nicht repressiven Gesellschaft, in der das Potential der Triebe freie Bahn erlangt.

Diese Überlegung finden wir im Grunde genommen noch vor Marx schon bei Rousseau: die Klage über die durch Technik und Triebbeherrschung verlorengegangene, natürliche und unangetastete Reinheit. Rousseau hoffte, dass die Französische Revolution diese Reinheit wiederherstellen konnte. Für Marx hatte der Aufstand der Arbeiterklasse diese Bedeutung.

Wie Rousseau richteten die Kulturmarxisten ihre Giftpfeile gegen die Aufklärung. Die Aufklärung identifizierte die Natur mit der Ratio; die Natur kennt jedoch auch brutale und grausame Elemente. Diese Elemente rächten sich über den Faschismus – nach den Kulturmarxisten hervorgegangen aus der rationalen westlichen Gesellschaft, wie auch die Guillotine, der Holocaust und die Atombombe hervorgingen aus dem westlichen Rationalismus. Nicht nur war die Aufklärung an und für sich faschistisch, auch die Quellen der Inspiration für die Aufklärung waren falsch: das griechische und römische Altertum. Die ältesten Erzählungen von Homer, wobei der Held Odysseus sich am Schiffsmast festbinden ließ, um den Gesang der Sirenen hören zu können, waren nach Adorno und Horkheimer schon Äußerungen von Beherrschungsrationalismus.

Der Kulturmarxismus von Adorno und Horkheimer wird auch als „die Frankfurter Schule“ bezeichnet. Ihre Kritische Theorie ist offenbar nichts anderes als ein geistiger Krieg gegen die westliche Zivilisation, die westliche Geschichte und den westlichen Rationalismus.

Lautete das marxistische Credo „Jeder arbeitet nach seinem Können und empfängt nach seinen Bedürfnissen“, lautet das Credo des Kulturmarxismus: „Jedes Mitglied der Gesellschaft ist von gleichem Wert für die Gesellschaft.“ Als theoretischer Ausgangspunkt ist dieses Credo heilig. Wenn wir die praktischen Auswirkungen betrachten, sehen wir jedoch, dass die einen erfolgreiche Unternehmen gründen, andere nicht. Was lehrt uns dieser Vergleich zwischen Theorie und Praxis? Er lehrt uns, dass, obwohl alle Menschen gleichermaßen nach Komfort verlangen, die Bereitschaft, Risiken auf sich zu nehmen, nicht jedermanns Sache ist. Deshalb ist der Kulturmarxismus so eng verbunden mit dem Wohlfahrtsstaat. Der politische Aufruf, fortwährend zu nivellieren, kann den gewünschten Wohlstand auf diese Weise erreichbar machen für die weniger Produktiven.

Auch international ist dieses Prinzip der Nivellierung die treibende Kraft des Kulturmarxismus. Es beginnt immer damit, dass eine bestimmte Minderheitsgruppe sich in der Opferrolle präsentiert und anschließend den weißen westlichen Mann als Täter und Unterdrücker bezeichnet, so dass Schadensersatzforderungen eingeklagt werden können. Wie im Fall der karibischen Inseln, die 2013 von Ländern wie den Niederlanden und Frankreich Vergütungen forderten für den Sklavenhandel, der Jahrhunderte zuvor stattgefunden hatte. Der Kulturmarxismus rührt so an den wunden Punkt der europäischen Kultur, was diese Opferrolle betrifft. Den Kulturmarxismus kann man denn auch nicht ohne seine Wurzeln im Christentum betrachten, einer Religion, bei der der Nachdruck auf Sünde, Selbstbezichtigung, Fügsamkeit und Demut liegt. Dadurch konnten in den 60er Jahren, unter dem Deckmantel der „positiven Diskriminierung“, militanter Antirassismus und Feminismus so tiefe Wurzeln schlagen.

Ein treffendes Bild der Macht des Kulturmarxismus auf die öffentliche Meinung bietet ein Artikel, den der Europarlamentarier Derk Jan Eppink im März 2012 schrieb. Nicht, weil der Artikel den Kulturmarxismus rühmen würde, sondern im Gegenteil, weil er den Feminismus kritisiert: „Der Feminismus vernichtete die ‚Feminität', das Recht auf das Weibliche, das Wesen der Frau. Die modebewusste Frau, die sich danach kleidete, wurde als kleinbürgerlich und noch Schlimmeres verhöhnt. Frauen mussten sich kleiden und betragen wie Männer, sie waren ja gleichartig. [...] Militanter Feminismus blieb vor allem beschränkt auf eine amerikanische, nordwesteuropäische (protestantische) Erscheinung. Frauen aus Südeuropa ließen sich ihre Weiblichkeit nicht wegnehmen. Frauen aus Osteuropa betrachteten Feminismus als Verlängerung des Sozialismus. Als die Mauer fiel, bekamen sie freie Bahn für Fraulichkeit."[13] Diese aufrichtige Kritik konnten die Freidenker von 68 jedoch nicht ertragen, weshalb Eppinks kritische Artikel heimlich, still und leise verschwanden. Dies zeigt auf, dass es sich hier um Kritik handelt, die man nicht beantworten, aber auch nicht negieren kann.

Ob es nun um Klimawandel, Frauenstudien, Kunst und Kultur, Immigration oder Entwicklungspolitik geht: Auch wenn sich die Darstellung ändert, kehrt der Gegensatz zwischen Tätern und Opfern immer wieder. Es sind die Verteidiger des guten Zwecks gegenüber der kapitalistischen Klasse, in der Zwischenzeit ausgedehnt auf den westlichen Menschen im Allgemeinen und den weißen europäischen Mann im Besonderen. In verschiedenen Bereichen wird auf diese Weise auf eine neue sittliche Ordnung hingearbeitet, die nicht mehr erlaubt, zu sagen, was man denkt. Meinungsfreiheit wird zur Freiheit der *erlaubten* Meinung.

Ein typisches Beispiel dieser politisch korrekten Kultur ist die Affäre um Professor Wouter Buikhuisen, der 1978 den Zusammenhang zwischen Kriminalität und Genetik untersuchen wollte. Das war Öl ins Feuer, denn nach Meinung der 68er wurde Kriminalität verursacht durch die kapitalistische Ungleichheit und die autoritären Erziehungsmethoden. Hugo Brandt Corstius nahm deshalb die Feder zur Hand und beschrieb Buikhuisen in „Vrij Nederland“ als närrischen Nazi, worauf eine landesweite Hetze gegen den Professor entfesselt wurde. Des weiteren promovierte Philomena Essed 1990 mit der Dissertation „Understanding Everyday Racism“, in der sie die These vertritt, dass in den Niederlanden bis auf die Knochen wuchernder Rassismus an der Tagesordnung sei. Das empirische Material bestand aus Interviews mit 28 durch Essed selbst ausgewählten schwarzen Frauen in den Niederlanden über ihre eigenen Erfahrungen mit Rassismus. Obwohl das empirische Material kaum als repräsentativ bewertet werden kann, wurde das Buch von den meisten Rezensenten lobend beurteilt. Bei „NRC Handelsblad“ wurde schließlich ein Redakteur indonesischer Abstammung genötigt, eine kritische Beurteilung zu erwägen.

Jüngeren Datums ist die Erfahrung des Journalisten Peter Sissons, der mit der einseitigen Berichterstattung der BBC über den Klimawandel nicht einverstanden war. 2011 meldete er, dass bei einem nichtöffentlichen Treffen beschlossen worden war, dass Skeptikern keine Redezeit mehr zugestanden werden solle. Von der betreffenden Besprechung war nicht einmal ein Protokoll oder eine Gästeliste verfügbar. Dieses Vorgehen blieb weiterhin bestehen, auch nachdem ein Richter am britischen Obersten Gerichtshof geurteilt hatte, dass in dem Klima-Dokumentationsfilm „An Inconvenient Truth“ („Eine unbequeme Wahrheit“) mindestens neun wissenschaftliche Unwahrheiten vorkommen und er deshalb nicht mehr einfach so in Schulen vorgeführt werden dürfe. 2014 nannte Nigel Lawson, Mitglied des House of Lords, die Leitung der BBC sogar „stalinistisch“. Ein Redaktionsmitglied soll sich bei einem Lobbybetrieb entschuldigt haben, weil Lawson, ein bekannter Skeptiker des Klimawandels, überhaupt in einer Sendung aufgetreten war. „Leute, die der Veränderung des Klimas skeptisch gegenüberstehen, werden durch die BBC als ‚unwissenschaftlich‘ zur Seite geschoben, während sie Verfechter der anderen Seite zu Wort kommen lässt, die keine entsprechende Ausbildung haben.“[14]

Dann ist da auch noch das Schicksal von David Lowe, einem Radiomoderator, der im Mai 2014 unabsichtlich ein altes Liedchen abspielte, in dem das Wort „Nigger“ vorkam. Obwohl dieses Wort vielfach in Rapmusik der heutigen Zeit vorkommt, nahm das betreffende Lied Bezug auf eine andere Zeit. Der Radiomann entschuldigte sich, jedoch vergeblich. Er musste „in sein eigenes Schwert fallen“, ließ die BBC ihn wissen.

Um dies alles zu begreifen, ist von entscheidender Wichtigkeit, dass die Marxisten den Kampf um die Unterschicht – also um die Produktionsmittel – schon Anfang des 20. Jahrhunderts verloren haben. Deshalb setzten sie sich in der Oberschicht fest – eigneten sich also die Fähigkeit zu Diskussionen über Kunst und Kultur sowie soziale Umgangsformen an. Wie gesagt, entstand so ein Kulturmarxismus. Immer noch beeinflusst er das westliche Denken. Denken Sie an nebenbei ausgesprochene Worte wie „Wir Europäer sind doch auch nur reich geworden, indem wir andere Länder ausplünderten und farbige Menschen zu Sklaven machten.“ In der Chronik der Niederländischen Ostindien-Kompanie steht jedoch, dass der Sklavenhandel verlustreich war und man diesen Handel deshalb schon früh einstellte. Nicht der Sklavenhandel, sondern die Hanse, die flämische Textilindustrie und der althergebrachte Handel (die holländische Seefahrt nach Osteuropa, wo Getreide und Holz eingekauft wurden) waren der Auftrieb für den europäischen Wohlstand. Obwohl diese Art von „Blame the West“-Darstellungen nicht auf Tatsachen beruht, ist es ein immenses Tabu, sie öffentlich zu entkräften – das Tabu des „heiligen Opfers“.

Eine zutreffende Illustration des Tabus des heiligen Opfers finden wir im Buch „De buurman“ (2012, „Der Nachbar“) des niederländischen Autors J.J. Voskuil. Er beschreibt darin, wie seine Frau ihn verurteilt, weil er sich seinen homosexuellen Nachbarn Petrus und Peer gegenüber zurückhaltend verhält. Seine Frau weigert sich nämlich, ihre falschen Charakterzüge zu erkennen, weil sie sie nicht sieht, wie sie als Personen sind, sondern sie sieht ihre Nachbarn nur als Opfer der Homosexuellen gegenüber feindlichen Gesellschaft.

Auch Medien und Meinungen werden zu einem großen Teil durch Kulturmarxismus gefärbt. Zu Militäreinsätzen in Entwicklungsländern wird in Talkshows wie „Pauw & Witteman" andauernd gesagt: „Aber Homosexuelle werden dort unterdrückt, aber Frauen dürfen nicht zur Schule gehen." Mit moralischer Erpressung im Namen von Social Engineering und Progressivität werden wir so in Kriege hineinmanövriert. Wenn aber die europäischen geopolitischen Interessen tatsächlich an Wichtigkeit zunehmen – was in der Ukraine fortwährend provoziert wird, um die russische Einflusssphäre zu erweitern –, schreckt man davor zurück und vermeidet die Konfrontation. Das christliche Opfer- und das kulturmarxistische Unterdrückungs-Denken haben zur Folge, dass man den Kampf nur noch führen darf aus Mitleid mit dem Underdog. Kampf, um selbst Upperdog zu bleiben, ist kapitalistisch und deshalb tabu. So wird also die europäische Zivilisation durch feminine und passiv-aggressive Werte beeinflusst. So also gehen Weltreiche zugrunde.

Nachdem Täter und Opfer bestimmt sind, folgen Verhandlungsprozesse und offizielle Entschuldigungen. Abgesehen von finanziellen Schadensersatzforderungen ebnet dies den Weg dafür, die Geschichte neu zu schreiben. Man denke an die ehemalige Staatssekretärin Jet Bussemaker, die forderte, dass man am Befreiungstag der Rolle, die Marokkaner und andere Nichtniederländer gespielt hatten, mehr Aufmerksamkeit schenken müsse (interessant wäre, sich hier zu fragen, ob ein solches Interesse nicht eher angebracht wäre für die KNIL – die Königlich-Niederländisch-Indische Armee). Langsam verschiebt sich die europäische Bedeutung des überdachenden Nationalstaates auf den amerikanischen Kommunitarismus, nach dem man Wahlen gewinnt, indem man Homosexuelle, Behinderte und ethnische Minderheiten auf ihre Partikularinteressen aufmerksam macht.

Schon 2004 erschien eine diesbezügliche Schrift des niederländischen Instituut voor Oorlogs-, Holocaust- en Genocidestudies (NIOD, Institut für Kriegs-, Holocaust- und Genozidstudien) mit dem Titel „Allochtonen van nu & oorlog van toen" („Die Einwanderer von heute und der Krieg von damals"). George

Orwell schrieb: „Wer die Vergangenheit beherrscht, beherrscht die Zukunft. Wer die Gegenwart beherrscht, beherrscht die Vergangenheit." Eine neue moralische Ordnung entsteht, in der alte Worte und Sitten auf einmal verdächtig sind. Minderheiten wird eingeprägt, dass die Mehrheit ihnen etwas schuldig ist. Ebenfalls Orwellsch ist das Unterdrücken von Wörtern, „Newspeak" nannte er das. Man denke an „Zwarte Piet", „Negerkuss", „Zigeunersoße" und „patatje oorlog", („Pommeskrieg", Pommes mit Zwiebeln, Mayonnaise und Erdnussauce). Problematische Wohnviertel werden „Prachtquartiere", Jugendliche, die Probleme haben oder verursachen, „Jugendliche mit (guten) Aussichten". Wir betiteln einen Trend als „Einzelfälle" und nennen aufrührerisches Benehmen „Mutwille", oder „Übermut". Probleme gelöst.

Die Krankheit, die der Kulturmarxismus immer wieder mit sich bringt, ist, dass Vorstellungen – wie eine bestimmte Gruppe sich bei etwas fühlt – höher bewertet werden als Tatsachen und deren Folgen. Gefühle moralischer Entrüstung bekommen Vorrang vor reell zu erwartenden Folgen. „Jedermann ist gleich" ist der Ausgangspunkt. Wenn die Resultate in der Praxis nicht den Erwartungen entsprechen, werden Steuern erhoben und es wird nivelliert; in den Schulen wird herumlaboriert, bis die ungenügend Abschneidenden die Note „befriedigend" bekommen. Die Welt der Macht wird ersetzt durch die Welt des Wortes. Politische Korrektheit bedeutet, den heiligen Glauben an eine machbare Welt zu verteidigen, die nur auf dem Papier besteht. Leute, die die Welt so beschreiben, wie sie ist, und das Dogma der Machbarkeit nicht anerkennen, sind wie der kleine Junge, der rief: „Aber der Kaiser ist nackt, er hat keine Kleider an!"

Das Problem beim Erbringen von Nachweisen für dieses Phänomen ist, dass der Kulturmarxismus inzwischen weitumfassend und allgegenwärtig ist, so dass jede Auswahl von Beweisen als unvollständig und damit willkürlich angesehen werden muss. Allerdings können wir die Durchführung der Einwanderung als Beispiel für einen allgemeineren Trend verzeichnen, ebenso wie die milde Reaktion der Gesellschaft auf den linksextremen Aktivismus.

Bei der Präsentation des Jahresberichts des Immigrations- und Naturalisationsdienstes (IND) am 14. April 2014 wurde bekannt, dass die Niederlande mehr Asylsuchenden eine Aufenthaltsgenehmigung gaben als der Rest der europäischen Länder. 675 Kinder und ihre Familienangehörigen bekamen eine Aufenthaltsgenehmigung aufgrund der Zuzugsregelung für Kinder. Die Führer der niederländischen Arbeiterpartei PvdA waren enttäuscht: Sie hatten gehofft, dass es 800 sein würden. Schon vorher wies die Regierung den Gesetzesentwurf zurück, wonach illegaler Aufenthalt in den Niederlanden strafbar werden sollte. Ganze 58 Prozent der Asylanträge wurden angenommen. Staatssekretär Teeven erklärte, dass es den europäischen Regeln entspreche, die Länder zu verpflichten, Asylsuchende aus Ländern aufzunehmen, in denen zum Beispiel repressiv gegen Homosexualität vorgegangen wird. Im Namen von Diversität und Pluriformität zwingt Europa sich so, Elemente aus der Gesellschaft anderer Kulturen zu absorbieren, die die Herkunftsländer nur allzu gern loswerden wollen.

Demokratien reagieren empfänglich, wenn an ihr Mitgefühl appelliert wird, wodurch Zulassungsregeln ad hoc erweitert werden können. Regeln, die eingeführt wurden, um die Bevölkerung, die Kultur und die Sozialleistungen der Niederlande im Gleichgewicht zu halten, wanken, sobald die Einwanderungspraxis in den Medien mit einer unschuldigen Persönlichkeit wie Mauro konfrontiert wird. Dadurch werden die Zulassungskriterien vage, und damit die Integrität der niederländischen Staatsbürgerschaft. Ganz zu schweigen von der Anziehungskraft, die solche Handlungsweise bewirkt. Denn im Juni 2014 erklärte Hans Gualthérie van Weezel, Präsident der Commissie Integraal Toezicht Terugkeer (CITT), dass nach gut sechs Jahren die Kommission zum Schluss gekommen sei, dass beim heutigen Zustand die effektive Abschiebung von Ausländern eine schier unmögliche Aufgabe geworden sei. Viele der ausgewiesenen Asylsuchenden treten ihren Rückflug gar nicht an, stellen auf der Flugzeugtreppe einen neuen Antrag oder randalieren, so dass der Pilot sich weigert, sie an Bord zu lassen. Gerade auch durch die Zuzugsregelung für Kinder ist die Zahl der Asylsuchenden, die freiwillig kooperiert, nach den Worten von van Weezel gesunken.

2013 wurden fast 4.200 Asylverfahren bis in die höchste Instanz geführt; der Immigrations- und Naturalisationsdienst gewann 86 Prozent der Berufungsverfahren. Pro Verfahren bekommt der Anwalt einen festen Betrag, der vom Steuerzahler aufgebracht wird, unabhängig von der Zeit, die dafür aufgewendet werden muss. Die Anwälte erwecken bei den Asylsuchenden eine bestimmte Erwartung, aus der meistens nichts wird. Aber ein verlorener Prozess bringt meistens eine Berufung mit sich, was für den Anwalt zusätzliche bezahlte Stunden bedeutet. 2013 erschien der IND 51.000 Mal in Berufungsverfahren vor dem Richter. Deshalb protestierten die Fürsprecher auf der Straße, als die Regierung Pläne bekanntgab, eine Anwaltsvergütung auf Erfolgsbasis (no cure, no pay fee) einzuführen, um die übertriebenen Erwartungen zu entkräften. Die niederländische Flüchtlingshilfeorganisation Stichting Vluchteling spendierte 2012 rund 1,2 Millionen an Lobbyisten und wusste zu diesem Zweck als Galionsfigur ausgerechnet die Politikerin Femke Halsema zu gewinnen, die ihre Kinder von einer schwarzen Schule nahm, aber die koloniale Vergangenheit der Niederlande v erurteilte.

Aber mehr noch als die politische Entwicklung bietet die Entwicklung des Justizwesens eine Erklärung für den Zustrom von Einwanderern aus nichtwestlichen Ländern. Klagt das Volk, dass Richter zu milde Strafen verhängen, dann erklärt der Kulturmarxist mit erhobenem Zeigefinger, „dass wir hier in einem Rechtsstaat leben". Weisen Richter aber Asylsuchende aus, spricht er über „institutionalisierten Rassismus" und stellt die „Menschlichkeit" in Frage. Es gibt Netzwerke von Anwälten, die ihr Brot verdienen, indem sie ausgewiesenen Einwanderern in subventionierten Prozessen gegen den Staat beistehen. Netzwerke, die eng verbunden sind mit der progressiven Seite des politischen Spektrums. So operiert die genannte „fünfte Kolonne“ in der Praxis. Verglichen mit 2006 ist 2008 die Anzahl der VVD-Wähler unter den Richtern von 15 auf 12 Prozent gesunken. Der Anteil der D66-Wähler beträgt 24 Prozent, die PvdA liegt auf Platz zwei mit 20 Prozent, und GroenLinks ist gut für sage und schreibe 14 Prozent.[15] Dem Kulturmarxismus ist es also gelungen, die Oberschicht zu infiltrieren.

Zu diesen „Infiltranten“ gehören renommierte Politiker. Marcus Bakker unterstützte fast alle Verbrechen in der Sowjetunion, und Paul Rosenmöller unterstützte das stalinistische Regime in Albanien. André van der Louw, Präsident der öffentlich-rechtlichen Rundfunkanstalt NOS und Bürgermeister von Rotterdam, legte Rosen auf das Grab von Mao; das feministische Mitglied des Europaparlaments Hedy d‘Ancona engagierte sich für das Regime in Kambodscha. Nach dem Fall der Berliner Mauer wurde sofort deutlich, welch großes Unheil der Kommunismus verursacht hatte. Inzwischen hatten die Sympathisanten dieses Gedankenguts westlich der Mauer sich hochgearbeitet in einflussreiche Posten im akademischen, behördlichen und kulturellen Sektor. Frits Bolkestein stellte die Frage, warum Anhänger von rechts gerichteten Diktatoren geteert und gefedert wurden, während den Anhängern von Pol Pot, Mao und Stalin dieses Los erspart blieb.[16] Das kommt daher, dass die kommunistische Revolution eine Revolution der Intentionen ist. Sind alle Menschen gleich? Nein, aber es ist eine prinzipielle Frage, also ja. Weil sie mit den „richtigen Absichten“ handeln, können linke Diktatoren sich mehr erlauben als rechte. Auswirkungen wie der Holodomor (das Verhungernlassen von Millionen von Ukrainern durch die Sowjetunion) spielen dabei keine Rolle. Übrigens ist das Fehlen von Realitätssinn etwas, das sowohl dem Kommunismus als auch dem Feminismus eigen ist: Als Thierry Baudet die Unzulänglichkeiten des Feminismus begründet beschrieb, wurde ihm von linker Seite „Mangel an Idealismus“ vorgeworfen.[17] Welches Ideal ist denn schöner als das eines freien Landes, wo keine einzige Bewegung – also auch der Feminismus nicht – über jede Kritik erhaben ist?

Also ist auf diese Weise belegt, wie der Marxismus, als das ursprüngliche Forschungsprogramm an der Beharrlichkeit des Kapitalismus verzweifelte, sich selbst als Kritische Theorie weiterhin am Leben hielt. Diese Kritische Theorie machte sich die Gefühle des Opferseins zunutze und leistete damit Vorschub für eine Kultur der politischen Korrektheit, die sowohl die wissenschaftliche Objektivität als auch die politische Debatte untergräbt.

3 Die epistemologischen Wurzeln des Kulturmarxismus

Das Urteilsvermögen

Wie konnte die im vorherigen Kapitel beschriebene „Weg mit uns"-Mentalität eigentlich Fuß fassen? Die Erklärung finden wir im Postmodernismus. Wir können feststellen, dass das Christentum die westliche Zivilisation empfindsam machte für Schuld- und Sündenbewusstsein. So entstand eine Neigung zum Büßen, die sich in der säkularen Gesellschaft als Kulturmarxismus zeigt. Über social engineering arbeiteten die 68er auf eine Kultur hin, bei der die intrinsische Bewertung durch das Urteilsvermögen einer politisch korrekten Welt Platz machte, in der Intentionen der Maßstab sind.

Um im Leben vorwärts zu kommen, ist der Mensch auf sein Urteilsvermögen angewiesen – auf das Vermögen, die Realität zu erkennen. Wer die Naturgesetze erkennen kann, kann Wasser- und Elektrizitätsleitungen anlegen. Er kann Bedrohungen erkennen und sich dagegen bewaffnen. Nach dem Kulturmarxismus jedoch ist das Urteilsvermögen schlecht. Du sollst ja nicht urteilen! Das Urteilsvermögen führe zu Ausschluss.

Im Mittelalter hatte man den Ketzer ausgeschlossen, in der modernen Zeit den Geisteskranken. So wurden Kategorien von Menschen geschaffen, die „anders" waren. Um diesem Ausschließen ein Ende zu machen, musste das Urteilsvermögen unterwandert werden. Begriffe wie „Wahrheit", „Objektivität" und „universelle Gültigkeit" wurden als gefährlich angesehen, als Äußerungen westlichen Überlegenheitsgefühls. Sogar die Logik wurde von den 68ern als mit Gewalttätigkeit verknüpft betrachtet.[18] Denn die Logik macht einen Unterschied zwischen „wahr“ und „nicht wahr“, was kränkend sein kann für jemanden, der dies als einen Gegensatz auffasst zwischen „überlegen“ und „minderwertig“.

Wahrheit führte zu Autorität, und Autorität sorgte dafür, dass etliche Gruppen ihre Identitäten nicht gestalten konnten. So wurde das freie, charakterlich gute, menschliche Potential gezügelt. Aber indem die westlichen Traditionen unterwandert wurden, konnten die Schleusen für diese mächtigen Triebe geöffnet werden. „Hey ho, hey ho, Western culture‘s got to go“ wurde von Studenten und Multikulturalisten wie Jesse Jackson gerufen. Den Postmodernen zufolge war „die Wahrheit“ immer eine Quelle persönlicher Macht für diejenigen, die die Wahrheit kannten. „Das ist *deine* Wahrheit“, sagt der Postmoderne. Ein Anspruch auf die Wahrheit aber stützt sich auf Tatsachen, und diese sind gerade dank dem Urteilsvermögen zugänglich und kontrollierbar. Wer die Wahrheit besitzt, ist arm, denn er muss immerfort teilen, um nicht als Lügner beschimpft zu werden.

Das Versprechen auf Fortschritt

Die Ära der Aufklärung begann im 17. Jahrhundert mit der weitverbreiteten Überzeugung, dass Wissenschaft und Philosophie die Menschheit auf einen neuen Stand der Zivilisation bringen konnten. Man distanzierte sich vom christlichen Mittelalter, in dem der Mensch religiöser Dogmatik gehorchte und der Verstand der Mystik untergeordnet war. Die feudale Zerstückelung der Fürstenhäuser mit ihrer Willkür wich dem effizient organisierten Nationalstaat, in dem neben dem Adel nun auch das Bürgertum mitredete. „Aufklärung ist der Ausgang des Menschen aus seiner selbstverschuldeten Unmündigkeit“, schrieb Immanuel Kant 1784.[19]

Erfindungen wie die Dampfmaschine und die Entdeckung der Elektrizität gaben diesem Enthusiasmus Auftrieb. Im 19. Jahrhundert wurden der erste und zweite Hauptsatz der Thermodynamik formuliert für Klang, Licht, Wärme, Elektrizität und Magnetismus. Die Anwendung wissenschaftlicher Erkenntnisse im täglichen Leben brachte dem Menschen viele Vorteile: Erfindungen wie der Telegraph, das Telefon, die Dampfmaschine und die Bakteriologie. 1873 wurden Thermodynamik, Elektromagnetismus und Mechanik in einem alles umfassenden System vereinigt.

Diese Gedanken der Aufklärung schienen ihre Probleme zu haben. Der Philosoph David Hume beschrieb nämlich im 18. Jahrhundert das Induktionsproblem. Es bestand darin, dass Kausalaussagen – sehr wichtig für die Naturwissenschaften – nicht für Vorhersagen angewendet werden konnten. Ein Experiment konnte sich 100 Mal mit dem gleichen Ergebnis wiederholen, aber es konnte nicht logisch festgestellt werden, dass Naturgesetze sich in Zukunft auch so verhalten würden. So konnte nicht erklärt werden, wie zum Beispiel die Theorie der Schwerkraft gleichbleibende Vorhersagen machen konnte. Ein Dämpfer für den Optimismus.

Kant philosophierte darüber und beschloss, dass Faktoren wie Zeit, Raum und Kausalität keine Eigenschaften des natürlichen Universums waren, sondern der menschlichen Vernunft. Dies bildete den Beginn des Subjektivismus. Die Suche nach objektiver Wahrheit wurde beeinträchtigt. Genauer gesagt, es wurde problematisch, Theorien zu vergleichen mit einer Realität, die als unabhängig von der menschlichen Wahrnehmung dargestellt wurde. Das dämpfte die Freude an der Frohen Botschaft des Fortschritts in der Geschichte, die die Denker der Aufklärung verkündeten. Um ohne Vorurteil die Vergangenheit untersuchen zu können, um zu beurteilen, ob es denn einen Fortschritt gab oder nicht, müsste der Historiker eigentlich wie ein Gott über die menschliche Geschichte hinaussteigen. Wie ein Baron von Münchhausen müsste er sich an seiner Perücke aus dem Sumpf seiner Zeit herausziehen. Nach Meinung Kants war das unmöglich.

Diese Sumpf-Begründung wurde von Karl Popper weitergeführt: „Die Wissenschaft beruht nicht auf einem soliden Boden aus Steinen“, stellte er fest. „Die Wissenschaft ist ein Gebäude, das auf einem Sumpf treibt. Es steht auf Pfeilern, mit denen wir vorläufig zufrieden sind.“[20] So wurde in der Physik die „Unschärferelation“ eingeführt, nach der ein Objekt, um wahrgenommen werden zu können, ein gewisses Maß seiner Energie auf den Wahrnehmenden übertragen müsse. Der Wahrnehmende wurde so Teil der Wahrnehmung. Bertrand Russell hoffte, einen soliden Steinboden zu finden in der Mathematik, die rein tautologisch war. Aber auch dieser Optimismus wurde zunichtegemacht, als Kurt Gödel 1931 nachwies, dass mit mathematischen Axiomen eine nicht beweisbare These doch bewiesen werden konnte. Popper begann damals zu verkünden, dass alle Kenntnis fehlbar war, dass kein einziger Beweis definitiv sein konnte, und dass wir höchstens Theorien widerlegen konnten.

Anything goes

Die westliche Zivilisation selbst hatte versagt, diese Meinung wurde tonangebend. Die Wissenschaft hatte den Menschen verraten. Bewiesen dies die grausamen Taten der zwei Weltkriege etwa nicht? Giftgas, Kanonen, die Soldaten in einem Abstand von vielen Kilometern töten konnten ... Gegenwärtig feuern Düsenjäger Kugeln ab, die schneller reisen als der Schall – wer von ihnen getötet wird, hört sie nie kommen. Die Maschine hat den Menschen überflügelt, und der Mensch musste nun auch zur Maschine werden: ein Zahnrädchen innerhalb des Ganzen des Staatsgefüges. In den Lagern der Sowjets und der Nazis wurden Menschen auf fabrikmäßige Art und Weise deportiert, zur Arbeit eingesetzt und getötet.

Als das Wahlrecht nach Einkommen und Vermögen abgeschafft wurde, fingen marxistische Bewegungen an, zu wachsen. Gewerkschaften bekamen mehr Rechte auf politische Einflussnahme, und Arbeiter bekamen mehr Mitspracherechte in Betrieben. Nach und nach entstand eine Aversion gegen Autorität, die übertragen wurde auf politische Würdenträger, die Polizei, die Armee, die Wissenschaft, das Schulwesen und die Religion. Durch die Industrialisierung und das Auto nahmen Mobilität und Wohlfahrt zu; junge Leute konnten mehr Geld ausgeben und wurden so zu einer kommerziellen Zielgruppe mit einem gemeinsamen Lebensstil. Der neue Versorgungsstaat eröffnete Beschäftigungsmöglichkeiten bei den Behörden und sorgte dafür, dass die Leute nicht mehr so abhängig waren von ihren Verwandten. Durch das Fernsehen lernte man andere Auffassungen kennen als die eigene Lebensanschauung. Traditionelle soziale Bande wurden durchbrochen. Es gab mehr Stellen im Dienstleistungssektor zu besetzen. Es dauerte nicht lange, bis Studenten auf die Barrikaden gingen und über sogenannte „Sit-ins" und „Teach-ins" bei den Universitäten Mitspracherecht forderten. In dieser „entsäulten" Situation verschwanden Standesunterschiede nach und nach. Die 68er-Welle war geboren.

Gelehrte begannen, die Autorität der westlichen Wissenschaften gezielt anzugreifen. So behauptete der Wissenschaftsphilosoph Paul Feyerabend in „Wider den Methodenzwang" (1975), dass die westliche Heilkunde gleichwertig sei mit Regentanz und Voodoo. Alles war doch nur eine Frage von Paradigma, Diskurs und Perspektive. Wissenschaft frei von Werten existiere nicht, wissenschaftliche Neutralität war doch selbst ein Wert an sich. Das westliche Wissensgebäude müsse seine arroganten Interessen aufgeben oder würde die gleichen Fehler machen, die während der Französischen Revolution, des Holocausts und der Entwicklung der Atombombe begangen wurden – drei grauenhafte Auswüchse, bei denen wissenschaftliche Forschungsergebnisse verwendet wurden, um effizienter zu töten.

Die Wissenschaft – in der Zeit der Aufklärung ein Wegweiser zum Licht, für Hoffnung und Fortschritt – geriet in Verruf. Wissenschaftsphilosophen stießen auf neue Gegensätze wie die „Theoriegeladenheit von Beobachtungen" und die „Unterbestimmung von Hypothesen durch Daten". Diese vergrößerten Skepsis und Selbstzweifel noch mehr. Das war auch die Zeit, in der das Beamtentum wuchs und Europa von einer agrarisch-industriellen Gesellschaft auf eine Dienstleistungsökonomie umsattelte. Immer mehr Leute nahmen ein Universitätsstudium auf. Die Wissenschaft war augenfällig in eine epistemologische Krise geraten: Was ist Erkenntnis, was ist zuverlässige Erkenntnis, und wie erlangt man sie? Bezeichnend für diese Krise ist der Artikel „Transgressing the Boundaries: Towards a Transformative Hermeneutics of Quantum Gravity“, der von Professor Alan Sokal in einer progressiven Zeitschrift veröffentlicht wurde. Sokal wollte testen, ob die Postmodernen einen komplett unsinnigen Artikel veröffentlichen würden, was sie tatsächlich auch taten. Das verringerte die Glaubwürdigkeit der Wissenschaft als Institution. Die Sokal-Affäre kann man vergleichen mit Climategate im Jahr 2009, wobei Emails und Dokumente der Universität East Anglia in die Öffentlichkeit gelangten. Wissenschaftler, die bezüglich des Klimawandels skeptisch waren, wurden ausdrücklich von Universitäten und wissenschaftlichen Zeitschriften abgewiesen. Wahrheitsfindung schien dem Erzielen links-ideologischer Ergebnisse untergeordnet zu sein.

Kurzum: Die Sozialwissenschaften triumphierten, und der herrschende Relativismus der Epistemologie schlich in das Bild, das die Generation, die ausgebildet wurde, sich vom Menschen machte. Dies erklärt die moralischen und kulturrelativistischen Vorstellungen, die den „progressiven“ Versorgungsstaat kennzeichnen.

Episteme

1968 brach die Rebellion in Frankreich aus. In jenem Jahr wurde überdies „DSM II“ herausgegeben, das „Diagnostic and Statistical Manual of Mental Disorders“. Darin wurden diverse Geisteskrankheiten diagnostiziert. Homosexualität war eine dieser Krankheiten. Nachdem sich die Homo-Emanzipation weiterentwickelt hatte, wurde diese Diagnose jedoch gestrichen. Der französische homosexuelle Philosoph Michel Foucault zog daraus eine wichtige Schlussfolgerung: Die Psychologie schaffte das Subjekt und würde es abschaffen. Psychiater stellten Listen auf mit Symptomen von Geisteskrankheiten. Leute beschäftigten sich zu Hause mit diesen Listen und begannen, sich selbst damit zu vergleichen. Sie probierten, ihre Persönlichkeit zu definieren und zu begreifen anhand von Begriffen und Kategorien, die von der Psychiatrie geliefert wurden. So fanden sie neue Wege, als

Subjekt zu existieren – die Psychiatrie lieferte eine ergänzende Eigenschaft für ihre Identität. Bevor die Psychiatrie aufkam, die Homosexualität als Krankheit definierte, fanden vielleicht wohl homosexuelle Handlungen statt, aber „der Homosexuelle" war keine Identität. Als die Homo-Identität einmal bestand und fest verankert war, kehrte die größer gewordene Gruppe der Homos sich gegen diesen medizinischen „Diskurs": Sie wollte einfach, dass man sie als normal akzeptierte. Letztlich sollten sich dergleichen Gruppen zusammentun gegen das Korsett der westlichen Traditionen und Autoritäten. Wo Marx das Kapital als den Motor der Revolution sah, war es für Foucault die Psychiatrie.

Die Analyse Foucaults, wird durch den niederländischen Dichter Hans Lodeizen unterstützt, in dessen Poesie junge Homosexuelle eine Identifikationsmöglichkeit fanden. Im April 1949 hielt Lodeizen sich im Haagse Bos in Den Haag auf, wo Straßenjungs herumlümmelten, die sich für ein paar Groschen prostituierten. Er wurde von der Polizei mit einem 16-jährigen Jungen erwischt, worauf er als Krimineller registriert wurde. „Nicht nur Vater und Mutter sind gegen mich, sondern auch die ganze holländische Regierung", schrieb Lodeizen infolge dieses Vorfalls in ein Notizbüchlein.[21] Seinem Traum, als Diplomat politischen Einfluss ausüben zu können, wurde damit entgegengewirkt. Er beschloss aber, durch gesellschaftskritische Liebeslyrik sein Streben nach einem Wandel fortzusetzen. Er wollte etwas „tun, um die Menschen aufzuwecken, sie ganz schlimm zu schockieren, um endlich einmal zu fühlen, wie ein gewaltiges Gelächter aus mir herausbricht."[22]

Der Dichter Homer aus dem griechischen Altertum hatte lange Zeit als Sprachrohr der europäischen Völker gedient, schrieb Lodeizen, aber diese Zeit war nun an ein Ende gelangt. Die neue Poesie würde eine Aufstandspoesie sein: von den armen Schluckern und Anormalen am Rande der Gesellschaft. „Wir haben alle den Staat und die Polizei gegen uns: Am besten ist es, dies tatsächlich und offenherzig angesichts des Staates plus Polizei hinzunehmen. Wir sind Außenseiter, allesamt, unsere wahren Gedanken würden uns die Todesstrafe einbringen."[23] Der Film würde das Medium der Wende werden: „Ja: Eine Zukunft im Film. Dort ist ein großer Teil des Lebens. Er ist das Komplott, an dem wir alle mitarbeiten: das Komplott gegen den Staat und die Polizei, das Komplott, um das Schöne und Helle zu behalten, ein Komplott mit den Aufständischen zusammen (und den einigermaßen Anormalen)."[24]

Man werfe heute einen Blick auf populäre Serien, und man sieht, dass Lodeizen recht bekam. „Game of Thrones", „True Blood", „House of Cards", „Penny Dreadful", „Die Borgias", „Vikings": In allen kommen Szenen unverhohlener Homosexualität oder Bisexualität und sogar Inzest vor. Hans Lodeizens Werk läutete für seine Generation einen Moment des Sichbewusstwerdens ein, er war „ein mutiger Märtyrer für einen jahrhundertelang andauernden Begriffsmangel".[25] Lodeizen hatte wohl einen Sinn fürs Martyrium: „In Barcelona werde ich vielleicht von einem großen betrunkenen Neger mit einem Messer abgestochen. Was für ein herrlicher Tod!"[26]

Ein gutes Beispiel ist auch Frédéric Mitterrand, der 2005 das autobiographische Buch „La Mauvaise Vie" („Das schlechte Leben") veröffentlichte. Das Buch fand direkt enormen Beifall in der literarischen Welt: Rezensenten bejubelten es, es gewann den Prix La Coupole und wurde sogar im eher konservativen „Le Figaro" gepriesen. 2009 brachte Mitterrand es zum Minister für Kultur und Kommunikation. Bis Marine Le Pen vom Front National im Radio Abschnitte aus dem Buch vorlas – Abschnitte, in denen die Hauptperson mit minderjährigen thailändischen Strichjungen Sex hat. „Päderastie darf man nicht als einen Zweig von Homosexualität betrachten", lautete die progressive Rechtfertigung. Trotzdem kam der Minister von links bis rechts in die Schusslinie. Diese Ehre wurde übrigens auch Pierre Bergé zuteil – einem reichen Homosexuellen, der folgendes verkündete: „Ich bin für alle Freiheiten; ob jemand seine Gebärmutter zur Verfügung stellt, um für jemand anderen ein Kind zu gebären, oder einer Fabrik seine Muskelkraft zur Verfügung stellt – wo ist da der Unterschied?"[27] Eine bemerkenswerte Idee für einen

Mann, der keine Ahnung hat, was es heißt, in einer Fabrik zu arbeiten, oder wie es ist, mit einer Frau zu schlafen.

So wie junge Dichter wie Lodeizen gegen die Kultur ankämpften, versuchten Gelehrte, die westliche wissenschaftliche Tradition (von Foucault als „Wissensgebäude“ oder „Episteme“ beschrieben) bewusst zu untergraben. Die Episteme legt fest, welche die wichtigsten Fragen sind. Auch legt sie fest, mit welcher Methodologie die Fragen studiert werden. Der prähistorische Urmensch stellte sich die Natur als etwas von Geistern Beseeltes vor, im Altertum dachte man über die Welt vor allem von der Vernunft her. Im Mittelalter machte man sich ein Weltbild durch das Studium heiliger, „geoffenbarter“ Texte; der moderne Mensch ging vor allem empirisch vor. Es gibt verschiedene Episteme, verschiedene Wissensgebäude, die verschiedenen historischen Epochen entsprechen. Wir sprechen also von einer Einteilung der Geschichte. Das rührt an die Art und Weise, wie der Postmodernismus teilweise zusammenfällt mit der Geschichts-Schreibung, was bedeutet: die Theorie hinter dem Aufschreiben der Geschichte. Dabei geht es also nicht nur um die Beschreibung von Ereignissen, wie sie tatsächlich stattgefunden haben, sondern auch um die erkenntnisheoretischen Hypothesen, die der Geschichtsschreiber zugrundelegt.

Foucault führte die Episteme in die Theorie der Geschichtswissenschaft ein, weil er beweisen wollte, dass jede Form von Erkenntnis eine soziale Konstruktion ist. In „Naissance de la clinique“ („Die Geburt der Klinik“, 1963) setzte er auf diese Art voraus, dass die westlichen Machtmechanismen im Laufe der Geschichte das „Andere“ an Einschließung und Ausschließung unterwarfen. Als Alternative formulierte Foucault das „Differenz-Denken“– das Verlassen des westlichen Diskurses, um die Geschichte vom Gesichtspunkt des anderen schreiben zu können. Diese Fixierung auf das und das Anpreisen des „Anderen“ hat europäische Politik in Sachen wie Einwanderung, Entwicklungshilfe und Integration tiefgreifend beeinflusst. Foucault wünschte die westliche Wissenstradition absichtlich „in die Luft zu sprengen“, gerade weil diese seiner Meinung nach schon seit dem griechischen Altertum auf dem Ausschluss des Anderen gründete. Die Basis der Zivilisation – Institutionen wie Familie, Kunst und Kultur – wurde angegriffen. Europäische Länder mussten multikulturelle Gesellschaften werden mit starker Zufuhr von Gastarbeitern aus orientalischen Ländern. Eine Folge davon ist, dass der Sender Nederland 2 am 15. Februar 2014 in einer Nachrichtensendung aufzeigte, dass 2010 ganze 59,6 Prozent der Wähler ausländischer Herkunft in Amsterdam die sozialdemokratische PvdA gewählt hatten (die Hälfte der Einwohner der Stadt wohnt auch in subventionierten Wohnungen).

Die Einteilung der Geschichte in Episteme war ein Grund, die Geschichte neu zu schreiben. „Vordergrund-Hintergrund-Wechsel" heißt das in postmoderner Ausdrucksweise. Oder: ein Verständnis der Geschichte über gerade die marginalen Elemente, die „unterdrückt" sein sollen. Damit können aus sehr bescheidenem Quellenmaterial weitreichende Schlussfolgerungen gezogen werden. Eine antike Vase, bemalt mit dem Bild eines Mannes, der einem anderen Mann einen Hahn anbietet, wird zum Beispiel als Beweis dafür angeführt, dass homosexuelle Prostitution allgemein akzeptiert war. Ein mexikanischer Student vertiefte sich in diese Geschichte und stieß auf diverse Publikationen in wissenschaftlichen Zeitschriften aus den 60er Jahren, worin ausdrücklich behauptet wurde, dass das klassische Altertum auf solche Art studiert und beschrieben werden müsse, dass die Rolle der Homosexualität hervorgehoben werde. Das Ziel war, den Anreiz zu verstärken, sich als Opfer zu fühlen, und die Suggestion der Normalität zu vergrößern. Homosexualität soll im Altertum sehr normal gewesen sein, aber durch repressive mittelalterliche und frühmoderne Menschen verächtlich gemacht worden sein. In Dialogen wie „Laches" und „Symposion" stehen wohl homosexuell anmutende Anspielungen, in der „Politeia" (380 vor Chr.) behauptet Platon jedoch, auf gleicher Linie mit Autoren wie Aristoteles und Xenophon, dass eine Liebesbeziehung zwischen Männern nicht sexueller Art sei. Ebenso wird der Geschichte, dass der Held Achilles eine homosexuelle Beziehung mit seinem Neffen Patroklos unterhalten habe, widersprochen: Schon im Altertum wurde das als Verdrehung des Mythos bezeichnet.[28]

Das Gefängnis des Textes

Nach der marxistischen Basis-Überbau-Theorie ist jede Meinung oder jeder Standpunkt bestimmt durch die Interessen und das Bewusstsein von Klassen und ihnen untergeordnet. Jedes Urteil ist also infiziert mit Vorurteilen, und die einzige Weise, dies zu vermeiden, so meinten die Achtundsechziger, ist, überhaupt kein Urteil zu fällen: „Sie wurden dazu erzogen, zu glauben, dass Wahllosigkeit (indiscriminateness) ein moralischer Imperativ sei, weil ihr Gegenteil Diskriminierung ist."[29] Dieses Misstrauen dem Urteilsvermögen gegenüber erreichte einen Höhepunkt im Postmodernismus. Foucaults Verbündeter Jacques Derrida erklärte, dass alles Text sei, womit er meinte, dass hinter der Sprache keine „echte" Erkenntnis zu finden sei. Erkenntnis bestehe nur aus subjektiver Sprache, die eine Rückkopplung auslöse, die zu noch mehr subjektiver Sprache führe. Derrida zufolge müssen verschiedene Kulturen als symbolische Universen mit eigenen Kriterien für Wahrheit, Beweisführung und Ethik verstanden werden. Diese Universen könne man nicht miteinander verbinden, weil niemand je dem Kontext seines eigenen Sprachgebrauchs entkommen könne. Das behauptete Derrida, um zu verhindern, dass Leute Kulturen untereinander vergleichen, einschätzen und ordnen würden.

Den Postmodernen der 68er-Generation zufolge hat die Wahrheit einen sprachlichen Charakter und wird in Erzählungen konstruiert. Dabei müssen Sie zum Beispiel an den Erzähler eines Films oder Theaterstücks denken, der die gezeigten Ereignisse kommentiert. In diesem Zusammenhang spricht man wohl vom Unterschied zwischen Exoterischem und Esoterischem: Die oberflächliche Auffassung eines Textes steht einer tiefergehenden Analyse gegenüber, die die „wahre" Bedeutung darunter in einer tieferen Schicht sucht. Dabei ist es immer die Frage, wo der Erzähler den ursprünglichen Text verlässt und beginnt, seine eigenen Gedanken hinzuzufügen. So schrieb Derrida einen

Text von Descartes neu, wobei er Sätze analysierte und das Plazieren der Satzzeichen kommentierte. Wenn man zum Beispiel Kommata und Fragezeichen vertauschte, veränderte sich die Bedeutung des Textes. Sein Standpunkt war, dass die Geschichte nur „Spuren" enthält, die wieder auf andere Spuren verweisen. Einen Anfang kann man nie finden, weil das Ereignis und die Deutung des Ereignisses nicht voneinander zu trennen sind.

Das würde den Beweis erbringen, dass bestimmte Bedeutungen nur für Eingeweihte zu verstehen sind, nämlich für diejenigen, die in das Esoterische eingeführt worden sind. Und dass die Bruchlinien zwischen Epistemen deshalb unüberbrückbar sind. Ein Historiker kann nicht über seinen eigenen Schatten hinausschauen, dadurch sind Tatsache und Fiktion nicht voneinander zu unterscheiden. Außerhalb des Textes ist nichts, das die Rolle des Richters oder Schiedsrichters erfüllen kann, weil der, der den Text zu verlassen versucht, nur noch mehr Interpretation findet. Wer dieses Bild ansieht, sieht entweder den Kopf von Freud oder eine nackte Frau, kann aber nicht beide zugleich sehen. Ebenso erscheint jede Episteme mit eigenen Fragen und Antworten, die die Welt von einem dazugehörigen Blickwinkel aus in einem anderen Licht darlegen.

Den Postmodernen zufolge können wir nicht von Fortschritt sprechen, wenn die Fragen zu und Antworten auf unsere wichtigsten wissenschaftlichen Theorien nur relativ und auf die Wünsche und Vorstellungen innerhalb eines bestimmten Zeitalters bezogen sind. Galilei wusste nicht genau, wie das Teleskop funktionierte, das er zum Studieren des Mondes brauchte. Als er es einmal gebraucht hatte, war ein ganz neues Kader zum Interpretieren entstanden. So war es auch mit der Evolutionstheorie: Darwin wusste nichts von Zellteilung und Chromosomen, stellte aber seine Theorien dennoch auf, innerhalb eines unvollständigen Interpretationsrahmens. Wahrheit ist nicht etwas, das man findet oder herausfindet, so behaupten die Postmodernen, sondern Wahrheit ist etwas, das wächst. Wahrheit ist Übereinstimmung. Social approval.

Dahinter hält sich ein grundsätzlicher Angriff auf das Abendland verborgen, weil die großen Autoren, die Quellen kultureller Stabilität, in eine Schieflage geraten. Shakespeares Werke wurden nicht von Shakespeare geschrieben, aber nicht doch. „Shakespeare" ist ein Gewebe von Textspuren, das fortfährt, sich selbst zu schreiben, sobald jemand darüber zu sprechen beginnt, egal, wer das ist. Alles, was man feststellt, wird aufgrund von Kriterien festgestellt, und diese Kriterien sind in jedem Zeitalter und per Episteme anders. Woher soll ein Ewigkeitswert kommen – warum sollten die Werke von Homer, Dante und Goethe besser sein als das Gereimte von Tante Betsie? Und Ideen wie „das Volk" und „die Nation"? Auch sie haben keinen ausgeprägten point of origin. Es sind imperialistische Konstruktionen, die gebraucht werden, um andere auszuschließen, Mythen, die zurückgehen auf Überlieferungen nicht zu erforschender Stämme.

Weil Text und Interpretation den Postmodernen zufolge nicht zu trennen waren, sprachen sie vom „Tod des Autors". Das Universum war ein lebendes, atmendes Gewebe von Text, der keine „wahre" Bedeutung kannte. Es gab nur eine unendliche Anzahl von möglichen Interpretationen, die abhängig waren von den Fragen, vor deren Hintergrund jemand den Text betrachtete. Ein Historiker ist gebunden an die herrschende Kultur und Stimmung seiner Epoche und versteht ein historisches Dokument deshalb ganz bestimmt anders als der Autor.

Das ist jedoch nicht in Übereinstimmung mit der Geschichtswissenschaft selbst, denn das Unterscheiden von Tatsache und Fiktion ist das Kerngeschäft eines Historikers. Es gibt keinen privilegierten Zugang zur Wahrheit, behaupten die Postmodernen, sondern einen Wahrheitspluralismus. Aber selbst wenn ich sage, dass es verschiedene Epistemen gibt, verschiedene Paradigmen und Diskurse, jeder mit seiner eigenen Interpretation und seinen eigenen Hauptfragen und Wahrheitswerten, dann fordere ich trotzdem eine universelle Gültigkeit, wenn ich behaupte, dass gültige Wahrheiten innerhalb dieser verschiedenen Welten nicht aufeinander zurückzuführen sind. Indem er verkündet, dass es keine universelle Wahrheit gibt, macht der 68er eine Aussage, die den Regeln für Wahrheit, die innerhalb von speziellen kulturellen Werten gelten, vorausgeht. Der Postmodernismus stellt die Wirklichkeit als etwas Verzetteltes und Fragmentiertes dar. Eine fragmentierte Beobachtung steht einem objektiven Bewusstsein oder Urteil jedoch nicht im Wege. Sehe ich eine Hand von einem Standort aus, weiß ich doch, dass es sich um eine ganze Hand handelt. Dafür brauche ich nur ein Fragment zu sehen. Von einem „Fragment" zu sprechen setzt einen übereinstimmenden Begriff vom „Ganzen" voraus: Die objektive Wirklichkeit, die den Beobachter umgibt.

Konsens ersetzt Wahrheit

Obwohl wir in einen ans Lächerliche grenzenden Abstraktionsgrad abgleiten, ist dies eine Möglichkeit, zu beweisen, dass wir die letzten 50 Jahre mit einer Lüge gelebt haben. Ein international renommierter Historiker unterrichtete mich an der Universität vom Gesichtspunkt dieses historischen Relativismus aus. „Ein Historiker darf alles notieren, wenn er oder sie nur die Regeln einhält", sagte er, „darf aber nicht denken dass er die Wahrheit niederschreibt". „Sie sagen jetzt selber, dass es verschiedene Wege der Annäherung gibt", reagierte ich, „verschiedene Perspektiven, Diskurse, Epistemen. Warum sollte ich meine Zuflucht denn nicht zu Einfallswinkeln nehmen dürfen, in denen doch unverrückbare Wahrheitsforderungen gemacht werden? Dem Denkrahmen der Aufklärung zum Beispiel. Wenn Sie sagen, dass diese Wahrheitsforderungen nicht erlaubt sind, beurteilen Sie diese Zeitspannen nicht ihrer eigenen Verdienste wegen, sondern von einem Standard aus, der abseits dieser Teilgeschichte steht."

Der Dozent wies nachdrücklich noch einmal darauf hin, wie wichtig Regeln innerhalb der Geschichte als Fach sind, und der Konsens, auf dem diese Regeln beruhen. Obwohl jede historische Darstellung durch den Gesichtspunkt des Historikers verzerrt sein soll, waren es diese Regeln, die die Grenze zogen zwischen objektiver, zuverlässiger Geschichtsschreibung und dem übrigen. Ich antwortete, dass das Aufstellen von Regeln, um objektiv von subjektiv abzugrenzen, einen Standpunkt voraussetzt, der das Subjektive überschreitet. Eine Grenze zwischen objektiv und subjektiv kann nur ein Mensch ziehen, der imstande ist, über seine eigene Subjektivität hinauszugehen. Jemand, der ruft: „Jedermann ist subjektiv", kann höchstens behaupten, dass sein eigenes Urteilsvermögen unvollständig ist. Seine Forderung erstreckt sich nicht bis zum Bewusstsein eines anderen. So erreichen wir das Ende der epistemologischen Frage, die wir zurückführen können auf die Frage: „Fordert das Abstecken der Grenzen des menschlichen Wissensvermögens ein Wissen, das diese Grenzen übersteigt?"

Die Wankelmütigkeit des Postmodernismus wurde übrigens bewiesen, als jemand Derrida eine Frage über den Holocaust stellte. Hat dieser vielleicht auch abseits des Textes stattgefunden? Derridas Weigerung, auf diese Frage eine Antwort zu geben, zeigt, dass trotz des Relativismus die Opferrolle für 68er ein metaphysischer Anker ist, der selbst nicht berührt werden darf. Trotz ihres historischen Relativismus ist die westliche Zivilisation für 68er grundsätzlich falsch und „sündig". Der Unterschied zwischen „wahrhaftig" und „verlogen", der schon so alt war wie die Philosophie der alten Griechen, soll zur kirchlichen Inquisition und die genannten Kliniken geführt haben, wo Andersdenkende als psychiatrische Patienten eingeschlossen wurden. Foucault und den Kulturmarxisten zufolge basierte dieser Unterschied zwischen „wahrhaftig" und „verlogen" auf dem kolonialen Rassismus und Fremdenhass der Nazis. Die Idee der Objektivität (die Suche nach einer objektiven Wahrheit) musste durch das Ideal der Diversität ersetzt werden. Um „Buße zu tun" musste der Westen social engineering anwenden, um progressive Diversität auf traditionelle Kulturen zu übertragen. Wir sehen das in der Form von Regenbogenprotesttafeln mit dem Bild des russischen Präsidenten Putin als Homosexueller. Diversität wurde zum Selbstzweck. Das Urteilsvermögen wird der politischen Korrektheit untergeordnet.

Rational handeln, ist so handeln, wie ein Mensch es eben tut, wenn er die ganze ihm zur Verfügung stehende Information optimal nutzt, um seine Ziele zu erreichen. Handlungen sind um so rationaler, je bewusster und mit mehr Zusammenhang nach dem Ziel gestrebt wird und die Mittel diesem Ziel zweckdienlich sind. Etwas ist „wahr", wenn es unabhängig von dem, was wir denken oder sagen, besteht, unabhängig davon, ob wir uns dessen bewusst sind. Ansprüche auf Wahrheit richten sich also auf Tatsachen, Ziele und Konsequenzen. Das Denken aus überprüfbaren Ansprüchen auf Wahrheit her ist maskulin. Der Kulturmarxismus hingegen ist auf Bewertung, Intention und Wertschätzung ausgerichtet. Rationalität und Ansprüche auf Wahrheit zwingen zum Erkennen der Realität. Kulturmarxismus strebt nach einer symbolischen Welt von Schuldgefühl und moralischer Erpressung innerhalb des Bewusstseins. Um auf diese Weise den Starken dem Schwachen untertänig zu machen. Der Kulturmarxismus ist deshalb Anti-Anspruch auf Wahrheit und anti-rational. Um dies zu verschleiern, wurde der postmoderne Ausdruck „Wahrheitspluralismus" erdacht. Weil die westliche Geschichte schon seit Sokrates und Platon so durchdrungen ist von rationalem Denken und Wahrheitsfindung, ist der Kulturmarxismus multikulturell und anti-westlich.[30] Die heutigen Ideale der Konsumgesellschaft sind dazu da, die intellektuelle Maskulinität lächerlich zu machen, auf „Nerd"-Stereotypen zu reduzieren und durch den metrosexuellen Mann zu ersetzen.

Zusammenfassung

Zur gleichen Zeit, als die Rebellion von 1968 vonstatten ging, drang der Kulturmarxismus bis in die gesellschaftliche Oberschicht. Die alte, der Kirche treu gebliebene Elite starb ab und die progressive Elite kam an ihre Stelle. Die Zusammengehörigkeit der Jugendkultur hatte zu einer starken Gruppensolidarität geführt (Woodstock). Das bewirkte, dass die 68er die Konfessionellen aus dem Sattel werfen konnten. Als die 68er einmal zum neuen Establishment geworden waren, wollten sie nicht, dass ihnen wieder das gleiche passierte: Die Gesellschaft musste individualisiert, atomisiert und in viele Subkulturen aufgeteilt werden. Die starken sozialistischen Parteien Westeuropas waren enttäuscht von den Greueltaten der Kommunisten in der Sowjetunion. Sie wünschten sich jedoch, ihren Glauben an die progressive, machbare Gesellschaft zu erhalten. Sie merkten, dass der durchschnittliche Arbeiter sich nicht mehr zu einer bewaffneten Revolution aufwiegeln ließ, wie Marx das ursprünglich geplant hatte. Deshalb werden – wie Foucault vorausgesagt hatte – neue „Truppen" unter Gastarbeitern, Homosexuellen, Transsexuellen, Invaliden und Leuten „am Rande der Gesellschaft" geworben.

Die marxistische Darstellung der Geschichte, bei der der Arbeiter gegen den Kapitalisten kämpfte, wird ersetzt durch einen raffinierten, progressiven Intellektualismus. Der Nachdruck wurde dabei nicht nur auf die ökonomische Klasse gelegt, sondern auch auf Ethnizität, die persönliche Art und das Geschlecht. Das Feindbild wurde vom Kapitalismus auf die ganze Kulturgeschichte des weißen europäischen heterosexuellen Mannes ausgedehnt.

Das Ziel war immer noch das Untergraben der westlichen „Epistemen". Statt eine bewaffnete Revolution zu entfesseln, wurde jedoch jetzt via Amtsführung und Medienpolemik darauf hingearbeitet. Wie etwa subventionierte Kulturgebäude für ethnische Minderheiten und die Verpflichtung für Arbeitgeber, eine Mindestanzahl von Personen einzustellen, die einer Minderheitsgruppe angehören. Die Behauptung, das Sankt-Nikolaus-Fest sei rassistisch, die die Forscherin Verene Shepherd von den Vereinten Nationen aufstellte, kann man in diesem Licht sehen, so wie auch die Einführung einer Frauenquote, die vom Europäischen Parlament angenommen wurde. Dazu kann man bildhafte Symptome zählen wie die Aufregung, die entstand durch die Entschuldigung gegenüber zwei Lesben, die sich in einem Supermarkt von Albert Heijn geküsst hatten, den Protestbrief an Lego und die Broschüre von Bart Smit, die „traditionelle Rollenmuster befestigen würden“. In Belgien geriet der Bürgermeister von Antwerpen unter Beschuss, als er meinte, dass Beamte sich bezüglich Lebensüberzeugung neutral präsentieren müssten, bei der Arbeit also kein Dreieck als Symbol der Homosexualität tragen durften.

Zusammenfassend können wir die These aufstellen, dass das Ziel der Modernität – nämlich der Gebrauch der menschlichen Vernunft, Erkenntnis und Wissenschaft, um so eine Gesellschaft zu schaffen, die besser war als die religiöse Unmündigkeit des Mittelalters – sich in sein äußerstes Gegenteil verkehrt hat. Das ist es, was wir grundsätzlich mit dem Ausdruck „postmodern“ bezeichnen: Das Vagewerden der westlichen „Großen Geschichten“ als Folge des Untergrabens der objektiven Wahrheit, absoluten Sicherheit und rationalen Logik. Religiöse, ideologische und wissenschaftliche Werte und Ansprüche auf Sicherheit wurden zu persönlichen Präferenzen zurückgestuft, über die jeder denken mag, was er will. Gefühle, hintangestellt zu werden, werden bewusst aufgepeitscht, um auf diese Weise Minderheitsgruppen für die kulturmarxistische Agenda zu mobilisieren. Das kann man alles auf epistemologische Gegensätze zurückführen, die von den exakten Wissenschaften auf die Sozialwissenschaften übertragen wurden, um so am Ende Teil des Obrigkeitsdiskurses zu werden. Die erkenntnistheoretischen Probleme evolvierten zu relativistischen Mantras, die im postmodernen Multikulturalismus mündeten.

Die netten Jungs werden Letzte

Wir stimulieren unsere Kinder, Klassenbeste zu werden, und ermutigen sie, die Starspieler des Sportteams zu werden. Wir melden unsere Töchter für Schönheitswettbewerbe an. Das ist die steinharte Realität des kapitalistischen Konkurrenzkampfes:

Nach dem Gesetz des Dschungels frisst der eine Hund den anderen auf. The weak are meat, the strong do eat. Und danach decken wir diese Realität mit liebevollen Gebärden mit einer Decke aus Egalitarismus zu. Es gibt sogar Preise für den Letzten und eine Belohnung nur fürs Mitmachen. Wir finden, dass die harte Wirklichkeit des Fehlschlagens zu hart auf die zarte Seele der Kinder drückt; wir sagen ihnen, dass ein jeder in seiner eigenen Art ein einmaliges Schneeflöckchen ist. Ein Zeitungsjunge kann ein Astronaut werden, und ein Kind von Zigeunern der neue Ministerpräsident. In seichten Soaps und Teenagerserien rettet der hässliche, zurückgewiesene Junge am Ende den Tag mit einer kühnen Tat und erobert doch noch das Herz des Cheerleader-Mädchens, das einen hohen Status innehat. Sogar unsere Freundlichkeit ist Teil der sozialen Rivalität. Denn, obwohl kapitalistische, liberale und libertäre Ansichten über das Leben weithin unterstützt werden, versuchen wir es zu vermeiden, öffentlich bei einer „selbstsüchtigen“ Tat ertappt zu werden. Das Credo unseres Zeitalters kann wie folgt zusammengefasst werden: „Sei lieb zu jedermann, aber zermalme die Konkurrenz.“

Bei einer humanistischen Versammlung in Hasselt im Jahr 2013 machte Boris van der Ham eine Bemerkung über die Ausgehszene in Amsterdam. Es ist dort sehr populär, vegetarisch zu essen und Fair-Trade-Kaffee zu trinken. Damit demonstriert man sein Wohlwollen für die Umwelt und die Armen. Zugleich aber, bemerkte er, wird in diesen Hipster-Kreisen viel Kokain geschnupft. Ein Produkt, das sehr destruktive Folgen hat für die Gemeinschaften in den Ländern, in denen das Zeug hergestellt wird. So sehen wir denn hier das Einnehmen von großen Dosen anarchistischer, marxistischer und pseudo-intellektueller Hippie-Theorien, darunter aber eine starke Neigung zum Konsumismus.

Noch vor Jahrzehnten war die Identität der Menschen mit gesellschaftlicher Klasse und Religion verbunden; Katholiken heirateten keine Protestanten, und Tagelöhner heirateten keine Mitglieder des Bürgertums. Heutzutage müssen die Leute nach etwas anderem suchen, womit sie sich identifizieren können. Das führt zu einer „Seht mal her zu mir“-Kultur nach amerikanischem Modell. Sich selbst ausdrucksvoll zur Schau stellen, protzen mit Schönheit, erworben durch plastische Chirurgie, zum Beispiel. Oder Filmchen von persönlichen Dramen auf Youtube uploaden. So richtig altruistisch: eine öffentliche Wohltätigkeitsveranstaltung organisieren. Man nimmt das Kind in Schutz, das gehänselt wird, aber nur dann, wenn andere es sehen. Die amerikanische Gesellschaft ist individualistisch bis zum Gehtnichtmehr, nur eben dann nicht, wenn es sich um eine religiöse Feierlichkeit oder eine Gedenkfeier handelt. Jemand – in der Regel eine Frau – präsentiert sich als Verfechterin der Community und hält vor den Anwesenden eine Rede, angeblich bis ins Tiefste ihrer Seele gerührt. Mit Krokodilstränen und stark betonten Emotionen, als ob sie versuchte, etwas innerlich zu fühlen, indem sie die Empfindung auf die Außenseite projiziert. Aber wehe demjenigen, der etwas davon zu sagen wagt; wer suggeriert, dass es womöglich nicht echt ist, hat „kein Gefühl“, ihm wird sofort der Rücken zugekehrt. Auch in den Niederlanden kommt es vor, dass Leute bei einer tragischen Begebenheit in der Nähe des Trauerzuges oder von den Blumensträußen oder den brennenden Kerzen, die auf die Unglücksstätte gelegt wurden, ein sogenanntes Selfie machen. Auch diese Handlung steht im Verband mit narzisstischer Differenzierung, denn indem man so ein Selfie teilt, versendet man ein subtiles Signal: „Ich bin mitfühlend und bin bereit, einen Teil dieses Leidens des anderen auf mich zu nehmen.“ Innerhalb einer Kultur mit christlichem Einschlag wirkt dieses stellvertretende Leiden statuserhöhend.

Auch wenn es uns nichts bringt, stehen wir schon mal gerne im Mittelpunkt. In unserer schnellebigen, narzisstischen Gesellschaft erscheint uns das als das höchste Erreichbare. Ich denke an ein Fischerboot mit Eimern voller Krabben auf dem Deck, die versuchen, übereinander nach oben zu klettern. Wenn Sie wissen wollen, weshalb Männer sich „zum Spaß“ beschimpfen und Frauen kratzbürstig sind, ist hier die Antwort: das Nichtvorhandensein einer sozialen Ordnung oder einer gemeinsamen Moral, die das Leben sinnvoll machen. Unsere Gesellschaft hat keinen gemeinschaftlichen großartigen Traum, ein alle verbindendes Ideal oder ein Ziel auf lange Sicht. Die Gemeinschaften konkurrieren gegeneinander mit moralischem Gehabe (ich unterstütze die Natur, Straßenkinder, bedrohte Tierarten), sozialem Status (ich bin mit dem Besitzer dieser hippen Diskothek befreundet) und prätentiösen Gadgets (ich habe ein Google Glass). Ihr Grund, Mitglied einer Wohltätigkeitsorganisation zu werden, ist nicht, deren Zweck dienstbar zu sein, sondern anderen zu zeigen, wie gutwillig, hingebungsvoll, mitfühlend und barmherzig man ist. Ich war selbst jahrelang tätig als Freiwilliger und organisierte mehrere Veranstaltungen. Deshalb weiß ich, dass die meisten Vereine, die von Freiwilligen getragen werden, sich auflösen, weil die Leute mehr damit beschäftigt sind, sich in Pose zu werfen, statt auch wirklich etwas zu tun.

Kurzum, auch der Bodensatz muss aus der Kanne gekratzt werden, aber niemand darf hineinfallen. „Nice guys finish last“, hält man uns während unserer Erziehung vor. Verlieren wir, bekommen wir jedoch einen Trostpreis, denn: „Mitmachen ist wichtiger als gewinnen.“ Meinungsverschiedenheiten werden beigelegt, das Problem wird jedoch selten beseitigt. Jedermann will mitreden, aber niemand will am Ende die Verantwortung übernehmen. Man zögert und verzögert bis zum Gehtnichtmehr. Sich ja keine Feinde schaffen, aber keinen Wettbewerb zulassen. Zusehen, dass das eigene Messer schärfer ist als dasjenige, das man dir in den Rücken drückt.

„Was kann denn der Grund sein für diese komische Melancholie, diese Schwermut, die den Einwohnern von Demokratien mit all ihrem Überfluss so schwer auf die Seele drückt? Diese Abneigung dem Leben gegenüber, die sie manchmal in ruhigen und angenehmen Zeiten überfällt?“ fragte Alexis de Tocqueville sich.[31] Mit seiner Antwort verwies er auf die launische Art des Gleichheitsideals; immer gerade in der Nähe, um seinen Charme zu zeigen, aber nie erreichbar, es genießen zu können. Dort, wo es Konflikte gibt, gibt es Gewinner und Verlierer. Wir machen uns etwas vor, wenn wir denken, dass jeder gewinnen kann. „Everyone gets an A, everybody gets to play", schrieb Maura Pennington 2012 für „Forbes".

Die Art und Weise, wie die westliche Zivilisation Konflikte bewältigte, hat sich in den vergangenen Jahrhunderten geändert. Im Mittelalter kannte man das Gottesurteil als eine Art Prüfung, ein Prinzip, das schon in den ältesten babylonischen Gesetzbüchern steht. Im allgemeinen war es ein Kampf Mann gegen Mann, auf der Vorstellung beruhend, dass Gott dem Unschuldigen helfen wird, indem er zu dessen Vorteil ein Wunder verrichten wird. Für den, der den Kampf gewann, war die Sache moralisch gerechtfertigt. Nach dem gleichen Prinzip ernannten die Germanen erfolgreiche Kriegsanführer zu Stammesältesten. Unter dem Motto: „Wer den Sieg erringt, bringt auch das Heil." Der Christ Minucius Felix schrieb: „So wie die Echtheit von Gold im Feuer bewiesen wird, so beweisen wir uns selbst, indem wir uns Prüfungen unterziehen."[32] Das Gottesurteil war eine Mischung von christlichem und germanischem Denken, wurde aber abgeschafft, als die Beichte eingeführt wurde. Nach Meinung der Anthropologin Ruth Benedict hat das zu einem einzigartigen Kennzeichen der westlichen Zivilisation geführt. Nämlich andauernd mit den dazu gehörenden Schuldgefühlen dem eigenen Gewissen gegenüber Verantwortung abzulegen.

Weil die westliche Zivilisation sowohl auf der griechisch-römischen Kultur als auch auf der christlichen Religion aufgebaut ist – die in mancherlei Hinsicht miteinander im Widerspruch sind –, kämpft der Westen mit etwas, das man als „kulturelle Schizophrenie" beschreiben kann. Gerade dadurch hat sich die Art und Weise, wie man Konflikte bewältigt, verändert: Wir sehen passive Aggression aufkommen. Im folgenden Abschnitt werden wir uns durch die westliche Geschichte hindurch einen Weg bereiten, auf dem wir nach der Besessenheit mit Opferrollen-Gefühlen als Quelle dieses passiv-aggressiven Verhaltens fahnden.

Kulturelle Schizophrenie

Schon Rémi Brague beschäftigte sich mit dem Thema kulturelle Schizophrenie in „Eccentric Culture“ (2009). Ich meine jedoch eine Schizophrenie *moralischer* Art, die bis ins Tiefste der Seele reicht. Ich meine, dass die westliche Zivilisation sich auf zwei widersprüchliche Gedanken stützt. Einerseits folgt sie Spinozas These, dass große Fische nun einmal kleine Fische fressen. In diesem Sinn ist sie hyperkompetitiv und kapitalistisch. Schon seit unserer Jugendzeit wird uns eingetrichtert: Jede will das schönste Mädchen der Klasse sein, oder derjenige sein, der es zum Abschlussball einladen darf. Wir bejubeln Teamwork, machen aber lieber selbst den Touchdown oder den Homerun. Andererseits gibt es natürlich wieder die christliche Wurzel, die verlangt, dass die Starken den Schwachen dienlich sein müssen. Bilden Sie sich ja nichts ein, schließlich wird Gott das letzte Urteil sprechen, denn nur er allein sieht, ob Ihre Seele schwarz ist oder rein. Seien Sie vor allem nicht stolz, sogar die weisesten Philosophen sind vor Gott nur Narren, die mächtigsten Weltreiche vor Seinem Thron nur Staub. Man nehme diese zwei Pfeiler zusammen, und was ist das Ergebnis? Eine Kultur, die auf äußerst feminine Art Konflikte bewältigt. Wir prunken mit dem, was wir haben, und versuchen so bei anderen Eifersucht zu erwecken, stehen aber nicht frank und frei dazu. Man manipuliert einander, indem man subtile Signale aussendet. Es ist eine Kultur passiver Aggression. In einer maskulinen Kultur wird der Konflikt offen als solcher bezeichnet, und man kämpft dann mit offenem Visier.

„Es gibt keinen Zweifel darüber, dass der Sieg bei einem Wettrennen um die Weltherrschaft als das Ergebnis von Gottes Willen beschaut werden darf. Also wurde der Sieg dem römischen Volk zuteil.“[33] Das schrieb Dante über die römische Mentalität. Seiner Meinung nach hatten die Griechen und Punier es schon versucht, am Ende jedoch gelang es den Römern. Weil sie sich dessen bewusst waren, verlangten sie von anderen Völkern, dass sie sich nach ihnen richteten, dass sie als Verbündete Steuern zahlten und für die römische Armee Soldaten stellten.

Völker, die sich darein schickten, durften ihre Religion behalten und für ihren Handel römische Wege gebrauchen. Weigerten sie sich, wurden ihre Dörfer niedergebrannt.

Das Christentum untergrub diese Mentalität. In der Bibel wird in der Apokalypse des Johannes auf sieben blutdurchtränkte Hügel und eine in Purpur gekleidete Hure hingewiesen. Gemeint sind Rom und die Kleidung des Kaisers. Zur Tugend erhoben wurde nicht die Festigung der Macht, sondern Duldsamkeit und Demut; vom Geschlagenen wurde erwartet, dem Angreifer die andere Wange hinzuhalten. Zahlten die Römer mit gleicher Münze heim, sagte der Christ: „Herr, vergib ihnen, denn sie wissen nicht, was sie tun." Wenn wir diese Analogie auf die heutige Zeit übertragen, kann man sie vergleichen mit dem Denken von Politikern, die sich selbst als „progressiv" bezeichnen. Jugendliche, die Probleme haben oder welche verursachen, würden weniger verdienen und so durch den Kapitalismus unterdrückt werden. Eigentlich sind sie Opfer, und es ist unsere Aufgabe, ihnen wie ein „guter Hirte" lenkend beizustehen. Wir müssen uns sogar ein wenig schuldig fühlen, weil wir es besser haben als sie. Das wirkliche Problem können diese „Progressivlinge" nicht einmal benennen: Tatsache ist, dass zum Beispiel marokkanische Jugendliche ihrer Kultur wegen von ihren Vätern und Onkeln geschlagen werden, wenn sie sich danebenbenehmen. Diese Kultur nimmt eine große Schnauze nicht hin, sondern weist dem Frechling seinen Platz in der Rangordnung durch jemanden, der in dieser Ordnung eine höhere Stellung einnimmt.

Um diese kulturelle Schizophrenie besser begreifen zu können, versetzen wir uns nun in die Lage eines Kindes, dessen Eltern vergewaltigt und ermordet wurden. Was ein Kind im Grunde seines Herzens will, ist, dass den Tätern dasselbe Schicksal zuteilwird. Sie sind bösartig und müssen leiden, *weil* sie bösartig sind. Und doch huldigt unsere Gesellschaft dem Standpunkt, dass ein Täter nur zwei Drittel seiner Strafe verbüßen muss, wenn ein Verurteilter die ersten Schritte tut, sich wieder in die Gesellschaft einzugliedern. Das symbolisiert, dass das

Opfer lernt, zu vergeben, weil Vergebung und Strafe aufgefasst werden als Teil des Prozesses zur Genesung und Verbesserung. Hier sehen wir, wie die westliche Moral auf zwei Beinen steht: einerseits die griechisch-römischen und germanischen Traditionen der Rache und Vergeltung, andererseits die christliche Lehre der Vergebung und Versöhnung.

So wie der Bibelspruch lautet: „Wer unter Euch ohne Sünde ist, werfe den ersten Stein auf sie!“[34] Mit anderen Worten: Der Mörder war wahrscheinlich auch einmal ein Opfer – seiner Umgebung, seiner Erziehung. Sind wir unter bestimmten Umständen nicht allesamt empfänglich für die Sünde? Urteilen wir deshalb nicht zu voreilig. Denn war Christus nicht bereit, sogar dem Kriminellen zu vergeben, der an das Kreuz neben dem seinen genagelt war? Jedenfalls wird auf diese Weise der Welt die christliche Narratio erläutert. Die griechisch-römischen Legenden bieten Rachegefühlen und offenen Konflikten mehr Möglichkeiten: Ein gut ausgeführter Racheakt kann manchmal sogar als Tugend akzeptiert werden.

Dichter des Altertums beschrieben die Reise von Odysseus. Er musste sich stellen, um seine Dienstpflicht im Trojanischen Krieg zu erfüllen. Weil er aber seine Frau und sein Söhnchen nicht im Stich lassen wollte, simulierte er, geisteskrank zu sein und säte Salz. Palamedes, der auch schlau war, warf das Kind auf den Acker vor den Pflug, wodurch Odysseus ausweichen musste. So erwies sich, dass er doch nicht verrückt war. Odysseus vergab Palamedes nie, dass er in diesen sinnlosen Krieg hineingezogen wurde. Als er die Gelegenheit dazu bekam, begrub er einen Schatz in Palamedes‘ Zelt. Danach ließ er einen Kriegsgefangenen einen Brief schreiben, in dem der König von Troja Palamedes eine Belohnung versprach, wenn er zu ihm überlaufen würde. Natürlich glaubte niemand, dass der rechtschaffene Palamedes an einem solchen Betrug schuldig sein konnte. Als jedoch auf Odysseus‘ Drängen in dem Zelt gegraben wurde und man das Gold fand, schlug die Stimmung um, und Palamedes wurde zu Tode gesteinigt. Es ist schon ironisch: Manchmal werfen die größten Sünder den ersten Stein. Und doch verdeutlicht uns diese Geschichte, dass wir alle tief in unserem Innersten Odysseus begreifen; möglicherweise gibt es sogar welche, die ihn bewundern. In der Öffentlichkeit jedoch loben wir mit unseren Worten das Vorbild Jesu Christi. Tun wir das Umgekehrte, entblößen wir uns als asozial oder sogar bösartig, und es versetzt uns in dem Spiel, das heutzutage soziales Leben heißt, direkt in einen Rückstand.

Europa schafft sich selbst ab

Beim Untergraben eines kollektiven abendländischen Selbstvertrauens spielt das Übernehmen der christlichen Werte eine wichtige Rolle. Das Umarmen des Außenseiters, das Gebot, den fremden Anderen so zu behandeln, als wäre er verhindert, aus eigener Kraft heraus ein Bewusstsein zu entwickeln. Für eine starke Identität braucht man ein bestimmtes Maß an Exklusivität: Nicht jedermann darf der Gemeinschaft beitreten. Je höhere Ansprüche man an Bürgersinn stellt, desto enger werden die Bande. 155 nach Christus hielt Aelius Aristides seine „Lobrede auf Rom": Er redete von Rom als einem Gebiet, in dem Platz war für jedermann, wo jedermann Bürgerrecht genoss, mitreden und mitdenken durfte. 300 nach Christus wurde, möglicherweise aufgrund des stoischen Grundsatzes, dass alle Menschen Brüder sind, allen Einwohnern des Reiches das Bürgerrecht verliehen. Tatsächlich aber verschleierte dieses sympathische Gebaren, dass die Macht Roms am Zerbröckeln war.

Seit Edward Gibbons „The History of the Decline and Fall of the Roman Empire" (1789) ist die Theorie, dass christliche Werte die Moral untergraben, wohlbekannt. Gibbon meinte, dass der Fall des Römischen Reiches ein Triumph der Barbarei und des Christentums war. Um die Identität eines Volkes oder einer Nation in einer stürmischen Welt zu festigen, ist die Bereitschaft, zu opfern oder sogar zu sterben vonnöten, um die Identität, zu der man gehört, aufrechtzuerhalten. Von der römischen Geschichte her kennen wir die Erzählung von dem tapferen jungen Mann Marcus Curtius. Im Jahr 362 vor Christus entstand plötzlich ein unermesslich tiefer Spalt im Forum Romanum.

Religiöse Führer erklärten, dass er geschlossen werden könne, wenn man das Wertvollste des römischen Volkes opfern würde. Daraufhin stürzte Curtius, der begriff, dass es für die Römer kein größeres Gut gab als Waffen und Mut, sich in voller Waffenrüstung auf einem prachtvoll aufgezäumten Pferd in den Spalt. Tatsächlich schloss sich der Abgrund sofort über ihm.

Über das alles entwickelte das Christentum jedoch eine ganz neue Ansicht. In „De Civitate Dei" (426) erklärte der Prediger Augustinus, dass Weltreiche vergängliche Konstellationen seien, die einem guten Christen an und für sich gleichgültig sein sollten. Letztlich ging es dem wahren Gläubigen nicht um Reiche oder Staaten, sondern einzig und allein darum, die eigene Seele zu retten. Deshalb verbietet die christliche Heilslehre auch das Blutvergießen. Gleichzeitig genossen die Christen aber auch die Ruhe und Ordnung, die ihnen die Pax Romana bot. Ein Frieden, der auf der mächtigen römischen Armee gründete. Gibbon kam so zu dem Schluss, dass die relativ pazifistische Art des Christentums die traditionelle kriegerische Mentalität des Römischen Reiches unterminierte. Der christliche Glaube an ein besseres Leben nach dem Tod ließ die Bürger gegenüber dem Heute gleichgültig werden, wodurch sie auch nicht mehr bereit waren, sich für das Reich zu opfern.

Was lernen wir vom Vorhergehenden über die heutigen europäischen Länder? Auf jeden Fall, dass sie sich das Recht aneignen müssen, die eigene Identität zu verstärken, und den ungezügelten Verkehr von Menschen, Gütern und Kapital eindämmen müssen. Ein wichtiges Problem, das gelöst werden muss, ist das Auflösen der nichteuropäischen Enklaven, die innerhalb Europas entstanden sind. Wie Thilo Sarrazin schon in „Deutschland schafft sich ab" (2010) meinte, kann dies nur über eine Take-it-or-leave-it-Integration geschehen. Dabei werden heftige Konflikte mit Öl- und Islam-Staaten, die wichtigste ideologische und finanzielle Quelle der Nicht-Angepassten, nicht zu vermeiden sein.

„Betrachte einen jeden als deinen Bruder und behandle den Fremden als Gleichen." Das ist wahrscheinlich der wichtigste christliche Wert, der in die kosmopolitische Welt mit hineingenommen wurde. Einerseits ist die Diversität unter den europäischen Ländern zu groß, um eine vollständige Integration zu erreichen, andererseits werden die Dinge zu einseitig ökonomisch angegangen. Eine Perspektive, die nur von einem einzigen freien Markt träumt. Insofern das europäische Projekt ein „europäisches Gefühl" verbreitet, verleiht das dem oben beschriebenen, christlich angetriebenen Kulturrelativismus noch mehr Wichtigkeit. „Tief in ihrem Innersten sind Menschen alle gleich, also wollen wir alle aus unserem Innersten heraus dasselbe": Alle Menschen werden Brüder. Vor allem müssen Europäer Abschied nehmen von der Selbstrelativierung, oder, etwas unfreundlicher, der Weg-mit-uns- oder Wir-schaffen-uns-selbst-ab-Mentalität, die auf die christliche Selbstverleugnung des „Liebe deine Feinde" gepfropft ist. Die Tatsache, dass die Weg-mit-uns-Strömung im christlichen 19. Jahrhundert Europa nicht dominierte, kommt daher, dass europäische Länder damals noch imperialistische Ambitionen hatten. Die europäische Kultur stützte sich in hohem Maß auf ihre römische Wurzel.

Die Opfer-Fixierung

Schon von Anfang an ist das Christentum besessen von Schuldgefühlen, und – am allerwichtigsten – von der für das Christentum so charakteristischen Opferrolle. Von der Bibel her kennen wir Jesus, der „sein Leben seiner Herde zu Füßen legt"; wie auch Paulus, der sich in seinen Briefen äußert. „Aus Liebe würde ich mein Geld und mich selbst für Euch hergeben", schreibt er und fragt sich, „ob Ihr mich vielleicht weniger liebt, je mehr ich Euch liebe?" Diese Leidenschaft, sich selbst zu verleugnen, tritt durch die Märtyrer ganz klar zutage. Sie starben mit der christlichen Hoffnung, das Märtyrertum zu erlangen. Ignatius von Antiochien hoffte, in der römischen Arena von den Löwen aufgefressen zu werden:

„Feuer und Kreuz und Horden wilder Bestien und Verstümmelung, Vierteilen, Knochenzersplittern, Amputation und Zermalmen meines Leibes, die arge Folter des Teufels: Kommt nur über mich! Wenn ich nur zu Jesus Christus gelange [...] Ich hoffe, dass ich die wilden Bestien, die für mich bereit stehen, genießen darf. Und ich bete, dass sie sofort über mich herfallen werden. Ja, ich werde ihnen schmeicheln, auf dass sie mich schnell auffressen werden, nicht wie andere, die sich nicht getrauten, sie anzufassen. Und tun sie das nicht von sich aus, dann werde ich sie dazu zwingen!"[35]

„Gott dienen ist vor allem ein Vorhaben", verkündete der Christ Eckhart. „Wer die Welt retten will, hat das nach Gottes Willen schon getan." Dieser Gedanke geht aus von der Unergründbarkeit der Schöpfung. Wer das Große und Ganze der Dinge nicht überblicken kann (man bedenke, der Mensch ist fehlbar!), kann nicht wissen, ob sein Handeln die gewünschten Resultate erzeugen wird. Kant argumentierte zum Beispiel auf diese Weise. Seine Ethik endet hierdurch bei Intentionen.

Die Werke des Altertums legen mehr Nachdruck auf Konsequenzen des Handelns und das Erreichen von Zielen als auf ein reines Gewissen. Vorbereitung und Entschlossenheit sind dabei ausschlaggebend, so lesen wir bei dem römischen Geschichtsschreiber Livius. Der altgriechische Philosoph Aristoteles begriff das Leben als eine Praxis. Ein Leben führen mit dem Bestreben, als höchstes Ziel die Exzellenz zu erreichen. Wenn diese Brillanz nur erreicht werden kann, indem das Leben beendet wird, um Märtyrer zu werden, dann ist diese Praxis misslungen. Auf diese Weise ist das Leben ein Mittel zum Zweck geworden, statt eines Ziels zum Selbstzweck. Die Ethik des Aristoteles ist ein Mittel zum Zweck, um das Innere eines Menschen zu stärken. So ist er imstande, danach zu streben, seine Ziele tatkräftig zu realisieren.

Der deutsche Philosoph Nietzsche nennt die antike Art des „auf der Welt sein" eine „Herrenmoral", die er folgendermaßen beschreibt: Tun, was notwendig ist, nie mit Bedauern auf die Vergangenheit zurückschauen und keine Zeit an Schuldgefühle verschwenden. Eine Erzählung des Livius in „Ab urbe condita" (1.10.4-7) schließt vollkommen an die von Nietzsche beschriebene aristokratische Moral an. Romulus tötet einen König und nimmt ihm Waffen und Rüstung ab. Dann nimmt der römische Führer die Kriegsbeute mit zum Kapitol, wo er sie als „spolia optima“ zu Ehren der Götter darbietet. Des weiteren verrichtete der Gründer Roms verschiedene Taten, die im Sinne der Religion sündhaft sind und die in ihm gegenüber seinem Gewissen Schuldgefühle erwecken könnten. So tötet er seinen Bruder, entführt Frauen, die bei religiösen Festlichkeiten zu Gast sind, und zeigt überhaupt kein Mitgefühl, wenn ein Königskollege ums Leben kommt. Der Beschreibung von Livius kann man nicht entnehmen, dass Romulus sich schuldig fühlt. Er scheint diese Taten eher als notwendiges Übel zu betrachten.

Waren diese Taten moralisch verwerflich? Livius ist diesbezüglich nicht ganz eindeutig. Romulus übertrat hin und wieder religiöse Regeln, aber letztlich wurde Rom ein blühendes, mächtiges Weltreich. Daraus kann man schließen, dass die Götter bezüglich Romulus‘ Taten ein Auge zudrückten. Und wenn die Götter Romulus schon nicht verurteilten, nun ja, wer ist der Geschichtsschreiber, der das doch tun würde? Möglicherweise haben wir es in diesem Fall mit einem innerlich zur Sache gehörenden bewertenden Bewusstsein zu tun. Anders gesagt: Mit jemandem, der den Wert seiner Handlungen nach deren Folgen beurteilt. Ist das Resultat gut, ist das Motiv für dieses Handeln auch in Ordnung.

Der Herrenmoral stellt Nietzsche infolgedessen die Sklavenmoral gegenüber. Die Sklavenmoral verlangt von der Welt nicht, dass sie sich nach ihrem Willen fügt, sondern versucht, ihren Willen mittels subtiler Manipulation aufzuerlegen. Sie versucht nicht, die Herren zu übersteigen, sondern trachtet danach, sie auch zum Sklaven zu machen. Es gibt weniger Aristokraten als Schwächere, und diese Tatsache braucht die Sklavenmoral, um ihren Einfluss zu verbreiten. Indem viele Schwache für ihre Sache gewonnen werden, um die populäre Meinung zu beeinflussen, gelingt es der Sklavenmoral, die Herren glauben zu machen, dass die Ursache ihrer Kraft schlecht und gefährlich ist. Wegen ihrer natürlichen Schwäche waren Eigenschaften wie

Kraft, Stolz, Mut und Ehre für Sklaven unerreichbar. Wenn man nun behauptet, dass sie ihre Niedrigkeit selbst gewählt hatten, kann die Sklavenmoral verhüllen, dass ihnen diese Demut ursprünglich von einem Herren auferlegt worden war.

Was die Herrenmoral betrifft, wähnt sich der aristokratische Menschentyp nach Nietzsche befugt, Werte zu gewähren. „Das aristokratische Bewusstsein sucht keine Bestätigung, sondern *urteilt.* ‚Was für mich schädlich ist, ist sowieso bösartig'; das Herrenbewusstsein kennt sich selbst als das Bewusstsein, das Ehre zuschreibt und Werte schafft."[36] Nietzsche sagt mit anderen Worten, dass ein Herr nur für sich selbst Bestätigung sucht. Unsere Gesellschaft hingegen ist sehr auf die Bestätigung von anderen ausgerichtet. Ein gutes Beispiel dafür ist der Verführungstrick, indem man einen schwarzen Markierungsstift in eine Disco mitnimmt, um dann eine Telefonnummer auf den Arm des Mädchens zu schreiben, mit dem man tanzt. Der Hintergedanke ist, dass in dem Gedränge für andere Anwesende nicht deutlich ist, was genau da gerade los ist; also werden sie neugierig. So wird das Mädchen zum Mittelpunkt, wodurch ihr Status an Wert gewinnt. Weil es diesen Status dir zu verdanken hat, ist seine natürliche Reaktion, dir zu folgen.

Ein Politiker erzählte mir von einem Interview mit der BBC über Umweltschutz. Mit saurer Miene fummelte der Befrager an seinem strähnigen fahlen Bärtchen. „Verneinen Sie etwa den Klimawandel?", fragte er bitter. „Mein Herr," antwortete der Politiker, „das Klima ändert sich immer wieder, seit es ein Klima gibt". Obwohl ihm diese Antwort übelgenommen wurde, hatte die Frage nichts mit seiner Amtsführung zu tun, erklärte der Politiker. „Diese Frage wurde mir gestellt, um mich als Menschen zu bewerten. Die Denkart eines solchen Mannes bewertet so mein Gutsein als Mensch nach meinen Absichten."

Diese Form von Bewusstsein, nach dem gute Absichten schwerer wiegen als vorauszusagende Resultate, stammt aus der Doktrin des „sola fide": die Idee, dass allein der Glaube die Erlösung bringt. Dieser Ausdruck entstand aus der Weise, wie Martin Luther den Bibeltext Römer 3:28 übersetzte: „So halten wir nun dafür, dass der Mensch gerecht wird ohne des Gesetzes Werke, durch den Glauben." Er fügte das Wörtchen „allein" hinzu – ein Mensch wird freigesprochen allein durch den Glauben. In der Doktrin von sola fide ist mitenthalten, dass die Rettung eines Menschen völlig von Gottes Tun abhängt und auf keine einzige Art durch menschliches Handeln gelenkt werden kann. Gott hatte die Initiative ergriffen, als Er Jesus entsandte, der starb und dabei das Gesetz passiv achtete, auf dass das Heil Christi überging auf diejenigen die an Ihn glaubten. Erlösung darf man also nicht sehen als Eigenschaft, erworben durch den gefallenen Menschen, sondern nur als eine Gabe Gottes.[37] Der Glaube ist eine Frage des innerlichen Lebens – das Gewissen –, und so kommen wir zur Sklavenmoral. Deshalb legt er nur Wert auf das, was sich in seinem Geistesleben abspielt. Auf diese Weise „befreit" er sich von den irdischen Ketten. Schließlich ist die Welt „Eitelkeit" – weltliche Handlungen sind leer und eitel.[38] So ist die Klimahetze für den hochmütigen Kapitalismus ein säkulares Bußetun.

Wesentlich ist das Schuldgefühl: Das westliche Gewissen ist gefangen in der Angst, nicht gerecht zu urteilen, so wie diejenigen taten, die den unschuldigen Christus opferten, als sie ihn ans Kreuz nagelten. Das Urteilsvermögen ist die Kraft hinter der Herrenmoral, aber das Urteilsvermögen ist hochmütig; es ist Gott, der rettet oder verdammt. Das Opfer ist heilig.

So wie nach Marx der Arbeiter auf der richtigen Seite des historischen Trends und der vorausgesagten Revolution steht, so werden nach dem Christentum die Demütigen gerettet werden und die Schwachen die Erde erben.[39] Die Kinder der Finsternis – die Kinder des Lichts. Das kapitalistische Bürgertum – der Arbeiter ohne Besitz. Der westliche Mann – die verwundbare Minderheit. In einem Interview mit dem „Telegraaf" (3. Mai 2014) wurde dem VVD-Politiker Hans van Baalen die Frage gestellt, ob die ALDE-Partei (die europäische liberale Allianz) nicht etwas zu links für ihn werde mit all den Phantastereien über das Übertragen von Macht nach Brüssel. Die britischen Konservativen zum Beispiel sitzen in einer anderen Fraktion. „Die sind in einer Fraktion mit Leuten, die homophob sind“, antwortete van Baalen, „und mit Leuten, die gegen die Gleichberechtigung der Frauen sind“. Vielleicht sagte er das, um außer Reichweite der Kulturmarxisten zu bleiben und so eine Atempause in seiner Kampagne zu bekommen. Tatsache bleibt, dass er so der Glaubwürdigkeit der Opferrolle Vorschub leistete und somit auch Leuten, die vom Standpunkt der Opferrolle aus Politik betreiben.

Als die Comedians Van Kooten und De Bie die Beschneidung bei Frauen kritisierten, wurde ihnen die Wahl zur Qual: Muslime oder Frauenrechtlerinnen.[40] Gegen die Frauenbeschneidung waren muslimische Frauen wie Nawal El Saadawi. Das schuf die Möglichkeit, die Kritik an der Frauenbeschneidung *nicht* als Konflikt zwischen der westlichen Zivilisation und einer Minderheit einzugrenzen. Jacques Wallage erklärte in einem Interview mit „Opzij“, einer feministischen Zeitschrift, dass er erwog, in den Niederlanden aus Respekt vor den Muslimen getrennten Unterricht für Jungen und Mädchen einzuführen. Weil er Briefe von muslimischen Mädchen bekam, die dagegen waren, zog er diesen Vorschlag zurück. Oh Ironie, der Grund, dass das „Schuldgefühl des weißen Mannes“ in diesem Fall nicht den Vorzug bekam, war die Tatsache, dass einige Personen einer Minderheit sich die westliche Zivilisation angeeignet hatten.

Die gleiche Logik kann man anwenden, wenn Frauenrechtlerinnen über das Kopftuch stolpern – ob sie dieses als Symbol der Unterdrückung der Frau betrachten oder nicht. Bei einer Uneinigkeit zwischen dem COC, einem Lobbyclub für Homosexuelle, und einer islamischen Gruppe, die sich weigerte, ein Gebäude mit ihm zu teilen, begriffen die Homosexuellen, dass sie ihrer Sache Schaden zufügen würden, wenn sie sich gegen eine andere Minderheit stellten.[41] Stattdessen warteten sie, bis der katholische Kardinal Simonis während eines Radiointerviews erklärte, dass er sich vorstellen könne, dass ein katholischer Hausbesitzer lieber kein Zimmer an ein homosexuelles Paar vermieten würde. Das COC startete sofort eine heftige Offensive gegen Simonis und verklagte ihn sogar.

Das Wahrzeichen des Marxismus ist nicht mehr das Produktionskapital, sondern das westliche Schuldgefühl. Politiker organisieren oft eine Kampagne im Namen einer Minderheit. Sie beschreiben die Gruppe als benachteiligt, um auf diese Art in ihrem Namen selbst die Macht zu erlangen. „Flo Cluclas, Präsident des ALDE Party Gender Equality Network, erinnerte an das Opfer der britischen Suffragetten, wie Emily Wilding Davison, die von einem Pferd zertrampelt wurde, als sie beim Epsom Derby protestierte. ‚Während in Europa heute 67 Prozent aller Hochschulabsolventen und 27 Prozent aller Unternehmer weiblich sind, verdienen Frauen im Durchschnitt 17,6 Prozent weniger als ihre männlichen Kollegen. Weitere Ausbildungsmöglichkeiten werden ihnen vorenthalten, und sie werden ausgebeutet'."[42] Cluclas erwähnt jedoch nicht, dass Frauen – auch wenn sie sehr gut ausgebildet sind – es öfters vorziehen, weniger Stunden zu arbeiten als Männer, und „eher zufrieden sind mit Teilzeitarbeit".[43]

Zu Recht bemerkte Renzo Verwer dazu, dass Frauen eine Schwäche haben für „Männer, die wirklich größer sind als sie, höher auf der gesellschaftlichen Leiter stehen und imstande sind, eine Frau zu versorgen".[44] Die meisten Frauen fühlen sich nicht hingezogen zu einem Mann mit niedrigem Einkommen, der sich auch um den Haushalt kümmert und Kinder erzieht. Das Interesse von Frauen an einem erfolgreichen Mann ist ein wichtiger Grund für Männer, nach einem höheren Status zu streben. Es stimuliert Personen, die körperlich nicht attraktiv sind, produktiv zu werden und hervorragende Leistungen zu vollbringen. Wenn dieser Unterschied im Status wegfällt, wird die Gesellschaft ernstlich untergraben, und außerdem ist ein Mann, der seine Karriere aufgibt, nicht mehr interessant für Frauen. Sich wünschen, dass der Mann seinen Status aufgibt – was Frauenrechtlerinnen auf passiv-aggressive Art andeuten – ist ebenso lächerlich, wie von einer Frau zu verlangen, sich ihrer Schönheit zu entledigen.

Es ist schon bemerkenswert, dass Cluclas, der die liberale Familie verteidigt – obwohl er doch Sozialist war –, Davison als Vorbild nimmt.[45] LYMEC, die europäische liberale Jugendorganisation, vertritt den gegenteiligen Standpunkt: „Heute gab die ALDE-Gruppe eine Pressemitteilung heraus, in der sie ihre ‚nachdrückliche Unterstützung' für den Vorschlag von Kommissar Reding bekundet, in der ganzen EU Genderquoten einzuführen: Öffentlich registrierte Betriebe sollen zu einer Quote von 40 Prozent verpflichtet werden. Die Europäische Liberale Jugend (LYMEC) ist sehr enttäuscht von dieser plötzlichen Kehrtwendung."[46] Vedrana Gujic, Vizepräsidentin von LYMEC, verkündete, dass „jedes Individuum akzeptiert oder gefördert werden muss aufgrund seiner Kenntnisse, Fähigkeiten, Erfahrung und Talente als Mensch. Sowohl im Geschäftsleben als auch in der Politik wünsche ich nicht durch mein Geschlecht definiert und auch nicht beschützt zu werden." Der Liberale Jeroen Diepemaat bemerkte ironisch, dass Quoten nicht für Frauen geeignet seien, sondern für Fische.

Es ist tatsächlich überraschend, denn ist nicht gerade das Besetzen einer Position mit demjenigen, der am besten dafür geeignet ist, der Grundsatz des Liberalismus? Oder nach den Worten von Aristoteles: Dort, wo die Talente und die Nöte der Welt einander begegnen, dort ist deine Berufung oder eben dein Beruf. Ist es nicht bemerkenswert, dass eine liberale Autorität einem Sozialisten Ehre erweist? Wenn es darum geht, die Kritische Theorie unter politischen Parteien zu verbreiten, sind alle Anhänger einer Meinung. Die Ehrbezeugung an Davison ist ein Fall von Opferfixierung – genauso wie Ignatius wünschte, von einem Löwen aufgefressen zu werden, „blieb Emily Davison bei ihrer Überzeugung, dass eine große Tragödie, das absichtliche Aufsspielsetzen eines Menschenlebens, die unerträgliche Unterdrückung der Frauen beenden könne. Deshalb warf sie sich selbst vor das Pferd des Königs."[47] Das schrieb die Suffragette Emmeline Pankhurst, wobei sie verschwieg, dass Davison schon vorher Aktionen unternommen hatte – wie das Anzünden von Briefkästen –, die so schändlich waren, dass sogar die Women's Social and Political Union sich öffentlich davon distanzierte.

Das Land der Beleidigten

Weil das offene Verkünden eines Konflikts tabu ist, ist das „Framen“ des Konflikts selbst ein Teil des Streits geworden. Wir werden ermutigt, die Empfindlichkeiten der Gesellschaft zu manipulieren. „Sie behandeln mich so, weil ich ... von anderer ethnischer Herkunft bin ... einer anderen Religion zugetan bin... eine andere sexuelle Vorliebe habe“, und so weiter. Wer des Fremdenhasses, der Xenophobie, bezichtigt wird, hat es schwer, die Anschuldigungen zu widerlegen, und wird direkt in die Defensive gedrängt. So appellierte der Journalist Peter Verlinden kürzlich an die Partei Nieuw-Vlaamse Alliantie, ausdrücklich gegen Rassismus Stellung zu nehmen.[48] Das ist ein klassischer kulturmarxistischer Trick, der bewirkt, dass eine Partei sich fortwährend verteidigen muss gegen Verdächtigungen, und so nicht zu proaktivem Denken kommt. Nimmt die Partei die Herausforderung an und distanziert sich öffentlich davon, auch wenn es etwas ist, womit sie nichts zu tun hatte, schließt die Distanzierung mit ein, dass doch noch ein Restchen politische Sünde an ihr kleben bleibt. Guilty by association.

Manchmal bedeutet passive Aggression auch Verneinung des Konflikts. Nicht: „Wir denken beide an ein Konzept, das nicht zu vereinbaren ist mit dem des anderen“, sondern: „Wir verstehen einander ausgezeichnet.“ Das kann man zurückführen auf christliche Thesen wie: „Lerne, deinen Feind zu lieben“[49] und: „Halte die andere Wange hin.“[50] Schließlich sollen wir auf der Welt sein, um einander zu lieben. Nicht, um selbst auszuwählen, wen wir lieben und wen wir verachten wollen, sondern weil Gott dies seiner Herde auferlegt.[51] Was auch mitspielt, ist, dass Riten, mit denen man seit jeher das Schuldgefühl von sich abgleiten lassen konnte, wie die Beichte, ihren sakralen Charakter verloren haben und damit die Glaubwürdigkeit. Der Calvinismus, in seiner reinsten Form, kennt überhaupt keinen Ablass der Sünden im irdischen Leben. Das bedeutete für das europäische geistige Leben, dass die Säkularisierung das Zeitalter des Multikulturalismus einleitete: eine Epoche, die uns auferlegt, „nicht zu urteilen“ über das, was anders ist.

Weil wir keine öffentlichen Konflikte mehr haben wollen, entwickelten wir uns zu einem Ländchen der Bescheidenheit. Wir hoffen, dass jemand uns beleidigt, um so einen guten Grund zu haben, uns angegriffen zu fühlen, die Aufmerksamkeit auf uns selbst zu lenken und Entschuldigungen zu fordern. Eine Kultur passiver Aggression mit einer Besessenheit für Leidende. Alles im Namen moralischer Empörung (sei sie geheuchelt oder nicht). Seit den 90er Jahren werden wir traktiert mit den äußerst banalen, vulgären, platten Witzen von Gordon, Paul de Leeuw und Gerard Joling. Das begann im Namen der Erziehung des Volkes. „Oh, du kannst darüber nicht lachen, hast wohl was gegen Schwule oder so?“ Nun ja, alles musste erlaubt sein ... Bis der Tag kam, da es sich um Minderheiten handelte! Da war die Empörung auf einmal sehr groß. Gordon machte in Anwesenheit eines asiatischen Sängers einen Witz über chinesisches Fastfood, und die Begebenheit wurde in New Yorker Zeitungen erwähnt.

Seit der Kunstbewegung Dada muss alles, was westlich ist, verspottet, beschimpft und lächerlich gemacht werden können. Man denke an Duchamp, der ein Pissoir in ein Museum stellte und auf das Bild von Mona Lisa einen Schnurrbart malte. Keine Monumente von vaterländischen Helden, Gleichheit müssen wir haben! Nach dem Kulturphilosophen Roger Scruton ist das Untergraben jeder Wahrheit das größte Problem unserer Gesellschaft. „Es ist ein Dilemma, dass es nichts gibt, das nicht als relativ hinweggefegt werden kann.“[52] Was für ein Zeichen geben wir hiermit unseren Neuankömmlingen? Dass wir die Wurzeln unserer Zivilisation offenbar nicht ernst nehmen. Und wer will wohl zu den Verlierern gehören? Man kombiniere diese Selbstverleugnung mit einer extremen Empfindlichkeit für die Wünsche von Minderheiten: „Negerküsse“, „Zigeunersoße“, „Judenkekse“, das alles darf nicht mehr so gesagt, geschrieben und genannt werden, und eine Zivilisation kommt ins Trudeln.

Sobald etwas geschieht, ob es sich nun um das Nikolausfest oder die Witze über das chinesische Fastfood handelt, werden die Medien gebraucht, um dem Europäer zu erläutern, wie xenophob oder kolonialistisch er wohl ist. Die UNO-Wissenschaftlerin Verene Shepherd sagte, dass der Zwarte Piet rassistisch sei. Ein diskriminierender Zwarte Piet bringt nicht nur Opfer, sondern auch Täter mit sich. Wer zwingt nun wen in welche unerwünschte Rolle? Als ich selber für die Europawahlen kandidierte, tat ich das mit der Schlagzeile: „Ich bin für Europa, aber nicht für das von Schuldgefühlen und Schuldenbergen, sondern für ein starkes, selbstbewusstes Europa." Denn Europäer sind in Wirklichkeit gastfreundlich und brauchen sich das Gegenteil nicht aufschwatzen zu lassen.

Dass das Ansprechen von westlichen Schuldgefühlen der geistige Antrieb ist für die Diskussion über den Zwarte Piet, zeigte sich, als Quinsy Gario am 17. Juli 2014 folgenden Tweet in die Welt hinein schleuderte: „White lives matter more than brown ones." („Weiße Leben zählen mehr als braune.") Gario, Gründer der Aktionsgruppe „Zwarte Piet Is Racisme", („der Zwarte Piet ist rassistisch") stellte diese Bemerkung ins Netz, als Ministerpräsident Rutte nach dem Abschuss des Flugs MH17 gezwungen war, die Konferenz über den Palästinakonflikt zu verlassen und in die Niederlande zurückzukehren. Sofort wurde darauf hingewiesen, dass auch viele Nicht-Weiße umgekommen waren. Gario lenkte schnell ein und entschuldigte sich.

Anfang Juli 2014 urteilte der Verwaltungsrichter von Amsterdam, dass das Sankt-Nikolaus-Fest mit geschminktem Zwarte Piet dazu beitrage, Menschen afrikanischer Herkunft zu Stereotypen zu stigmatisieren. Dabei wurde auf Artikel 8 der Europäischen Menschenrechtskonvention verwiesen. Einmal mehr zeigt dies, wie die entwurzelte kosmopolitische Superklasse vom Elfenbeinturm herab dem Mann aus dem Volk, der von jeher Straßenfeste feiert und an Traditionen hängt, Regeln auferlegt. Nun ist es soweit gekommen, dass die, die neu hinzugekommen sind, fordern, dass die Traditionen der ursprünglichen Bevölkerung nach den Vorstellungen der Einwanderer geändert werden. Eine Nation, die Standhaftigkeit beweisen will, sagt zu den neuen Bürgern: „Wenn Sie gerne zu uns gehören wollen und

Gebrauch machen von unserem Wohlfahrtsstaat, richten Sie sich nach den hier geltenden Traditionen.“ In der Türkei, in Russland und dem Nahen Osten begreift man das, während im Westen die politische Korrektheit herrscht. Man kann auf den Moment warten, in dem der durchschnittliche Polizeibeamte selbst beginnt, nachzudenken, und sich fragt, ob er diese Regeln noch als Ordnungshüter hüten will. Denn wo Unrecht zum Gesetz wird, wird Widerstand zur Pflicht.

Der Multikulturalismus bewegt sich immer nur in eine Richtung, nämlich gegen diejenigen mit den schwächsten kulturellen Wurzeln. Das zeigt sich am Beispiel der vielen Moscheen, die in den Niederlanden gebaut werden, wobei aber der Bau einer Kirche in islamischen Ländern in der Regel zu einer Reaktion führt wie: „Ho, ho, treiben Sie es nicht zu bunt.“ Es stimmt, dass die Niederlande sich ein christliches Land nennen, wenn es in der Diskussion um den Bau von Moscheen geht, während jedoch beinahe niemand mehr in die Kirche geht. Eine Kirche jedoch gleicht nicht dem Palast von Aladin. Muslimische Frauen bekommen das Privileg, in Burka zu schwimmen oder halt im Schwimmbad eine eigene Stunde für sich allein zur Verfügung zu haben, weil sie an solchen Orten aus Glaubensgründen nicht mit Männern zusammen sein dürfen. Dass die Leute im Westen erwägen, ihre eigenen Traditionen zu verändern zugunsten von Minderheiten, bedeutet Verlust der Identität und eine übertriebene Empfänglichkeit für Opferbereitschaft, Schuldgefühl und die Last der Vergangenheit. Ein Gastland, das Selbstvertrauen ausstrahlt, fordert von Minderheiten, dass sie seine Kultur und seine Werte übernehmen und nicht umgekehrt. Jetzt werden seine Werte als Pluralismus und Mitgefühl mit den Schwächeren manipuliert von Minderheiten und deren Verfechtern, um Privilegien zu fordern und den Rest zu einer flachen, gleichförmigen Masse zu egalisieren. Der nächste Schritt ist, dass die Elfen des Weihnachtsmanns als Diskriminierung von kleinwüchsigen Menschen aufgefasst werden, und der Osterhase als Tierquälerei. Wer sich nicht beugt, ist ein Quälgeist, ein Chauvinist, jemand, der Frauen misshandelt, ein Schwulenhasser, Rassist,

Islamophober, und so weiter und so fort. Europa hat das Umarmen der Opfer zur Religion erkoren. Aber wie ist es denn umgekehrt?

Muss ein afrikanischer General vor Gericht gestellt werden für das Massakrieren eines benachbarten Stammes? Dann ist der Internationale Gerichtshof „rassistisch“ (das erklärte die Afrikanische Union im Mai 2013). Aber wer spricht je über das, was zum Beispiel den weißen Bewohnern von Südafrika in den letzten 50 Jahren angetan wurde? Natürlich niemand, denn diese Volksgruppe wird nicht als Opfergruppe betrachtet. Im März 2014 forderten Länder in der Karibik Wiedergutmachungszahlungen von den Niederlanden, weil diese mit Sklaven handelten und Sklaven hielten. Man stelle sich vor, dass Frankreich oder Deutschland die Italiener anklagen würden, weil die Römer früher Franken und Germanen versklavten. Oder Großbritannien die Isländer, weil sie die Nachkommen britischer Frauen sind, die von den Wikingern entführt wurden. Inzwischen wird die Beteiligung afrikanischer Kriegsherren am Sklavenhandel (und wieviele Stämme wurden von den Zulus ausgerottet?) mit keinem Wort erwähnt. Hollywoodfilme erzeugen ein Bild, wie die Weißen mit Netzen in die afrikanischen Länder zogen, um Sklaven zu fangen. Das ist aber nicht wahr, denn die Sklaven waren Kriegsgefangene von Stammeskriegen und wurden von den Warlords verkauft. Der Sklavenhandel war im Westen auch nie so umfangreich wie im Nahen Osten und hatte viel kürzer Bestand. Ein französisch-marokkanischer Fußballer erzählte 2013 von seinen Erlebnissen in Katar.[53] Asiatische Arbeiter, mit deren Blut die Stadions gebaut wurden, dürfen nicht einmal Läden betreten.

Bis jetzt wurde viel in Sachen Gleichheit erreicht, aber zu welchem Preis? Alexis de Tocqueville sagte vor einigen Jahrhunderten voraus, dass die westliche Demokratie zum Egalitarismus verkommen würde. Im Namen der Gleichheit muss jeder Hügel schließlich flachgewalzt werden und muss jeder Unterschied eliminiert werden. Sei es nun auf dem Gebiet der Hierarchie, der Tradition oder der Ethnizität. Am Ende gibt es nur noch eine große Masse von Konsumenten, ohne philosophische oder spirituelle Anker. Wenn Traditionen unser Handeln nicht mehr lenken, stützen wir unsere Handlungen auf Rechte. Aber, so sagte de Tocqueville, es ist unvermeidlich, dass diese erworbenen Freiheiten aufeinanderprallen, und in diesem Augenblick beruft man sich auf den Staat. Die individuelle Freiheit wurde früher durch Traditionen geregelt, jetzt verliert sie sich in endloser Paragraphenreiterei:

„Die Obrigkeit wird um die Gesellschaft ein Netz spannen von komplizierten, detaillierten und einförmigen Verordnungen, wodurch selbst die originellsten und willensstärksten Geister ihr eigenes Urteilsvermögen immer seltener gebrauchen werden. Auch die soziale Wechselbeziehung wird durch kleine und triviale Vorschriften eingeschnürt werden. Auch die individuelle Willenskraft wird sich auf einen stetig kleiner werdenden Platz zurückdrängen lassen, das Streben nach Gleichheit hat sie schon darauf vorbereitet, und noch schlimmer: Dadurch wird dieses als etwas Nützliches und Gutes angesehen. Man wird Bürger nicht zu etwas zwingen, aber man wird persönlichen Aktivitäten so viele Hindernisse in den Weg legen, dass am Ende jede Initiative erloschen ist. Ohne je wieder Tyrannei einsetzen zu müssen, werden die Leute mundtot und willenlos gemacht. Die Nation wird zu einer Herde ängstlicher und fleißiger Schafe werden, und die Obrigkeit zum guten Hirten. Diese Form reglementierter und geruhsamer Sklaverei kommt im Schatten der Volkssouveränität zustande.“[54]

„Man muss die Leute so zu lenken wissen, dass sie denken, sie würden nicht gelenkt, sondern lebten ganz nach eigenem Gutdünken und zu ihrem eigenen Vergnügen.“[55] Das schrieb Spinoza schon vor de Tocqueville über die zukünftige politische Macht. „Das Ziel der Politik ist, dass Menschen, befreit von jeglicher Angst, so sicher wie nur möglich leben können. Das bedeutet, dass sie ihr natürliches Recht, zu existieren und ihre eigene Art zu erhalten, so weit wie möglich bewahren, ohne sich selbst und anderen zu schaden. Ich meine nicht, dass das Ziel der Politik ist, aus ehrlichen Wesen, die Menschen sind, Herdentiere oder Automaten zu machen. Im Gegenteil, in der Politik geht es darum, dafür zu sorgen, dass ihr Leib und Geist in Sicherheit funktionieren können, und dass sie ihre eigene freie Ausdrucksweise gebrauchen können."[56]

Aber es liegt in der Natur von Lebewesen, Gefahren zu trotzen, sich Ziele zu setzen und sich in neuen Gebieten zu verbreiten. Diese Ziele sind die Folge des Willens, Gefahren zu überwinden. Nimm alle Gefahren weg, und die Organismen funktionieren nicht mehr richtig. Die Bevölkerung explodiert, wird frustriert, ruhelos und danach lustlos. Dann fällt der soziale Zusammenhang weg, und sie sterben aus. Dies zeigte sich an den Experimenten mit Mäusen, die John Calhoun 1968 durchführte. Das sogenannte „mice utopia experiment" kam immer zum gleichen Ergebnis.

Des weiteren kommt hier der Begriff des „sozialen Raums" hinzu. Das will sagen, dass ein Wesen nur eine bestimmte Anzahl bedeutungsvoller Beziehungen eingehen kann, bis es überempfindlich wird oder bis es keine neuen Beziehungen mehr eingehen kann, ohne dass die Aufmerksamkeit auf Kosten schon bestehender Beziehungen geht, die der Organismus zu unterhalten wünscht.[57] Der soziale Raum ist also buchstäblich eingeschränkt, das bedeutet, dass die soziale Absonderung von Aussteigern noch heftiger wird, wenn die Bevölkerung weiterhin wächst. Stämme und Gruppen kennen eine maximale Größe, wodurch, wenn sie darüber hinaus anwachsen, sozial isolierte Einzelpersonen entstehen, die einander bekämpfen, um Aufmerksamkeit zu erlangen, damit sie von der Gruppe akzeptiert werden. Sozial isolierte Mäuse wurden in Calhouns Experimenten regelmäßig gebissen und hatten dadurch Narben. Es gab auch Mäuse, die die Absonderung vorzogen und so ihr schönes Fell behielten. Sie führten wohl das Paarungsritual auf, indem sie ihren Körper pflegten und sauber hielten, paarten sich aber höchst selten. Ein Angst einflößender Vergleich mit dem heutigen Narzissmus drängt sich hier auf. Ebenfalls von Bedeutung ist Alexander Atkinsons Untersuchung über Personen, die sich in alternativ-rechte Kreise begeben. Sie haben unter der Repression der postmodernen westlichen Gesellschaft so gelitten – eine Gesellschaft, die Jungen beim Werdegang zum Mann während der Erziehung nicht begleitet –, dass sie gestörtes soziales Verhalten an den Tag legen und am Ende vollständig paranoid werden.

Oft habe ich das Gefühl, dass das, was de Tocqueville schon vor zwei Jahrhunderten fürchtete, heute in aller Deutlichkeit ans Tageslicht kommt. Von Gesprächen wird erwartet, dass sie nach einem festgelegten Skript von „civility" geführt werden, und wer etwas Abweichendes sagt, wird nicht begriffen oder abgelehnt. „Ein tiefgehendes Gespräch führen" wird heutzutage nicht mehr verstanden als Gedankenaustausch zweier Menschen, die viel von einem Thema wissen (wollen), sondern als eine Art „gegenseitiger Beichte", bei der intime Gefühle und persönliche Überzeugungen aufgetischt werden. Politisch nicht korrekte Bemerkungen oder Witze sind dabei sowieso unerwünscht.

Bei einem Rendezvous bedeutet dieses „Netz sozialer Subtilitäten", dass ein Versuch eines Mannes, ein intellektuelles Thema anzuschneiden, von vielen Frauen nur begriffen werden kann als Äußerung des Standpunktes „ich bin gescheit", also als langweilig und anmaßend. So wird der Intellekt tatsächlich immer enger eingeschnürt. Männer, die in Gesellschaft von Frauen dergleichen Diskussionen führen, können mit einer Mischung aus Heiterkeit und Irritation rechnen, auf genau die leichtsinnige, demütigende und subtile Art, vor der de Tocqueville warnte: „Schau die Jüngelchen mal an, wie sie versuchen, sich interessant darzustellen. Es hat den Anschein, als wollten sie Shakespeare nachahmen."

Ein Beispiel für eine solche Manipulation der Sprache ist die Entfernung der Worte „la gestion en bon père de famille" aus allen französischen Gesetzbüchern.[58] Diese Ausdrucksweise ist verwandt mit „pater familias" und bedeutet, in aller Redlichkeit handeln wie eine gutmütige Vaterfigur; ihre Entfernung ist ein Zeichen für eine subtile Vernichtung von häuslichen Werten. Auch das Wort „mademoiselle" (das französische Wort für „Fräulein") wurde aus der Amtssprache weggelassen. Inzwischen geht das soweit, dass der französische Politiker Julien Aubert ein Bußgeld zahlen musste, weil er „Madame le President“ sagte statt „Madame la President“.[59] Das Wort „president“ ist offiziell männlich, und überdies bezieht sich „Madame la President“ auf die Ehefrau des Präsidenten. Dennoch wurde Aubert belangt.

Als ich im Internet über die Feminisierung der westlichen Kultur schrieb, bekam ich mehrere Reaktionen dahingehend, dass das Problem als „amerikanischer Konservatismus“ aufgefasst werde und „viele Leser abschrecken würde“.[60] Danach ging es in der Diskussion vor allem um das Image und die Eindrücke, die aus der Wortwahl hervorgingen, und viel weniger um die Wahrheit und die Folgen dessen, was gesagt wurde. Man kann keine Antithese mehr zum Kulturmarxismus formulieren, die nicht als „unnötig provozierend“ und so weiter abgetan würde. Konkret heißt das, dass in der politischen Arena immer weniger erreicht werden kann, weil das Problem nicht mehr im Klartext übermittelt werden kann. Zudem bedeutet es, dass die Impulse zum Überleben der westlichen Zivilisation aus Bereichen wie der Wirtschaft, den Medien, der Armee und der Polizei kommen müssen. Bereichen, die tatkräftig genug sind, um ohne die durch die politische Korrektheit beherrschte Diskussionskultur etwas bewirken und erreichen zu können.

Wie de Tocqueville schon vorhersagte, ist der Bewohner der heutigen postindustriellen Gesellschaft stets auf sich selbst angewiesen; wir sind nicht so sehr ein Volk, sondern eine Bevölkerung, jeder von uns widmet sich dem Aufrechterhalten und Vermehren des (persönlichen) Wohlstands. „Der Mann der Zukunft besteht in und für sich selbst – obwohl er vielleicht eine Familie hat, kennt er bestimmt kein Vaterland. Über diesen vielen individuellen Menschen thront ein bevormundender Machtapparat, der über das Wohlbefinden und Ungemach die Wache hält, der alles voraussieht und alles regelt und seine Bürger in ewiger Kindheit festhält. Diese neue Macht garantiert ihnen eine sichere und gut versorgte Existenz, besteht jedoch darauf, selbst zu bestimmen, was gut für sie ist.“[61] Die meisten Weltreiche erreichen ihren Höhepunkt kurz bevor sie zu Fall kommen. Sie werden sehr effizient und umgeben sich mit Wohlstand. Das scheidet diejenigen, die die Entscheidungen treffen, von der Wirklichkeit, weil sie selbst ihr eigenes Feuerholz nicht mehr umhacken, und auch ihre Nahrung nicht mehr selbst anpflanzen. So kommt innerhalb der Gesellschaft eine Krankheit auf, wobei die Amtsführer die Zusammenhänge zwischen Ursachen und deren Folgen verwechseln mit „wie Aktivitäten von anderen erfahren werden“. Sie bewerten Projekte nach den ihnen zugrundeliegenden Vorhaben und nicht nach den Resultaten. Dabei können sie von einem hohen Grad von Wohlstand zehren und sind somit abgesondert von den unmittelbaren Folgen und den Folgen auf lange Sicht dessen, was sie angezettelt haben. Die Notwendigkeit, der Realität Aufmerksamkeit zu schenken, ist deshalb die Basis und der Anfang einer gesunden Philosophie.

Beim Behandeln der Lehre des Wissens ergibt sich, dass der Mensch notwendigerweise innerhalb des Fassungsvermögens seiner Kenntnis argumentiert. Menschliche Wünsche und Absichten können an und für sich die Art der Dinge nicht verändern. Wohl können wir auf unser Urteilsvermögen vertrauen. Urteilen ist Leben: Wir beurteilen Früchte als essbar, Feuer als gefährlich. Wenn wir von der Welt Sachen verlangen, die unmöglich sind, wie etwa dass oben unten ist, geben wir Forderungen Vorrang vor der Anerkennung der Wirklichkeit. Das ist ein Verlangen nach dem Tod, weil dann am Ende für ein unerreichbares Resultat Opfer gebracht werden müssen. Der Altruismus ermutigt uns jedoch, solche Opfer zu erbringen „im Namen der guten Sache“. Je mehr man leidet und sich selbst verleugnet, desto höheren moralischen Wert hat das Opfer. Wer nicht auf sein Urteilsvermögen vertraut, wählt Selbstbetrug und am Ende den Tod. Der Wille, zu leben, ist die Bereitschaft, die Natur der Dinge anzuerkennen. Wir identifizieren, was wir wahrnehmen. So machen wir auf Karten Aufzeichnungen von der Welt, und so machen wir Fortschritte. Sogar wer Menschen nicht gern hat, die andere in abgegrenzten Rahmen unterbringen, hat für diese Menschen ein Plätzchen in seinem Geist.

Was bewirkt eigentlich, dass der Kulturmarxismus überhaupt bestehen kann? Wie kommt eine Zivilisation soweit, dass sie sich so auf den Abbruch ihrer eigenen intellektuellen Fundamente richtet? Das ist entweder ein Zeichen unausweichlichen Zerfalls oder ein Zeichen dafür, dass eine Zivilisation sich selbst abbricht, bis die inwendige Krankheit aufgedeckt ist. Die kulturelle Schizophrenie führte zum sozialen Schlagwort der heutigen Zeit: „Sei lieb zu jedermann und hinterlasse einen guten Eindruck, stampfe jedoch die Konkurrenz zu Brei." Es ist innerlich zwiespältig, genauso wie die griechisch-römische Kultur und die christliche Religion gegenteilig umgehen mit Vergebung gegen Rache, mit Intentionen gegen Folgen. Das wichtigste Symptom dieser Krankheit ist, dass die westliche Zivilisation Leidtragende braucht. Solange es Leidtragende gibt, werden Leute aufstehen, die „für sie aufkommen", und so eine Art politischer Immunität genießen hinter öffentlich vorgeführter Wohltätigkeit. Wer die „Champions der Verworfenen" kritisiert – wer zweifelt, ob das Machbarkeitsdenken, das ihrem Egalitarismus zugrundeliegt, wohl standhaft bleibt bei der Konfrontation mit der Realität, einschließlich all ihrer tragischen Aspekte – steht sofort null zu eins im Rückstand. Das sind die Unterdrücker, die Kapitalisten, die Kolonialisten.

4 Sozialer Atomismus

Michel kaufte einen Kanarienvogel. Jeden Abend wenn er heimkam sorgte er vor dem Essen für seinen Vogel. Bis das Tierchen – wie das Schicksal von allen Dingen eben so ist – schließlich starb. Michel wickelte das tote Vögelchen in eine Plastiktüte und warf es in den Abfallschacht. Was hätte er sonst damit tun sollen? Seitdem kam Michel heim und aß.

Das Leben des alleinstehenden Michel erfasst die Einsamkeit des postmodernen Existierens in ihrem Kern. Sie können mit Hunderten anderen in einem Plattenbau wohnen. Möglicherweise reden Sie nicht oder kaum mit Ihren Nachbarn. Es ist möglich, dass einige von ihnen sehr einsam sind. Ohne dass sie es wissen, verborgen in der Anonymität der Gesellschaft. Dieses Gefühl von Einsamkeit durchdringt heutzutage Beziehungen, seien sie nun freundschaftlicher oder romantischer Art. Im postmodernen Leben geht es um die Vorlieben des Konsumenten. Wenn ein Produkt einem nicht gefällt, kann man sich seiner in jedem gewünschten Moment entledigen. Eine Bedingung für Konsumentismus ist die fortwährende Zirkulation von Gütern. Bei Beziehungen ist es genauso.

„Ein Abkommen hat nur Gültigkeit auf Basis von Eigennutz“, behauptete Spinoza. „Wenn der wegfällt, wird gleichzeitig die Abmachung aufgehoben und bleibt sie weiterhin ohne Auswirkung. Es ist also dumm, wenn eine Partei von der anderen langfristige Treue verlangt, wenn die Kündigung der Abmachung für denjenigen, der kündigt, mehr Nutzen als Schaden mit sich bringt.“[62] Mit anderen Worten: Wenn Sie wissen wollen, ob das Gras beim Nachbarn grüner ist, ist es normal, die Beziehung zu beenden. Die Basis der Beziehung war anfänglich doch das Lusterlebnis. Postmoderne Beziehungen führen uns zurück zu elementaren Teilchen; Teilchen, die aneinander kleben, aber auseinanderfallen, sobald einer von beiden nicht genügend Energie aus der Beziehung herausholt. So bröckeln die einzelnen

Moleküle des menschlichen Zusammenseins ab zu immer kleiner werdenden Teilchen, die in einer Leere herumtaumeln.

Der Journalist Renzo Verwer widmete einen ansehnlichen Teil seiner Jugend dem Studium des Liebesmarktes. Er untersuchte die Mythen bezüglich Beziehungen und Romantik und berichtete über die überaus harte Realität. „Nicht Handvoll, sondern Land voll" ist das Schlagwort. In der Praxis ist die große Menge Alleinstehender eben deshalb ein Hindernis dafür, eine feste Beziehung einzugehen. „Viele Alleinstehende in einem großen freien Raum (das weltweite Netz miteinbezogen), denen man nur ab und zu begegnet, bieten weniger Chancen für einen dauerhaften Kontakt, als wenn man einander regelmäßig in einer kleineren Gemeinschaft sieht."[63] Die Sache ist die, dass die Gemeinschaft im kleinen Maßstab in früheren Zeiten Geborgenheit und Übersicht bot. Man traf sich auf der Kirmes und wusste, wer Junggeselle war.

Eine andere Ursache für den Zerfall von festgefügten sozialen Verbänden ist der Versorgungsstaat. So gibt der Versorgungsstaat Frauen die Gelegenheit, die Erziehung eines Kindes allein zu übernehmen, ohne Vaterfigur. „Hat die Mutter einen biologischen Erzeuger ausgewählt und die emotionale Vaterschaft von jemandem abgewiesen?", fragte Leon de Winter sich.[64] Seiner Meinung nach sind sich die Leute durch den Versorgungsstaat nicht mehr so nahe; nahm man früher in schweren Zeiten die Hilfe von Nachbarn und Verwandten in Anspruch, ist es nun selbstverständlich, bei den Behörden um finanzielle Unterstützung anzuklopfen. Möglicherweise wurde die Stärke der europäischen Völker, ihr dynamisches, selbstorganisierendes Potential, das wir im weitesten Sinne des Wortes als „Bürgertugend" beschreiben können, untergraben durch 60 Jahre Versorgungsstaat.

Wenn bindende Traditionen und sozialer Zusammenhang tatsächlich abbröckeln, könnte es dann sein, dass de Winter nicht weit genug zurückschaut, wenn er dieses Problem dem Versorgungsstaat zuschreibt? Vielleicht liegt er falsch und die westliche Zivilisation wurde in Wirklichkeit untergraben durch

350 Jahre sozialen Atomismus, wovon die Rebellion von 1968 nur eine Nebenerscheinung ist.

Mit dem Ausdruck „sozialer Atomismus" beziehe ich mich auf Thomas Hobbes (1588-1679), der in seinen Werken eine atomare Auffassung des Individuums darlegte. Diese atomistische Auffassung ist direkt zu verbinden mit Beziehungen in der heutigen Zeit; eine Ansicht, die das Sociaal en Cultureel Planbureau „relative Anteilnahme" nannte.[65]

Im Buch „Leviathan" (1651) legte Hobbes dar, dass ein Mensch eine autonome Einheit ist. Manchmal kommen diese Einheiten zusammen und bilden einen Körper. Der Körper ist dann ein Zusammenarbeitsverband oder eine Lebensgemeinschaft, genauso wie ein Körper aus Muskeln aufgebaut ist. Das Problem ist jedoch, dass die Atome, aus denen der Körper zusammengestellt ist, absonderliche Triebfedern haben. Deshalb beschließen die Atome, dem Körper einen Kopf zu geben – eine Obrigkeit, die soviel wie möglich verhindert, dass die Atome aufeinanderprallen.

Um des Menschen wahre Art aufzuzeigen, beschreibt Hobbes einen sogenannten „Naturzustand": Einen Krieg aller gegen alle. Er beschreibt den Menschen als schlau, berechnend und launisch – als einen richtigen Opportunisten.[66] Hobbes' Ansicht vom Naturzustand lässt einen an das Leben von Menschen hinter einer großen Mauer denken, wie es in „Game of Thrones" dargestellt wird. Das Gebiet, in dem sie leben, ist eine wüste Tundra, wo man sich buchstäblich am anderen hochziehen muss (oder eben den anderen abschneiden und fallenlassen muss), um die Landschaft durchkreuzen zu können. Was der Zuschauer daraus über Menschen lernt, ist, „dass sie zusammenarbeiten, wenn es ihnen so auskommt, dass sie loyal sind, wenn es gerade so auskommt, dass sie einander lieb haben, wenn es ihnen passt, und dass sie einander töten würden, wenn es ihnen so passte".[67]

Sozialer Atomismus bedeutet die subtile Art und Weise, wie die Authentizität und Aufrichtigkeit in täglichen Beziehungen und Umgangsformen untergraben werden. Dadurch kommen Gefühle der Entfremdung, Zurückhaltung und des

Abstandnehmens auf, die infolgedessen zu einer zweiten Natur werden.

Als deutliche Erklärung gebe ich folgendes Beispiel: Ein Mann fühlt sich zu einer Frau hingezogen. Sie sehen sich oft, und es scheint etwas zu erblühen, bis die Frau zwei Wochen lang nichts von sich hören lässt. Der Mann hat dabei kein gutes Gefühl: Er empfindet dies, als ob er als Spielzeug herhalten müsse. „Als ob ich ein Fernseher wäre, den sie nach Belieben an- und ausschalten kann." Auf einmal meldet sich die Frau nach zwei Wochen wieder, und er meint, wählen zu müssen. Er könnte ehrlich sagen, wie er sich fühlt, und damit für seinen Eigenwert einstehen, dadurch aber Blöße zeigen. Er könnte auch so tun, als ob nichts los wäre, und damit ein Zeichen geben, dass er ohne sie ebenso ein schönes Leben hat wie mit ihr.

Der diesem Beispiel zugrundeliegende Gedanke bezieht sich auf die Spieltheorie: Leute wollen gerne „nach oben tauschen". Indem er auf die Totenstille kühl reagiert, signalisiert er, dass er ihrem Leben mehr hinzufügt als umgekehrt. Hingegen schafft er damit für sie die Gelegenheit, ihn in Zukunft erneut links liegen zu lassen, wenn es ihr dann halt so passt.

Der soziale Atomismus offenbart sich jeden Tag raffiniert in Wechselbeziehungen, zum Beispiel im eigenen Freundeskreis. Ein Junge geht mit einem Mädchen aus. Sie kennen einander schon seit einiger Zeit, und er findet sie eigentlich nett. Sie postet Berichte auf Facebook, die darauf schließen lassen, dass sie auch etwas in ihm sieht. Der Junge klickt bei so ziemlich allem, was sie plaziert, auf „gefällt mir". Bis die junge Dame plötzlich eine Beziehung mit einem anderen Mann ankündigt, am Morgen nachdem sie am Abend zuvor zusammen noch auf einer gemütlichen Kneipentour gewesen waren.

Doch er klickt auf „gefällt mir". Warum? Seine Erklärung lautet folgendermaßen: „Gewöhnlich klicke ich bei all ihren Status-Updates auf ‚gefällt mir'. Wenn ich das bei diesem Status-Update nicht tue, fällt das auf; sie könnte etwas von mir denken, wovon ich ein unbehagliches Gefühl bekommen würde. Also beschließe ich, auch auf den Bericht über ihre neue Beziehung mit ‚gefällt mir' zu reagieren. So präsentiere ich mich als nicht verwundbar."

Genau auf diese Weise bekommt ein Mann in der Welt der Stelldicheins zu hören, dass sein Einkommen in Geld nicht wichtig ist, dass er seine Gefühle zeigen muss und dass er sich als verwundbar präsentieren muss. Als im Süden von Wales die Minen schlossen, wurden sehr viele Männer arbeitslos und die Zahl der Eheschließungen sank auf einen Tiefpunkt ab. So verließen Frauen auch massenhaft die Städte in Ostdeutschland, wo es viele arbeitslose Männer gab.[68] Gerade die Männer, die sich in höchst verletzlicher Situation befanden und allen Grund hatten, sich eine Blöße zu geben, wurden im Stich gelassen. Ein liebloses Verhalten, wohl aber ein liebloses Verhalten, das die eigenen Chancen vergrößert: nach oben tauschen. Ein liebloses Verhalten, so sehr in Übereinstimmung mit dem „female empowerment", das gegenwärtig so richtig „hot" ist in akademischen und progressiven Kreisen.

Dem deutschen Journalisten Frank Schirrmacher zufolge hat sich die westliche Zivilisation verrannt in eine berechnende, spieltheoretische Mentalität: Jedermann ist jedermanns Konkurrent, sich verwundbar zu geben ist ein Zeichen von Schwäche, Beziehungen sind dazu da, um davon zu profitieren. Bei diesem Projekt von Hobbes geht es nicht mehr um das Vervollkommnen eines Individuums zur Tugend, wie es seit der altgriechischen Paideia Tradition ist, sondern darum, wie Schirrmacher in „Ego, das Spiel des Lebens" (2013) betont, einen ganz neuen, berechnenden und atomistischen Menschen zu entwerfen.

Das Soziale und Kulturelle Planungsbüro nennt „kalkulierenden Minimalismus" das Problem des Versorgungsstaates: berechnendes Verhalten, um maximal von sozialer Unterstützung zu profitieren, was demzufolge den Willen zur Solidarität, um für das System zu bezahlen, untergräbt.[69] Nach Schirrmacher ist der (post-) moderne Westler genauso entworfen, um berechnend zu sein.

In Frankreich ist der soziale Atomismus Diskussionsthema geworden durch das Buch „Ausweitung der Kampfzone"

(1994), in dem Michel Houellebecq die Frustration beschreibt, die atomisierte Individuen erfahren: Ihre sexuelle Begierde wird durch die Konsumgesellschaft andauernd aufgeputscht, aber die Beziehungen, die sie eingehen, sind flüchtig und kühl. Auch ihr Verlangen nach Geborgenheit bleibt unbefriedigt.

In den Werken von Houellebecq findet man den Grundsatz nach Hobbes: Wenn ein selbständiger Mensch als ein einzelnes Atom gesehen wird, kann jemand, der die Begierden dieses Menschen kennt, seinen oder ihren Lebenspfad berechnen und also das Trajekt des Atoms voraussagen. Diese Begierden heißen in ökonomischer Sprache „consumer preferences". Der Weg, den das Atom zurücklegt, ist frei, wenn kein Hindernis im Wege steht. Dementsprechend ist der Konsument also frei, wenn nichts zwischen ihm und seiner Begierde steht.

Hiermit ist der klassische Gedanke, dass es Freiheit eben gerade durch Unterdrücken der Begierden gibt, kein Thema mehr. Das Bezeichnen der „consumer preferences" als passende oder nicht passende Begierden verlangt einen Wortschatz, der in der Vertragsphilosophie nicht anwesend ist: Die Vertragsphilosophie unterscheidet nur zwischen legitimen und nicht legitimen Handlungen. Die Handlung ist legitim, wenn die Rede ist von gegenseitiger (vertraglicher) Übereinstimmung. In diesem Zusammenhang wies der flämische Politiker Bart De Wever in einer Fernsehdebatte darauf hin, dass das Denken der Aufklärung keinen metaphysischen Rahmen hat, um diese Begierden wägen und schätzen zu können: Wir sind ihnen einfach ausgeliefert.[70]

Platon hingegen gibt in „Politeia" das Beispiel eines Menschen, der zwischen einem Löwen und einem vielköpfigen Ungeheuer festgekettet ist. Diese Bestien sind Symbol für die menschlichen Leidenschaften und Gelüste. Die atomistische Theorie bedeutet nach Platon, dass man im höchsten Grad frei wäre, wenn man zischen diesen Bestien hin und her geschwungen würde. Man würde dann „gelebt" durch diese Impulse. Besser wäre es, nach einem zusammenhängenden innerlichen Leben zu streben: So kann der Mensch sich selbst zu einem Helden machen, der sich die angeketteten Bestien unterwirft. Die beste

Art, sich die eigene Seelenruhe zu bewahren und doch im Leben vorwärtszukommen, ist, nur Energie zu verbrauchen für Dinge, die man selbst beeinflussen kann, wenn man zugleich den Einflussbereich erweitert.

Den altgriechischen Philosophen war klar, dass der Mensch nicht selbst bestimmt, was gut oder schlecht, was vortrefflich oder verderblich ist: Das war festgelegt in der kosmischen Ordnung. Wer seine oder ihre Impulse, zum Beispiel zu zocken oder Alkohol zu trinken, nicht beherrschte, würde in der Folge abhängig werden.

Das Wort „Beherrschung" kommt denn auch von diesem altgriechischen aristokratischen Gedanken; wer sich in Richtung Perfektion entfaltet, ist ein freier Mensch, wer sich niedrigen Impulsen ausliefert, ein Sklave. Eine Gesellschaft, die von dieser Erkenntnis abwiche, würde auf die Dauer unvermeidlich zerfallen; der Mensch konnte nicht selbst bestimmen, was gut oder böse, was vortrefflich oder verderblich war: Das lag in der Art der Dinge eingeschlossen. Ein Mensch konnte höchstens die richtigen Fragen stellen, um die Art der Dinge zu ergründen.

Das Modell nach Hobbes, oder das sozial-atomistische Modell, wählt den entgegengesetzten Weg zum Ziel; „was ist Immoralität anderes als etwas, das verboten ist?", fragte Hobbes sich, „was ist sie anderes als das Missachten einer gültigen Regel? Da, wo es keine Gesetze gibt, gibt es also auch kein Gut oder Böse."[71] Das Verwirrende dieser These ist, dass die moralischen Ausgangspunkte einer Gesellschaft nicht unumstößlich sind, sondern nur von Konventionen entlehnt werden: Der Mensch setzt sich seinen Maßstab selbst. Wohlgemerkt: der Mensch so, wie er ist, einschließlich seiner Präferenzen. Der Mensch „so, wie er sein sollte" wird als aristokratische Konstruktion abgelehnt.

Statt das Hervorragende zu kultivieren, richtet man sich von nun an auf die Beherrschbarkeit des Ganzen. Auf das Heranziehen von Vorlieben, die einfach zu befriedigen sind. Das nennt man „subjektive Freiheit", was bedeutet, dass eine Person nur soviel Ehrgeiz hat, als Konsument ein Leben zu fristen, das ihm oder ihr ein Gefühl vollständiger Freiheit gibt. Als die Moderne ihren Anfang nahm, kam anstelle der Frage der Antike: „Wie errichten wir einen Stadtstaat, in dem der Mensch vollständig zu seinem Recht kommt?“ die Frage auf: „Wie erhalten wir das Ganze stabil und in Schwung?“

Wir können wohl anschauliche Geschichten zum Besten geben über Bildung, würde Hobbes sagen, wenn aber ein Theater brennt, zertrampeln die Leute einander, um nach draußen zu kommen. Schließlich wird alles durch Impulse angetrieben, was sagen will, man jagt positiven Teilchen nach und flüchtet vor negativen Teilchen. Deshalb muss man diese Impulse eingrenzen und beherrschbar machen: Menschen müssen nicht erzogen, sondern gemanagt werden. Die ökonomisch-atomistische Annäherung nimmt diese Impulse als Präferenzen und Naturkräfte an, ohne darüber ein moralisches Urteil zu fällen oder sie dem Wesen nach zu bewerten als passend oder nicht passend.

Wohl müssen wir bedenken, dass zu Hobbes‘ Zeiten 90 Prozent der Menschen Bauern waren, also Selbstversorger. Die übrigen zehn Prozent waren reich; das waren in der Regel Edelleute, die Landgüter, Knechte und Gewehre hatten, um im Notfall Eindringlinge vom Land zu vertreiben. Der Staat war der Ordnungshüter, der erst dann auftrat, wenn eine Person einer anderen körperlichen Schaden zufügte oder sie beraubte. Dieses Modell passt gut zu einer Dorfkultur mit nachhaltiger sozialer Kontrolle und autarken kleinen Bauernhöfen. Inwiefern ist das noch anwendbar in einer Gemeinschaft in großen Städten, in denen die Menschen zusammengepfercht in kleinen Wohnungen hausen und vom Supermarkt abhängig sind?

Während eines Buchhaltungskurses lernte ich, dass ein Betrieb finanziell um so gesünder wird, je schneller der Zyklus von der Akquise bis zur Lieferung und Bezahlung abgewickelt wird. Ich begriff, dass das bedeutet, dass wir alle zusammen nicht nur mehr, sondern auch in stets kleiner werdenden Abständen konsumieren müssen. Also müssen wir empfänglicher sein für Verführungen – wir müssen öfter launenhaft sein. Das steht in rechtem Winkel zur liberalen Denkart, die das Spiel des Marktes als Antrieb zwischen wohlüberlegten Entscheidungen von standhaften, selbstbewussten einzelnen Personen darstellt.

Dieses Denkmodell, bei dem ausgegangen wird vom Individuum als isoliertem Atom, das auf die effizienteste Art versuchen wird, den von ihm oder ihr gewünschten Ansporn zu bemächtigen, ist überall wiederzufinden. Man denke an die marktgerechte Auswirkung innerhalb von Behörden, wobei der Bürger immer weniger als Citoyen behandelt wird, sondern stets mehr als Kunde. Nicht nur jede Art von Sex, sondern auch die dazugehörige Intimität ist käuflich, unter dem Label „girlfriend experience".[72]

Die ökonomische Rationalität sickert, wie gesagt, nicht nur durch in romantischen Beziehungen, sondern auch in Freundschaften: „Wir sprechen uns noch – wir telefonieren, wir werden sehen." Freundschaften, die nur über Computer oder Mobiltelefon unterhalten werden, können durch Knopfdruck beendet werden. Eine Freundschaft nur zu eigenen Bedingungen zu unterhalten war im Altertum kaum denkbar: In den kleinen Gemeinschaften, wo Übereinstimmung herrschte, betrachtete man die eigenen Interessen und die der einem Nahestehenden als Vervollständigung zu einer Einheit. Die Tatsache, dass der soziale Atomismus sowohl im heutigen Deutschland als auch in Frankreich und Belgien als Problem festgestellt wurde, weist möglicherweise auf einen tieferliegenden europäischen Nihilismus hin.

Demzufolge kann man die These aufstellen, dass die Vertragsphilosophie das westliche Denken über Recht und Freiheit tiefgehend beeinflusst hat. In Hobbes' Theorie werden Einzelmenschen aufgefasst als Schauspieler, die in allen ihren Lebensbereichen, mit einbezogen Freundschaften und Romantik, auf einem öffentlichen Markt aktiv sind. Hier ziehen sie einander an und stoßen einander ab, abhängig von den Chancen und Möglichkeiten des Augenblicks. In diesem Modell wird Freiheit erlebt als den Leidenschaften frönen und Sehnsüchten nachjagen. Das wird als „gut" und „frei" angesehen. Das Modell eines rollenden Billardballs, der nirgendwo auf seiner Bahn beeinträchtigt wird. Die Antwort auf die Frage: „Was will ich vom Leben?“ wird dann mit Ausdrücken wie „Begierden“ und „Objekte“ beschrieben.

Der Versorgungsstaat wird auf die Dauer als Mittel zum Zweck eingesetzt, nämlich um diese Nöte zu realisieren. Man begreift jedoch nicht immer, dass, wer etwas von den Behörden will, das Recht dieser Behörde ausdehnt, das Sagen zu haben. Und damit der Erweiterung von Legitimität Vorschub leistet. Da, wo alle Hoffnung auf die Obrigkeit gesetzt wird, sind unabhängiges Denken und Handeln in Gefahr.

5 Ein unermesslich großes schwarzes Loch in der westlichen Zivilisation

„Die Wahrheit verdient nun einmal mehr Respekt als der Mensch“[73], schrieb Platon, womit er meinte, dass der Mensch sich selbst übertreffen kann, indem er sich auf die Suche nach diesem Wahren begibt. Dies ist geradezu ironisch, förderte diese Suche doch Tatsachen zutage, die das erhabene Bild, das die Menschheit von sich selbst hatte, zunichtemachten. Die Erde schien nicht der Mittelpunkt des Universums zu sein, der Mensch hatte einen Affen als einen gemeinsamen Vorfahren, und unter der schöpferischen Vernunft schien ein schattenhaftes Gespinst von sexuellen Trieben im Unterbewusstsein zu liegen. Mit Dank an Kopernikus, Darwin und Freud. Obwohl ihre Entdeckungen von einigen als Erleichterung erfahren wurden, wirken sie doch auch bedrohlich. Wir hatten uns wohl von etlichem Ballast befreit, doch das herrliche, leichte Gefühl wies auch in Richtung unbeschwerter Unbedeutendheit hin. Ein gefallener Engel ist etwas ganz anderes als ein eingebildeter Affe. „Ist die Erde denn etwas anderes als eine taumelnde Kugel, die stets weiter vom Mittelpunkt wegtreibt?“, so der Standpunkt von Nietzsche.

Freud, Darwin und Marx werden auch als die „Meister des Misstrauens“ beschrieben. Phobien, Neurosen, Überlebensdrang, Machtrausch und Klassenbewusstsein verhinderten objektives Denken. Diese düstere Stimmung wurde wohl als fin de siècle angedeutet. Die Fundamente unter dem Weltbild wankten, und Ende des 19. Jahrhunderts begann man, an allem zu zweifeln. Diese Stimmung veranlasste Oswald Spengler 1918, „Der

Untergang des Abendlandes“ zu schreiben. In diesem Buch analysiert er die Geschichte der westlichen Zivilisation.

Auf das große „Warum?“ – „Wozu sind wir auf dieser Welt?“ kann man antworten, indem man auf aufeinanderfolgende Naturgesetze oder eben den Darwinismus hinweist. Es gibt Organismen, die sich der Welt anpassten und so überleben konnten, andere starben aus. Von diesem Standpunkt aus gesehen kann man unsere philosophische Potenz vielleicht nicht rechtfertigen; dann ist sie einfach ein Produkt des Zufalls, eines „fortuitious concourse of atoms“ in dieser abgelegenen Ecke des Universums. Der Mensch hat aber diese philosophische Potenz und ist sich ihrer bewusst. Mit der Erkenntnis, dass diese Potenz anwesend ist, öffnet sich die nicht zu übersehende Möglichkeit, zurückzukommen auf eine Dimension, die das rein Irdische überschreitet.

„Der Mensch lebt nicht nur von Brot allein“, schreibt das Christentum. Anders gesagt: Wir haben das Bedürfnis, an Geschichten zu glauben, die begeistern und uns im Leben den Weg weisen. „Wo kommen wir her und was ist unser Ziel?“ „Gott ist tot“, antwortete Nietzsche – „Das Subjekt ist tot“, fügte Foucault hinzu. Der Autor ist tot, so wie die Metaphysik auch tot ist. Aber wie so oft, fängt das richtige Spiel erst an, sobald die Erbschaft verteilt wird. Es ist unvermeidlich, dass eine Gemeinschaft eine soziale Organisation hat und also auch Macht. Die Frage ist, ob wir unsere Abhandlung darüber auf passive Aggression gründen oder von eigenem Können und eigener Kraft ausgehen wollen. Wollen wir, dass unsere Geschichte zu Eintracht führt und die Tugend verstärkt? Oder wollen wir Geschichten über unsere soziale Organisation auf Empfindungen von Unbill gründen?

Mit Gottes Tod erbte der Mensch nicht nur die Welt und die ganze Existenz, sondern ebenso gut die Tiefe, den Abgrund, die Leere, worauf diese Existenz treibt. „Als der Mensch seine eigene Sinnlosigkeit einsah, wünschte er in der Leere zu verschwinden“, schrieb Nietzsche. „Aber leider – die Tiefe wollte ihn nicht schlucken.“[74] Während der Mensch in den Abgrund starrt, in die Leere, die unter ihm auftaucht, starrt die Leere auch zu ihm hinauf. Daraus kommen die „trägen Fragen“ hervor. Wie muss ich leben? Wofür muss ich leben? Wie muss ich sterben, und wofür muss ich sterben? Was ist unser Ziel, und wie sind wir hierhergekommen? Um die Leere zu füllen, bezog sich der Schriftsteller Dostojewski aus dem 19. Jahrhundert auf eine russische Geschichte, worin drei riesenhafte Walfische die Erde tragen. Nach der indischen Mythologie wird die Welt getragen von drei Elephanten, die wiederum auf dem Rücken einer Schildkröte stehen. Man kann unendlich viele Schildkröten aufeinander stapeln, die unterste hat jedoch festen Boden nötig, um darauf stehen zu können.

„Wasser“, antwortete Thales, ein altgriechischer Naturphilosoph – die Welt treibt auf Wasser. Der Nachfolger von Thales war Sokrates, der meinte, ein festes Fundament zu finden. Nicht in der Welt, die Welt war flüchtig und vergänglich, sondern im Menschen. Sokrates fand die Seele.

In „Symposium“ (385 vor Christus) erklärte Platon den Ursprung der Liebe. Ursprünglich gab es drei Geschlechter: Männer, Frauen und Mannfrauen, die beide Geschlechter in sich vereinigten. Die Urbevölkerung der Erde waren eine Art siamesische Zwillinge gewesen, so stark, dass Göttervater Zeus sich gezwungen sah, sie zu scheiden. Später tat es ihm leid, und er gab dem Menschen Geschlechtsteile, so dass die eine Hälfte in die andere eindringen konnte. „Begehrt ihr vielleicht," fragte der Schmied-Gott Hephaestus, „euch so oft wie möglich zu vereinigen, auf dass ihr Nacht und Tag einander nicht verlasset; denn, wenn ihr das wollt, bin ich bereit, euch zusammenzuschmelzen und aneinanderzuschmieden zu einem Einzelnen, auf dass ihr zu zweit eins werdet und solange ihr lebt beide als einer zusammen lebt, und wenn ihr gestorben seid, auch im Hades statt zu zweit einer seid in einem gemeinsamen Tod."[75]

Schließlich fand der Mensch ein festes Fundament in der Untrennbarkeit der Seele. Das Erjagen dieses Werdens zu einer Ganzheit kennen wir als Liebe, und, fügt Platon hinzu, dabei ist es undenkbar, dass es nur um sexuellen Kontakt geht. Es geht um das Heimweh nach ursprünglicher Einheit: „So ist ein jeder von uns ein Bruchstück eines Menschen, weil er auseinandergeschnitten ist, zwei Seelen aus einer einzelnen."[76] Die Verlokkungen dieser Welt sind vergänglich, die Seele ist das nicht. Die Seelen bleiben zusammen nach dem Tod. Es war dieser romantische Begriff – so die These von Houellebecq – der den Menschen mit Widersinn vergiftete gegen sein Los als mit Vernunft beschenktes Tier.

„Und die zwei sollen werden ein Leib", steht in der Bibel. Das Christentum übernahm den Begriff Seele, beschaute die Welt der alten Griechen jedoch mit anderen Augen. In der antiken Philosophie lag hinter der Materie der Natur noch eine Welt von Ideen verborgen: Indem er sich nach dem idealen Menschbild formte, verwirklichte der Mensch seine Leistungsfähigkeit und nahm damit seinen Platz ein in der kosmischen Ordnung. „Ihrer Art entsprechend streben alle Dinge nach einer bestimmten Entwicklung und finden so innerhalb eines größeren Ganzen ihren Platz. Deshalb ist die kosmische Ordnung im Grunde genommen gut." Dies war im Großen und Ganzen die Denkweise im Altertum, doch mit dem Aufkommen des Christentums machte, wie gesagt, Philosophie Platz für Theologie. Auf die Frage „Warum heißt das eine gut und das andere böse?" war die Antwort nun: „Weil Gott das so gewollt hat, und nichts anderes.“ Der Sinn des Lebens war nun nicht mehr im Kosmos eingeschlossen, wurde aber gleichgestellt mit Gottes Willen. Wenn Gott das Gute anders gewollt hätte, wäre das Gute anders gewesen. Gott stellte Regeln auf für die Moral und war selber nicht an Regeln gebunden.

Dann kam die Aufklärung und begann der Mensch, sich ernsthaft mit der Wissenschaft zu beschäftigen. Man wollte nun allein die Ursachen und Folgen von sich bewegenden Teilchen ergründen. Gott war bei Experimenten eine überflüssige Hypothese, an die man im Moment nicht denken musste. Aber mit dem nicht an Gott Denken schien sich auch die Quelle von Gut und Böse zu verflüchtigen. So war man wieder am Anfang: Mit Gottes Tod erbte der Mensch das Problem der Rechtfertigung seiner eigenen Anwesenheit innerhalb des Kosmos.

Das auf diese Weise zustandegekommene Vakuum beschrieb Nietzsche als „Nihilismus“. Er deutete Nihilismus als eine Form von „Weltverleugnung“. Er nannte das Beispiel des Christen, der die schlechte Behandlung zu Lebzeiten auf dieser Erde geduldig erlitt, weil er auf ein ewig himmlisches Paradies hoffen konnte. Nach Nietzsche leugnete auch Platon das irdische Dasein. Denn die Religionen stimmen mit Platons Überzeugung überein, dass unsere ganze Loyalität nicht bei der Vergänglichkeit der Erde liegt, sondern der Sonne gehört, die uns erlaubt, alle Dinge auf Erden in einem helleren Licht zu sehen. Geld, irdische Güter und Popularität sind vergänglich, aber die Seele ist ewig. Mit dem Glauben an die Seele sah Platon die Moralität eines soliden Fundaments voraus, das durch das Christentum übernommen wurde. Aber gerade weil die Seele als etwas Realistischeres bewertet wurde als das Leben selbst, war die Seele nach Nietzsches Meinung eine Quelle der Weltverleugnung.

Nietzsche fing mit seiner These in Europa eine große Debatte an über die Bedeutung der westlichen Zivilisation. Darüber schrieb Dostojewski eine grandiose Zusammenfassung in „Die Brüder Karamasow“ (1880) durch die Monologe von Iwan Karamasow. Dieser Charakter erläutert, dass die unsterbliche Seele der Korken aller menschlichen Moralität ist, glaubt aber selbst nicht, dass sie besteht. Für den Wert des Lebens, so meint er, gibt es nirgendwo eine Grundlage. Religionen und Ideologien sind erdacht, um dem Leben Sinn zu geben, erklärt Iwan, jedoch umsonst. Jede Ordnung, wovon wir meinen, dass es sie gibt, erweckt ein falsches Gefühl, weil wir wissen, dass wir sie selbst ausgedacht haben. Doch möchte er zu einem Friedhof reisen, wo Revolutionäre begraben sind: „Natürlich weiß ich, dass die Ideale, wofür sie kämpften, Illusionen sind, dennoch werde ich beim Anblick ihrer Gräber weinen. Und mit meinen Tränen werde ich mich selbst zur Ergriffenheit bringen.“[77]

Wer den Glauben an die Seele verliert, wird nicht mehr gehindert durch die Erwartung dessen, was er nach dem Tod zu erwarten hat, und setzt so einen Schritt auf den Weg zu innerlichen Werten eines gültigen Bewusstseins. Iwan findet den Mut, auf sein Urteilsvermögen zu vertrauen, und rechtfertigt so besehen seine Handlungen. So entwickelt er sich zu einem Mann, der andere dazu bringt, Dinge für ihn zu erledigen, und der energisch handelt, der Typ eines Mannes, zu dem Frauen sich hingezogen fühlen.

Der Charakter des Iwan in dem Roman ist Symbol für das Durchdringen des romantischen Begriffs der Ganzheit der Seele. Wenn wir die Seele begreifen als eine Kraft, die getrennt von der Anatomie den Körper lenkt, dann ist sie wissenschaftlich nicht tragbar. Doch blieb diese archaische Liebeskultur, mit ihren Konzepten wie gemeinsames Schicksal und Seelenvereinigung, bestehen. Obwohl man oft über die sexuelle Freiheit der Frau spricht, lernen wir immer noch, sie wie Prinzesschen zu behandeln mit Sprüchen wie „Frauen haben den Vortritt“. Immer noch gibt es in der Bildsprache „den Ritter auf dem weißen Pferd“, ein sehr christliches, viktorianisches Konzept aus der Zeit von Sherlock Holmes und Jack the Ripper, wo im Schatten von jedem Gässchen Vergewaltiger lauern. Die Zeit, in der Freier durch Fenster kletterten und bei Vätern um die Hand ihrer Töchter angefragt wurde.

Mit dem Aufkommen des Feminismus kamen die Risse in diesen bisher gebräuchlichen Voraussetzungen der Liebeskultur ans Licht. Der Feminismus beschimpfte den Vater in den 50er Jahren, den hart arbeitenden Familienvater, für den die liebe Frau jeden Tag kochte und den Tisch deckte. Die stabile, harmonische Familie wurde von den 68ern als „patriarchal“ und „unterdrückend“ zur Seite geschoben. Heutzutage wünschen Enkel sich, dass sie in so einer harmonischen Familie aufwachsen könnten. Stattdessen wärmen Kinder Mahlzeiten im Mikrowellenherd auf, während die Mutter unterwegs ist mit einem Tango tanzenden Julio. Die Zeiten haben sich deutlich geändert, und genau über dieses Thema kam ich nach einer Forumsdiskussion ins Gespräch mit einem Studenten. Über den Begriff von der Seele und die romantische und moralische Nachwirkung davon.

Die 68er stellten die Welt auf den Kopf. Soviel war klar, als ich Platons „Gorgias“ (390 v. Chr.) las. Darin erläutert Kallikles, dass das Streben nach Gleichheit zum Ziel hat, ausgeprägte Persönlichkeiten zu knechten. „Wir dressieren die besten und stärksten aus unserer Mitte, wir fangen sie jung ein, wie man es mit den Löwen macht. Wir bringen ihnen bei, dass die Welt auf dem Kopf steht. In der natürlichen Welt aber herrschen die Starken über die Schwachen, das ist einfach so. Eines Tages wird jemand geboren werden, der so intelligent ist, dass er unsere Tricks von Papier herausbekommt. Er wird sich aufrichten und unser Sklave wird unser Meister sein; dann leuchtet das Recht der Natur.“[78]

Der Student hatte Platons Dialog für sein Studium gelesen, und er bezog die Geschichte auf sein Liebesleben. Als er einmal ausging, traf er ein Mädchen. Ein befreundeter „Pickup artist“, ein Künstler der Verführung, beobachtete die zwei. Als er das Mädchen nicht überreden konnte, mit ihm nach Hause zu gehen, erläuterte der Verführungskünstler ihm, dass er zu höflich gewesen sei. Tatsächlich merkte der Student, dass er bei Frauen mehr Erfolg hatte, je aggressiver, ungehobelter und skrupelloser sein Betragen war. Er fügte eine politische Erklärung hinzu: Behaupten der Liberalismus und die Emanzipationsbewegung, dass die Frau sich genauso rational verhält wie der Mann, sind Dating Coaches und Pickup artists just erfolgreich, indem sie auf die weiblichen Instinkte einwirken. Eine Frau hat gelernt, einen solchen Mann rüpelhaft zu finden, aber aus ihrem tiefsten Inneren ruft das Reptilienhirn, dass sie nach oben tauschen muss, weil er sich überlegen gibt. So zeigt er nämlich, dass ihre Wertschätzung ihm nicht so wichtig ist, womit er das Signal ausstrahlt, dass er ja schon ein gutes Leben hat.

Konkret bedeutet dies, dass der Student ein angenehmeres Leben bekam, wenn er die viktorianische – also in der platonischen Seele gewurzelte – christliche Höflichkeit aufgab. Ein junger Mann, den der Student von der Kirchengemeinde her kannte, verliebte sich in ein Mädchen von derselben Kirchengemeinde. Sie tauschten Blicke aus, und schließlich raffte der junge Mann seinen ganzen Mut zusammen, um das Mädchen um eine Verabredung zu bitten. Sie fragte ihn, ob sie als Freunde oder als „Date" zusammen ausgehen würden. Er probierte mit einem Lächeln seine wahre Absicht zu verbergen, als sie aber weiter bohrte, sagte er ehrlich, dass seine Absicht ein „Date" sei. „Tut mir leid", sagte sie daraufhin, „aber ich habe kein Interesse in dieser Hinsicht".

Der Student erklärte, dass es sich hier um einen „Shit test" handelte. Mädchen werden oft durch Jungs angesprochen, die beabsichtigen, sie zu einer offiziellen Verabredung einzuladen. So wie Mama von Papa zur „Prom night" eingeladen wurde, wo es am Ende zum ersten Kuss kam. Die Jungs bringen zu dieser Art von Verabredungen oft auch noch Blumen und Pralinen mit, wodurch die Damen unter Druck geraten. Wer also – wie Kallikles – skrupellos lügen kann, besteht den „Shit test" und darf weiter laufen zum zweiten Platz im Feld. So wird Männern das Lügen beigebracht.

Auch die Darstellung Iwans – dass die Seele als ein Verschlussiegel für die westliche Moral herhält – war dem Studenten bekannt. Wir verbanden diese Darstellung mit einem Dialog von Platon in „Politeia", eine Diskussion mit dem Grundthema, dass der Tyrann von Persien der glücklichste Mann auf Erden ist. Er hat die Macht, jedermanns Frau oder Tochter zu seiner Geliebten zu machen, Paläste mit Gold zu schmücken und extravagante Essgelage mit den exotischsten Gerichten auszurichten.

Jedermann, gegen den er etwas hat oder der ihm zuwiderhandelt, kann er erniedrigen, indem er ihn in Ketten durch die Straßen schleifen lässt. Wie auch in „Gorgias“ ist hier der unterschwellige Ton, dass der Tyrann die höchste Macht und Freiheit genießt, weil in der Natur Macht dem Schönen und Guten gleichgestellt ist.

Denken Sie nun an einen alten Fischer. Er hat ein Boot, aber eines Tages kommt aus dem Nichts ein Sturm auf, und das kleine Boot sinkt. Seit diesem Tag hat der Fischer nur noch eine Angelrute. Auf dem staubigen Boden kauernd, mit runzliger Haut in der brennenden Sonne, starrt er jeden Tag viele Stunden lang auf das Wasser. Trotz allem verliert der Fischer den Mut nicht. Er übernimmt weiterhin die Verantwortung für seine Familie und weicht nicht aus in die Kriminalität. Jedermann würde diesen Fischer für seine Tugend und noblen Charakter loben, weil er sich nicht unterkriegen lässt. Aber tief in seinem Innern wünscht sich jeder, doch lieber der Tyrann von Persien zu sein.

Platon lässt Sokrates im Dialog antworten, dass der Tyrann von Persien der unglücklichste Mann der Welt ist. Indem er alle diese schlechten Taten beging, beschädigt er seine Seele. Er legt so viel Wert auf die irdischen Güter, dass seine Seele nach seinem Tod an der Erde kleben bleiben wird. Vielleicht würde er wiedergeboren werden als Ratte oder Regenwurm. Niemals wird seine Seele die schönen Formen der Ideenwelt anschauen:

„Die Dinge, die du deinem Körper zugezogen hast, werden nach deinem Tod noch eine Zeitlang sichtbar sein. Meiner Meinung nach geschieht dasselbe mit der Seele. Wenn der Körper von ihr abgetrennt wird, erscheinen die Menschen vor dem Richter. Er sieht es, wenn ihre Seele bedeckt ist mit Peitschenhieben und Narben, die Folge von Meineid und Unrecht. Dem Richter kommt eine Seele unter die Augen, die schwer entstellt und wüst ist, die Folge von Willkür und Überfluss, Hochmut und mangelnder Selbstbeherrschung.“[79]

Der Tyrann von Persien mag sich wohl mit Wein, Streitwagen, frivolen jungen Damen und goldenen Palästen umgeben, ist deshalb aber nicht zu beneiden, lautet die Botschaft. Die

Seele, die beschmutzt werden kann, weil man sich zu oft mit den körperlichen Dingen beschäftigt, ist ziemlich unverändert vom Christentum übernommen worden, ebenso der Ort jenseits des Grabes, wo die Guten belohnt und die Schlechten bestraft werden. Eine solche Abrechnung jenseits des Grabes muss eine Gegenleistung bieten für die Tatsache, dass hier auf Erden auffallend viele Schurken ohne Strafe für ihre Missetaten davonkommen, während viele brave Menschen fürchterliche Dinge erleben müssen. So betrachtet hat die Seele einige Funktionen, die das Leben sowohl sinnvoll als auch erträglich machen.

Der Begriff von der Seele führte zu romantischem Sprachgebrauch mit Wörtern wie „Seelengemeinschaft“. So beschrieb Shakespeare Romeo und Julia als „star-crossed lovers“, als Geliebte, deren Lebenslauf in den Sternen geschrieben stand. Nicht jedermann gebraucht die Deutung „Seele“ platonisch oder in religiösem Sinn. „Ich sehe die Seele des Künstlers reflektiert in seinem Werk“ ist so eine Redensart. Es geht dann um Charakterzüge, die durch das Werk der Welt übermittelt werden. Auf diese Weise hat die Seele nichts zu tun mit einem Leben nach dem Tod und macht dies Kallikles Erklärung nicht weniger plausibel. Sie ist eher noch besser zu gebrauchen, weil man sich dann mit noch weniger Zurückhaltung in acht nehmen würde, sein eigenes Wesen zu verwirklichen, mit eingeschlossen das wahre sexuelle Selbst. Und das offene Streben nach sexuellen Wünschen strahlt eine gewisse Männlichkeit und erkämpfte Freiheit aus, die auf eine unbewusste Weise anziehend wirkt.

Es ist sehr wichtig, an dieser Stelle zu bemerken, dass Sokrates zuerst ausdrücklich ankündigt, zu verteidigen, dass schon die richtige Handlungsweise an und für sich eine Belohnung ist, und dass man nicht nur richtig handeln sollte um eines externen Vorteils willen oder nur zum Schein. Kallikles und Sokrates vertreten einander entgegengesetzte Standpunkte. Kallikles sagt, dass, wenn er wählen müsste, er lieber anderen Unrecht antun würde als sich selbst. Sokrates meint, dass es besser ist, selbst Unrecht zu erleiden, als andere leiden zu lassen, weil anderen Unrecht antun die eigene Seele beschmutzt. Was er zeit seines

Lebens tut oder nicht tut, lässt er von einer vorausgesetzten Unterstellung bestimmen, was nach dem Tod geschieht.

In „Politeia“ geht Sokrates von der Maxime aus, dass dergleichen Erklärungen des Kosmos sich selbst Grenzen setzen bis zu dem, was innerhalb des Kosmos anwesend ist. Metaphysische Geschichten, die die Götter und das Jenseits auf die Rechtfertigung von Moral beziehen, sind seiner Meinung nach schwach und halten sich nicht. Weil er aber via Analogien argumentiert, kommt er schließlich doch zu einem metaphysischen Standpunkt: der unsterblichen Seele. Das gleiche Buch endet mit einer Erzählung über jemanden genannt „Ehr“. Diese Person kehrt vom Totenreich zurück und beschreibt die grauenhaften Strafen, die diejenigen mit beschmutzten Seelen im Jenseits erleiden. So entartete der sokratische Intellektualismus – die Auffassung, dass der Mensch nicht anders kann als gut zu handeln, wenn er einmal versteht, was dieses gute Handeln ist – und wird der Mensch unter die herrschenden Meister der Belohnung und Strafe gestellt, also Himmel und Hölle.

Wenn man den Körper besser begreifen könnte, wäre man nie auf die Idee gekommen, dass es eine Seele geben könnte. Das meinte der Student, wobei er darauf hinwies, dass der „Sitz der Seele“ nichts anderes ist als ein normaler Teil des Denkorgans; die elektrochemischen Prozesse unseres Körpers sind Erklärung genug für unseren Denkprozess. Anatomie und Elektrochemie machen die Seele überflüssig beim Deuten des menschlichen Verhaltens. Im 17. Jahrhundert setzte die Debatte zwischen Descartes und Spinoza im Grunde genommen der Seele ein Ende. Geister können durch Mauern gehen, weil sie körperlos sind, aber wie kann dann eine Wechselwirkung zwischen einer körperlosen Seele und einem körperlichen Gehirn zustandekommen? Der Dualismus der Substanz wurde verworfen, als er gegenüber dem Monismus der Substanz zu stehen kam. Oder etwas Körperloses konnte eben kein Teil einer kausalen Kette sein. Prinzessin Elisabeth von Böhmen kam zum Schluss, dass eine Wechselwirkung nur zwischen materiellen Substanzen und anderen materiellen Substanzen zustandekommen kann; nicht-materielle Substanzen wurden vom Wissensbereich der Kenntnis ausgeschlossen. Sie beschrieb ihren Befund in einem Brief.[80]

Obwohl die metaphysische Basis weggefallen ist, scheint die Moral heute noch stets auf der Integrität des Innerlichen gegründet zu sein, also auf die Seele zurückzuführen. Weil wir Hüter unserer Seelen waren – die wir heil und ganz durch dieses materielle Tal der Tränen voller Verführung und Verrat lotsen mussten –, verinnerlichten wir die Moral, mit dazugehörenden Schuldgefühlen. Das ist, was Dostojewski in seinen Romanen zu erläutern versuchte.

In seinem Werk „Verbrechen und Strafe“ (1866) trachtet die Hauptperson danach, für ihren Lebensweg Napoleon Bonaparte als Vorbild zu nehmen. Der französische General gab Befehl zum Morden und Rauben – er erklärte Kriege, ohne sich je auch nur einen Moment schuldig zu fühlen. Die Hauptperson erklärt, dass Napoleon frei war, solange er mächtig war und sich gegenüber niemandem verantwortete. Er gebrauchte seine Talente, um die Welt voranzubringen und die Erkenntnisse der Aufklärung in Europa zu verbreiten. Hiermit kommt die Hauptperson zum Schluss, dass es erlaubt ist, ein altes, geiziges Frauchen zu ermorden und ihr Vermögen zu rauben, solange er gut dabei wegkommt. Um mit diesem Vermögen eine politische Karriere aufzubauen und der neue Napoleon zu werden.

Wie Kallikles, fühlte auch Napoleon sich über die allgemeine Moral erhaben. Das Christentum triumphierte über die antike Zivilisation und wischte viel von der Geschichte des Römischen Reiches aus, oder schrieb sie neu. Wieviele Naturreligionen und religiöse Gesetze wurden wohl von Muslimen vernichtet, als sie ihren Glauben verbreiteten? „Den Sieger fragt man nie, ob er wohl die Wahrheit spricht“, sagte Josef Stalin. Manchmal verlangt das Interesse des Landes eine Tat, die augenscheinlich wider die herrschende Moral ist, manchmal wird die Moralität des Siegers die neue Moral. Der erneuert dann die gängigen Verhaltensregeln. Wird das besiegte Volk seinen Besieger fragen, ob sein Kampf moralisch gerechtfertigt war? Oder wird man sich eher der neuen führenden Macht fügen?

Beschauen wir das nun einmal in größerem Rahmen als nur allein Politik und Kriegsführung, beziehen wir es auf das Leben im wahrsten Sinn des Wortes. Jetzt zeigt sich das Leben, wie es wirklich ist: ein Spiel um die Macht strategischer Schachzüge, wobei man andauernd Mittel sucht, um sich selbst zu wappnen. Um so den Griff aufs eigene Leben und das Lebensglück – das das höchste Gut ist und im Grunde genommen das einzig Wichtige – für immer festzulegen. Sie müssen Ihr Haus absichern, weil sonst Einbrecher Ihnen alles wegnehmen können, was Sie besitzen: das Geld zum Beispiel, das Sie gespart haben, um mit Ihren Kindern in die Ferien zu gehen. Sie müssen sich politische Macht aneignen, weil sonst andere neue Richtlinien einführen können, um Sie so Ihrer Freiheit zu berauben; durch Steuergesetze nehmen sie Ihnen Ihr Eigentum.

Dostojewski versucht schließlich, die Moral aufrechtzuerhalten, indem er das Schuldgefühl geltend macht. Sowohl Iwan als auch die Hauptperson von „Verbrechen und Strafe" scheinen nicht imstande zu sein, ihren unmoralischen Lebensstil konsequent aufrechtzuerhalten. Das Gewissen ist offenbar stärker. Ist die Moral auf diese Art gerettet? Auf jeden Fall kam Platon zu der Schlussfolgerung – trotz seines Ehrgeizes, gut zu leben um des Guten willen –, dass die menschliche Natur einen starken Hang hat zu Materialismus, Wollust und Müßigkeit, wodurch er seinem intellektuellen Denken Mythen über Seelen und das Jenseits hinzufügt. Platons Kehrtwendung erklärt, warum das Christentum den Körper zugunsten der Seele abweist, während im Alten Testament von Seelen kaum die Rede ist. In den Zeiten, als Jesus lebte, waren Platons Theorien weit verbreitet.

Inzwischen sind wir es nicht mehr gewöhnt, uns selbst in die Pflicht zu nehmen. Die Gesellschaft und die Medien ziehen für uns die Grenzen. „If there is nothing to stop me then why would I stop myself?" In der professionalisierten Welt sind die Gegensätze zwischen Gut und Böse durch Klug und Dumm ersetzt. Das Ziel heiligt die Mittel, und das Ziel ist, den eigenen Status zu verbessern. Du bist dumm, wenn du einen Wettkampf verlierst, weil du im Gegensatz zum Gewinner kein Doping machst. Du bist dumm, wenn du gewissenhaft das Gebot der Wissenschaftlichkeit weiterhin achtest und dadurch nicht ausreichend in tonangebenden Zeitschriften publizieren kannst. Wer nicht mehr an die Seele glaubt, verschafft sich in diesem Leben eine ähnliche Handlungs- und Gedankenfreiheit. Spinoza, dem klar war, dass eine nicht-materielle Seele und ein materieller Körper einander nicht beeinflussen können, beschrieb diese Freiheit folgendermaßen: „Das Recht der Dinge reicht genau so weit wie ihre Macht.“[81] Alles ist erlaubt, solange man gut dabei wegkommt, und dieses rücksichtslose Verhalten beeinflusst den Liebesmarkt und die Wechselwirkung zwischen Frauen und einer gewissen Art von Männern. Harte Männer. Falsche Männer. Kraftvolle Männer, über die die Frauen klagen: „Er zeigt kein Einfühlungsvermögen, ich weiß, dass er nicht gut zu mir ist, aber dennoch…“ Jedes Mal gehen sie doch wieder auf die Knie vor dieser archaischen Männlichkeit. Sie hätten lieber einen bescheidenen, sanftmütigen Mann, verlieben sich aber ausschließlich in diesen „Archetyp“.

Deutlich ist, dass moralisches Manipulieren über das Innerliche in dem Moment fehlschlägt, in dem ein Napoleon scheinbar ruhig schlafen kann, ohne durch Alpträume um seine Nachtruhe zu kommen. Vor allem müssen jedoch gerade Männer durch dergleichen Manipulationen gezähmt werden. Statt sich konzentriert und direkt zu verhalten, müssen sie Feste feiern und offen sein für den gerade herrschenden „vibe“, die Sphäre und die Wertschätzung der anderen. Das Einwirken auf die Seele hat zur Folge, dass das viktorianische Weltbild bestimmt wird von Gefühlen der Reinheit gegenüber Sündhaftigkeit und des Erhaltens eines reinen Gewissens („White Knighting“). Die Unzulänglichkeiten dieses Weltbildes erscheinen immer wieder mit der Anziehungskraft „falscher“, sich nicht durch Moral belastet fühlender Männer. Ein innerlich zum Wesen gehörendes, bewertendes Bewusstsein, zum Schluss, wird seine Handlungen immer abschätzen anhand von seinen Resultaten (mehr als an Intentionen). Die Starken sind sich dessen bewusst, dass sie mithelfen, die Welt zu erschaffen durch ihr Handeln, womit sie auch einen neuen Rahmen schaffen, in dem ihre Aktionen gewogen werden sollen.

6 Kunst, Kultur und Kapital

Alles, was entsteht, besteht für eine bestimmte Zeitspanne, abhängig vom Wirkungsvermögen ihrer Charakteristik. Die Eigenart einer Zivilisation ist verknüpft mit der Eigenart der Kultur, auf die sie sich stützt. Verbreitet die Kultur Werte wie Perfektion, Schönheit, Kraft und Harmonie, dann ist auch der Charakter der Zivilisation stark und ist ihr ein langes Leben beschieden. Wenn die Kultur aber keine innerliche Richtung kennt und durch Formlosigkeit und Befriedigung von Impulsen geleitet wird, trägt sie dazu bei, dass eine Zivilisation untergeht. Eine starke Zivilisation fördert das Zusammengehören, Eintracht und Selbstbeherrschung und verhindert so, dass Wachstum des Wohlstands eine Gesellschaft auseinanderfallen lässt. Das Schwächen der Kultur ist deshalb für den Kulturmarxismus das gleiche wie revoltieren; ein schlummernder Prozess, den ich anhand verschiedener Vorbilder erklären werde.

Platon weist in „Politeia“ darauf hin, wo seine Personen beteuern, dass Abweichungen von bestehenden Normen sich schon schnell ungemerkt einschleichen. Das soll daher kommen, dass man die Kunst „nur als eine Art Spiel betrachtet und denkt, dass dadurch kein negativer Einfluss ausgeübt werden kann. Dieser Einfluss fällt auch nicht auf. Ganz langsam schleicht sich so eine neue Mentalität ein. Wie ein träge dahinfließender Fluss dringt sie erst ein in die Eigenheit und das persönliche Leben der Menschen. Von dort aus breitet sie sich aus und taucht so auf in den Beziehungen zwischen den Leuten. Nach den zwischenmenschlichen Beziehungen tastet sie dann, mit inzwischen unwahrscheinlich groß aufgebauschter Unverschämtheit, die Gesetze und politische Struktur der Gesellschaft an, bis sie schließlich im persönlichen und gesellschaftlichen Leben ein vollkommenes Chaos geschaffen hat.“[82]

Es ist bekannt, dass Marx sich auf Platons Ansicht über den Zerfall von Regierungsformen stützte, als er den Einsturz des Kapitalismus voraussagte. Nach Marx‘ Meinung schuf die heftige Konkurrenz unter den Kapitalisten eine wachsende Gruppe von armen Leuten. Es war eine Frage der Zeit, bis sie sich gegen die besitzende Klasse wendeten, zu plündern begannen und schließlich zur Revolution aufriefen. Genau so beschreibt Platon den Umsturz der Oligarchie zur Demokratie: Entweder erhob sich das Volk, oder die reichen Barone mussten Zugeständnisse machen, danach würde sich das Volk den Weg über die Wahlurne zum Jackpot wählen. Das bösartige Saatgut wurde gesät, „wenn ein Junge hört, wie seine Mutter sich ärgert, weil ihr Mann nicht viel um Geld gibt und keine Karriere macht, wodurch die anderen Frauen sie nicht ernst nehmen, wenn er hört, wie seine Mutter ihren Ehemann deshalb ärgerlich einen Schlappschwanz nennt.“[83] Auf diese Art erläutert Platon, dass, wenn die höhere Klasse einmal der Sucht nach Geld verfällt, ein Staatsstreich der Unterklasse nie lange auf sich warten lässt. Marx zufolge hat die industrielle Revolution das historische Podium vorbereitet. Er erachtete den Staatsumsturz als unvermeidlich.

Obwohl der Westen sich nach dem Börsenkrach von 1929 wieder erholte und das Wirtschaftswunder bewies, dass Marx nicht recht hatte, waren die marxistischen Arbeiterbewegungen, politischen Parteien und intellektuellen Strömungen inzwischen zur Tatsache geworden. Sie bestanden, wünschten ihren Streit fortzusetzen und mussten also etwas tun. Genau an diesem Punkt ist das zitierte Fragment von Platon wichtig: der Abschnitt über Kunst und Umgangsformen. Weil die Marxisten den wirtschaftlichen Kampf nicht gewinnen konnten, richteten sie sich auf Kunst, Kultur, Musik und Verhaltensnormen. Wer eine Zivilisation mitten ins Herz treffen will, muss ihre grundlegenden Werte korrumpieren. Dafür ist die Kunst das beste Terrain. Denn Kunst enthält das Wertvollste und Essentielle, das eine Generation auf die folgende überträgt.

„Neue Formen der Musik kommen nie auf, ohne dass dies zusammengeht mit Veränderungen der wichtigsten Normen der

Gesellschaft – ich glaube wirklich, dass diese Theorie richtig ist.“[84] Das ist direkt zutreffend für die Woodstock-Generation, die sich gegen Disziplin, Tradition und Hierarchie wendete. Was ersetzt wurde durch Drogen, Sex und Rock ‘n Roll. Bildliche Darstellungen perfekter Harmonie und idealer Schönheit waren in gewisser Weise normierend, und das konnte die antiautoritäre Inbrunst der 68er nicht vertragen. Kunst durfte auf keine einzige Art und Weise die europäische Geschichte oder westliches Brauchtum idealisieren. Kunst durfte an nichts und niemanden Maßstäbe anlegen, ausgenommen die verhasste kapitalistische Gesellschaft. Kunst musste formlos sein. Kunst musste banal sein und der Welt zeigen, dass man in ihr nichts Erhabenes finden konnte. Lehrer musste man mit Vornamen ansprechen; die detailliert gemalten Bilder, worauf historische Figuren wie Chlodwig, Luther und Wilhelm von Oranien abgebildet waren, wurden in den 60er Jahren von den Wänden heruntergerissen und abgekratzt.

Hier ist es angebracht, Juri Besmenow zu zitieren, ein Mitglied des KGB – während des Kalten Krieges der russische Geheimdienst – der in den Westen übergelaufen war. „Als wir den westlichen, kapitalistischen Block zu Fall bringen wollten“, erklärte er, „beschäftigten wir uns nicht nur mit militärischer Spionage. Wir richteten uns vor allem auf das Säen von Ideen. Wir pflanzten antihierarchische, antipaternalistische und multikulturelle Gedanken in die Köpfe von Akademikern. Um so ihre Wurzeln und Kultur zu untergraben und schließlich den Boden unter den westlichen Völkern wegzuschlagen. Deshalb nannte unsere Vorhut sich Kulturmarxisten.“[85] Nicht viel später tauchte ein Artikel auf, in dem amerikanische Kommunisten diese Ziele auch tatsächlich Punkt für Punkt auflisteten. Unter anderem wurden die Zersetzung der Familie und das Ersetzen des Schönheitsideals durch formlose Kunst genannt.

Die Kommerzialisierung der Gesellschaft lässt die kulturell-intellektuellen Leuchtbaken der westlichen Zivilisation verbleichen. In „De twee lampen van de staatsman“ (2006) betont Staatsmann Frits Bolkestein den Wert der antiken Kultur und römischer Autoren wie Cicero, der über Tugenden und Ausdauer schrieb, Erfindungsgeist und Selbstdisziplin. In seinem Werk fand Bolkestein es schade, dass die heutigen Mitglieder der Zweiten Kammer kaum noch Griechisch und Latein beherrschen. Zugleich bedauert er den nicht zureichenden Anschluss von Schulen an das Geschäftsleben: Schulen müssten kommerzieller werden und auf den Markt ausgerichtet denken. Nun ist der Gedanke hinter der klassischen Schulung, dass eine Person einen gebührlichen Bildungsprozess durchmacht, um so auf festen Füßen das Leben meistern zu können. In der Informations-Ökonomie würde eine solche Bildung just ein Hindernis sein. Arbeitsverträge sind heutzutage, wie die auszuführenden Arbeiten, äußerst flexibel. Deshalb muss der Arbeitnehmer imstande sein, seine Identität sehr schnell an die immer wieder wechselnden Umstände des Arbeitsmarktes anzupassen. Kein Wunder also, dass Griechisch und Latein von den Stundenplänen verschwinden. Nebst den antiken Autoren denke ich auch an die Opern Wagners oder die Maler der Romantik; Künstler, die der westlichen Zivilisation einen enormen Auftrieb gaben. Wenn jedoch nur noch einer von 400 Menschen weiß, wer sie waren und wofür sie sich einsetzten, wird ihre Genialität im Grunde genommen sich nicht halten können. So hat der Westen den Kalten Krieg wohl scheinbar aus militärischer Sicht und ökonomisch gewonnen, kulturell und intellektuell jedoch verloren.

Als ich dies mit dem humanistischen Denker Rob Riemen besprach, zeigte er seine Enttäuschung über das Kabinett Rutte. Die Regierung spare an Orchestern und Museen und würde so das Bildungsideal unserer Zivilisation und der europäischen Kultur zerstören, was eine mangelhafte Bildung und mittelmäßige Schulung zur Folge habe. Ich antwortete, dass in meiner Mittelschule in der Kantine ein TV-Bildschirm an der Wand hing, worauf Clips der Backstreet Boys, von Tupac und 50 Cent abgespielt wurden. Das war die Kultur, mit der die Jugend sich abgab. So hin und wieder ließen Lehrer uns ein Fragment von Shakespeare oder George Orwell vortragen, da war für die

Schüler aber klar: „Zum einen Ohr rein und zum andern wieder raus.“ Der Gedanke, dass die Behörden kulturelles Bewusstsein erweitern können mit Bildungs-Fächern wie Kunst und Kultur oder dem Subventionieren von Museen, ist naiv. Junge Leute gehen nicht in Institutionen, um sich Wissen und Kultur anzueignen, sondern bringen ihre eigene Kultur mit in die Institutionen.

Heutzutage wird die Kultur der Unterklasse – 50 Cent, Snoop Dogg, Oh Oh Cherso – in Verbindung gebracht mit einem hohen sexuellen Marktwert durch die drei Bs: „bling“, „booze“ und „bitches“. Und natürlich „pimps ‘n ho‘s“. Noch krasser – sexueller Marktwert ist für die Rolle, die jemand in Zukunft in der Gesellschaft spielen wird, wichtiger als kulturelle Werte und intellektuelle Fähigkeiten. Jemandes sexuelles Image beeinflusst sowohl die Chancen auf dem Liebesmarkt als auch das Sexerlebnis und damit schließlich das Innerliche und die Offenheit gegenüber anderen. In Schulen herrscht oft eine „Alphamännchen-Kultur“, und wer davon abweicht, wird negiert, erniedrigt oder ausgeschlossen. Eine Mainstream-Hauptschule-MTV-Kultur ist im Entstehen, wogegen eigentlich nicht mehr anzukommen ist, wer nicht mitmacht, wird isoliert. Der stille Junge in der hintersten Reihe der Klasse wird zum Beispiel bei einem ersten Rendezvous nicht über sein Interesse an russischer Literatur sprechen. Seine Erfahrungen der „peer culture“ lehren ihn, dass das einen Abgang bedeutet.

Als erfahrener Dozent sowohl an Mittelschulen als auch an der Volkshochschule weiß ich, dass kulturelle Kurse durch Leute besucht werden, die früher eine erweiterte Hauptschul- und allgemein bildende Mittelschulausbildung machten und sich weiterbildeten, indem sie sich in den Abendstunden abmühten. Angehörige der Arbeiterklasse, die sich früher weiterbilden wollten, mussten sich etwas von der Leitkultur aneignen. So ging das zum Beispiel beim Diamantarbeiterverband von Henri Polak. Der Großvater des Dichters Hans Lodeizen arbeitete sich vom Schmiedegesellen hoch zum Hafeninspektor. Er lernte im Selbststudium Englisch und deklamierte Gedichte für seine Kinder. Sein Sohn ging ins Lehrerseminar, las Nietzsche und wurde Betriebsdirektor.

Der Kapitalismus leitete die Sucht nach Wohlstand in produktive Wege und brachte dem Westen einen solchen Fortschritt, worauf die ganze Welt immer noch neidisch ist. Was verhinderte nun, dass diese Sucht nach Wohlstand und Luxus entgleiste? Dass sie entartete in impulsive Wollust, kurzfristiges Denken und aggressives Aufkaufen und anschließendes „Strippen" von Betrieben? Die Antwort ist: Wohlstand und Sucht nach Luxus mit einem bisschen Selbstbeherrschung. Oder eben das, was wir mit Cicero als „Kultur" beschreiben: das Pflegen der menschlichen Seele. Nicht umsonst versuchten die Kommunisten, dem Ex-KBGler Besmenow zufolge gerade die Kultur zu untergraben. Die Kinder der Arbeiterklasse gehen gegenwärtig im Anzug gekleidet zur Schule, um unterrichtet zu werden von den Besten der Verkaufsspezialisten. Einige dieser Studenten sind durch das Lesen von Philosophie inzwischen imstande, den Kampf um Freiheit, Wahrheit und Schönheit auf einem Gemälde zu erkennen.

Der Grund, dass die klassischen Autoren von größter Wichtigkeit sind für die westliche Zivilisation, ist, dass die Botschaft von Mäßigung, Nüchternheit und Selbstbeherrschung in ihrem Denken verankert ist. Die Verinnerlichung dieser Botschaft verhindert, dass der Kapitalismus zu einer rein destruktiven Kraft abgleitet. So wie Betriebsleiter Jordan Belfort im Film „Wolf of Wall Street" seine Verkäufer aufpeitscht: „I want you to deal with your problems by becoming rich." Weil ihre innerliche Gebrechlichkeit zugleich mit ihren Ausgabenmustern zunahm, ging der Betrieb zugrunde, weil es ihnen an Rechtschaffenheit fehlte. Ohne die klassischen Tugenden und humanistische Bildungswerte sind Leute wie Belfort und der psychopathische Investmentbanker Patrick Bateman der am höchsten plazierte Menschentyp, den die westliche Zivilisation hervorbringen kann.

Kunst und Kultur sind mehr als ein „side issue" der Politik, mehr als: „Wir bekämpfen jetzt die wirtschaftliche Krise, das ist unsere Mitteilung, wir müssen eben mal schauen, wieviel wir daran sparen können.“ Nein! Kunst und Kultur bilden die Grenze der Freiheit: der Punkt, an dem eine Zivilisation sich wiederentdeckt oder abgleitet in Gestaltlosigkeit und Dekadenz. Was nicht sagen will, dass Kunst zu subventionieren ohne weiteres gut ist. In „Plattform“ (2001) beschreibt Michel Houellebecq, wie ein Künstler um Subvention nachsucht. Er entrollt einen Untergrund, der in Fächer unterteilt ist, worauf Namen von berühmten Künstlern stehen. Einer von ihnen ist Michelangelo. Dann öffnet er einen Topf voller Frösche, die beginnen, über das Mosaik zu hüpfen. Ein Beamter fragt ihn, wie hoch der Betrag sein muss, den er benötigt. Dergleichen Zustände zeigen die Notwendigkeit einer Kulturkammer auf. Das Ziel von Kunst muss sein: den menschlichen Geist erheben, zu Arbeitsfreude inspirieren, das Echte aufzeigen im Licht des Ideellen. Die Zukunft jeder Nation hängt ab von der jüngeren Generation. Deshalb ist es Wahnsinn, es dem zufällig herrschenden Geschmack des Moments zu überlassen, wie der Geist der Kinder geformt wird.

Das Ziel des Kulturmarxismus war, die geistige Wehrhaftigkeit des Westens zu untergraben, und dafür musste die Leitkultur vernichtet werden. Unterdessen hat man das just über den Kapitalismus erreicht: Die Ideale von 68 sind in den heutigen Zeitschriften integriert. So emanzipierte „Sex and the City“ das Mauerblümchen, die alte Jungfer und die frigide Männerhasserin in einem Streich zu frei gefochtenen Frauen der Welt. Karriere machen, Einkaufsbummel, ausgehen, flirten. Sex können sie auf jeden Fall immer bekommen, und für die emotionale Seite gibt es das „Bonden“ mit Freundinnen. Um, nachdem man sie angeschaut hat, zu bestätigen, dass Männer Loser sind und dass man trotz allem doch wieder näher zu sich selbst gefunden hat.

In einer bekannten Nespresso-Reklame steht George Clooney bei der Kaffeemaschine. Eine schöne junge Frau hat es jedoch auch auf das letzte Tässchen Kaffee abgesehen. Sie lobt Clooneys schauspielerische Leistungen und nimmt ihm inzwischen die letzte Kaffeekapsel weg. Der Zuschauer lacht. Die

Frau hat's in sich! Ein Mann, der den letzten Kaffee einer Frau wegnimmt, würde als unaufmerksamer Rüpel abserviert werden, deshalb schlüpft er in eine jämmerliche, untertänige Rolle. Dieser Blick auf Maskulinität wird auch verbreitet durch eine Reklame aus dem Jahr 2013 für Kinder Bueno. Darin gibt ein Mann weibliche Laute von sich, während zwei Frauen gegenüber sich für einen Riegel entscheiden. Danach lässt er sich ohne deutlichen Grund zu Boden fallen.

2011 experimentierte IKEA Australien mit einem Freizeitraum im Geschäft, der „Manland" hieß. Dort schauten die Männer Sport auf Plasmabildschirmen, spielten Ping Pong und aßen Hotdogs. Weibliche Kunden konnten dort ihre Männer „abliefern". Einerseits gab dieses Experiment zu, dass Männer nicht vollständig feminisiert werden können. Sogar nach 40 Jahren politischer Korrektheit sind Männer nicht an Wohnungseinrichtung interessiert oder daran, planlos durch Läden zu schlendern. Andererseits erniedrigte dies Männer, weil ihnen nur die einfachsten Formen von Maskulinität zugestanden wurden. Wo war das Schachbrett? Wo standen die Bücher über Geschichte und Philosophie? Oder Werkzeug und graphisches Papier, um ihre Gartenhäuschen zu entwerfen? Manland zeigt, wie der Mann vom Haushaltsvorstand zum Hausschimpansen wurde. Wie beim Kinderhort gab IKEA der Frau einen Pieper mit, der sie nach 30 Minuten daran erinnerte, ihren Mann wieder „abzuholen". Wie moralisch entrüstet würde die Gesellschaft wohl reagieren, wenn ein Betrieb Frauen als hilflose Kinder bezeichnen würde?

Vor einigen Jahren war der Direktor eines großen japanischen Autofabrikanten zu Gast bei einer Gesprächsrunde für Frauen. Die Fragen handelten von einer aggressiven Reklamekampagne, in der Frauen ihre Männer aus fahrenden Autos warfen. Er antwortete, dass die Reklame auf das weibliche Bedürfnis nach Unabhängigkeit einging: um den Männern zu zeigen, auch ohne sie glücklich sein zu können. Eine Frau fragte ihn, ob dies der Harmonie zwischen den Geschlechtern schade. Er lachte, zuckte mit den Schultern und wies darauf hin, dass es dem

Betrieb helfe, mehr Autos zu verkaufen. Frauen, die unabhängig sein möchten, hatten mehr Grund, ein eigenes Auto zu kaufen. Das kann man auf Hunderte von großen Betrieben übertragen, die einen Vorteil haben, wenn Feindlichkeit und Misstrauen Männern gegenüber geschürt werden. Je mehr Männer und Frauen eine eigene Wohnung haben, desto mehr Bedürfnis nach Fernsehgeräten, Zeitungen, Spülmaschinen und Kühlschränken entsteht. Die Harmonie der westlichen Zivilisation wird buchstäblich von innen heraus zerstört.[86]

Nebst Reklame auch noch zwei Filme: Der erste ist „Rio 2", der die Lebensgeschichte eines Vogels erzählt. Der Vogel hat ein Weibchen, das in den Dschungel flüchten möchte, um so einen „echten Mann" zu finden. Er selbst ist an ein Leben in einem Haus gewöhnt und muss deshalb erst fliegen lernen. Während der ganzen Spielzeit des Films wird er von seinen Kindern gehänselt und von seiner Frau dominiert. Sogar der aalglatte Verführer, dem das Weibchen im Dschungel begegnet, scheint ein Feigling zu sein, wenn es darauf ankommt, Gefahren zu meistern. Ein Rezensent erklärte, dass er seine Tochter wieder aufs Neue programmieren musste, weil er nicht wollte, dass sie so über Männer denkt.[87]

Als zweites nenne ich „La vie d' Adèle" („Blau ist eine warme Farbe"), einen Film über die sexuelle Entdeckungsreise einer jungen Frau. Die ersten Lesben, die man im Film sieht, erkennt man sofort als Kulturmarxisten: Am Stil der Kleidung derjenigen, die die Gesellschaft abweisen oder eben selbst abgewiesen werden wollen. Unterdessen ist es schon soweit, dass Mozilla seinen CEO Brendan Eich entließ, nur weil er dagegen war, dass Homosexuelle heiraten können wie ein Mann und eine Frau. Ideelle Darstellungen werden erläutert, nicht als Richtschnur für Perfektion, mit der Materie und dem Kosmos verknüpft, sondern als geschriebene Konstruktionen. „Was ist mit schönen Künsten?", fragt Adèle in einem Dialog, wobei sie den marxistischen Sartre zitiert: „Schönheit ist subjektiv." Wenn denn alles eine subjektive Erfahrung ist, keine objektive Wirklichkeit, sondern eine Konstruktion, dann bleibt für Künstler auch nichts mehr übrig, um dagegen zu rebellieren, ausgenommen ihre eigenen Alpträume. Außerdem ist dieser Ausspruch offenkundig im Widerspruch mit den Filmbildern. Ihr schlanker Körper einer jungen Erwachsenen, der in Ekstase zu einem Höhepunkt kommt, wobei ihr straff gespannter Unterbauch die Konturen ihrer weiblichen Formen zeigt, hat nämlich etwas objektiv Schönes. Eine universelle, jugendliche Anziehungskraft.

Die Schilderung von Normen für Schönheit als subjektiv führte zu einer Welt, die klinisch anmutet, wenig Beseelung bietet und auch jungen Leuten nichts mehr zu sagen hat. Nicht: „Das ist eure Rolle in unserer Zivilisation, erfüllt sie in allen Ehren", sondern: „Have fun while you can." Wir sind starr, ohne Führung, ohne daran zu glauben, dass wir jemals eine Tat von historischer Bedeutung vollführen werden, der Mittelmäßigkeit ausgeliefert.

Das Eingrenzen von Kunst als subjektiv ist ein Sieg des Kulturmarxismus: Das Zertrampeln des Strebens nach der Bildung der idealen Form, um so das Formlose und Ungestalte zu fördern unter dem Motto: „Alle Geschmäcker sind gleich." Wir sind Zeuge eines Krieges gegen das klassische Schönheitsideal, das Ideal der Vollkommenheit und Erhebung, ein Krieg, der zurückzuführen ist auf Herbert Marcuse. Nachdem die Schrekken des Zweiten Weltkrieges vorbei waren, kehrten die meisten Mitglieder der Frankfurter Schule nach Deutschland zurück. Marcuse blieb jedoch in Amerika, wo er den Kulturmarxismus reduzierte auf Schlagworte, die der durchschnittliche Student begreifen konnte. In seinem Buch „Eros and Civilization" (1955) erklärte er ausdrücklich, dass, wenn alle Regulierungen bezüglich Sex aufgehoben würden, wir in einer freien Gesellschaft zurechtkommen würden, wo Vergnügen über der Realität stehen würde. Grob gesagt: „No work, only play". Noch so eine Phrase lautet: „Make love, not war" und wurde dann auch durch Marcuse lanciert.

Ein Graphiker schilderte mir ein Fest, das in einer leerstehenden Fabrikhalle in Utrecht organisiert wurde. „Die Musik war so laut, dass ich, schon als ich hereinkam, mich selbst nicht einmal mehr denken hören konnte. Der Boden war übersät mit Schnapsflaschen, Kippen und leeren Dosen von diesen Energiegetränken. Inmitten dieser Unordnung ließen sich viele junge Mädchen penetrieren durch viel ältere Gäste. Ihre Pupillen starrten vom Koks oder was weiß ich von welchen Drogen auch immer. In dem Moment begriff ich, dass mir dies alles in meinem Leben nichts bringen würde. Ich beschloss, keine Feste mehr zu organisieren. Bei dieser Subkultur in sogenannt alternativen Kreisen war alles über die Hutschnur gegangen. Für Künstler wie ich, die Tag und Nacht um ihren Lebensunterhalt kämpfen müssen, wirkt sich das nur zersetzend aus."

Marcuse lebte in derselben Epoche wie Ayn Rand, eine atheistische Jüdin, die das kommunistische Russland gegen New York tauschte. Einmal in Amerika angekommen, begann sie, Bücher und Drehbücher zu schreiben, in denen sie den Marxismus widerlegte und den Kapitalismus verherrlichte. In „Atlas Shrugged" („Der Streik") (1957) kommt die Persönlichkeit Richard Halley zu Wort, ein genialer Komponist, der behauptet, dass man beim Bewundern eines Kulturstücks unterscheiden müsse im „Warum". Wenn nicht, so sei es eine oberflächliche, launische Bewunderung. So wie: „Ich fand es amüsant, witzig, spannend." Hochstehende Kultur sucht nach einer begründeten Bewunderung, die nach den Werten und dem Denken sucht, die dem Werk zugrundeliegen.

Hochstehende Kultur bestätigt das Leben: Sie erkennt, dass Menschen von Natur aus verschiedene Talente mitbekommen, sie motiviert und inspiriert zur Vervollkommnung dieser Talente. Wenn wir danach streben, besser zu werden, als wir schon sind, dann wird alles um uns herum auch besser. Hochstehende Kultur ist Ausdruck innerlicher Zivilisation und ermutigt zu einem Leben, das im wahrsten Sinne des Wortes menschlicher ist. Der Subjektivismus hingegen ist egalitär und kann eine solche Hierarchie nicht anerkennen. Er sagt nur: „Der Markt bietet einem jeden etwas, und über Geschmack lässt sich nicht streiten." In einer gesunden Gesellschaft schätzt man die Auswahl von „gut", „schlecht" oder „mittelmäßig", abhängig von den Folgen. In einer egalitären Gesellschaft muss jede Anwandlung ausführbar sein: Die Konsequenzen werden jedoch weggenommen, denn es wird nivelliert, wenn etwas scheitert.[88] Es fehlen nämlich deutliche gemeinsame Werte, um die Wahl zu schätzen. „Gibst du dein Studium auf? Lässt du dich scheiden? Willst du eine zweite Hypothek abschließen? Du musst tun, was dir ein gutes Gefühl gibt. Das lässt du dir doch nicht von jemand anderem sagen? Zeige deine Seele und lass dich von den industriellen Institutionen nicht verrückt machen.“ Es fehlt in unserer Gesellschaft ein solcher Rahmen für Normen, ein philosophischer Grundplan.

Die größte Leistung von Ayn Rand ist, dass sie den Widerspruch des Altruismus entlarvte. Die Kraft einer kreativen Person wurde als etwas Bösartiges dargestellt, als Quelle von Ungleichheit und damit von Unterdrückung. Die Kraft konnte geläutert werden, indem man sie einem altruistischen Ziel dienstbar machte: anderen helfen. Aber die Tatsache, dass man zum eigenen Vorteil an die Kräfte anderer appellierte, wurde nicht erwähnt; das war dann auch der Widerspruch. Man betrachte es so: Menschen, die anderen Egoismus vorwerfen, um so zu profitieren von altruistischen Handlungen, die sie ausführen, um sich selbst zu läutern. Das Wort „Egoismus“ stammt doch schon von Freuds Wortgebrauch her; als die Marxisten ihr Ziel von Ökonomie auf die Kultur verlegten, wählten sie wohlgemut „leihweise“ aus Theorien von anderen.

Trotz ihrer Vorzüge scheiterte Rand bezüglich der menschlichen Psychologie. So würde die Leichtigkeit, womit die Heldin in „Atlas Shrugged“ ihre „wahre Liebe“ für einen noch größeren Helden eintauscht, in der echten Welt zu Reibungen und Konflikten führen. „Nach oben ficken“ umfasst unehrerbietig, doch zutreffend den romantischen Plot. Die wichtigste Lektion für mich beim Lesen von „Atlas Shrugged“ ist, dass, wenn parasitäre Werte Mainstream werden, der Kapitalismus den Verfall nicht abbremsen kann. Rand unterschätzte die Gewinne, die man verbuchen kann, wenn man das Leben verneinende Werte in eine kommerzielle Form gießt. Gewinne, hoch genug, um die antiken Ideale zu verdrängen. Der kommerzielle Erfolg der

Anti-Familien- und Anti-Autoritäts-Musik der 60er Jahre ist ein zutreffendes Beispiel. Man denke auch an die heutige Rapmusik, die Dinge wie Schule schwänzen, Drogenabhängigkeit und das Leben der kriminellen Unterschicht verherrlicht.

Im Herzen Münchens stieß ich auf einen Burger King, wo ein Promotion-Filmchen von „New Kids Nitro“ abgespielt wurde. Bemerkenswert, dass ein Film über scheltende, saufende Proleten die ganze Welt erobern kann. Menschen sehen die Figuren von „New Kids“, und sie sehen Arbeitslose, die über Zoten lachen, denen ihr Nichtstun gleichgültig ist und die trinkend mit ihren Freunden die Freiheit genießen. Und das wirkt anziehend auf sie, denn heimlich sehnen sie sich selbst danach.

Rund um die Fußballweltmeisterschaft 2014 zirkulierten Gerüchte über eine „neue Trikolore“ der französischen Mannschaft. Das bezog sich auf die Zusammenarbeit von Weißen, Schwarzen und Jugendlichen arabischer Abstammung. Kommentatoren meinten, dass die Mannschaft so eine verschobene ethnische Situation in den Innenstädten vertrat, während zugleich ein beschwingtes vereinigtes Frankreich sichtbar gemacht wurde. Die unterschwellige Idee war, dass die Autorität von Politikern, Lehrern und Polizisten vollkommen dahin ist, wodurch Jugendliche fremder Herkunft sich radikalisierten und der französische Staat ihnen fremd wurde. Indem sie nur noch Respekt hatten für die Fußballstars, wurden sie doch noch „ein wenig hinzugezogen“.

Aber ist das Problem denn nicht viel schlimmer? Denn wenn zusammen Biertrinken während Fußballspielen das einzige ist, was das Vaterland noch aufrechterhält, können wir zu Recht sagen, dass es kein Vaterland mehr gibt. Ist Fußball – oder Sport überhaupt – noch das einzige Mittel, wodurch Leute sich mit ihrem Land identifizieren können? Wie steht es mit Kunst oder Literatur? Im 19. Jahrhundert gab es Ausstellungen über Technik in London und Paris, wo die ganze Welt anschauen kam, welch geniale Erfindungen der europäische Geist nun wieder hervorgebracht hatten. Junge Leute, die in Indonesien Naturkunde oder Technik studierten, träumten davon, eines Tages in die Niederlande zu reisen, um dort in der Nähe der Modernität zu arbeiten. Unterdessen muss Frankreich bewusst Spieler ausländischer Herkunft aufstellen, weil sonst wütende Jugendliche die Innenstädte in Schutthaufen verwandeln.

Die Qualität der Spieler ausländischer Herkunft spielt hier keine Rolle: Sie sind ohne Zweifel gut. Ich meine, dass es etwas sagt über die europäische Kultur. Jugendliche träumen von Glanz und Gloria und den Hochzeiten der Wesley Sneijders dieser Welt: Leute, deren Beiträge zur Zivilisation allein auf Unterhaltung beruhen. Diverse (amerikanische) Reality-Serien im Fernsehen führen den Zuschauer in eine Jetset-Welt, wo man entweder reich und populär ist, oder eben halt ein Nichts. So wachsen Jugendliche auf mit Träumen über einen Status als Star, was auf eine vollkommene Desillusion herauskommen muss. Heutzutage scheint es, dass der westliche Staat und Kultur keine einzige Bedeutung für sie haben; eine Handhabe findet man dann im fundamentalistischen Islam, so findet die Frustration einen Ausweg in der Radikalisierung.

2010 verbrachte ich schwüle Sommerabende mit einer schwarzen Französin, die in einem vernachlässigten Quartier aufgewachsen war. Sie erzählte mir von ihren Jugendfreunden und deren Familien. Muslime, die mit zu vielen Familienmitgliedern in zu kleinen Wohnungen hausten. Sie erläuterte, dass muslimische Gesellschaften von Minderheiten Anpassungsvermögen erwarteten. Weil Mohammed als das Siegel der Propheten gilt und der Islam als der einzige wahre Gottesdienst betrachtet wird, müssen Juden und Christen Schutzgeld bezahlen (Dschizya). Schon seit tausend Jahren passt die Minderheit sich an, schon tausend Jahre lang sieht man das als gut und selbstverständlich.

Im 20. Jahrhundert kamen die muslimischen Familien nach Europa, wo sie erfuhren, dass es sogenannte Antidiskriminierungsgesetze gibt. Oder sie begriffen, dass hier die Mehrheit sich an ein moralisches Gebot zu halten hat, sich der Minderheit anzupassen: Muslime bekamen spezielle Stunden im Schwimmbad zugeteilt und einen eigenen Rundfunk. In Gefängnissen können sie sogar Halal-Mahlzeiten essen. 2011 untersuchte die VVD, wie die Teilgemeinde Amsterdam-Ost Subventionen verteilte.[89] So schien es zu laufen: Auf Kosten der Teilgemeinde wurden am Geburtstag des Propheten Rosen verteilt. Autochthone Niederländer bekamen Kurse zur Bekämpfung von Islamophobie angeboten. Es bekamen sogar Frauen Subventionen für Kurse im Kopftuchfalten. Die Freunde der Französin meinten, dass solch westeuropäisches Verhalten der Anpassung die moralische Überlegenheit des Islam beweise.

Ihrer Meinung nach war das der Grund, warum die Familien ihrer Jugendfreunde so groß waren: Sie bekamen Kindergeld vom französischen Staat und brauchten deshalb nicht zu arbeiten. Sie hätten ihre Einkünfte erhöhen können, indem sie einer Arbeit nachgingen. Von ihrem Standpunkt aus betrachtet hoben sie ihren Status an, indem sie andere für sich arbeiten und sich von ihnen unterhalten ließen. Ich begriff sofort, dass der liberale Standard-Leitsatz „für Wachstum und Arbeitsplätze!“ keine Antwort ist auf diese Situation. Arbeitsplätze schaffen hilft nicht, weil die Ursache des Problems nicht ökonomisch, sondern spirituell und kulturell ist. Und weil eine Partei wie, nehmen wir die VVD, ihre Finger nicht daran verbrennen will (weil man fürchtet, mit Diskriminierung in Verbindung gebracht zu werden), spricht man nur über Geld und Arbeit.

In einer Zeit, in der mehr Wissen denn je zur Verfügung steht, verbringen wir ein Prozent unserer Zeit im Netz mit echt bereichernder Information, und die anderen 99 Prozent schauen wir uns Katzenfilmchen an. Nur eine Elite, die sich ihrer Position und Verantwortung bewusst ist, ist imstande, nebst Arbeit ein Leben konstruktiv und sinnvoll auszufüllen (mit Dingen wie Kunst, Wissenschaft und Philosophie). Eine festgefügte Gesellschaft fordert deshalb, dass die Mehrheit der Bevölkerung gerne zur Arbeit geht: Sie muss Erfüllung in der Arbeit finden, sie muss fühlen, dass sie einen nützlichen und geschätzten Beitrag für die Gesellschaft leisten kann, auch wenn sie nicht populär oder reich ist. Und davon ein Selbstgefühl erlangen.

Die Identifizierung mit der Arbeit war die Kraft der europäischen Zivilisation. Arbeit war mehr als geldlicher Erwerb. Die Arbeit war dein Stolz, und du wolltest sie nicht schlampig ausführen, sondern sie richtig und gut ausführen. Es gab alte Meister, die ungestümen jungen Leuten als strenge, aber gerechte Hüter den Weg zu einem produktiven Lebenspfad wiesen. Eine gesunde Gesellschaft lehrt ihre Arbeiter, dass ihre Stellen heilig sind; die postmoderne Gesellschaft hingegen lehrt einen, dass die Stelle gerade so viel wert ist wie der Lohn. Außer der quantitativen Schätzung der Geldbeträge und Verkaufsziffern gibt es keine übergeordnete Werte oder Maßstäbe mehr, um die Arbeitsleistung qualitativ zu loben. Als Folge davon gibt es Generationen von Jugendlichen, die in ihrem 20. Lebensjahr davon träumen, Millionär zu werden, um wie die Fußballstars mit Diamanten bestücktem Gebiss herumzulaufen. Es sind dergleichen Träume, die die kommerzielle Kultur hervorruft; nicht der Traum, als Feuerwehrmann oder Fahrer eines Rettungswagens Leben zu retten. Noch drastischer: Wenn ein Fahrzeug der Feuerwehr oder ein Rettungswagen durch die Innenstädte fahren, werden sie oft mit Steinen und Unrat beworfen.

Zu jener Zeit, als Europa die eigene Kultur noch achtete, strebte die Unterschicht danach, die Lebens- und Denkart der Oberschicht zu imitieren. Der Erfolg des genannten „New Kids“-Films weist eher auf das Umgekehrte hin, was die Theorie von Marx unterstützt. Ich meine, dass in einer kapitalistisch eingerichteten Epoche die Ökonomie, und damit die Welt, sich immer mehr nach den Bedürfnissen der produzierenden Klasse richten wird. Ihr Geschmack und Interesse in Sachen Unterhaltung auf kulturellem Gebiet wird vorherrschen: Die Basis sikkert durch in die Oberschicht. Wohl strebt der Arbeiter danach, die Lebensart der wohlhabenden Klasse zu imitieren. Einerseits klagt man, dass die sozialen Zuschüsse so niedrig sind, dass durch den Euro alles teurer geworden ist. Unterdessen werden wohl für Milliarden Staatslose verkauft, weil man selber hofft, Millionär zu werden. Sie vergleichen sich selbst mit Bankern und Rechtsanwälten mit den Villen und goldenen Schmuck der Rapper, und sagen: „Vom Arbeiten werde ich nicht reich." Während die Arbeit, die sie täglich ausführen, sehr nützlich und wertvoll für andere sein kann. Möglicherweise wird das nicht bemerkt. Weshalb nicht? Weil sie noch nicht mit einem Glas Champagner in der Hand den ganzen Tag in einem Brausebad liegen können. Die Arbeit wird nur noch aufgehimmelt als Mittel, der Arbeit zu entrinnen.

Die postindustrielle Gesellschaft hat ihre Achtung vor ehrlicher, körperlicher Arbeit verloren. Die Achtung vor dem Handwerk des Fachmannes, der mit dem Material, das er bearbeitet, verhandelt. Er meißelt und hobelt, bis das Material zu seinem vollen Recht kommt. Er macht nicht, sondern vervollständigt. „Die Statue war schon da", sagte Michelangelo, als er seinen David beschrieb, „ich habe nur den überflüssigen Marmor weggenommen". Wir sprechen von Perfektionismus, je mehr Form und Material des Objekts dem gesetzten Ziel gerecht werden; von ungestalt, wenn das Material sich nicht für dasjenige eignet, wofür es gebraucht wird.

Im Altertum hatten „Form" und „Materie" eine andere Bedeutung als in der heutigen Zeit. Jedes Ding hatte einen gewissen Wert, ein seinem Wesen entsprechendes Bewusstsein. „Telos" nannte man das, was hieß, dass für jedes Ding im Kosmos ein Plätzchen eingeräumt war. Um diese Plätzchen zu erreichen, nahmen die Dinge ihre höchst erreichbare, wahre Form an und kamen so am besten zu ihrem Recht. Wie dieser Platz war, war im immateriellen Grundplan eines jeden Dinges inbegriffen: die platonische „Idee" oder eben Grundform.

Der Künstler Maarten Dekker illustrierte einmal mit einem Beispiel diese Basisform. Man nehme eine abgemessene Menge Variablen innerhalb einer spezifischen Situation. Etwa einen Tisch, ein Glas Wasser und eine Vase mit Blumen. Nun gibt es Tausende von Möglichkeiten, dieses Ganze zu ordnen, aber in einem gewissen Augenblick wird der Künstler sagen: „Ja. Nun habe ich es; nun habe ich das Tableau in seine Grundform geordnet – in dieser Ordnung zeigen die Elemente ihre vollständige Potenz; sie kommen vollständig zu ihrem Recht." Wenn wir die Darstellung des Dinges in seiner perfekten Form und die materielle Wirklichkeit als die zwei Seiten derselben Münze bezeichnen, ist dieses Tableau der Augenblick, in dem beide Filter einander überlappen und dasselbe Bild zeigen. Das platonische Idealbild ist die Auffassung, dass die richtige Form aller Dinge eingebettet ist innerhalb der kosmischen Ordnung und dass es die Aufgabe des Künstlers ist, diese Form erkennbar zu gestalten.

Hätte man jemanden Ende des 19. Jahrhunderts nach dem Ziel von Kunst, Poesie oder Musik gefragt, dann hätte er geantwortet: „Schönheit", und hinzugefügt, dass diese ebenso wichtig sei wie Güte und Wahrhaftigkeit. Im 20. Jahrhundert wird Schönheit weniger wichtig. Kunst wird öfter eingesetzt, um zu schockieren und Tabus zu enttarnen. Wo Kunst früher trösten konnte bei Pech oder Unglück – man konnte sich wieder aufrappeln und neue Lebensfreude finden –, ist man nun zur Überzeugung gelangt, dass Kunst der Hektik und der Willkür des modernen Lebens nicht gewachsen ist. Kunst muss die Willkür anprangern. Der Rationalismus der Aufklärung stellte sich als Illusion heraus – der Mensch wird nun just durch gewalttätige und sexuelle Triebe gesteuert, genau so, wie Nietzsche und Freud erörterten. Folglich musste die Lackschicht von der Schönheit und der Ratio, die wir Kultur nennen, abgekratzt und in den modernen Werken entstellt und beschimpft werden.

Nimm historische Werke wie die von M.C. Escher oder Jeroen Bosch, darin erkennt man die Beherrschung des Künstlers. Die Kunst war noch ein richtiges Handwerk. Es gab keine Computer, und für das Schaffen eines Kunstwerkes musste man jahrelang diszipliniert arbeiten. Es gab Gemälde von stattlichen Schiffen, die den Weltmeeren trotzten, bemannt von heldenhaften Seeleuten. Und die Leute kamen in Museen, um solche Werke zu sehen, und wurden davon inspiriert. Beim Anschauen fühlten sie, dass der Künstler durch sein Werk versucht, dem dahinter liegenden Schönheitsideal Ausdruck zu verleihen. Wie anders ist es doch heutzutage? Gegenwärtig kann ein Stück Kot in einer Konservendose als Kunst präsentiert werden, und graue Betonkonstruktionen entstellen Wege und Plätze. Das Volk hat seine Beziehung zur Kultur verloren, und in Museen hört man schon mal Bemerkungen wie: „Mein vierjähriger Neffe kann das auch machen.“ Es hat sich eine Kultur entwickelt, die ungehemmtes Schmieren mit Tinte als künstlerischen Eigensinn akzeptiert. Bevor wir Kinder mit politischer Korrektheit indoktrinieren, vergleichen sie Zeichnungen intuitiv auf einem universellen Gradmesser von Schönheit. Auch wenn es auf Ästhetik ankommt, führt der Postmodernismus einen Krieg gegen das Urteilsvermögen.

Der Postmodernismus sieht das Idealbild als eine autoritäre Form auferlegter Ordnung und versucht, als eine Art kindlicher Rebellion, sich dagegen zu wehren. Das geschieht, indem der Nachdruck gelegt wird auf die Plattheit, das Triviale und Proletenhafte der täglichen Wirklichkeit. Wie etwa das andächtige Filmen eines Mannes, der eine Bulette isst, oder das Fotographieren eines Stapels Konservendosen. Die postmoderne Kunst strebt nicht, wie zum Beispiel die klassische Kunst, nach dem Finden von Gleichgewicht und Harmonie, sondern nach dem Hervorheben irrationaler, gewalttätiger, perverser und triebhafter Seiten der menschlichen Psyche.

Wir leben anonym in sterilen Städten, gebaut mit auf Quantität ausgerichteter Architektur, nicht auf Lebensqualität. Es ist eine Welt von gruseligen Gassen, Betonwänden und grell leuchtenden Reklameschildern. Eine Welt von „mein Gewinn, meine Sehnsüchte, meine Vergnüglichkeit“. Kunst hat darauf keine Antwort mehr, ausgenommen: „Mach schon, nimm es dir, es ist doch dein Recht.“ Alles kann nun Kunst sein, von einem Stapel Bausteinen bis hin zu einem Bündel von Schnüren in einer Ecke.

In Australien gibt es ein Kunstwerk, das „An Oak Tree“ („Ein Eichenbaum“) heißt. Es besteht aus einem Glas Wasser auf einem Tablar, daneben ein Text, der erklärt, warum es sich um einen Eichenbaum handelt. Schockierend, wenn es enthüllt wird, aber was beim ersten Mal schockiert, ist beim zweiten Mal langweilig, danach irritiert es nur noch. Wie gesagt, auch das

Handwerk verschwindet, der Möbelschreiner zum Beispiel, der einen Rahmen mit hölzernen Schnörkeln verziert. Die Sache mit Ornamenten ist die, dass sie uns von der Tyrannei der Nützlichkeit befreien und uns daran erinnern, dass wir auch spirituelle Bedürfnisse und moralische Fähigkeiten haben. Vielleicht wissen Sie, wie es ist, auf einmal in Ekstase zu geraten, aufgesaugt und mitgeführt zu werden von dem, was wir sehen. Das Versprechen des sensuellen Geheimnisses, das sich hinter dem gewöhnlichen Alltag verbirgt, ist etwas Wertvolles, das mich rührt und das mich aufwühlt. Das Morgenrot, eine vergessene Melodie, das Gesicht eines geliebten Menschen. Schönheit ruft uns und bestrahlt uns von einer höheren Ordnung aus. So wie wenn ich von einem alten Klosterfenster hinausschaue auf ein Mädchen mit goldblondem Haar, das mitten in einem Weizenacker in der warmen Glut der untergehenden Sonne badet. Ich denke an große europäische Intellektuelle, die am Strand spazierengingen im purpurnen Schein der Morgenröte. In das glitzernde Licht spähend sahen sie die Zukunft.

Dieses Foto eines Bündels Taue wurde in der Warande aufgenommen, einem Wald in Tilburg. Jedes Jahr findet hier eine sogenannte „Kunstwarande“ statt, dann wird der Wald hiermit gefüllt.

Wenn wir von Selbstübersteigung sprechen, sprechen wir von Erhebung. Das ist ein Begriff, den ich schon mehrmals gebrauchte, aber noch nie erläutert habe. Wir kennen alle Worte wie: „Er verlor die Selbstbeherrschung nicht, er war stärker als er selbst.“ Worte im doppelten Sinn, denn wie kann jemand stärker sein, als er selbst ist, und so auch schwächer als er selbst? Wenn wir das sagen, meinen wir eine Polarität innerhalb ein und derselben Persönlichkeit. Der instinktive Teil, der nach unmittelbarer Befriedigung strebt, streitet mit dem Teil von uns, der von Natur aus nach Harmonie strebt, nach Schönheit und einem bestimmten graziösen Gleichgewicht. Erhabenheit kann man vergleichen mit dem Färben eines Stoffes. Es ist möglich, einen gefärbten Stoff wieder neu zu färben, das Resultat wird jedoch schmuddelig sein und sich nicht lange halten. Ein Geist, der sehr empfänglich ist für Tugend, ist wie ein Stoff, der vor dem Färben gebleicht wurde. Wir sprechen von Erhabenheit, wenn wir danach streben, den ordentlichen Teil des Charakters zu verstärken. Den Teil, über den Humanisten sprechen, wenn sie meinen: „voll und ganz Mensch werden". Das Wort „Kultur" stammt vom Kultivieren des innerlichen Lebens, die Psyche oder die Seele. Richtig ausgeführte Politik ist das Aufbauen einer Gesellschaft, in der dieses Streben im Mittelpunkt steht.

Machen wir hier den Unterschied zwischen Mensch und Tier. Nehmen wir an, dass ich Hunger habe: Im Garten des Nachbarn steht ein Apfelbaum, und ich weiß, dass der Nachbar in den Ferien ist. Nun kann ich in den Garten des Nachbarn gehen, um die Äpfel zu stehlen, und so dem tierischsten Teil meiner Innenwelt nachgeben. Nehmen wir also an, dass ich weiß, dass der Nachbar die Äpfel mit Gift besprüht hat. Ein Tier wird immer noch probieren, die Äpfel zu stehlen, ein Mensch jedoch wird – weil er sich des Giftes bewusst ist – dies nicht mehr tun. In diesem Fall hängt das Respektieren des Eigentumsrechts zusammen mit Intelligenz und nicht mit Anstand. Wenn wir von Moral sprechen, meinen wir einen essentiellen Unterschied zwischen Mensch und Tier, nicht einen graduellen Unterschied. Wir sprechen dann über die Verinnerlichung von Werten, wobei die Achtung vor dem Eigentumsrecht unserem Wesen eigen ist. In diesem Fall enthält der Mensch sich des Stehlens, weil er dieses Betragen als unwürdig betrachtet, als unehrbar. Oder das Betragen ist „erniedrigend". Natürlich könnte man mit Marx und

Nietzsche die Meinung vertreten, dass es sich hier um Projektionen und Konstruktionen handelt, die nur dazu bestimmt sind, uns unter dem Daumen zu halten. Dann räsoniert man wie die Meister des Misstrauens. Es ist jedoch unumgänglich, dass für eine Gesellschaft eine bestimmte Ordnung notwendig ist, die wir kennen als „innerliche Zivilisation“, um nicht in einen chaotischen Naturzustand abzugleiten.

Eine kapitalistische Gesellschaft mit allem Drum und Dran setzt Werte wie Zuverlässigkeit, Pünktlichkeit und Ehrlichkeit voraus. Moralisches Kapital, das aus der Periode vor der Konsumgesellschaft stammt, und das von Renaissancehumanisten wie Coornhert verbreitet wurde. Er wusste, dass das Denken auf kurze Sicht dem menschlichen Wesen eigen ist und dass starke, gemeinsame Werte dem abhelfen können. Werte wie Sparsamkeit, Eifer und Weitblick. Früher gab es Wirtschaften, wo die Arbeiterklasse Vorträgen aus „Decline and Fall of Rome“ von Edward Gibbon zuhörte. Ohne Zweifel wurde dabei auch viel getrunken, aber dennoch: Das Werk wies auf die Wurzeln der westlichen Zivilisation hin und enthielt eine moralische Lektion: eine Warnung gegen Dekadenz. Der Richtungspunkt unserer Kultur auf oberflächliche Massenunterhaltung ist ein grundlegendes Problem. Die niederen Werte sprechen die Leute mehr an, wenn es um die täglichen Sorgen und das Gefühl geht, von der Gesellschaft vernachlässigt zu sein. Ein Beispiel davon ist Hip-Hop: entlehnt von dem Leben auf der Straße, fortwährend den Nachdruck legend auf das Sich-hintangesetzt-fühlen. Für alles denkt man in Marktbegriffen, deshalb haben Kunst und Kultur keine wesentlichen, innerlichen Werte mehr: Wenn es um Verkaufsziffern geht, stehen Mozart und Schiller nicht höher im Kurs als Lady Gaga oder die Spice Girls. Wie ein „Speld“-Redakteur es kernig zusammenfasste: „Mit Bieber oder Borsato erobert man mehr Bitches als mit Bach.“ So lange „mass appeal“ der Maßstab ist für kapitalistischen Erfolg, wird nicht die klassische Musik triumphieren, eine Trägerin der europäischen Kultur, sondern die Musik von amerikanischen Gangsta-Rappern, die das Leben in den Hinterhöfen verherrlichen, jeden Tag

Haschisch rauchen und protzige goldene Halsketten tragen. Keine Erhabenheit, keine Kultur der Investierungen auf lange Sicht, sondern des „quick fix“.

Heutzutage hat der Kapitalismus nicht mehr viel gemeinsam mit dem ursprünglichen humanistisch-liberalen Gedanken der Erhabenheit, der die Basis dafür war: Gute Qualitätsarbeit beruht auf dem Investieren in die eigenen fachlichen Fähigkeiten, wofür man gut und gerne einen angemessenen Preis verlangen kann. Unterdessen geht es darum, eine Meute von Konsumenten mit einem Bombardement von Reklame so weit zu kriegen, dass sie wie Äffchen den höchst modischen Gadgets nachjagen. 2013 war das Jahr, in dem zum ersten Mal mehr für Reklame als für Produktionskosten ausgegeben wurde. Eine Investierung in Konsum wird einem als Investierung in einen selbst verkauft. Trinken Sie dieses Bier, und Sie werden Freunde bekommen in der Kneipe; gebrauchen Sie jenes Parfum, und die Frauen werden Sie attraktiv finden. Dass Ayn Rand blind war für diese abstumpfende, vulgäre Seite des Kapitalismus, kam dadurch, dass sie die amerikanische Situation mit ihrer eigenen Erfahrung in Russland verglich. Dadurch war sie über den Amerikanismus übertrieben optimistisch.

Zu ihrer Zeit war der freie Markt eine dynamische Kraft in einer Gesellschaft, die ansonsten statisch war: Familienbande, die Gegend, in der man wohnte, Berufsdisziplin; alles war festgelegt, aber der Markt bot einen Ausweg. Heute ist jeder Aspekt des Lebens ein Strudel. Rand meinte, Kapitalismus sei zugleich auch Freiheit, doch Freiheit hat in einer Gesellschaft, die zusammengehalten wird durch Kirche, Familie und soziale Abstufung eine andere Bedeutung als in einer Gesellschaft, in der Globalismus uns aus einem Biotop loslöste und wir nun als kleine Kometen ziellos durch ein leeres Weltall schweben. Kunst könnte innerlichen Halt geben, aber indem sie den Postmodernismus umarmte, hat Kunst ihr gesellschaftliches Ansehen verspielt. „Ich klüngle einfach nur etwas“, so der Maler Karel Appel, „ich schmeiße die Farbe mit Pinseln und Spachteln und bloßen Händen auf die Leinwand. Ich male wie ein Barbar in dieser barbarischen Zeit."[90] Das niederländische Tätigkeitswort „aanappelen" heißt: „mit gleichgültiger Willkür etwas tun" und ist bezeichnend für Kunst, die sich nicht widersetzte, sondern mit in den Strudel hineinlief. Heutzutage sind viele Künstler darüber entrüstet, dass sie nicht ernst genommen werden bei der gesellschaftlichen Auseinandersetzung, die auf wirtschaftlichen Gewinn ausgerichtet ist.

Aus Rands Werk nenne ich noch einmal Richard Halley, den Komponisten, der eine brillante Symphonie schafft. Aber würde ein solche Symphonie uns heutzutage noch erreichen? Würde sie nicht überstimmt werden durch all diese „cheesy" Melodien, von denen wir überall berieselt werden? „Die Menschen, die es hören wollen, können es kaufen, und wer das nicht will, lässt es eben." Eine typische Antwort von Rand, vielleicht ziemlich naiv. Denn um eine gediegene Wahl treffen zu können, müssen die Leute zuerst damit in Berührung kommen. Und dann nicht in einer „New Kids"-Umgebung, wo niemand sich traut, für sein Interesse an klassischer Musik oder Mikrobiologie geradezustehen, weil die Umgebung abweisend oder sogar aggressiv darauf reagiert.

7 Wilhelm Reich

Eine Persönlichkeit, die in diesem Werk, in dem Kulturmarxismus und Sexualität so wichtige Themen sind, bestimmt nicht fehlen darf, ist Wilhelm Reich (1897-1957). Dieser Psychoanalytiker war ein Vertrauter Freuds, der im Sommer 1927 der Kommunistischen Partei beitrat. Was übrigens nicht im Sinne von Freud selbst war, der meinte, dass die Psychoanalyse nur überleben konnte, wenn man politisch neutral blieb. Reich kaufte ein Wohnmobil, von dem aus er Vorträge hielt vor Ansammlungen armer Leute und Arbeitern. In diesen Reden erklärte er, dass das Aufkommen des Faschismus von der gesellschaftlichen Unterdrückung der sexuellen Triebe herkomme.

Der Marxismus meinte, dass die gesellschaftliche Moral immer die gleiche ist wie die Moral des Besitzers der wirtschaftlichen Produktionsmittel. Freud meinte, dass die Moral aus der sexuellen Unterdrückung hervorgehe, also durch verinnerlichte sexuelle Verbote und Tabus. Die Fusion dieser Ansichten ist der Kulturmarxismus. Reich meinte, dass die sexuelle Unterdrükkung dem Entfachen eines revolutionären Bewusstseins im Wege stand. Schließlich bekam er von Freud die Erlaubnis, in den Armenvierteln von Wien Kliniken zu eröffnen, die er gebrauchte, um von dort aus seinen Kreuzzug gegen sexuelle Enthaltung, kapitalistische Unterdrückung und die patriarchalische Familienstruktur weiterhin voranzutreiben. In Deutschland arbeitete er mit an Sex-Pol, „Deutscher Reichsverband für Proletarische Sexualpolitik“. Das war ein Verband von Arbeitern und Freidenkern, dessen Hauptthema die Sexualität innerhalb des Kulturkampfes war. So legte Reich die Basis für die sexuelle Revolution, worauf die 68er der Frankfurter Schule später zurückgriffen.

Schließlich verlor Reich den Kontakt mit den harten ökonomischen Marxisten, weil er nach deren Meinung versuchte, die kommunistischen Jugendvereine in Bordelle zu verwandeln. In

Amerika aber kam sein Werk gut an bei den Kulturmarxisten. Wie Reich waren sie der Meinung, dass die westliche Kultur die richtigen Fähigkeiten im Menschen, etwas leisten zu können, unterdrücke. Die Befreiung von erotischen Trieben war der erste Schritt zum geistigen Erwachen der Massen. „Lies Reich und handle nach Reich" bekamen Studenten von der Frankfurter Schule zu hören.[91] In Berlin wurden 1968 Polizisten mit Exemplaren von Reichs Büchern über Faschismus beworfen.

Reich vertrat, dass, wer seine Lust andauernd verdränge, eine Persönlichkeitsstruktur entwickele, die dabei andere Formen von Unterdrückung verinnerliche. In diesem Zusammenhang ist es wichtig, darauf hinzuweisen, dass Verwer aufzeigte, dass in der heutigen Kultur gerade vor männlicher Sexualität fortwährend gewarnt wird (man denke an das Berichten über Vergewaltiger, Stalker und Internet-Scheusale): „Gerade Jungen müssen ihre Sexualität unterdrücken, Mädchen dürfen sie entwickeln. Frauen dürfen ihre Macht gebrauchen (‚Sag mal, so ein Stümper, erdreistet sich, mir ein Getränk anzubieten. Er wird doch nicht etwa denken, dass er dafür etwas erreichen kann? Mmm, aber schon lecker, dieser Cocktail'). Sie können flirten und leugnen, dass sie das tun, und dann auch noch ‚sexuelles Mobbing' rufen."[92] Ein gewisses Maß an Verdrängung ist schon unvermeidlich. Es verschafft uns das Konzentrationsvermögen für höhere Dinge wie Kunst und technische Arbeit. In dieser Hinsicht ist eine Gesellschaft, in der Sex (mit inbegriffen oder nicht) ständig und überall anwesend ist, gerade ein Zeichen für kulturellen Zerfall.

Das Besondere an Reich ist, dass er die Sexualität erneut zum politischen Thema machte. Ein Thema, das, seit der Kulturmarxismus zur Hauptströmung geworden war, wieder zugedeckt worden ist. Seither sind die sexuellen Verhältnisse so umgedreht worden, dass sie inzwischen den Mann benachteiligen. Wenn ich das „Neue", das mein Buch mit sich bringt, in einem Satz zusammenfassen muss, sage ich folgendes: Indem die sexuelle Macht der Frauen politisch-philosophisch negiert wird, herrscht trotz eines halben Jahrhunderts Förderung der Emanzipation immer noch der Gedankengang, der die Frau als Leidtragende gelten lässt. In einem Briefwechsel, den ich mit einem anderen Autor hatte, gebrauchte dieser folgende Ausdrucksweise für seinen Befund: „Die westlichen Institutionen sind immer weniger imstande, die Entstehung eines narzisstischen Selbstwertgefühls bei jungen Frauen abzubremsen." Auch das steht im Zusammenhang mit sozialen Feinheiten: Umgangsformen, die die Frau zum verletzlichen Opfer machen.

Cornelis Rietdijk, ein Gelehrter, der schon 1959 (!) ein System des Internet-Datings voraussagte, umschrieb es folgendermaßen: „Das sexuelle Interesse des Mannes für die Frau ist größer als das sexuelle Interesse der Frau für den Mann. Wäre das umgekehrt, ginge es inzwischen besser, was die Emanzipation der Frau betrifft. Denn dieser Unterschied bewirkt es, dass Männer sich Studien, Karriere und gesellschaftlichen Leistungen widmen müssen, um doch die Aufmerksamkeit eines möglichen Partners auf sich zu lenken." Das bezieht sich direkt auf eine Bemerkung des Moderators Jeroen Pauw, der im August 2014 erklärte, dass er nicht im Sinn habe, mehr Frauen für seine Gesprächsrunde einzuladen: „Große Gemeinden haben keine weiblichen Bürgermeister, es gibt weniger weibliche Professoren, und sogar weniger Minister. Auf dem Gebiet, wofür man am häufigsten Leute einlädt, Personen, die unserer Gesellschaft Glanz verleihen durch ihre Funktionen, sind Frauen entsetzlich unterrepräsentiert."[93]

Der Grund, weshalb Reichs Theorien nicht weiter in dieses Werk miteinbezogen werden, ist der, dass er in einem grundsätzlichen Punkt versagte. Reichs Weltbild war nämlich egalitär. Was sagen will, dass er annahm, dass mehr Sex zu mehr Gleichheit führen würde, während die Sexualisierung der Gesellschaft dazu führt, dass Sex immer mehr einer erotischen Elite vorbehalten ist. Kulturmarxisten konnten sich eine sexuell befreite Gesellschaft nur aufgrund der Tatsache vorstellen, dass traditionelle Bande die Gesellschaft, in der sie lebten, zusammenhielten. In einer Gesellschaft, die diese Bande tatsächlich abschneidet, entsteht nämlich eine Hypergamie, wobei ein großer Teil der Männer grundsätzlich von sexueller Befriedigung, Fortpflanzung und das Angehen einer Beziehung ausgeschlossen wird. In einer traditionellen Gesellschaft jedoch ist ein nicht attraktiver, aber produktiver Mann als Ehemann ein nicht zu verschmähender Anwärter. In einer kulturmarxistischen Gesellschaft verbreiten Frauen Plädoyers über Unabhängigkeit und wirtschaftliche Selbständigkeit, während sie in der Praxis empfänglich sind für „Bad Boy"-Männer mit einer aggressiven Maskulinität.

Die Verschiebung des Gleichgewichts zwischen den Geschlechtern hat Folgen für Wirtschaft, Umgangsformen und internationalen Personenverkehr. Das hat eindeutige Folgen für die westliche Meinung von sich selbst und die Identität. Im folgenden Teil des Buches wird das näher erläutert.

Wilhelm Reich wandte das marxistische Gleichheitsideal auf die Kultur statt auf die Ökonomie an und legte in diesem Sinne die Basis für den Kulturmarxismus. Diese Denkart findet man 1936 wieder in der Publikation „Studien über Autorität und Familie", die große gemeinsame Untersuchung der Frankfurter Schule, die dazu diente, den Zusammenhang zwischen der traditionellen Familie, dem autoritären Persönlichkeitstyp und dem Faschismus aufzuzeigen. „Die Frankfurter ersetzten die Kritik am Kapitalismus durch eine Kritik an der ganzen westlichen Geschichte, vor allem was die Form der Rationalität betrifft, die sich darin entwickelte."[94] Das Abbauen dieser Anker hatte jedoch kulturelle Anarchie zur Folge: Anhaltspunkte und Richtlinien verschwanden bezüglich Ethik, Verhalten und des Schätzens von Leistungen. Als Unterscheidungszeichen blieb nur die physische Attraktivität übrig, also die Vorherrschaft des schönen Alphamannes und der schönen Alphafrau. So schufen die nach „Fortschritt strebenden" 68er indirekt eine tierische Situation.

Ihre „fröhliche Revolution" war eine Protestkultur gegen die bürgerliche Welt der Erwachsenen, und damit eine Kultur des „ewigen Jungseins". Das bedeutet zugleich „ewig adoleszent sein", und also „ewig anziehend". Inklusive studentische, liederliche und flüchtige Sexbeziehungen. Und daraus entstand der Narzissmus der sexuellen Auswahl. In den Kapiteln „Sexuelle Marktwissenschaft“ und „Sexueller Marxismus“ erläutere ich, dass das, was begann als Streben nach Gleichheit, über die Verherrlichung des jugendlichen, ungebundenen Sexlebens zu narzisstischer Körperkultur und am Ende zu erotischer Aristokratie wurde.

8 Sexuelle Marktwissenschaft

„Einen jungen Körper zu besitzen ist in der egalitären postmodernen Zeit ein Zeichen von Aristokratie; einen Sexpartner haben, der einen jungen Körper besitzt, ist wahrhaftig fürstlich."

Ökonomische Konkurrenz führt zu Gewinnern und Verlierern. Ein krasser Unterschied zwischen „Haves" und „Havenots". „It's a dog eat dog world", und weil wir egalitären Europäer das nur schwer dulden können, haben wir, im Gegensatz zu den Amerikanern, das sogenannte sozialdemokratische Modell. Man nenne es das „Poldermodell", das „skandinavische soziale Modell" oder die „soziale Marktwirtschaft". Der Graben zwischen Arm und Reich darf nie zu tief werden. Wir schöpfen von den Gipfeln, um die Täler zu füllen.

Spinoza machte kurzen Prozess mit dem religiösen Weltbild: Obwohl Konzepte wie die Seele und das Jenseits im Mittelpunkt der westlichen Kultur standen, wurden sie durch den Materialismus unhaltbar. Das Aufklärungsdenken führte zur Säkularisierung. Und was tun Leute, die nicht mehr an ein Leben *nach* dem Tod glauben? Sie kommen in den Bann von dem Leben *vor* dem Tod. Oder sie werden besessen von ihrer eigenen Sterblichkeit und Vergänglichkeit. Sie versuchen, ewig jung und sexy zu bleiben, und fürchten sich über alle Maßen vor dem Alter, vor Krankheit und geistigem und körperlichem Zerfall.

Genau an diesem Punkt, dem ewigen Jung-und-sexy-bleiben, ist in unserer Gesellschaft eine neue Religion entstanden. Eine kommerzielle Religion, bei der es um Kosmetik, Facelifts und Fitness geht. Immer wieder lautet die Botschaft: Verhüte Pickel. Denn wenn Sie Pickel haben, werden Sie nie Sex haben und einsam und vergessen ihrem Ende entgegensehen. Genau an diesem Punkt ist in unserer Gesellschaft eine neue, stahlharte Konkurrenz entstanden bezüglich sexueller Anziehungskraft: Der sexuelle Markt. Die Sehnsüchte werden über alle Maßen geschürt. „It's a dog eat dog world out there."

Sie lernen schon in frühester Jugend, dass Sie zu einer privilegierten Gesellschaftsschicht gehören, wenn Sie Ihre sexuelle Sehnsucht befriedigen können. Wem dieses Glück nicht beschieden ist, flüchtet in, wie Aristoteles es nennt, „anaesthesias", das heißt: Alkohol, Haschisch, Antidepressiva, Internetporno und billige, ablenkende Unterhaltung. Denn darin ist die westliche Gesellschaft außerordentlich gut. Alexis de Tocqueville sagte in diesem Zusammenhang, dass die Menschheit in Zukunft eine Herde Schafe sein werde, ohne jede Ambition oder persönliche Initiative, wohl aber mit jeglichem Komfort ausgestattet, flüchtigen Vergnügungen ausgeliefert. Eine Obrigkeit wird sie hüten: „Hindern Sie uns nicht, und Sie werden genießen", sagt sie, „dann werden Sie glücklich sein".[95] Der einzige noch übriggebliebene Gott ist Dionysus, Herr des Weines und der Feste: des Rausches, in dem wir unsere Sterblichkeit für einen Augenblick vergessen. Das alles prophezeite Aldous Huxley in „Brave New World" (1932).

Schon lange hat Sexualität die Wertschätzung als Reproduktion verloren – Sexualität ist ein individuell machendes Kriterium. Ein soziales Kriterium: Gehöre ich nun dazu oder nicht? Während aber die kapitalistische Konkurrenz bewusst gebremst wurde, um ein angenehmes Leben in der Gesellschaft zu gestalten, wurde für die sexuelle Konkurrenz nichts geregelt. Noch schlimmer: Diese hat sich nur noch mehr verhärtet. Die politische Macht, die die Sexualität bewirkt, wurde schon 392 vor Christus durch Aristophanes in „Die Weibervolksversammlung" beschrieben – eine altgriechische Komödie, in der hübsche Knaben gezwungen werden, hässliche Frauen zu heiraten, und umgekehrt. Doch sind beinahe alle Gedanken der Aufklärung, die früher „wie Gespenster durch Europa geisterten" nun allgemein akzeptiert. Nur auf dem Gebiet der Sexualität und Romantik bleibt man weiterhin bei der hebräisch-christlichen Exklusivität.

Stellen Sie sich vor, Sie hätten ein gutes schönes Badezimmer oder eine ebensolche Küche, trotzdem entschließen Sie sich, eine noch bessere Einrichtung installieren zu lassen, weil sie Geld übrig haben. Oder stellen Sie sich vor, Sie hätten eine gut bezahlte Stelle, bei der Sie 4.000 Euro im Monat verdienen, haben aber die Chance, zu einer noch besseren Stelle zu wechseln, wo Sie 5.000 Euro im Monat verdienen können. Das alles nennt man „Markt“, wobei man immer das Ziel vor Augen hat, von einem bestimmten Surplus auf ein noch umfangreicheres Surplus umzuschalten. Markt ist etwas, das wohl jedermann kennt. Aber begehrt werden, das Gefühl, dass Sie bei einem anderen ein leidenschaftliches Verlangen erwecken, das kennt nicht jedermann. Das ist eine ganz persönliche, sehr exklusive Eigenschaft. Gerade weil dieses Surplus nicht einfach erhöht werden kann, ist es exklusiv. Dadurch ist der Wert dieses persönlichen Sexappeals höher als jedes auf dem Markt praktisch zu verhandelnde Produkt. Das Vermögen, einen anderen in Feuer und Flamme zu versetzen, gibt einem ein gutes Gefühl – es ist ein sehr exklusives Prinzip und damit ein Grundprinzip narzisstischer Differenzierung.

In diesem Kapitel führe ich den Begriff „narzisstische Differenzierung“ ein. Narzisstische Differenzierung ist eine Dynamik mit einer eigenen Einheit (sexueller Marktwert), die sich unabhängig von der Geldökonomie bewegt. Es läuft darauf hinaus, dass Leute bereit sind, tief in den Beutel zu greifen, um mit dem schönsten Mädchen der Klasse Sex zu haben, weil das in jugendlichem Alter für sie unerreichbar war. Über Geld suchen sie nach einem Weg, der zu den Waren der sexuellen Marktwirtschaft führt. Narzisstische Differenzierung ist nicht nur einzig und allein sexueller Art, sondern man betrachte auch folgendes Beispiel: ein Mädchen, das nach New York reist, dort ein Louis-Vuitton-Täschchen kauft und das auf Facebook postet, um auf diese Weise zu zeigen, wie gut es ihr geht, wie sie sich von anderen unterscheidet, die sich das nicht leisten können. Es ist schon so, dass Menschen der westlichen Welt durch Technologie und das Nivellieren stets häufiger auf eine vergleichbare Ebene des

Wohlstands kommen. Sexuelle Attraktivität bleibt jedoch für viele unerreichbar, wodurch diese umso deutlicher als Quelle des Unterschieds gilt.

Narzisstische Differenzierung ist nicht nur einfach so aus dem Daumen gesaugt, denn sie hat im Internet bewiesen, lebensfähig zu sein für ökonomische Prinzipien. In vielen Games, die gratis herunterzuladen sind, haben Spieler die Möglichkeit, gegen Bezahlung sogenannte „Skins" herunterzuladen. Was sagen will, dass sie ihre Spielfiguren mit besonderen Farben, Kostümen und Gegenständen versehen können, die im Spiel keinen nachweislichen Nutzen haben. Dem Gewinn, den diese Spiele machen, liegt also allein nur der Drang, sich zu unterscheiden, zugrunde.

Narzisstische Differenzierung ist nicht dasselbe wie Individualismus. Die Selbstverwirklichung des Individuums hängt ab von realen Handlungen mit ebenso realen Folgen. Narzisstische Differenzierung ist das Entlehnen von Eigenwert von Statusniveaus, die zum großen Teil imaginär sind. Geht das Aufwachsen zu einem selbständigen Individuum mit Fallen und wieder Aufstehen einher, umfasst narzisstische Differenzierung oft nicht mehr, als die richtigen Intentionen zu haben. Ein Lokalpolitiker sagte mir, dass der Individualismus die Gesellschaft krank gemacht habe. Er versuchte die Menschen in seinem Dorf zum Kirchgang zu bewegen – sonst musste die Kirche geschlossen werden. Er sprach die Menschen an, sandte Aufrufe an Lokalblättchen und ging selbst von Tür zu Tür. „Du siehst also, dass immer jemand die Initiative ergreifen muss", sagte ich ihm, „jemand, der vorausgeht. Der Rest wartet ab, schaut, was die anderen machen, und schließt sich erst später an. Individualismus ist also mit jedermanns Ziel verknüpft. Jemand muss den Mut haben, die anderen zu überragen." Individualismus bedeutet, voll und ganz Mensch zu werden, den Mut haben, auf das eigene Urteilsvermögen zu vertrauen, ungeachtet des Urteils „der Herde". Narzisstische Differenzierung sucht bloß die Aufmerksamkeit der Herde.

Individualismus kann mit überdachenden Ideologien harmonieren, wie zum Beispiel ein liberaler Staatsmann oder Bildungsbürger sich voll ins Zeug legt für eine Sache, die erhabener ist als er selbst. Narzisstische Differenzierung rührt just von abbröckelnden politischen und religiösen Identitäten her: Das Individuum selbst ist nun das einzige unterscheidende Kriterium, was in der Praxis oft bedeutet, wie alternativ, sexy und lebenslustig sich jemand gibt. Man beachte: Die Präsentation genügt, um sich durch diese einen bestimmten Selbstwert zuzumessen; im Gegensatz zur wahrhaftig individuellen Selbstverwirklichung braucht man weiter nichts mehr zu unternehmen. Der Narziss verwickelt sich selbst in Phantasien über zukünftige Erfolge, jedoch gerade die Möglichkeit, fehlzuschlagen, stimmt mit seinem Selbstbild nicht überein und wirkt abschrekkend auf ihn. Wahrhaftiger Individualismus verlangt Dinge wie eine feurige Leidenschaft, ein starker Wille und Neugierde auf bestimmte Erkenntnise. Ein solcher Charakter ist nicht jedem bestimmt, also muss demzufolge eine Konsumentengesellschaft Individualismus mit Sachen, die man kaufen kann, mit Produkten, auf die gleiche Stufe stellen. Das überträgt sich auf narzisstische Differenzierung: Nach einem authentischen Bild streben, das ironischerweise für viele gleich aussieht. Die Sachen, womit wir unsere „Einzigartigkeit" zum Ausdruck bringen, werden am laufenden Band produziert.

Im nun folgenden Bericht erzähle ich, was ich in der Mittelschule über den sexuellen Markt lernte. Ich muss ungefähr zwölf Jahre alt gewesen sein, als ich anfing, diese Beobachtungen zu formulieren. Der Ausdruck „sexueller Marktwert" gibt den Wert an, den eine Person über romantische und erotische Angelegenheiten hat. Obwohl es auch Ausnahmen gibt (so werde ich später Männer erwähnen, die feiste Frauen anziehend finden), ist der Ausdruck im allgemeinen vertrauenswürdig. Narziss war ein schöner junger Mann, der jeden Tag seine eigene Schönheit im See bewunderte. Die Universitätsdozentin für Psychologie Anita Jansen zeigte, dass eine solche Eigenliebe vor allem bei Frauen vorkommt. Sie überschätzen den eigenen sexuellen Marktwert. „Die Mädchen mit Essstörungen gaben sich selbst ebenso viele Punkte (5,6) wie alle anderen Leute. Die Mädchen ohne Essstörungen gaben sich selbst 7,1 Punkte, während sie von anderen 6,5 Punkte bekamen.“[96]

Es gibt schon objektive Richtmaße für Schönheit, obwohl individuelle Vorlieben manchmal davon abweichen. Studien zeigen auf, dass „hässliche“ Kinder strenger bestraft werden. Auch wird ihnen von ihren Eltern weniger oft ein Lächeln gegönnt. Wir wissen, dass im täglichen Leben attraktiven Leuten eher Freundesdienste angeboten werden, und sie werden weniger hart gerügt, wenn sie etwas vermasseln. Gehen wir deshalb, in diesem Bereich des sexuellen Marktwertes, von einer Schulklasse aus, die 25 Personen umfasst. In meiner Schulzeit bedeutete das, dass die Teenager in den Top fünf auch die ersten waren, die Erfahrungen machten mit Beziehungen, Verliebtheit und Sex.

Das schönste Mädchen war das erste, das einen Freund hatte. Die hübschen Jungs waren als erste sexuell aktiv. Das lief parallel mit einem natürlichen Begreifen, als ob das genau das war, was jedermann erwartete. Die große übriggebliebene Gruppe hatte einen mittelmäßigen sexuellen Marktwert und konnte aufgeteilt werden in Jungen und Mädchen.

Als wir die übriggebliebenen 20 in zwei Gruppen teilten von je zehn Jungen und zehn Mädchen mit einem sexuellen Marktwert von fünf bis sechs auf einer Skala von zehn, fiel mir auf, dass die Mädchen eine ernsthafte Haltung annahmen und zum Beispiel Fächer wie Buchführung wählten. Sie stellten nicht oft Fragen und antworteten selten auf Fragen, die die Lehrer an die Klasse stellten. Sie hielten sich im Hintergrund, taten, als ob sie seriös mit der Schule beschäftigt seien, und lehnten alle Annäherungsversuche von Jungen ab.

Ich wusste, dass die meisten Jungen in dem Alter waren, in dem man anfängt, die Romantik und Sexualität zu erforschen. Die Mädchen wiesen sie unverhohlen ab. Unter den Jungen begann eine anrührende, manchmal sexuell geladene Stimmung aufzukommen. Sie konnten ihre Triebe nirgendwo abreagieren; kurz und gut, es war an der Zeit für sie, eine Freundin zu bekommen.

Als ich einmal in der Schulbibliothek saß und ein Werk von Platon las, begannen zwei Mädchen mir gegenüber ein Gespräch über nette Jungs. Sie redeten über Mischlinge und Nordafrikaner und beschrieben, wie feurig und gefühlvoll diese sind. Wie flott sie tanzen, und so fort. Ich schaute mich in der Bibliothek um und sah, wie Jungen auf dem Computer Kalkulationen machten. Ich sah in ihnen die zukünftigen Ingenieure und Ökonomen. Ich wusste auch, dass sie in der Reichweite des Geistes dieser Mädchen nicht einmal bestanden.

Eines dieser Mädchen sah ich später beim Ausgang der Schule. Als ich versuchte, ein Gespräch anzuknüpfen, ganz einfach fragte, wie es ihr geht, drehte sie den Kopf und schaute arrogant an mir vorbei. Andere Jungs erzählten mir ungefähr gleiche Erlebnisse, und ich vermutete, dass sie auf diese Weise demonstrierten, wie hoch ihr Standard wohl sei, was ganz und gar übereinstimmte mit der Verhaltensweise der meisten Schulmädchen. Sie hätten leicht experimentelle Beziehungen mit Jungen ihres Niveaus des sexuellen Marktwertes angehen können. Stattdessen zogen sie es vor, sie zu negieren und sich auf ihre Hausaufgaben zu konzentrieren.

Über dasselbe Mädchen, das das Demonstrieren seines „höheren Wertes“ so wichtig nahm, vernahm ich später, dass es sich während eines R&B-Festes total betrunken hatte. Zwei schwarze Jungs brachten es soweit, auf die Bühne zu kommen, wo sie ihm die Kleider auszogen. Ich hörte, dass es danach alle Hemmungen verloren hatte und vor dem Publikum tanzte.

Als ich mich zehn Jahre später in Brüssel aufhielt, erinnerte ich mich an diese Geschichte. Eine Mitbewohnerin erzählte mir, dass dieselben seriösen Studentinnen sich vorgenommen hatten, wenn sie einmal mit ihrer Buchhaltungs-Ausbildung auf guten Wegen waren, so um ihren 18. Geburtstag herum, in eine Bar zu gehen. Dann wollten sie sich dort betrinken und von einem (Nord-)Afrikaner zünftig entjungfert werden.[97] Es sollte sich um einen bewusst erweckten Rausch handeln, um alle aufgestauten Begierden zu entfesseln – die Sehnsucht nach Übergabe, nach dem Exotischen.[98]

„Schau dich mal um“, sagte sie, als ich meine Skepsis äußerte, „das hier ist Brüssel, Zentrum einer unermesslichen Menge nicht ausgeführter Dinge, der Überempfindlichen, die Stadt der Superegos. Mädchen vom Lande werden angezogen von Zentren dieser Art. Denkst du etwa, dass sie hierher kommen, um die wahre Liebe zu finden? Natürlich nicht. Sie empfinden ihre Jungfräulichkeit als eine schwere Bürde, und die sauberste Art, sie zu verlieren, ist, es mit jemandem zu tun, für den man keine Gefühle hat. No strings attached. Man heiratet doch auch nicht den Arzt, der einem die Mandeln schneidet, oder den Zahnarzt, der dir die Weisheitszähne zieht?“ Die Liebe – obschon sie inbrünstig nach ihr verlangte, einmal von einer lodernden Leidenschaft mitgerissen zu werden – war für ihre Empfindung nur ein Witz, und dann auch noch ein schlechter Witz, wie Tee von einem Beutel, der schon allzu oft gebraucht worden war.

Ihre Haltung deutete auf Verlust emotionalen Reichtums hin. Ich meine die Mentalität von jungen Damen, die nicht mehr lächeln, nicht mehr kichern, nicht mehr erröten. Wenn man ihnen ein Kompliment macht, reagieren sie zurückhaltend; sie sehen einen starr an, als ob man schnöde Absichten hätte und etwas von ihnen wollte. Wir leben in einer Gesellschaft, die gezeichnet ist vom Markt, also müssen auch Frauen präsentieren, emanzipieren, konkurrieren. In diesem Zustand müssen wir andauernd unsere Position berechnen und den anderen einschätzen. Das Sorgsame, das Offenherzige, das verletzliche Weibliche wurde in den Hintergrund vertrieben. Wenn man mit der westlichen Frau flirtet, hat man eine große Chance, dass sie einen zynisch anschnauzt, dass sie deine Phrasen, deinen ausgeleierten Versuch zur Romantik, schon mal gehört hat. Weil Verletzlichkeit sowohl im kapitalistischen als auch im feministischen Vokabular eine Schwäche ist, wird die Frau zurückhaltend und argwöhnisch reagieren.

Doch hat der westliche Mann weiterhin das Bedürfnis nach einer artigen, fröhlichen und sorgsamen Frau – nach der betörenden Frau – und nimmt halt seine Zuflucht im Ausland. Das einzige, das der unbefriedigten westlichen Frau bleibt, ist, rachsüchtig festzustellen, dass die Emanzipationsbewegung noch nicht abgerundet ist, und das internationale „Daten" als Frauensklaverei zu bezeichnen. Eine mir bekannte freigekämpfte Humanistin wurde, aktiv als Vertrauensperson im Quartier, vor 50 Jahren um Hilfe gebeten. „Aber ich wünsche nicht von Ihnen Hilfe zu bekommen!", hatte die Frau ihr bissig zu verstehen gegeben. „Denn Sie sind verheiratet, und das ist Frauensklaverei!" Schon seit 50 Jahren exportieren wir Menschen des Westens dieses System. Im Namen der Menschenrechte, Entwicklungshilfe und Globalisierung. Schon 50 Jahre lang wächst die Zahl der Ehescheidungen, Depressionen und Selbstmorde. Während wir immerzu reicher geworden sind.

Männern des bereits genannten Typs – Arbeiterklasse, Gangsta-Rap hörend, Immigranten aus Zivilisationen, in denen der Mann herrscht – gelingt es schließlich, die europäischen jungen Damen, die ihre Ansprüche nicht unter Stühle und Bänke schieben, auf sexuellem Gebiet zu dominieren. Die rohe Behandlung triggert bei diesen jungen Damen einen bestimmten Instinkt. Sie sind hardwired, zu begehren, was sie nicht bekommen können. Ihr größter Begehr ist, „nach oben zu tauschen". Diesen Instinkt verwechseln sie dann mit der mitreißenden Romantik, die sie so feurig begehren. „Frauen interessieren sich für Sex", meint die Psychologin und Beziehungstherapeutin Esther Perel, „sie haben kein Interesse für den Sex, den sie bekommen können. Monogamie langweilt Frauen viel schneller als Männer. Weil der Sex in einer lang andauernden Beziehung für Frauen gar nicht interessant ist. Weil es bei diesem Sex an allem mangelt, das Frauen erregt. Verführung, kitzeln, das Flirten, Bestätigung der Selbstherrlichkeit."[99]

Eine hübsche, schlanke und blonde Freundin, die viel Geld verdiente an der Effektenbörse, erzählte mir über ihren Freund: „Du musst wissen, mein Freund ist echt ein Muttersöhnchen. Er ist Grieche, und du weißt, wie das so ist mit den Griechen: Kein Taschengeld ohne Mama. Ich wollte meinen Freund überraschen und buchte deshalb eine Weihnachtsreise nach Athen. Ich bezahlte die Reise, damit er wenigstens seine Mutter nicht um

Erlaubnis bitten musste. Als ich es ihm bei einem romantischen Abendessen erzählte, bestand er doch noch darauf, dass er zuerst mit seiner Mutter darüber sprach. Ob er wohl mitgehen dürfe! Ich fühlte mich so erniedrigt. Und zugleich merkte ich, dass ich erregt war und ihn noch mehr liebte als je zuvor."

Man merke sich! Dies ist eine Frau, die fortwährend von perfekten Männern träumt. Ihre romantischen Phantasien werden von Nietzeanischen Übermenschen bevölkert: Virile Alphamänner und rüpelhafte Autokraten, die ihre eigenen Werte schaffen und sich vor niemandem verantworten. Als ich darauf hinwies, gab sie zu, dass ihr Freund ein schwaches Weichei ist und von seinem Charakter her vollständig von seiner Mutter abhängig. Er fragte sie dann auch, ob sie ihn auch wirklich liebe. Oder ob sie den Gedanken liebe, um ihn kämpfen zu müssen: „Einen Machtkampf mit seiner Mutter liefern zu müssen, deren Einfluss auf ihn viele Male stärker ist als meiner. Und ich werfe meinen Körper in den Streit, und ich gebe mein Geld dafür aus, und noch kann ich diesen Streit nicht gewinnen... Ich glaube, dass mich das in Erregtheit versetzt. Ehrlich gesagt denke ich, dass ich ihn, sollte es mir eines Tages gelingen, ihn von seiner Mutter loszueisen, innerhalb einer Sekunde nicht mehr lieben würde." Sie hatte Angst, dass dann alle Liebe zu ihm wie Schnee vor der Sonne wegschmelzen würde. Heimlich fand sie es noch fein – sie genoss den Streit noch zu sehr.

Nun ist diese Frau zufällig an der Börse aktiv. Die meisten ihrer Schicksalsgenossinnen haben eine höhere Fachschulausbildung oder eine vage Ausbildung an einer Universität genossen. Sie tun etwas hinsichtlich Kommunikationskunde, Coaching oder Marketing. Sie wohnen in städtischer Gegend und präsentieren sich semi-eigensinnig, zum Beispiel indem sie eine Sonnenbrille als Haarband tragen. Der Frauentyp, der sagt: „Sex gehört sich nicht in einer freundschaftlichen Beziehung", aber unterdessen wohl mit Männern schläft, für den er nichts empfindet. Vor allem ist die selbstbewusste Frau nicht mit sich selbst ins Reine gekommen, weil sie auf männlichem Gebiet tätig geworden ist. Das äußert sich als Neurosen und extravagante

Erwartungen: Auf Dating-Sites ist sie zum Beispiel schwer beleidigt, wenn ein Mann mit ihr Kontakt sucht, der nicht dem von ihr erwünschten Profil entspricht. Eine echt selbstbewusste Frau phantasiert nicht fortwährend über perfekte Männer. All diese Ansprüche weisen eher auf Bedarf als auf Selbständigkeit.

Trotzdem bleiben „Unterklassefiguren“ für Frauen interessant. Vielleicht, weil sie, wie Katzen, launischer sind. Anscheinend verbinden Frauen das mit Abenteuer und Provoziertwerden. Sie muss sich an ihm festklammern können, wenn sie sich bedroht oder unsicher fühlt. Sie muss zu ihm hinaufschauen können, und in bestimmter Hinsicht muss er immer bleiben, wo und was er ist: unerreichbar, und auch nicht zu ergründen. Der europäische Beamte „Fabian“ war zutiefst beleidigt, als ihn seine schlanke junge Blondine aus Lettland sitzen ließ für einen Marokkaner aus Schaarbeek: „Kein eleganter marokkanischer Rechtsanwalt im Dreiteiler, sondern so ein richtiger Straßenmarokkaner, so ein Typ des zweitrangigen Französisch sprechenden Rap-Musikers.“ Denn unsere Gesellschaft verherrlicht die exotische Anziehungskraft der Immigranten. In der Regel sind das Ghettofiguren wie Lil Wayne. Jedoch selten ist die Vorbildfigur ein Immigrant, der ein maßgeschneidertes Kostüm trägt.

Auf die Dauer sehen Frauen ein, dass diese Art Mann ihnen nicht viel bieten kann (möglicherweise sitzt er im Gefängnis oder ist pleite, weil er Alimente bezahlen muss). Dann ist es an der Zeit, Jamal zu skippen und sich an Eugène ranzumachen. Auf einmal scheint dieser Junge, der auf dem Rechner der Schulbibliothek Tabellen ausfüllte, auch interessant zu sein. Vor Freude überwältigt, dass er endlich eine Freundin hat, wird er buchstäblich ihr Sklave sein. Er ist so froh, dass er sich sofort gewonnen gibt, und das ist für die Frau nicht erregend. Seine Jugendjahre des niedrigen sexuellen Marktwertes haben zusammen mit der feministischen Emanzipationsrhetorik sein Hirn schon auf seine Rolle als untertäniger „Provider“ vorbereitet. Es hat den Anschein, dass Vermittlungsbüros keine arbeitslosen Männer einschreiben. Ein arbeitsloser Mann ist „ohne

Chancen", auch wenn er einen beeindruckenden „track record" hat.[100]

Das genau ist die Gefahr der feministischen Emanzipationsrhetorik: Sie lehrt Frauen, unabhängig zu sein, und doch fühlen Frauen sich von Natur aus zu Männern hingezogen, die sie veranlassen, sich um sie „bemühen" zu müssen. Unternehmerin Sylvia Tóth sagte 2010, dass sie das Bedürfnis nach einem Hausmann hatte: einem Mann, der ihre Karriere unterstützen sollte, wie jeder männliche Unternehmer auch so jemanden hat. Wohl sagte sie, dass sie vor solchen Männern nicht schwach werde, blieb jedoch dabei, es nicht ehrlich zu finden. Oder: Was eine Frau glaubt zu brauchen, ist ein großer Unterschied zu dem, was tatsächlich bei ihr eine Reaktion auf emotionalem Niveau auslöst.[101] Diese Denkart beruht auf logischem „non sequitur" – die wahre Motivation rührt nicht von kognitiven Argumenten her, sondern wurzelt in den eher launischen emotionalen Schichten der Psyche. Ein wichtiges Sprichwort in englischer Sprache lautet: „If you can't change a woman's mind, change her mood and her mind will follow."

Männer denken, dass sie ihre Chancen auf dem Liebesmarkt vergrößern, wenn sie ihre Forderungen nach unten angleichen. In der Praxis spielen auch Frauen, die sich das ihres Äußeren wegen nicht erlauben können, „hard to get". Das ergibt sich so, weil Frauen eine Schwäche haben für Männer, die sehr anspruchsvoll sind – sie bewerten sich selbst anhand der Bewertung durch andere. Wenn das bedeutet, dass sie keinen Mann bekommen können, nehmen sie es hin, denn Frauen können ihre sexuelle Libido besser abschalten als Männer.[102] Deshalb begleiten traditionelle Kulturen ihre Frauen bei der Auswahl eines Partners. „Ihr Herz wurde auf einem drehenden Rad gemacht", steht in einem Wikingergedicht.[103] In der Kategorie der 25- bis 40-Jährigen gibt es anderthalb soviele ledige Männer wie Frauen. Bis zum 55. Lebensjahr ist immer noch eine höhere Anzahl von Männern Junggeselle.[104] Eine nicht attraktive Frau rechnet es einem Mann an, wenn er so hoffnungslos ist, dass er es dann halt mit ihr probiert. Sie kann sich dann wie eine Prinzessin aufführen, obwohl sie unansehnlich ist. Dicke Frauen klagen, dass sie deswegen diskriminiert werden. Aber die meisten dikken Frauen haben doch einen Freund. Es sind vor allem andere Frauen, die sie diskriminieren.

Männer können ihre sexuellen Nöte kaum unterdrücken. Sogar die Priesterklasse, die das schon seit Jahrtausenden praktiziert, tut sich hoffnungslos schwer damit. Deshalb operiert ein Mann auf dem Liebesmarkt anders als eine Frau. Wenn ein Mann ein Zimmer betritt, weiß eine Frau sofort „ja" oder „nein". Was sagen will, dass sie mit sich selbst ausmacht, ob dieser Mann sie schließlich zum Sex bewegen könnte. Ein Mann gibt mehrere Chancen. Wenn sie sich mit seinen Freunden vertragen kann, sich interessiert für seine Triebe und was ihn beschäftigt, dann wird er eher bereit sein, sie an seinem Leben teilhaben zu lassen. Es wird ihm jedenfalls leichter fallen, sie in seinem Leben zu behalten als die Prachtblondine, die immer klagt, wenn er sich Zeit für seine Hobbys nimmt oder den Abend mit Freunden verbringt. Für Frauen heißt das „Selbstverwirklichung". Für Männer Egoismus; es gilt nicht als Signal, dass die Frau sich um ihren Freund mehr bemühen muss.

In der Mittelschule schwankte mein eigener sexueller Marktwert um den Durchschnitt herum. Ich beobachtete die Widersprüche und die Gruppendynamik und analysierte und besprach meine Befunde. Die anderen Gruppenmitglieder nahmen ihre Positionen ohne weiteres an, ohne auch nur darüber nachzudenken. Sie schienen ihr Schicksal noch intensiver mit ihrem sexuellen Marktwert zu identifizieren als mit ihrer intellektuellen Leistungsfähigkeit. Sogar wenn das eine untertänige Rolle bedeutete. In der Peergroup, in diesem Augenblick, und wahrscheinlich auch später in der Gesellschaft.

Einige Frauen betrachten die sexuellen Nöte des Mannes als Schwäche und versuchen, auf diese Weise über ihn zu herrschen. Ein junger Lehrer bei einer Fachmittelschule unterrichtet Krankenschwestern und Friseusen zwischen 16 und 26 Jahren. „Oft sind sie so leicht bekleidet, dass ich ihre Unterwäsche sehen kann, wenn sie sich bücken", erklärte er, „und manchmal ist es, als ob ihre Brüste aus ihren Blusen fallen. Du weißt, wie es ist – als Lehrer schaust du zur Seite oder tust so, als ob du es nicht siehst. Aber neulich bückte sich ein Mädchen vor meinem Schreibtisch direkt in meinem Blickfeld; ich konnte gar nicht darüber hinwegsehen. Da sagte eine andere Studentin: ‚Ich habe gesehen, dass du hingeschaut hast.' Das ist eine Form passiver Aggression, wobei die Mädels ihre Sexualität gebrauchen, um mich klein zu kriegen." Hätte er gesagt, dass es nicht zu übersehen war, hätte sie möglicherweise bei der Direktion eine Klage eingereicht. Hätte er geantwortet, dass er diese Nacktheit als Nichtbeachten der Kleidungsvorschriften betrachtet, dann könnte sie ihn als Sexisten bezeichnen.

Derselbe Lehrer erzählte von der Mentalität, die an seiner Schule allgemein gültig ist: „Die meisten Studentinnen leben mit der Idee, dass sie einen reichen Mann heiraten würden, so dass sie sich nicht zu Tode arbeiten müssten. Aber wenn man bemerkt, dass diese Haltung auch heißt, haushälterische Pflichten erfüllen zu müssen, können sie das nicht ertragen." In der Abteilung Kreative Ausbildung gibt es mehr als 500 Studenten, die er als Tänzer, Sängerinnen und Schauspieler ausbildet. „Sie fragen sich nicht: ‚Wie werde ich meine Zukunft gestalten?' Nein... Die Obrigkeit verpflichtet sie, eine Ausbildung zu machen. Sie *müssen* eine Ausbildung wählen und beschließen deshalb, aus ihrem Hobby ihren Beruf zu machen, weil das zufällig als Ausbildung angeboten wird. Alles in allem ist von einer Zukunftsperspektive nicht viel zu merken. Es gibt Ausbildungen wie Freizeitmanagement, die Studenten locken mit Slogans wie: ‚Willst du Feste organisieren?' Dieses Konzept kann erweitert werden auf zum Beispiel Hundefriseur und Hochzeitsplaner."

Bei all diesem geht es nicht um die Produktivität der Arbeit, sondern ist das Ausgabenmuster mit eingeschlossen: Solange sie ein Einkommen haben, wird das Geld weiter rollen und bleiben die Fabriken in Betrieb. Während mit einem Druck auf den Knopf digital Geld geschaffen wird, sind die einfachen Berufe mit den für die Gesellschaft bindenden Elementen entweder überflüssig geworden oder ins Ausland mit den billigen

Arbeitskräften vergeben. Wer bezahlt am Ende die Zeche? Die westliche Arbeiterklasse. Der Schlachtplan der Studentinnen ist nämlich, ihren Mangel an Kaufkraft mit ihrem sexuellen Marktwert zu kompensieren.

In „Honey Money“ (2011) behauptet die britische Soziologin Catherine Hakim, dass Frauen, die ihr erotisches Kapital gebrauchen, gerade einmal 10 bis 15 Prozent mehr verdienen als Frauen, die sich nicht um ihre äußere Erscheinung kümmern. Ihrer Meinung nach bringt erotisches Kapital mehr ein als Intelligenz, Selbstvertrauen und Herkunft, was das Äußere möglicherweise wichtiger macht als Diplome. Sie erklärt das anhand des „male sex deficit“, ein Ausdruck, der andeutet, dass das Verlangen der Männer nach Sex größer ist als das der Frauen, wodurch Frauen größere Macht haben. Durch diesen Unterschied erhöht sich der Marktwert des weiblichen erotischen Kapitals, und Frauen müssen das Hakim zufolge soviel wie möglich ausbeuten.

„De Speld“ präsentierte auf komische Art einen Stufenplan mit dem Titel „In hundert Tagen vom Mann zum Traummann“. In den ersten 20 Tagen ist der Mann noch sehr verliebt. Er isst der Frau aus der Hand, die just an dem Punkt die Basis zur Machtbeziehung legt, indem sie ihn tadelnd anschaut, wenn sie mit ihm nicht einer Meinung ist. „Wenn er am Samstag mit seinen Freunden auf Kneipentour gehen will, sag dann ehrlich, dass du das traurig findest. Oder noch besser: dass du selbst traurig bist. Schuldgefühl ist Macht. Wenn er etwas erwidern will, brich dann in Tränen aus.“ Auch Sex kann als Motivationsvehikel eingesetzt werden: „Ein Mann, der anderthalb Wochen keinen Sex gehabt hat, ist eher bereit, sich zu bessern.“ Nach 100 Tagen hatte Dianne Erfolg: Ihr Freund Johan hatte eine neue Garderobe und blieb samstags daheim, um Romkoms anzuschauen.

Meine Observationen als Teenager lehrten mich, dass es für Jungen ab 13 Jahren nicht gesund ist, sich nicht eine Freundin aussuchen zu können. Aus dieser Repression können abweichende Formen der Sexualität entstehen. Houellebecq beschreibt die Situation in „Elementarteilchen“ (1998), wo in einem Jungeninternat Knaben sexuell erniedrigt werden. In meiner eigenen Mittelschule entstand unter den obersten 80 Prozent mit einem hohen sexuellen Marktwert eine aggressive Alphamännchen-Kultur. Diskussionen wurden dominiert von Oberflächlichkeiten über Mode, was „hot“ war in dem einen oder anderen Musikclip, groben Witzen über Sex. Es war eine Raubtier-Kultur, fixiert darauf, wie man aussah, wie die Mädchen aussahen, fixiert darauf, wer „dazugehörte“ und wer draußen war. Sie gebrauchten ihren hohen Status, um andere Schüler ihre Hausaufgaben machen zu lassen. Immer mehr hörten seriöse Schüler mit dem Lernen auf und versuchten, mit dieser dominanten Alphamännchen-Kultur Schritt zu halten: Sie fürchteten, nie eine „Pussy“ zu bekommen, wenn sie die Spur nicht wechselten.

Wer eine produktive Generation von Grund auf heranziehen will, muss dann eigentlich mit der sexuellen Erziehung der Jugend beginnen. Platon stützte sich auf diese Erkenntnis (bei seinem idealen Staat), aber Montesquieu auch: „Die Samnieten kannten einen Brauch, der in einer kleinen Republik, und vor allem in ihrer eigenen Situation, nur prächtige Ergebnisse erbringen konnte. Sie brachten alle Jünglinge zusammen und beurteilten sie. Der junge Mann, der als bester auserwählt worden war, durfte sich das Mädchen aussuchen, das er zur Frau nehmen wollte. Derjenige, der nach ihm kam, traf als zweiter seine Wahl, und so fort.“[105] Die wahre Mitgift war die Tugend.

Eine hypothetische zukünftige Zivilisation könnte diese Lektion ausführen, indem der Schuldirektor jeden Monat vor seinen Studenten eine Ansprache halten lässt. Er kündet für das Monatsende eine Klausur an und erklärt, dass die zehn Besten eine „Pussy“ bekommen werden. Das würde das negative Image der höheren Kultur, der Wissenschaft und des Studiums auf einen Streich vernichten. Diesen Dingen wird nämlich von denjenigen, die in der heutigen Gesellschaft die sexuelle Selektion dominieren, ein „nerdiges“ Image zugesprochen. Dieses Vorgehen wird die sexuellen Unsicherheiten wegnehmen und die Teenager mental zu ihrer Arbeit bewegen. Es verhindert, dass die Entwicklung der fähigen Persönlichkeiten durch die sexuelle Ökonomie erschwert wird. Sogar Männer, die Humor und Intelligenz entwickeln, um ihre sexuelle Entbehrung zu kompensieren, haben innerlich noch nicht dieselbe Erfüllung wie diejenigen, die schon seit ihrer Jugendzeit populär sind. Trotz ihrer Leistungen haben sie nämlich tief in ihrem Innersten oft ein „Aber eigentlich bin ich ihrer nicht wert"-Gefühl.

In den Niederlanden wirbelte die Dokumentation „Sletvrees" („Schlampenfurcht") viel Staub auf. Die Kontroverse erläuterte viel über die sexuelle Selektionsmacht. Frauen halten andere Frauen, die frank und frei über ihre sexuellen Bedürfnisse sprechen, für Dirnen. Frauen, die oft Sex haben, sind Verräterinnen, denn durch sie werden ihre Wünsche ganz einfach erfüllt. Dadurch wird Sex weniger exklusiv und sein Wert als Tauschprodukt wird herabgesetzt. Zwei Sachen fielen mir auf.

Als erstes, dass die Sexualität für das Gefühl von Frauen von männlichem Begehren dominiert wird. Die Frauen sehen sich in passiven Rollen, als Subjekt von Lustgefühlen. Sie meinen, dass die Sexualität aus dem Gleichgewicht geraten ist, indem die Kultur meint, dass es okay ist, wenn Männer ihre Begierden auf sie projizieren.

Was sie nicht sagten, war, dass das der Frau just Ausübung von Macht über den Mann gibt. Die Kultur lehrt den Mann, dass Sex mit einer Frau das summum bonum ist, das höchste Gut. Er wird sich ins Zeug legen, um ihre Gunst zu erwerben. Vergewaltigung ist begreiflicherweise verboten. Das fängt schon an mit der Reklame für Frauen lockendes Deodorant und Cremes gegen Jugendpickel. Nelson, Newton und Darwin hatten hingegen ihre eigenen Ziele im Auge und hatten keine Zeit, auf Facebook nachzuforschen, wer mittels ihres Status mit dem Zaunpfahl winkte, was Sally und Penelope über sie dachten.

Zweitens war es bemerkenswert, dass Frauen Sexualität als strategisches Hilfsmittel gebrauchen. „Wenn du zu früh Sex hast, bekommt der Junge, was er will. Wenn du erst Sex hast, wenn die Beziehung schon eine Weile gedauert hat, bekommt das Mädchen, was es will." Sex bedeutet nicht mehr die Freude, die der Körper zwei Persönlichkeiten schenken kann, sondern wird ein Machtkampf, um seinen Willen zu brechen: „Warum sollte er die Kuh kaufen, wenn er die Milch gratis bekommen kann?"

Diese weibliche Haltung bezüglich Sex bringt mit sich, dass es den Frauen beim Sex nicht um authentischen Genuss geht. Sie denken, das Versprechen von Sex gebrauchen zu können, um einen Mann an sich zu binden, und wenn das nicht gelingt, stellen sie verbittert fest, dass es auf dieser Welt um männliche Bedürfnisse geht. „Alle Männer sind Schweine!", und so weiter. Dass Mädchen im Gegensatz zu Jungen etwas haben, um es wegzugeben, ist eine Auffassung aus der Zeit vor der Pille und wird sorgfältig gehütet. Ein Mann, der es mit vielen Frauen tut, gilt als wagemutig, weil es für ihn schwierig ist, viele Frauen zu bekommen. Er hat etwas geleistet. Sex ist etwas, das ein Mann mühsam erobern muss; einfach zu nehmen ist nicht erlaubt, denn das heißt, wie schon gesagt, Vergewaltigung. Die Norm, die Frauen einander auferlegen, ist: Verkaufe dich selbst teuer und durchbrich das Kartell nicht. Deshalb können Frauen auf etlichen Dating-Sites gratis Mitglied werden und gratis Klubs für Paare und Discos betreten. Pornoschauspielerinnen bekommen auch einen höheren Lohn als Pornoschauspieler. Pussy is expensive, dick is for free. Die sexuelle Selektionsmacht ist das neue Kapital.

Davon rührt das Sprichwort her: „Männer lieben junge sexy Frauen, und Frauen lieben alte reiche Männer." Frauen nennen einander auch „Dirne", damit die Männer sich von dieser potentiellen Rivalin eine andere Meinung bilden. Damit sie durch diese Gerüchte über deren Dirnenhaftigkeit denken sollten: „Sie ist kein Beziehungsmaterial." Es ist eher die Frau als der Mann, die die sexuellen Bedürfnisse der Frau unterdrückt. So scheint es jedenfalls, wir sehen ja, dass die Frauen während der ganzen Geschichte der Menschheit die Erziehung dominierten.[106] Vor allem der Teil der Moral, die Vermittlung der richtigen Manieren und religiösen Pflichten.[107] Wenn es eine repressive Mentalität bezüglich Frauen gab, ist sie durch Frauen auf Frauen übertragen worden. Eine Beobachtung, durch eine Feststellung

Arthur Schopenhauers belegt, dass Männer einander von Natur aus gleichgültig sind, während Frauen von Natur aus Rivalinnen sind.[108]

Man beachte, dass eine Frau neun Monate lang schwanger ist, während der Mann in kurzer Zeit mehrere Frauen befruchten kann. Das bedeutet, dass die Evolution der Frau diktiert, wählerisch zu sein beim Aussuchen eines Mannes, der sie und ihr Kind in dieser heiklen Periode beschützt und ihren Lebensunterhalt bestreitet. Männer müssen nicht wählerisch sein, wenn sie ihre Gene verbreiten.

Was die Evolution betrifft: Gehen wir zurück zu den Jägern und Sammlern. Stellen Sie sich vor, wie die ersten Menschen in einer Grotte vor einem über das Land rasenden Schneesturm Zuflucht fanden. Kleine Knöchlein liegen verstreut um das Feuerchen das die Urahnen warm hält. Jeder Mann der Gruppe hält einen Speer in der Hand. Es sind auch Frauen und Kinder dabei. Fragen Sie sich jetzt, weshalb die Männer sich so sehr um das Leben der Gruppenmitglieder kümmern, dass sie es wagen, die Grotte zu verlassen, um für sie auf Bärenjagd zu gehen? Die wahre Liebe vielleicht? Lehrt die Gruppe den Mann, dass die Frau so speziell ist, dass er bereit sein muss, für ihre Sicherheit zu sterben? Dass sie einzigartig ist, die wahre, die Soulmate? Der Mann war vielen Gefahren ausgesetzt und kam oft ums Leben, er war ersetzbar. Und was lehrte seine Ersetzbarkeit die Frau? Dass sie sich nicht an den Mann als Person binden musste, sondern an das, was er mitbrachte für ihren Lebensunterhalt.

Wenn man wissen will, welches Geschlecht ersetzbar ist, schaue man, wer zum Streit in den Krieg geschickt wird und wen man daheim beschützt, koste es, was es wolle. Wer die Geschichte mit dem Gedanken beschaut, dass Frauen machtlos waren, betrachtet die Angelegenheit aus einem politisch-ökonomischen Blickwinkel. Revolutionäre Ideale sind für Frauen nicht interessant. Der Gewinner des revolutionären Konflikts ist viel interessanter. „Suerte meint, dass intelligente Frauen es nicht nötig haben, nach all diesen ‚sogenannten Topfunktionen‘ zu streben. ‚Es ist viel einfacher, einen anderen zu manipulieren, der wohl diese Position bekleidet'."[109] Deshalb nennen Frauen das Daten eines Mannes in niedriger Position auch „Downdaten". Wenn in der Affenwelt das Alphamännchen abgesetzt wird, verlässt sein Weibchen es für den neuen Machthaber. Nehmen Sie Cleopatra. Sie machte Julius Cäsar und Marcus Antonius Avancen und verursachte einen gewaltigen Bürgerkrieg. Frauen bedienten sich gewiss auch ihrer Macht; sowohl der römische Kaiser Konstantin als auch der Frankenkönig Chlodwig bekehrten sich zum Christentum, weil ihre Frauen schon Anhängerinnen von diesem Glauben waren. Das setzt das Argument, dass Frauen „das Opfer religiöser Unterdrückung waren" in ein ganz anderes Licht.

Die weibliche Ausübung der Macht verlief via Sexualität und wird unter dem Beziehungsdiskurs versteckt, wenn zum Beispiel gesagt wird, dass Frauen so gut sind im sich selbst Beschuldigen, sich Aufopfern und bedingungslos Liebe Schenken. Der Diskurs des Opfers. Schwache geben sich stark, Starke heucheln Schwäche. „Wenn Männer doch wüssten, welch kalte berechnende Gedanken sich hinter diesen tränenden Augen abspielen...", schrieb die Anti-Feministin Esther Vilar. Als 1572 der protestantische Adel nach Paris zu einer Hochzeit abreiste, gab Catharina de Medici, Mutter der Braut und des Königs, den Auftrag zu einem gigantischen Massenmord. Die Nacht vom 23. auf den 24. August würde in den Annalen als „Bartholomäus-Nacht" verzeichnet werden. Der Schwager von Wilhelm von Oranien wird dabei getötet. Wieviele Männer wurden wohl in den Tod geschickt durch Boudicca, Königin Elizabeth, Margaret Thatcher oder Jeanne d'Arc? Was soll man denken von Condoleezza Rice oder Golda Meir? Als Murat D. den Vize-Direktor seiner Schule erschoss, sagte seine Mutter im Fernsehen, dass Allah es anscheinend so gewollt hatte, es tat ihr ja auch nicht leid.

Dreimal so viele Männer wie Frauen bringen sich um, nachdem sie als Geliebter abgewiesen worden waren. Wenn ein Geschlecht Beziehungen sachlich angeht, denke ich eher an die Frau. Verliert sie ihr Herz, kann sie das nicht einfach so geschehen lassen, sondern will es „begreifen". Statt ihr Gefühl über sich ergehen zu lassen, analysiert sie es kaputt. „Hamsterwheeling“ nennt man das. Das endlose Nachdenken über den Mann, die Begegnung, ihr Gefühl. Um mit ihrer Vernunft die Strömung des Herzens zu beherrschen. Sie ruft nicht an – sonst verliert sie die Initiative beim mentalen Spiel. So wird Romantik zu einer Sache des Deutens von SMS-Berichten. Um die sexuelle Selektionsmacht an sich zu ziehen, wünschen Frauen schon nach dem ersten Treffen, das Verhältnis zueinander abzusprechen: Die Grenzen zwischen Freundschaften und Sexpartnern werden haarscharf gezogen. Männer hingegen analysieren Beziehungen nicht im voraus, sondern tauchen ganz einfach hinein.

In „Panorama“ beschreibt Marco van Nugteren sein drittes Rendezvous mit „Mirjam“. Er fühlt, dass der Funken übergesprungen ist, und beichtet, dass er Kolumnen über den Liebesmarkt schreibt. Er merkt an ihrer Reaktion, dass das Blatt sich in die falsche Richtung wendet; ein Gefühl, das die meisten Männer wohl kennen. Du denkst, dass eine Frau sich für dich interessiert, alle positiven Signale wurden empfangen. Aber dann gibt es eine Wende, und alles, was du sagst, treibt sie von dir weg. Wie du auch reagierst, nonchalant, ironisch, herausfordernd oder seriös. „Sag mal, geht‘s nun noch wirklich um mich?“, fragt Mirjam, „wärst du ohne deine Rubrik auch auf der Dating-Site ‚Lexa‘ registriert?“ Wenn er antwortet, dass er sie aufrichtig nett und speziell findet, fragt sie, wieviele Dates er schon hatte. „Du bist die erste“, sagt Marco, worauf Mirjam meint, dass er einfach froh sei, endlich ein Rendezvous zu haben. Er verliert die Fassung, und das Treffen wird ein Reinfall. Hätte Marco gesagt, dass er schon mit mehreren Mädchen ausgegangen war, würde Mirjam meinen, dass sie doch nicht so speziell sei. Ob du nun ehrlich bist oder lügst, da ist in der emotionalen Leitung etwas nicht in Ordnung, und die Frau wird das kognitiv rationalisieren. In solchen Momenten ist mit einer Frau zu diskutieren das Dümmste, was ein Mann tun kann.

Die Emanzipationskultur schildert Frauen oft als Opfer. Sie verdienen Mitleid, weil sie Lustobjekte der harten Männergesellschaft sind. „Nicht alle Frauen können so schlank wie Fotomodelle sein, das macht uns unsicher!“, und so weiter (später komme ich noch auf die Gewichtsfrage zurück). Einerseits herrscht der Gedanke, dass Mädchen geistig einen Vorsprung haben den Jungen gegenüber,[110] andererseits wird vor Loverboys gewarnt, die anscheinend imstande sein sollen, Mädchen zu zwingen, sich in sie zu verlieben. Argwohn überall: Der Mann, der keine Blumen mitbringt, ist nicht galant, dem Mann, der das wohl tut, darf man nicht vertrauen, denn er hat es ganz offensichtlich auf Sex abgesehen. Opfer von Loverboys reisten nach Indien, verhielten sich aber nicht richtig und liefen weg. Die Erklärung, dass solche Mädchen schwer erziehbar und sensationslüstern sind und außerdem auf sexuellem Gebiet gerne experimentieren, ist politisch nicht korrekt und wird deshalb nicht öffentlich diskutiert.

Ich korrespondierte einmal mit einer jungen Frau in einem Internetforum. Eines Tages verkündete sie, sie würde einen neuen Account machen. Ich fragte weshalb, und sie erklärte, dass sie auf ihrer Kontaktliste viele „Weirdo‘s, Pädophile und Sexabhängige“ habe. Ich warf die Frage auf, wie die denn überhaupt auf die Liste gekommen waren. Sie sagte, dass sie oft Chat-Sites besuche, „um mehr Freunde zu bekommen und einen größeren Freundeskreis auf die Liste zu kriegen... Du weißt schon.“ Als ich weiter fragte, was ich denn „wissen sollte“, war die offene Antwort, dass sie schon als 14-Jährige ältere Männer der Liste zugefügt habe, die vor der Webkamera „ihr Ding taten“. Obwohl sie sagte, schockiert zu sein, gab sie zu, die Sites immer wieder zu besuchen, weil es für sie „in gewisser Weise doch unzüchtig und aufregend war“... „Viele Mädchen tun das“, fügte sie hinzu, „die meisten würden es nur nicht zugeben“. Sie erklärte ihr Verhalten damit, dass sie diese Männer wohl für Perverse halte, gleichzeitig aber den Kick suchte, den ihr die Interaktion besorgte.

Das ging so weiter, bis diese junge Dame, die behauptete, noch Jungfrau zu sein, beichtete, dass sie sich in einen männlichen Prostituierten verliebt habe, der eine Vorliebe für Shemales hatte – Transsexuelle also. In ihrer Verzweiflung halste sie mir diese Geschichte auf; manchmal schien ihr Geliebter ihre Zuneigung zu belohnen, meistens ignorierte er sie. Ich wies darauf hin, dass eine solche Person – jemand, der flüchtige sexuelle Kontakte als Lebensstil zelebriert, auf Lust ohne Gefühle basiert – kein guter Partner für sie sein konnte, eine Frau, die noch in die subtilen Mysterien des Sex eingeführt werden musste, just von einem besonnenen Mann, der sie unter seine Fittiche nahm, ihren Nutzen ziehen konnte, einem einfühlsamen Geliebten. Ihre Geschichte erinnerte mich an die Erklärung des britischen Arztes Theodore Dalrymple, dass Frauen oft Beziehungen eingehen, in denen sie missbraucht werden, wobei sie ihr Urteilsvermögen bewusst negieren, was suggeriert, dass die Opferrolle einen eigenen moralischen Status hat, der von Leuten begehrt wird und dem sie nachjagen.

Die Opferrolle verbirgt, dass Frauen die sexuelle Selektionsmacht beherrschen. Selektionsprozess heißt, dass der Mann wartet, bis die Frau das Zeichen gibt: „Du kannst dich mir jetzt nähern." Der Mann nähert sich in der Folge und reagiert weiterhin auf die Signale. Wenn er es nicht vermasselt (indem er zum Beispiel zu früh faule Sexwitze zum Besten gibt), darf er sie am Ende küssen, mit ihr Sex haben oder eine feste Beziehung eingehen.

Drei Dinge sind dabei wichtig.

[1] „Mach dir keine Sorgen", sagt die Frau, „die Liebe kommt von selbst. Auf jedes Töpfchen passt ein Deckelchen." Das sagt sie, weil vom Mann erwartet wird, dass er den ersten Schritt tut. Das bedeutet, dass der Mann sich darauf einstellt, einen Korb bekommen zu können, somit auch auf den psychischen Schmerz, der damit einhergeht. Bei Hirnscans bei Versuchspersonen, die denken, dass andere sie ausschließen, leuchten die Teile des Hirns auf, die auch bei körperlichem Schmerz aktiv sind. Wenn eine Frau den Mann will, findet sie seine Annäherungsversuche romantisch. Wenn sie ihn abweist, gilt der suchende Mann als bemitleidenswert.

[2] Es wird immer die Frau sein, die grünes oder rotes Licht gibt für die romantische Annäherung, die Beziehung oder den Sex.

[3] Also hat die Frau die ganze Macht im Prozess der sexuellen Selektion. Vergewaltigung ist die einzige Ausnahme, aber die Strafen für dieses Verbrechen sind so hoch, dass das die Macht der Frauen nur noch mehr verstärkt. Männer trauen sich nicht mehr, Schritt für Schritt vorzugehen. Wenn er seine Hände auf ihren Körper legt, ist er immer in Gefahr, als Perverser angesehen zu werden. Lässt er diesen Körperkontakt aber sein, wird er auch verlieren, weil die Frau ihn dann nicht als mannhaft genug erachtet, um sich etwas zu erlauben, nicht dominant genug. Wenn er jedoch beschließt, sie zu berühren, und sie ruft: „Hände weg!“, werden alle ihre Freundinnen ihn als gemein ansehen, so dass auch sie für ihn unerreichbar werden. Dabei ist da auch noch die Gefahr, dass, wenn er sie umarmt oder versucht, sie in einem Moment zu küssen, in dem sie dazu nicht bereit ist, sie zu ihren Freundinnen sagen wird, dass er widerwärtig und aufdringlich sei.

Forschungen nach Vergewaltigungsdelikten in den USA brachten schockierende Tatsachen ans Tageslicht: Mindestens sechs Prozent der Anzeigen wegen Vergewaltigung sind falsch, und falsche Anzeigen wegen Vergewaltigung gibt es viel mehr als gegen jedes andere Verbrechen. Opfer von Vergewaltigung bekommen sehr oft Beistand, Opfer von falschen Anzeigen jedoch kaum.[111] Psychologin Sarah Crome zufolge meldet sich nur einer von zehn männlichen Opfern von Vergewaltigung. Die „Sei ein Mann“-Kultur wirkt gegen sie. Nimm den Fall des Jungen, der von seinem Kindermädchen unsittlich betastet wird. Er fühlt sich sehr unglücklich, wird aber älter und vernimmt von anderen, dass Männer eigentlich immer Lust auf Sex haben. Möglicherweise wird ihn das Erlebnis verwirren, was zu einem verformten Selbstbild führt. Wahrscheinlich wird er seine Erinnerungen aufschreiben und sich selbst sagen, dass er den sexuellen Kontakt als angenehm erfahren habe, auch wenn das damals nicht so gewesen war.

2013 ging aus einer Untersuchung hervor, dass in Virginia einer von zehn Männern, die zwischen 1973 und 1987 wegen sexueller Gewalt verurteilt worden waren, unschuldig war.[112] Wahrscheinlich spielt dabei die Tatsache eine Rolle, dass Frauen lernen, sich gegen männliche sexuelle Avancen zu wehren. Es gehört zum Paarungstanz und zwingt Männer dazu, ihre Versuche fortzusetzen. Beinahe jeder Mann machte an einem Abend die Erfahrung, dass die Frau zuerst sagte, dass von Sex keine Rede sein konnte, wonach es in der Nacht doch noch zu für beide befriedigendem Geschlechtsverkehr kam. Und wie steht es mit den Situationen, von denen die Frau sagt, vergewaltigt worden zu sein, aber keine sichtbaren Verletzungen am Körper hat? Wenn die Frau wirklich keinen Sex will, müsste sie von der Situation weglaufen oder sich physisch wehren. Dann gibt es wenigstens keine Zweifel darüber, dass der Mann weiter ging, als nach Ehr und Redlichkeit akzeptabel war. Wenn nicht, entstehen Situationen wie die zwei folgenden.

In Amerika ermordete die auf Publizität geile Jodi Arias ihren Freund. Nach verschiedenen einander widersprechenden Aussagen nannte sie Vergewaltigung als Motiv. Wodurch nicht nur sein Leben, sondern auch noch sein Ruf vernichtet wurde. Des weiteren kann man noch den American-Football-Spieler Brian Banks nennen, der 2002 von Wanette Gibson wegen Vergewaltigung angeklagt wurde. Er saß fünf Jahre im Gefängnis und musste sich danach registrieren lassen als Sexualverbrecher und eine elektronische Fußfessel tragen. Danach schrieb Wanette ihm in einem Facebook-Bericht, dass es ihr leid tat, durch die falsche Beschuldigung seine Sportkarriere zerstört zu haben. Der Richter in Los Angeles revidierte das Urteil, die Frau nahm die Anschuldigung jedoch nicht offiziell zurück. Dann hätte sie die anderthalb Millionen Dollar, die sie von der Schulbehörde gefordert hatte, zurückzahlen müssen.

Ein Mann von der Müllabfuhr erzählte mir, dass er von seiner Freundin ihres kratzbürstigen Verhaltens wegen genug hatte. In Anwesenheit von ihr und seiner Mutter teilte er die schlechte

Neuigkeit am Küchentisch mit. Das Gespräch kam schließlich auf ihr müdes Sexleben. „Gib mir bitte nicht den Laufpass", bettelte das Mädchen. „Du darfst es mit mir in jeder Pose tun, die du dir je gewünscht hast." Obwohl es ihn schockierte, dass sie das in Gegenwart seiner Mutter sagte, sagte er ihr ausdrücklich, dass es ihm nicht so sehr um den gemeinsamen Sex ging als um ihre aufeinander prallenden Persönlichkeiten. „Okay", sagte daraufhin das Mädchen, „aber ich bleibe bei meinem Angebot. Sogar wenn du mir danach den Laufpass gibst, wird es wenigstens bei einem letzten Mal so richtig schön sein. Als eine Art des Abschiednehmens." Er ging darauf ein, weil er eine Szene vermeiden wollte. Sie hatten Sex in seinem Zimmer und gingen danach auseinander.

Zwei Tage später rief ein Polizist an und teilte ihm mit, dass er der Vergewaltigung beschuldigt werde. Er meldete sich auf dem Posten, wozu er seine Mutter mitnahm. Weil ihre Aussagen beständig schienen und übereinkamen, nahm der Polizist sich auch die Akte des Mädchens vor. Er entdeckte, dass sie auch ihre zwei Exfreunde beschuldigt hatte, sie vergewaltigt zu haben. Der Polizist sagte ihr, dass es schon bemerkenswert sei, dass sie in so kurzer Zeit so oft Anzeige wegen Vergewaltigung erstattet habe. Schließlich gab sie zu, dass es ein Racheakt sei. Die zwei Jungen waren also verurteilt worden, und man kann sich fragen, wie sie zu solch einem Verhalten gekommen war. Möglicherweise durch einen Film wie „The Wizard" (1989), in dem ein junges Mädchen arglistig behauptet, dass ein Mann ihren Busen betatscht, worauf ihn andere Anwesende zu Fall bringen, was den Hauptpersonen Gelegenheit schafft, zu entwischen.[113] Die Kinder waren von daheim weggelaufen und auf dem Weg zu einem Videospiel-Wettbewerb. Der betroffene Mann sollte sie zu ihren Eltern zurückbringen. Glücklicherweise denken einige Frauen anders darüber: „Ich finde es lächerlich, immer anzunehmen, dass der Mann falsch liegt", schreibt eine Kolumnistin. „Bei der Opferrolle schließe ich mit ein, dass ich nicht zu gleichen Teilen an dem beteiligt bin, was zwischen zwei Menschen geschehen kann."[114]

Auf einer Mittelschule begann ich als Lehrer mit einer Klasse Teenager, die geradewegs von der Grundschule kamen. Mädchen kicherten und redeten von ihren Ponys, die sie pflegten. Sie waren neugierig auf die ägyptischen Pyramiden, die Ruinen von Stonehenge und andere geheimnisvolle Monumente. Einige Monate später waren sie total verändert: Sie hatten schichtweise Make-up aufgetragen, tranken Mixgetränke mit Alkohol, redeten über Jungs und betrugen sich rebellisch. Ich musste bei einem Konflikt eingreifen, bei dem Schulmädchen eine Klassengenossin umzingelten und drohten, ihre Haare auszurupfen. Aus meinen Augenwinkeln sah ich jemand aus dem Raum rennen.

Ich ging zu meinem Pult, öffnete meinen Ordner (ich hatte meine Bücher darauf gelegt) und sah einen winzigen Papierschnipsel hinter einer Heftklammer. Von einer Klausur, die am nächsten Tag geplant war, schien ein Exemplar zu fehlen. Die Bücher waren sorgfältig zurückgelegt worden. Als ich die Schülerin, die ich im Verdacht hatte, zur Rede stellte, tat sie so, als ob sie keine Ahnung hatte, worum es sich handelte. „Wir wissen beide, worum es geht", sagte ich. Sie leugnete, dass sie die Prüfung gestohlen hatte, und sagte sogar: „Herr Lehrer, wenn Sie mich filzen wollen, können Sie das ruhig tun, Sie werden dann entdecken, dass ich nichts gestohlen habe." Ich verzichtete auf das Angebot und wiederholte, dass wir beide trotz fehlenden Beweises wussten, worum es sich handelte. „Ich finde es sehr schade, Herr Lehrer", sagte sie daraufhin sogar, „dass Sie mir nicht mehr vertrauen. Ich war so froh über das gute Einvernehmen, das wir hatten." Sie starrte mich mit ihren leuchtenden Augen an und erklärte das mit einem völlig normalen Gesichtsausdruck. Innerhalb weniger Monate hatte die junge Dame sich von einem artigen Schulmädchen zu einer manipulierenden Schlange entwickelt. Später an diesem Tag sahen Schüler, wie sie etwas aus ihrem Brusttäschchen nahm. Es schien die Prüfung zu sein. Sie verrieten sie bei einer Lehrerin, die mir das Dokument zurückgab. Ich sah mich aber dazu gezwungen, eine neue Prüfung zu machen.

Ohne jeden Zweifel war das eine Falle gewesen. Klug wie ich bin, gelang es mir, sie zu umgehen. Man kann ja einfach im voraus wissen, welche Folgen es haben würde, wenn ich bei ihr tatsächlich eine Leibesvisitation vorgenommen hätte, ob ich nun die Klausur gefunden hätte oder nicht. Einige Kollegen hatten weniger Glück. Ein Lehrer, der Technikunterricht gibt, erzählte von einer Schülerin, die ein T-Shirt anhatte mit der Aufschrift „I‘m your bitch“. Er machte eine abgeschwächte herausfordernde Bemerkung, und zwei Tage danach vernahm er, dass zwei Schülerinnen gegen ihn eine Klage eingereicht hatten wegen sexueller Belästigung. Der Rektor hörte sich sowohl die Schülerinnen als auch ihre Eltern an und stellte fest, dass eine von ihnen zu der Klage überredet worden war. Diese zog die Klage zurück, aber das Mädchen mit dem T-Shirt blieb dabei. Der Rektor fand keinen anderen Ausweg, als im Dossier des Lehrers eine Notiz zu machen, worauf dieser versetzt wurde.

Schaden durch Klagen über sexuelle Belästigung wird nicht nur in Schulen verursacht. In Belgien kann der Ausruf „Hallo, pssst, Schätzchen“ ganz schön teuer werden. Was den Minister für Kulturmarxismus, pardon, Gleiche Chancen, betrifft, kann eine „sexistische“ Bemerkung oder ein ebensolcher Laut gebüßt werden mit 500 bis 1.000 Euro. Auch der Staat Oregon kennt ein absurdes Gesetz: Männliche Polizisten dürfen bei Frauen keine Leibesvisitation vornehmen, aber umgekehrt ist es erlaubt, wie Joe van Hoosen erfuhr. Er hatte einen über den Durst getrunken, setzte sich trotzdem ans Steuer und wurde von einer Polizeibeamtin angehalten. Zu Recht, aber es ist schon bemerkenswert, dass sie bei ihm eine Leibesvisitation vornahm und ihm den Gürtel und die Schuhe wegnahm. Was wäre geschehen, wenn er nun gegen diese ungleiche Behandlung bis zur höchsten Instanz prozessiert hätte? Michigan kennt eine archaische Regel den „Brautschatz“ betreffend. Demnach darf ein Mann keine Liegenschaften (ver)kaufen ohne Einwilligung seiner Frau, die Frau aber wohl ohne die ihres Mannes. Das heißt „Widow‘s Law“ und geht bis ins Mittelalter zurück, in dem Witwen (wie auch Töchter ohne Brüder) Recht auf Familienbesitz hatten.

Die Gewerkschaft ACOM läutete Sturm, weil Berufssoldaten und Offiziere immer öfter entlassen wurden infolge falscher Anzeigen wegen Gewalttaten in der Privatsphäre. So wurde ein Kapitän der Marine suspendiert, nachdem seine Frau ihn der versuchten Vergewaltigung beschuldigt hatte. In Gefängnissen wirkt es wirklich außerordentlich zersetzend. Van Hoosen zufolge wollen wenige Frauen den verantwortungsvollen Posten eines Gefängniswärters besetzen. Also werden weibliche Gefangene von Männern bewacht. Klagen wegen Vergewaltigung werden eingereicht gegen Wärter, zudem können Gefangene ohne weiteres Dinge sagen wie: „Er schaute mir beim Duschen zu": Dinge, die nicht einfach bewiesen oder widerlegt werden können. Der wunde Punkt ist der, dass schon allein die Beschuldigung, abgesehen von der Beweisbarkeit, der Laufbahn des Wärters schadet. Das hängt zusammen mit dem enormen Stigma, das man auf sexuelle Belästigung gedrückt hat. Die „Regel für bedrohte Tierarten" wirkt sich dann aus: Die Frau ist verwundbarer als der Mann, also die, die größeres Leid trägt, folglich verdient sie eher das Mitleid der Gesellschaft als er. Dies alles verleiht den weiblichen Gefangenen eine Macht, wie sie in Männergefängnissen nicht vorkommt.

Es wird tatsächlich oft geklagt, dass es so wenige Frauen gibt in Topfunktionen, aber nicht über die übermäßige Präsenz von Männern als Holzfäller, Arbeiter unter Tage und Leibwächter: Die Sterblichkeit der Männer infolge Berufskrankheiten beträgt Frauen gegenüber 92 Prozent, ist also sehr hoch. Dass es sich dabei um ein gender privilege handelt, wird auch aufgezeigt durch die täglichen Erlebnisse von „Aaron", Sicherheitsmann bei einer Berufs-Mittelschule. Er sieht, wie zwei Studentinnen auf dem Pausenplatz Streit bekommen. Eine der beiden kehrt der anderen den Rücken zu. Daraufhin wirft letztere eine volle Limonadendose der Kommilitonin an den Hinterkopf. Aaron greift ein. „Ich stelle fest, dass ein Verstoß begangen wurde, und wir gehen jetzt hinein, um diesen Verstoß zu melden", sagt er, während er die Studentin am Handgelenk festhält, um zu verhindern, dass sie wegläuft oder sich auf die andere stürzt. „Was machst du da?!?“, schreit sie. „Warum berührst du mich? Hände weg von mir, du Schwein!“ Auf einmal hat sich das Frame völlig umgewandt. Aaron ist nun nicht mehr der Mann, der für Ruhe und Ordnung sorgt, der einen gewalttätigen Ruhestörer ermahnt. Nein, auf einmal ist er der Perverse, der es auf Mädchen abgesehen hat. „Wie kann ich mich nur als Mann gegen solche Sachen wappnen?“, fragt er sich selbst. „Am Ende ist es doch meine Aufgabe, hier für Ordnung zu sorgen?“

Emotional ist die westliche Kultur Anti-Mann. Man denke an folgende Szene: Du hast einige Male ein Rendezvous mit einer Frau, wobei es bei einem davon zum Sex kam. Am folgenden Tag wachst du auf und siehst sie neben dir liegen: Ihr Körper ist entspannt, durch ihre regelmäßigen Atemzüge bewegt sich ihr Oberkörper rhythmisch auf und ab. Die frühe Morgensonne spielt mit ihrem wirren Haar. Du hast ein Gefühl totaler Verliebtheit und machst Frühstück, das du ihr zum Bett bringst. „Ach, lass doch sein“, sagt sie. „Es war einfach ein kleines Abenteuer. Ich lebe gegenwärtig auf zu ernsthaftem Fuß, um eine Beziehung zu haben.“ Dann musst du das einfach hinnehmen, nur weil du ein Mann bist. Du hattest Sex, du hast bekommen, was dir zustehen sollte, das du auch wolltest, nun musst du die Verantwortung tragen und sie in Ruhe lassen. Als Mann musst du deine Gefühle abschütteln, eigentlich machst du es auch nie richtig. Drängst du nach dem Sex weiterhin darauf, eine Beziehung einzugehen, nimmst du ihr die Freiheit, sich selbst zu verwirklichen, und tust du es nicht, bist du kein Mann, kein Mann, der die Initiative ergreift. Das alles, weil die westliche Kultur annimmt, dass Männer nicht so empfindsam sind wie Frauen und auch nicht so verwundbar (obwohl die begabtesten Dichter Männer waren).

Frauen haben ein empathisches Monopol. Passiert dasselbe der Frau, dann ist es „okay“, wenn sie schlecht gelaunt zur Arbeit erscheint, sich über diesen Mann bei ihren Freundinnen beklagt und mit Phrasen um sich streut wie: „Alle Männer sind Opportunisten, die es auf Sex abgesehen haben! Er hat mich gebraucht, was erlaubt er sich wohl!“ In „HP/De Tijd“ (2010) wurde eine Frau nach einem One-Night-Stand als „Opfer“ aufgeführt, weil sie nicht wieder angerufen worden war. Bist du als Mann derjenige, der sich noch nicht binden will, hast du auf einmal „Bindungsangst". Diese Ungleichheit setzt sich im Schlafzimmer fort, denn wenn die Frau nicht richtig feucht ist, taugt das Vorspiel des Mannes nicht, bekommt der Mann keine Erektion, ist er nicht viril. Deshalb gibt es Medikamente gegen Erektionsstörungen: eine Antwort auf den unbefriedigenden Lebensstil der heutigen Gesellschaft. Ein Mann kann mit einer dikken Frau Sex haben und doch zufrieden sein mit seiner Leistung im Bett. Gefangen in einem sexuellen Rausch, wird er die Ketten des Feminismus und der Konsumkultur nicht so schnell zerreißen. Eigentlich sind Medikamente gegen Erektionsstörungen dafür da, damit unattraktive Frauen sich immer noch begehrenswert fühlen können. Infolgedessen dienen sie der narzisstischen Differenzierung.

Von der Evolution her ist es ein Charakterzug des Mannes, eine Familie zu gründen und zu bewachen, zu beschützen und zu unterhalten. Hat er keine Familie, kann er zum Beispiel im Dienst eines Betriebes eine andere Rolle als Vorfechter spielen. Das bestätigt die Untersuchung des Organisationssoziologen Geert Hofstede: In maskulinen Kulturen leben die Menschen, um zu arbeiten. In femininen Kulturen ist es umgekehrt. Man denke auch an den Westernheld, der in jungen Jahren über die Prärie schweifte und einiges an Fehden und Schießereien auf dem Kerbholz hat. Des Herumtreibens müde, kommt er eines Tages wieder in einem von diesen Dörfchen an, wo er sich eines Mädchens annimmt, das seine Familie verloren hat; er wird ihr Beschützer, und sie bekommen sogar eine Beziehung. Der Vagabund ist nicht einer, der Gefühle zeigt, schickt sich aber nach den Umständen und tut, was notwendig ist. Am Ende zieht er nicht wieder weiter zu einem anderen Dorf, sondern ist soweit, sesshaft zu werden. Er und das Mädchen kaufen gemeinsam einen Bauernhof, auf dem sie zusammen alt werden wollen.

Die Geschichte von dem Westernheld ist natürlich ein allzu bekanntes Klischee, beruht aber wohl auf den Erfahrungen vieler Generationen. In unserer feminisierten Gesellschaft gibt es keine deutlich festgesetzten Rollen und Aufgaben mehr; die britische Politikerin Diane Abbot sprach in diesem Zusammenhang von einer „Krise der Maskulinität“. Auch in der „Volkskrant“ wurde über Männer geschrieben, die sich nicht so schnell binden wollen, und sich nicht eins, zwei, drei zu einer Vaterschaft verführen lassen: „Vor 30 Jahren gab es keine pubertierenden Dreißiger. Jetzt sind sie eher die Regel als die Ausnahme.“[115]

Einer jungen Frau in meiner Familie wurde durch Verlosung eine Mietwohnung zugewiesen. Sie war sehr froh darüber. Ihr Freund war jedoch zurückhaltend und sagte: „Ich bleibe einstweilen zu Hause. Ich komme dich hie und da besuchen, bleibe zum Schlafen und steuere ab und zu 100 Euro bei.“ Sie wollte gerne definitiv zusammenziehen und war sehr enttäuscht.

Eigentlich streben wir hier doch schon seit Jahrzehnten danach? Denn der Mann argumentiert: „Ist es denn für mich eine absolute Notwendigkeit, mich mit einem einzigen Partner zu begnügen? Nein.“ Ich fürchte, dass der Mann diese Hingabe gar nicht aufwenden kann, solange er nicht mit einem bisschen Status als Familienoberhaupt, Hauptverdiener oder etwas in diesem Sinn belohnt wird. Seit die ersten Jäger und Sammler sich als Bauern an einem festen Ort niederließen, hat die Menschheit danach gestrebt, diese Hingabe den Männern schmackhaft zu machen. Der Mann sollte also die Verantwortung für seine Partnerin und seine Familie übernehmen. Seitdem die Bücher von Charles Dickens gelesen werden, wird der europäische Mann als ungehobelter Rohling dargestellt, der seine Frau schlägt, seine Kinder misshandelt und das Haushaltsgeld in der Kneipe ausgibt. Er schaue sich lieber ein Fußballspiel an, statt sich Zeit für seine Familie zu nehmen. Das alles unter dem Nenner „Paternalismus“. Nach Meinung des ehemaligen Feministen Warren Farrel nicht mehr als eine Verschwörungstheorie. Männer wehren sich nicht gegen diese Karikaturen, weil es ein Teil der männlichen Identität sei, dass man, wenn man verspottet wird, keine Szene macht, sondern sich selbst ermannen sollte. Studien beweisen jedoch, dass der Angriff auf Maskulinität gerade die

Unterschicht der Gesellschaft am härtesten getroffen hat; dort, wo der Mangel an Leitfiguren als Vorbild so groß ist. Die große Wende, die ich beschreibe, bezieht sich also auf die westliche Zivilisation und die Rolle, die die sexuelle Selektionsmacht dabei spielt.

Die Frau muss, den Feministinnen zufolge, vor allem selbst eine Karriere aufbauen. Anders gesagt: Das kleine Stücklein männlicher Status und dazugehörendes Commitment, das die Zivilisation schon seit Tausenden von Jahren versucht dem Mann beizubringen, ist im vorigen Jahrhundert abgebaut worden. Die Folge davon ist eine Kultur, in der der Mann eine „ewige Adoleszenz" der Alternative vorzieht; ein Horizont offen stehender Aussichten und eine Zukunft mit vielen Möglichkeiten, eine Kultur der Potentialität. Er wird nicht zusammen leben wollen, so lange es nicht nötig ist. Ungezwungenheit über Bindung. Man schaue sich mal Kulturen außerhalb Europas an. Freundin schwanger? Dann setzt du dich doch ins Auto und beginnst an einem anderen Ort aufs neue? 1890 lebten 80 Prozent der schwarzen amerikanischen Kinder mit zwei Eltern zusammen. Nach dem National Healthy Marriage Resource Center sind es 100 Jahre später nur noch 40 Prozent. Die Organisation for Economic Cooperation and Development stellte 2012 fest, dass 72 Prozent der schwarzen amerikanischen Kinder von einem alleinstehenden Elternteil abhängig sind.

Diese Entwicklung läuft parallel mit der Verbreitung des Versorgungsstaates. Denn, weshalb sich einen stabilen Partner suchen, wenn man sich auch mit einem hübschen Toyboy vergnügen kann? Der Staat bezahlt doch. Gut und sehr gut ausgebildete Leute planen auf lange Sicht, sehen, dass die ökonomische Situation nicht rosig ist, und schieben das Kinderkriegen auf die lange Bank. Für Leute, denen das Kinderbekommen „einfach so passiert", ist es eine ganz andere Angelegenheit. „In einer komplexen Familiensituation frage ich mich oft: ‚Wo ist der Mann?' Na schön, der ist weg. Unter anderem auch durch den Versorgungsstaat sind Frauen nicht sehr kritisch bei der Wahl des Partners, mit dem sie Kinder bekommen."[116] So der Kriminologe Chris Rutenfrans in der humanistischen Gesprächsrunde „Filosofisch Kwintet". Als er das sagte, unterbrach Moderatorin Clairy Polak ihn abrupt.

Doch wird die Qualität der Gene auf eine andere Art reguliert. Die hohe Zahl der Scheidungen hat zur Folge, dass Frauen sich die am meisten geeigneten Männer als Erzeuger teilen können. Die A-Auswahl darf dann zur zweiten Runde antreten. Lieber einen Mann aus zweiter Hand mit Qualität als einen minderwertigen neuen. Der Mann, der hochgebildet ist, muss vor seinem 30. Lebensjahr eine Freundin haben. Wenn nicht, muss er mit dem gut ausgebildeten älteren, geschiedenen Mann konkurrieren, der sich für die zweite Runde aufmacht. Am Ende sind die hochgebildeten älteren Frauen in der Überzahl unter den Ledigen, ebenso auch junge Männer, die eine niedrigere Ausbildung genossen haben.

Bezüglich der sexuellen Selektions- und Kontrollmechanismen sind kleine Männer sowieso in der Überzahl unter den Ledigen und Selbstmördern. 2013 diktierte das College für Menschenrechte, dass ein Samenspender bezüglich seiner Spende keine Bedingungen stellen darf. Ob diese zum Beispiel Heterosexuelle oder Homosexuelle bekommen sollten, oder Leute einer bestimmten Ethnizität. Die politische Korrektheit drückt auf diese Weise ihren Stempel auf die sexuelle Selektionsmacht. Mit der Zunahme der technischen Möglichkeiten wird es immer weniger Zusammenhang geben zwischen Sex und Fortpflanzung; Überalterung und steigende Pflegekosten werden die Eugenik erneut zur Sprache bringen, allein schon im Namen der freien Wissenschaft und des Bekämpfens seltener Krankheiten. Die Darstellung des Individuums als unbeschriebenes Blatt ist ein Baustein der machbaren Gesellschaft, ist aber nicht vereinbar mit Genetik. So stehen sich wissenschaftlicher Fortschritt und Gleichheitsdenken gegenüber – zwei essentielle westliche Denkmuster, die zu kultureller Schizophrenie führen. Wissenschaft und Forschung werden doch schon eingeschränkt durch die politische Korrektheit, weil man nur das untersucht, was man für Minderheitsgruppen für wichtig hält.

Abgesehen davon, eine gut bezahlte Stellung zu erjagen, findet der Mann in der heutigen Zeit kaum noch Ansporn, sich für etwas Hochstehendes einzusetzen oder seine Leistungsfähigkeit zu beweisen. Prähistorische Jäger brachten Fleisch in die Gemeinschaft ein, römische Architekten entwarfen Aquädukte, im Mittelalter kämpften Ritter für das Königreich. Das, was Männer beitrugen, war sofort sichtbar, dementsprechend verteilten die Frauen dafür ihre sexuellen Gefälligkeiten. Heutzutage braucht niemand mehr zu verhungern, und die Gesellschaft stützt sich auf bürokratische und digitale Prozesse. Narzisstische Differenzierung verschiebt sich von Wohlstandsproduktion nach Sexappeal: Die Dating-Szene ist von Frivolität durchwuchert, und beim Balzritual gleichen Männer Hundchen, die mit den Schwänzchen wedelnd durch eine Reihe Reifen springen.

Nach Gustave le Bon, einem in Gruppenpsychologie spezialisierten Soziologen, gibt sich das Feminine von Natur aus dem Maskulinen hin. Heutige Maskulinität wird schon in früher Kindheit unterdrückt. Bei Äffchen schien es, dass weibliche Äffchen lieber mit weichen Püppchen spielen und männliche Äffchen mit Autos. Das Argument der „sozialen Konstruktion" wurde also hinfällig, denn Affen wissen nicht, was Autos sind. Wie der Gegenstand zusammengesetzt war und wie er sich bewegte, fand der männliche Affe scheinbar interessanter als wie er sich anfühlt. Jungen im Vorschulalter werden aber von der Kindergartentante gerügt, wenn sie Knete in ein Schlüsselloch pressen, weil sie erproben wollen, was man alles damit machen kann. Im Gegensatz zu den Mädchen, die Sterne und Herzchen formen. Wenn die Maskulinität nicht unterdrückt wird, überlässt man den Jungen oft dem Schicksal: der Anfang eines zerstörenden Pfades. In einer Familie ohne Mutter wird das Kind als Teil seiner Erwartung dessen, was eine Frau sein sollte, Hyperfeminität projizieren. Das Urbild ist die Verführerin, in heutiger Ausdrucksweise die Dirne. Wächst ein Mädchen ohne Vater auf, wird es Hypermaskulinität auf ihre Liebhaber projizieren, wodurch es zu aggressiven und rohen Freunden hingezogen wird. Das erklärt, warum viele attraktive junge Frauen Liebesbriefe an Gangster schreiben und an den American-Football-Spieler Aaron Hernandez, der in mehrere Gewaltdelikte verwickelt war, was ihm das Image des „Bad boy“ einbrachte.

Der zusammenhängende Einfluss des kompetitiven Kapitalismus und der versorgenden sozialen Amtsführung haben rein gar nichts getan, um die sexuelle Selektionsmacht auf gutem Wege Richtung „Civilisation Building“ zu leiten. Die Beeinflussung ist sogar zerstörerisch. Für Arbeiter ist es nämlich normal (insofern es sie noch gibt und sie nicht ersetzt sind durch Arbeitskräfte in Asien), in ihrer angestammten Gemeinschaft, in der sie seit jeher verwurzelt sind, auch zu bleiben und auf die Dauer dort eine Familie zu gründen. Die gut ausgebildete Bevölkerungsschicht hingegen lebt das Leben des „Homo aeroporticus“ mit der dazu gehörenden niedrigen Geburtenrate. Ihr Motto? „Forever Young“. Narzisstische Differenzierung ist das, was man fühlt, wenn man eine Bar oder eine Diskothek betritt. Du lässt deine Blicke über die Anwesenden schweifen, und du kannst sofort eine grobe Schätzung der Anzahl für dich in Frage kommender Sexpartner machen. Je größer diese Anzahl, desto höher dein Selbstvertrauen. Umgekehrt kann eine kleine Anzahl ein negatives Selbstwertgefühl hervorrufen. Nach schönen Menschen schaut man mit anderen Augen, und sie betrachten die Welt ihrerseits mit anderen Augen. Ihnen wird mehr Aufmerksamkeit geschenkt, sie haben dadurch ein anderes Inneres.

Leute, die einen hohen sexuellen Marktwert haben, lernen schon als Teenager, sich anderen Menschen zu nähern. Sie werden belohnt, indem ihnen geholfen wird, mit Komplimenten und Einladungen für Feste. Forschung durch Sylvia Holla an der Universität von Amsterdam zeigt folgendes auf: „Reiben ist das neue Schwofen: Ein Junge und ein Mädchen tanzen dicht beieinander, wobei das Mädchen vor dem Jungen steht und ihre Hinterbacken an seinem Schritt reibt. Es sieht aus wie Trokkenficken und ist eine Art sexuelle Übung. Indem sie mit dem ganzen Körper nahe bei jemandem sind und sich zusammen bewegen, lernen Teenager, wie man‘s machen muss und welch eine Erregung zustandekommt. Dem Jungen wird unterstellt, die

Initiative zu ergreifen. Wenn du dich nicht traust oder vom sexuellen Lernen ausgeschlossen wirst, kann ich mir vorstellen, dass du nicht herausfindest – und aussprechen kannst –, was dir gefällt und was du gern hast, und dass, wenn du älter bist, du dich im Bett dementsprechend unsicher fühlst."[117] Übertragen wir das auf dein späteres Leben, dann kannst du auf diese Weltoffenheit zurückgreifen beim Geschäftemachen und Leiten eines Betriebs. Ob du Risiken nimmst oder just erwartest, abgewiesen zu werden. Ob du in einer vertrauten Umgebung bleibst und im Familienbetrieb arbeiten wirst, oder eben nach Amsterdam, Brüssel oder New York ziehst, um dein Glück zu versuchen.

In manchen Regionen spielen Feste wie die alljährlich wiederkehrende Kirmes oder der Karneval eine große Rolle im Leben der Menschen, die in jener Gegend wohnen. Bei diesen Gelegenheiten wird auch viel Alkohol getrunken, was zu Hemmungslosigkeit führt, wodurch man einfacher einen Freund oder eine Freundin findet. Es ist auffallend, dass Leute, die an solchen Festen teilnehmen, oft plumpe Körperformen haben, eine schlechte Haut oder eckige Gesichtszüge. Es gibt schon schöne Menschen unter diesen Leuten, aber die Zusammenstellung der Bevölkerung unterscheidet sich schon von der kosmopolitischen Brüsseler Blase. Dort hat beinahe jedermann ein strahlendes Lächeln, einen offenen Gesichtsausdruck und ganze Reihen prächtiger, gerade gerichteter Zähne à la Daan Schuurmans. Der Ökonom Daniel Hamermesh schreibt in seinem Buch „Beauty Pays: Why attractive people are more successful" (2011), dass schöne Männer durchschnittlich 17 Prozent mehr verdienen als ihre weniger gesegneten Kollegen. Bei Frauen ist das zwischen 10 und 15 Prozent. Schöne Menschen finden also dort zueinander, wo die guten Stellen sind, wie bei den europäischen Institutionen.

Ich nenne den Offizier Fabian erneut als Beispiel. Seine Erscheinung ist elegant, er trägt teure Armbanduhren und tadellose Anzüge; er besucht Cocktailpartys der Beau Monde und schreibt darüber in den sozialen Medien. Er ist stolz auf seine Stellung und sein Diplom einer prätentiösen britischen Universität. Auf diese Weise demonstriert er seinen Eigenwert und praktiziert so narzisstische Differenzierung. Viele hohe Beamte und Industriekapitäne identifizieren ihre narzisstische Differenzierung mit ihrer überaus wichtigen Position in der Geldökonomie. Sie versuchen oft, dasjenige zu kompensieren, woran es ihnen in ihren Jugendjahren mangelte: Weit hinten in den Katakomben ihres Geistes sehnen sie sich nach den jugendlichen, frischen Körpern junger Mädchen im heiratsfähigen Alter, an die sie seinerzeit nicht gelangen konnten. Ihr Verlangen nach den Gütern des sexuellen Marktes ist für sie ein Grund, ökonomisch produktiv zu sein. Von Clausewitz war der Meinung zugetan, dass jemandes Motivation, Krieg zu führen, Teil der Kriegsführung ist, weil das die Willenskraft bestimmt. So ist es auch mit dem Liebesmarkt, der der Geldökonomie zugrundeliegt, und nicht umgekehrt.

Das westliche Verführungsspiel ist zu kompliziert geworden. Der durchschnittliche Elektriker oder Klempner ist dem nicht mehr gewachsen. Wenn er kann, sucht er sein Heil in Kuba oder Thailand. Dazu kommt noch: Wer sich Anzeigen von Frauen aus diesen Ländern anschaut, sieht, dass sie Männer suchen, die vertrauenswürdig sind und eine Familie gründen wollen. Während Frauen aus dem Westen ökonomisch selbständig sind und unter anderem deshalb auf der Suche sind nach Exotischem, nach einem Abenteurer, der schmeicheln und schöntun kann. Unterdessen wettern die Feministinnen gegen den Sextourismus, was das Zeug hält. Unter dem Vorwand, die zierlichen, zerbrechlichen Körperlein der orientalischen Sexprinzesslein gegen wohlbeleibte, chauvinistische Männer in Schutz zu nehmen. Ich meine die Neigung, jede Ungleichheit ausgleichen und jede Laune befriedigen zu wollen. Um jeden schwarzen Flecken der condition humaine zu entfernen und Männer zu folgsamen Lämmchen zu zähmen. Oder vielleicht auch nur, um ihre Macht über die sexuelle Selektion zu behalten.

In „Ausweitung der Kampfzone“ vertritt Houellebecq folgende These: Zur Zeit Ludwigs XIV. war die Lebenslust groß und wurde fleischlicher Genuss negiert, von der Religion als leere und falsche Versprechen dargestellt. Die einzige Seligkeit fand man nur bei Gott. Gegenwärtig sind die Gelüste überall

– in TV-Reklame, Fernsehserien, Internetpornos –, wir wollen fortwährend erfahren, dass das Leben herrlich und aufregend ist, wahrscheinlich, weil wir inzwischen darüber so unsere Zweifel hegen. „Je mehr Sex in der Öffentlichkeit, desto weniger anscheinend daheim. Es gibt daheim wohl Sex, aber nicht zwischen Partnern. Es gibt Solo-Sex. Und der Anteil der Untreue in Prozenten ist in den westlichen Gesellschaften so hoch wie nie zuvor.“[118] Das meint Psychologin und Familientherapeutin Esther Perel, die in ihrem „TED Talk“, der öfter als 4,7 Millionen Mal besucht wurde, über die „Krise des Begehrens“ spricht.

Erotik, Sex aus Begierde, gab es immer schon, wurde aber vor allem außer Haus erlebt: Eine Ehe schloss man aus ökonomischer Notwendigkeit. Sie weist darauf hin, dass Sex aus Liebe erst in den 60er Jahren, als man über die Pille verfügen konnte, Teil der idealen Ehe wurde. Dieses romantische Ideal genügt der postmodernen Gesellschaft nicht, denn „dein Partner kann nicht gleichzeitig dein Anker sein und ein abenteuerlicher Liebhaber. Er oder sie muss uns Sicherheit und ein heimeliges Gefühl geben. Aber wir erwarten von ein und derselben Person Geheimnisvolles, Abenteuer und Leidenschaft.“[119] Perel meint buchstäblich, dass Frauen von heute erst dann Lust auf Sex haben, wenn sie sich selbst erfolgreich finden.

Dieses Gefühl bekommt man also nicht so schnell, weil Frauen in der Männerwelt aktiv tätig geworden sind und sich öfter messen mit konkurrierenden Leistungen, die früher typisch waren für Männer.

Ich sehe oft Personen, die buchstäblich aus Houellebecqs Romanen stammen können. Sie springen einem ins Auge, wenn man mit der Bahn reist. Internetpaare, die zum ersten oder zweiten Mal eine Verabredung haben. Sie versuchen dann so gut, wie es eben geht, gemeinsame Interessen vorzutäuschen, oder versuchen einander näher zu kommen, während die Stille im Abteil auf peinliche Art enthüllt, dass es nichts gibt, worüber sie sprechen könnten. Hin und wieder sehe ich auch weiße Männer mit kleinen, feingliedrigen orientalischen Frauen neben sich, manchmal sind Kinder dabei. Diese Paare sprechen dann nicht viel, aber schauen wohl zufrieden in die Welt hinein. International daten hat auch den Vorteil, dass beide die Sprache, in der das Gespräch geführt wird, schlecht beherrschen, und demzufolge auf das stumpfsinnige, aber bei beiden warme Lächeln angewiesen sind, auf Körpersprache und eine Berührung. Deiner intellektuellen Ausbildung ungeachtet, genügt oft ein liebevolles Berühren deiner Brust mit sachter Hand, um dich glücklich zu fühlen, haben mich meine Weltreisen gelehrt. Das ist die condition humaine: Die Sprache der Liebe ist eine universelle Sprache.

Männer und Frauen lieben Sex in gleichem Maße, der Sexualtrieb ist jedoch bei Männern stärker.[120] Das gibt Frauen, die vorher beschriebenen gesellschaftlichen Normen in Anmerkung genommen, die sexuelle Selektionsmacht. Sie bestimmen, ob der Partner Sexpartner wird oder nicht, nicht umgekehrt. Die Folge von dem allem ist, dass westliche Frauen von ihren Männern zu viel verlangen. Sie verlangen sowohl den Ritter auf dem weißen Pferd, den feurigen Eroberer, als auch den sorgsamen, verständnisvollen besten Freund. Sie sehnen sich nach Bindung und Beständigkeit, aber dann nur zu ihren eigenen Bedingungen. Der westliche Durchschnittsmann ist dem nicht gewachsen, und wer auch nur ein bisschen Geld hat, geht keine feste Beziehung ein mit einer Frau, die wahrscheinlich schon mit 25 die psychische Last trägt von schlechten Freunden und den freien Beziehungen, die sie zuvor gehabt hat.

Es fängt in der Familie an. Die Tochter ist der Schatz der Familie, und ihr stolzer Vater gibt ihr alles, was ihr Herzchen begehrt. Dasselbe sucht sie später bei einem Freund – jemand, der dazu in der Lage ist, ihr alles zu geben, was sie verlangt. Unterdessen fühlt sie sich jedoch instinktiv zu männlicher sexueller Aggression hingezogen, in Gestalt des feurig Tango tanzenden Julio. Und dieser Julio flirtet gern und geht einem kleinen Abenteuer nicht aus dem Weg, ist aber nicht darauf aus, eine feste Beziehung einzugehen. Die Folgen kann man sich denken: Die junge Dame fühlt sich vom männlichen Geschlecht verraten. Also will sie sich rächen. Sie beschließt, die Männer von nun an für sie arbeiten zu lassen, und wenn sie ihr zulächeln, schaut sie sie voll Bitternis und Verachtung an. Sie zieht sie an und stößt sie danach gleich wieder ab, als ob sie ihr Spielzeug wären. Nicht die Zuhälter, Gangster und Casanovas bezahlen die Rechnung für die weibliche Enttäuschung, sondern die „guten Jungs".

Das bedeutet, dass auf lange Sicht nur drei Typen übrigbleiben. Erstens der Gutmütige, der bereit ist, den Preis der Untertänigkeit zu bezahlen für eine Beziehung und Sex. Zweitens der zynische Verführer, der sich einen Sport draus macht, mit möglichst vielen Frauen zu schlafen, ihnen am Ende aber doch keine emotionale oder finanzielle Beständigkeit bieten kann. Als Dritter ist da noch der Mann, der das Spiel durchschaut und begreift, dass er nicht gewinnen kann. Er folgert daraus, dass das Spiel zu seinem Nachteil in Szene gesetzt wurde, und beschließt, nicht mitzuspielen. Er ist kreativ, eifrig und selbständig; er kauft ein schweres Mofa und reist den Rest seines Lebens durch Asien, oder besucht jedenfalls Länder wie Thailand oder die Philippinen, wenn er das Bedürfnis nach Romantik verspürt. Die besten Gene, die der Westen zu bieten hat, werden auf diese Weise exportiert.

Fabian bestätigt das. „Genau", sagte er, „das war eine Offenbarung, die ich letzthin hatte. Mit dem Salär, das ich verdiene, bin ich nach heutigen Begriffen reich. Wenn ich mich ein bisschen in guter Verfassung halte, bin ich bis nach meinem 60. Lebensjahr fähig, knackige russische Blondinen zu ficken. Doch habe ich tief in meinem Innersten das Bedürfnis, eine Familie zu gründen, aber in der heutigen gesellschaftlichen Situation ist das gegen besseres Wissen. Warum sollte ich?" – „Und?", fragte ich, „was bleibt unter dem Strich übrig? Wer ist der Verlierer?" – „Die westliche Zivilisation", sagte er leise.

Im Internet erwähnte ein Freund ein schönes Mädchen, das sich sehr „classy" gibt und „hard to get" spielt. Männer versuchen, ihr den Hof zu machen, schenken ihr Blumen, laden sie ein in teure Restaurants und zu Trips an Wochenenden. „Creepers", nennt sie sie hinterrücks. Da reagierte ein Mann, der dachte, dass sie hinter dem Image des Prinzessleins keine Regeln versteckte, die sie für sich selbst aufgestellt hatte. Er schickte ihr ein Foto von seinem Penis, wofür sie ihm ein Bildchen von sich selbst schickte. Am Ende verabredeten sie sich und hatten Sex. Der Mann schloss daraus, dass sein plumper Versuch belohnt wurde, während sie und ihre Freundinnen alle höflichen Herren als gruselige Stalker bezeichneten. Auf gleiche Art begegneten zwei europäische Beamte bei einer Cocktailparty einer Assistentin. Sie sandten einander Fotos, die sie an diesem Abend gemacht hatten, begleitet von Bemerkungen mit sexuellem Unterton über sie. Durch einen unglücklichen Zufall bekam die Assistentin die Bilder. Sie fürchteten, entlassen zu werden wegen Verstoßes gegen den Berufskodex... Bis sie einem von ihnen antwortete und fragte, ob seine Eltern zufällig aus Spanien kämen. Der andere Beamte war sehr erleichtert. Jedenfalls für kurze Zeit. Dann fragte er sich, wie sie Zeit fand, diese unsinnige Korrespondenz zu führen, aber nie antwortete, wenn er sie nach ihrer Arbeit fragte, wofür sie verantwortlich war.

Schon während meiner ersten Woche im Europäischen Parlament hörte ich Geschichten über polnische Blondinen. „Ich begegnete gerade zwei von ihnen in der Kantine“, erzählte der Beamte. „Schmollmündchen und Busen raus, teilten sie mit, dass sie mit einem Mitglied des Europäischen Parlaments zum Abendessen gingen. Ich konnte es nicht glauben! Ich kenne Leute, die hier schon seit 20 oder sogar 30 Jahren pflichtbewusst arbeiten. Wenn sie eines Tages von einem Europarlamentarier zum Essen eingeladen werden, ist das die Krone auf ihrer Karriere.“ – „Es ist die Epoche des weltweiten Netzes“, ergänzte sein Kollege. „Die Berliner Mauer ist zerbröckelt, die Sowjetunion in sich zusammengefallen. Es ist die Ära von ‚global dating‘ und ‚all bets are off‘.“ Er kannte eine Frau aus einer weit entfernten Ecke Russisch-Sibiriens. Ihr ganzes Leben lang sparte sie für eine Fahrt nach Paris. Dort begegnete er ihr einen Tag nach ihrer Ankunft. Als er sie ein Jahr später in Brüssel wieder traf, konnte sie keine Nacht durchstehen, ohne Hunderte Euros für Getränke, Diners und exklusive Klubs auszugeben. „Ich gehe nicht mit jemandem aus, der weniger als 10.000 Euro im Monat verdient", sagte sie resolut. „Das bringt mir nichts." Ich antwortete auf ihren Dialog mit einem Zitat von Platon: „Reichtum und Armut sind beide Töchter des Verlangens." Schweigend nickten die beiden Beamten.

Eine junge Dame, die ich gut kenne, ist ein besonders begabtes Mitglied des Europäischen Parlaments. Sie behauptet beharrlich, dass, wer Geld hat, auch mächtig ist. Männer stehen an der Spitze der meisten Geldströme. Folglich haben Männer die Macht und sind Frauen nicht frei, zu sein, wer sie sein wollen. Ich reagierte folgendermaßen: Geld könne kein Hindernis sein, weil das meiste Geld von Frauen ausgegeben wird. Frauen haben immer noch ihre Produkte zur Körper- und Gesichtspflege, ihr Make-up und die Wohnungseinrichtung, geben unterdessen aber auch – wie Männer – Geld aus für Gadgets und Elektronik. Sie stimmte dem zu, bemerkte aber auch, dass männlicher Konsum höher bewertet werde. Ich antwortete, dass sie nun ihre These widerlege, weil sie den Machtunterschied allein auf das Volumen des Geldes beziehen wolle. Dann bezog sie es auf das subjektive Vorstellungsvermögen, was auch falsch war, weil die Reklame, die uns umgibt, den Geschmack von Frauen widerspiegelt und auf ihre Bedürfnisse eingeht. Oder: Es gibt einen Überfluss von Produkten, aus denen die Frau ihre Wahl treffen kann, um ihrer Identität Ausdruck zu verleihen. Und angenommen, dass es wirklich so ist, dass Männer über den großen Geldstrom herrschen, dann noch ist ein Staat wie die Niederlande besonders feminisiert. Im Budget für 2014 waren 77,8 Milliarden Euro für das Gesundheitswesen und 78,6 Milliarden für Sozialleistungen aufgelistet, auf einen Kostenvoranschlag von total 267 Milliarden. Die Niederlande bezahlten außerdem elf Milliarden Euro Zinsen für die Schuldenlast des Staates (gegenüber einer Zinslast von nur zwei Prozent). Zum Vergleich: Für einen „männlichen" Posten wie Verteidigung waren 7,2 Milliarden vorgesehen.[121] Die Parlamentarierin sagte, dass sie noch „darüber nachdenken" wolle...

Geld erodiert Grenzen, schrieb Christopher Lasch, Historiker und Autor von „The revolt of the elites and the betrayal of democracy“ (1994). „Geld verlässt die angewiesene Sphäre – den Markt – und sickert durch in Felder, wo es nicht hingehört. Auch die Liebe wird auf diese Weise zum Produkt.“[122] Geld wird immer digitaler und flüchtiger; Roboter ersetzen Arbeiter. Diese Anhäufung von Wohlfahrt und Technologie bringt uns materiell auf die gleiche Skala. Wie Fabian es sagte: „Ich kann fünf Maßanzüge besitzen, ein etwas ärmerer Pole hat nur einen und ist ungefähr gleichermaßen stolz.“ Der Wert des Geldes wird weniger wichtig, sexueller Marktwert wird wichtiger. Kurz und gut: Wenn der Graben qua Lebensstandard kleiner wird, kann mehr Geld weniger Sex kaufen. Sogar wenn Technologie wie das Klonen und künstliche Befruchtung die Fortpflanzung komplett überflüssig machen, wird Sex für die Menschheit immer wichtiger werden. Sexuelle Selektion ist nämlich ein mächtiges Kriterium für narzisstische Differenzierung. Es ist das einfache Prinzip, sagen zu können: „Du entsprichst den Anforderungen meines Standards.“ Oder: „Du entsprichst den Anforderungen meines Standards nicht. Ich weiß, dass du mich anziehend findest, es ist aber nicht gegenseitig.“

Schon auf dem Schulhof ist äußere Schönheit das Kriterium, mit dem Gruppenmitglieder miteinbezogen oder ausgeschlossen werden. Weder dem Kommunismus noch einer anderen altruistischen Ideologie gelang es, narzisstische Differenzierung auszuschalten. Sogar in den typisch anarchistischen Kommunen der 60er Jahre, wo man untereinander die Frauen auswechselte, waren ihre Körper für die Gruppenleiter öfter zugänglich als für die anderen. Wie auch immer wir die Wohlfahrt vergrößern oder verteilen: Ein Mensch wird immer ein Stück Individualismus in sich haben. Obwohl die extremen Auswüchse von Kapitalismus und Kommunismus mit dem sozialen Marktmodell ausgeglichen sind, bleibt narzisstische Differenzierung gleich stark. Sogar bei gleichem Lohn gibt es Eifersucht auf das Äußere von jemandem, oder auf die Freundin. Das beweist, dass jede Zivilisation – wenn sie zu Eifer und Selbstübersteigung anspornen will – die sexuelle Selektionsmacht kanalisieren *muss*. Ohne Kanalisierung gibt es keine Grenzen, und ohne Grenze wird jede Schwäche stark. Zu dieser Erkenntnis kamen sowohl Konfuzius[123] als auch Montesquieu. Letzterer schrieb:

„Wenn Frauen ihre Tugendhaftigkeit verlieren, geht das zusammen mit noch vielen anderen Gebrechen, wird ihr ganzes Innerliches so des Glanzes beraubt, stürzt durch das Entfernen dieser Hauptsäule so viel mehr ein, dass in einer Demokratie Liederlichkeit in der Öffentlichkeit beschaut werden kann als das ärgste Teuflische, und als unumgänglicher Beweis, dass eine andere Staatsform aufkommt.

Gute Gesetzgeber haben Frauen denn auch eine gewisse Sittenstrenge auferlegt. Nicht nur die Untugend, sondern auch nur den Anschein von Untugend haben sie aus der Republik verbannt. Sie haben sogar den galanten Umgang verbannt, der sich in Liederlichkeit abspielt, wobei Frauen andere zur Verdorbenheit führen, bevor sie selbst in Verderbnis verfallen sind. Die Umgangsform, bei der auf allerlei Kleinigkeiten Wert gelegt wird, währenddessen das Wichtigste heruntergemacht wird, und alle Verhaltensformen an den lächerlichen Normen gemessen werden, deren Frauen sich mit so viel Eifer bedienen können."[124]

Wie Montesquieu beschreibt, führten die Römer die „Lex Papia Poppaea" ein, um die Geburtenrate zu regulieren, die Moral der Ehe zu bewachen und die Fruchtbarkeit zu fördern. Römer versuchten, die Lex zu umgehen, indem sie Scheinehen eingingen, so dass spätere Kaiser wie Tiberius und Dominitianus versuchten, die Gesetzesvorlage zu verbessern. Das Schicksal des Römischen Reiches zeigt auf, dass, wenn eine Gemeinschaft ihre vereinigenden Werte verliert, die Einführung von Gesetzen nicht mehr viel ausrichten kann, um die herrschende Moral zu verändern. Der Zerfall einer Zivilisation wird durch ihre populäre Kultur reflektiert, und genau so wird eher das Auseinanderfallen zum juristischen System gehören als das Medikament.

Mit ihrem Versuch, Sexualität zu regulieren, wurden sich die Römer der Macht, die davon ausging, bewusst. Eine Bekannte von mir, eine einflussreiche Politikerin, berichtete folgendes: Rund um den Jahreswechsel von 2013 lancierte die Europäische

Kommission eine Konsultation. Lobbyisten, durch mächtige Körperschaften unterstützt, sind im allgemeinen gut auf Konsultationen vorbereitet, wo Beteiligte ihre Meinung geltend machen können, bevor die Kommission einen Entwurf erarbeitet. Die Politikerin wünschte, zum Ausgleich zu den Körperschaften ihren Anhang zu mobilisieren. Um die Konsultation zu beeinflussen, benötigte sie eine Leitfigur, ein Vorbild, um junge Leute zu bewegen, in Aktion zu kommen. Sie fand jemanden, den sie als „ein bisschen ein Gangster" beschrieb. Ein typischer High-School-Dropout mit rebellischer Attitüde. Zu ihrem Zweck hatte er genug Einfluss innerhalb der Jugendkultur. Er sagte auch, bezüglich ihrer Standpunkte gleicher Meinung zu sein. Trotzdem hatte er keine Lust, bei der Konsultation mitzumachen – er hatte gar keine Hoffnung, dass die Kommission seine Meinung ernst nehmen würde. Trotzdem er von der Sache nicht überzeugt war, beschloss er doch, mit ihr zusammenzuarbeiten; über gemeinsame Bekannte fand sie den Grund dafür heraus. Er hoffte, Sex mit ihr haben zu können. Während sie das wusste, sagte sie, hielt sie ihn hin, um zu ihrem Ziel zu gelangen.

Wenn wir die römische Lage heute beschauen, sehen wir einen Umschwung der sexuellen Selektion. Ein kanadischer Flirtcoach fragte sich, wie das möglich ist, dass Frauen aus der Mittel- und sogar aus der Oberschicht sich zu italienischen, lateinamerikanischen und schwarzen „Bad Boys" hingezogen fühlen. Er stellte fest, dass diese „Bad Boys" eine gewisse Dominanz ausstrahlten und sich verhielten, als hätten sie viel Geld, obwohl sie in der Regel pleite waren. Von den Theorien von Piet Vroon leiten wir ab, dass über dem Neocortex im Gehirn der Frauen ein Schatten liegt von unbewussten Reaktionen im Unterbauch, die vom limbischen Hirn und dem Reptilienhirn herrühren. Hierdurch würden ihre Gehirne die Signale von Dominanz als Signale von superiertem genetischem Status verarbeiten. Diese Theorie verpackte er in das sogenannte „asshole game", davon ausgehend, dass Menschen am liebsten „nach oben tauschen". Indem er lieb zu einer Frau ist, zeigt ein Mann Bereitschaft, was Flirtcoaches zufolge bedeutet, dass man keine andere Wahl hat.[125]

Der widerborstige norwegische Blogger Fjordman schrieb, dass Skandinavier Gendergleichheit verherrlichen, aber unterdessen durch die Welt reisen, um einen Ehepartner zu finden. Es ist der Frau geglückt, den westlichen Mann zu dressieren, aber es ist immer noch nicht ihr Neocortex, der ihrem Partner einen hohen romantischen Status zuschreibt. Weil die Leute im Westen auf einer etwa gleich hohen Wohlstandsplattform leben (früher gab es in einem Dorf einen einzigen Fernseher, gegenwärtig steht in jedem Zimmer einer), sind Zeichen von Gleichgültigkeit und Dominanz für den Status noch wichtiger als modische Gadgets wie Armbanduhren, Maßanzüge und Autos. Ein Sicherheitschef eines großen Betriebes machte folgende Bemerkung: „Männer in Doetinchem oder Doesburg, die um ihren 30. Geburtstag herum noch keine feste Beziehung haben, holen sich eine Freundin oder Frau aus Asien. Wenn in Amsterdam von jeweils 100 Männern einer oder zwei eine Frau aus Thailand oder einem anderen vergleichbaren Land holen, würde dieser Prozentsatz in einer Region wie Achterhoek doppelt so hoch sein."

Der Feminismus hat die sexuelle Selektion auf den Kopf gestellt. „Ich sehe jetzt schon, wohin sie das führt", sagte eine polnische Bekannte über ihre feministischen Freundinnen. „Sie sprechen immer nur über Arbeitsteilung, Windelnwechseln und Geschirrspülen. Unterdessen verwandeln sich ihre Freunde in mürrische Neurotiker: Im Laufe der Zeit vergeht ihnen alle Lust und erlöschen ihre sexuellen Begierden. Und gerade dann kommt bei diesen Frauen das Verlangen nach dieser rauhen Männlichkeit auf. Sie geben ihrem Freund den Laufpass und lassen sich von dem einen oder anderen feurigen Macho verführen." Inzwischen hat der durchschnittliche Arbeiter keine Lust mehr, durch diese Reifchen zu springen. Er legt einen Teil seines Einkommens auf die hohe Kante und bucht einen Flug nach Thailand. Diese Industrie wird immer weiter wachsen. Ich gebe Ihnen schon mal den guten Rat, Ferienhäuschen zu kaufen in Ländern, wo es noch traditionelle Kulturen gibt.

Ein Achterhoeker, der versucht, ein Mädchen aus Utrecht oder Rotterdam zu hofieren, würde eher als „Bäuerlein" betrachtet werden und kaum Eindruck schinden. Plaziere dieselbe Person nach Thailand – auf einmal ist die Wertschätzung da: „Europäisch, weiß, ein hohes Einkommen, Stabilität – also eine begehrenswerte Person.“ Der schwer arbeitende Holländer ist in Asien sehr gefragt: Nüchtern und „what you see is what you get“.[126] So wird der niedrige sexuelle Marktwert in den Niederlanden im Ausland ausgeglichen. Sites wie „Happier Abroad“ stehen Liebescoaching ablehnend gegenüber und richten sich ausschließlich auf den Standort: „Im Westen gibt es eine Eisbarriere zwischen Fremden, Grüppchen fühlen sich an wie Essensreste“, schreibt der Gründer. „Die soziale Atmosphäre im Ausland ist eher inklusiv. Leute laden dich spontan zu sich nach Hause ein; sie sind freizügig, und der Gedanke, alleine essen oder leben zu müssen, ist für sie absurd. Freundlichkeit wird nicht bestraft, sondern belohnt.“[127]

Der Amerikaner Joe van Hoosen, der sich einen Sport daraus macht, Stripperinnen zu verführen, teilt die Meinung darüber, wie das Reptil- und das limbische Hirn die Erwägungen der Frau übermitteln. „Sag ihr, dass jede Stripperin ihre eigene Geschichte hat, und frage sie nach der ihren. Akzeptiere keine oberflächliche Antwort, bis du eine emotionale Reaktion auslöst. Wahrscheinlich schaut sie weg, und ihre Stimme wird ein bisschen leiser. Das ist der richtige Augenblick. Es gibt einige Knöpfchen, auf die du drücken musst: Verändere ihren emotionalen Zustand von fröhlich in traurig und niedergeschlagen, und wieder zurück in Fröhlichkeit. So entschlüsselst du ihre Gefühle und überschreitest die Verteidigungslinie der angeheuerten Schauspielerin. Dies ist der Augenblick, ihre Telefonnummer zu erbitten und das Thema zu wechseln, zum Beispiel über Billardspielen.“ Der kanadische Flirtcoach sagt folgendes über emotionale Anknüpfungspunkte: „Drücke auf diese Knöpfchen und schaue zu, wie ihre Höschen von ihren Hüften gleiten.“

Diesem letzteren zufolge wollen Frauen gerne „nach oben tauschen“. Sobald der begehrte Mann auch wirklich zu ihren Füßen liegt, ist er schon nicht mehr so interessant. Frauen geben es nicht gerne zu, aber durch Forschung zeigt sich, dass Frauen von einem Foto von ihrem Geliebten nicht so schnell erregt werden wie von dem eines schönen Fremden.[128] „Gerade das, was just außer Reichweite ist, erregt Frauen in höchstem Grade. Nichts erregt Frauen so sehr wie der Konkurrenzkampf mit anderen Frauen." Programme wie „Bauer sucht Frau" zeigen diese narzisstische Differenzierung in Aktion. „Nachdem Ana mich abgewiesen hatte", erzählte er weiter, „wärmte ich sie aufs neue auf, indem ich mich gleichgültig zeigte, vor ihren Augen mit anderen Mädchen flirtete, sie heruntermachte und an Dritte verkuppelte. Daraufhin sandte sie mir muntere Berichte mit erotischen Andeutungen. Eine gute Strategie ist, eine Frau um Feedback zu bitten über ein anderes Mädchen, das man nett findet."

Ein anderer Tipp ist, wenn eine schöne Frau vor dir steht, zuerst auf jeden anderen Punkt zu schauen: über ihr, unter ihr, links von ihr und rechts von ihr. Schaue sie nie direkt an, wenn sie in deinem Blickfeld erscheint. Sie ist daran gewöhnt, unmittelbar Aufmerksamkeit zu erregen, und wird sich ihrer selbst nicht sicher sein, ob du sie anziehend findest. Deshalb wird sie einiges tun, um deine Aufmerksamkeit auf sich zu lenken, was ein sexuelles Spannungsfeld aufkommen lässt. Denn das Herz eines Mannes, das noch erobert werden muss, ist unbekanntes Terrain und deshalb faszinierend.

Aber wenn das Herz sich einmal ergibt und der Mann zu ihren Füßen liegt, hat das Mysterium sich verflüchtigt. Dieser „Umtauschdrang" passt perfekt zu dem, was ich eine „Kultur der Potentialität" nenne: Eine Kultur, in der Menschen lieber hingebungsvoll Luftschlösser bauen für Möglichkeiten in der Zukunft und über mögliche Partner phantasieren, statt zur Gestaltung ihres Lebensweges konkrete und ausgeklügelte Schritte zu tun. Während ihr Geist sich in eine Märchenwelt von mitreißender Romantik begibt, werden sie tagtäglich vorwärtsgetrieben durch die Massenträgheit von grundlegenden Sachen wie dem Beschaffen von Geld für die Monatsmiete. Die Banalität einer solchen kleinbürgerlichen Existenz wird die europäische Begeisterung am Ende zerstören.

„Nach oben tauschen" heißt, dass narzisstische Differenzierung Signale der Gleichgültigkeit als Zeichen genetischer Superiorität auffasst. Das erschwert dem wirklich Verliebten das Hofieren erheblich. Zeichen aufrichtiger Zuneigung werden als Anhänglichkeit verstanden. Mit anderen Worten: Wer als erster seine wahren Gefühle zeigt, wird als der Schwächere angesehen, als derjenige in der Beziehung mit dem niedrigeren Status. Wenn man die enorme Menge von Sexpartnern, mit denen man durch Ausgehen, Dating-Sites und soziale Medien in Kontakt kommen kann, berücksichtigt, wird eine Beziehung ein Bewaffnungswettkampf, der aufzeigt, weshalb traditionelle Kulturen die Sexualität via Verheiraten regulieren.

Das beobachtete ich, als Fabian mit seiner Freundin auf einer Ja-nein-ja-nein-ja-Basis verkehrte. Einerseits wollte er ihre Wichtigkeit herabsetzen, indem er nachdrücklich darauf hinwies, dass er mit interessanten Veranstaltungen beschäftigt war. Weshalb sollte er sich Zeit für sie nehmen, da sie nun nicht mehr seine Freundin war? Andererseits war er immer noch verliebt. Das wurde mir klar, als er das Gespräch immer wieder auf die wunderbare Zeit lenkte, die sie zusammen verbrachten hatten, wie die Kreuzfahrt nach Spanien. Er sprach kühl darüber, aber es war, als hätte eine stärkere Kraft von ihm Besitz ergriffen, es waren Augenblicke, in denen aufrichtige Gefühle wahrnehmbar waren. Dadurch machte er auf die Frau auf der anderen Seite des Tisches einen erbarmungswürdigen Eindruck. „Wenn du wirklich so sehr verliebt bist, ist die einzige Überlebenschance, dir der bewussten Dame gegenüber nichts anmerken zu lassen", schreibt Houellebecq. „Und unter allen Umständen ein bisschen Abstandhalten vortäuschen. Welche Traurigkeit versteckt sich in dieser einfachen Feststellung! Welche Anklage gegen den Menschen! [...] Liebe schwächt, und der schwächere von den zweien wird erdrückt, gemartert und schließlich von dem anderen getötet, der seinerseits erdrückt, martert und tötet ohne Böswilligkeit, ohne es zu genießen, total gleichgültig; das ist, was man allgemein Liebe nennt."[129]

Die sich verschiebende Dynamik des Liebesmarktes wird spottend unter die Lupe genommen durch eine Gruppe, „Pretty Sketchy Comedy“ genannt. Sie machte das Video „A feminist‘s dream date“, in dem ein Mann von seinem Date angerufen wird mit der Frage, ob er einen Plan habe. „Warum sollte ich einen Plan haben?“, schnauzt er sie moralisch entrüstet an. Nach ihrem gemeinsamen Essen fragt er, ob sie bezahle, aber weil sie ihre Geldbörse daheim gelassen hat, muss sie im Restaurant Geschirr spülen. Unterdessen geht er schon mal ins Kino, weil er den Film nicht verpassen will. Sie kommt doch noch rechtzeitig ins Kino und will Händchen halten. Er stellt jedoch einen Milkshake auf die Armlehne. Das Video endet so: „Wir haben den Pfad zur Gleichheit gewählt, sorge dafür, dass sie uns das nicht wegnehmen.“ Eine Bemerkung von Geraldine Ferraro, die erste Frau, die nominiert wurde als Vizepräsidentin der Vereinigten Staaten.

Infolge dieser Bemerkung kann man sich fragen, warum Bürgerrechte nicht genügen und Frauenrechte noch speziell hinzugefügt werden müssen. Diese Bemerkung steht denn auch ganz schön im Widerspruch zu dem, was Dorothy Dix 1929 schrieb. Diese Oprah Winfrey des frühen 20. Jahrhunderts meinte, dass gerade Frauen die Ritterlichkeit, die Höflichkeit und den romantischen Idealismus der Männer vernichteten. Die sexuelle Marktwirkung bedeutet, dass jede Zuneigung, die ein Mann zeigt, auf einer kommerziellen Waage gewogen wird.

Durch seine Zeichen von Zuneigung signalisiert er nämlich, dass er auf der dankbaren und damit auf der empfangenden Seite der Beziehung sitzt. Während die Frau just auf der empfangenden Seite sitzen will, weil sie versucht, nach oben zu tauschen. Das erklärt den Erfolg der zynischen „Players“, der „Bad Boys“, die Frauen als Unterhaltung ansehen. So sah ich in der Bahn, wie drei Halbwüchsige ausländischer Herkunft eine Altersgenossin bedrängten. Sie hörten nicht auf, die junge Dame nach ihrer Telefonnummer zu fragen. Bis sie zu einem von ihnen sagte, dass er doch sicher schon eine Freundin habe. „Und?“, erwiderte er frech. „Das wird doch wohl erlaubt sein.“ Ich mischte mich in das Gespräch ein. „Gilt das dann wohl auch für deine

Freundin?“, fragte ich den jungen Mann ausländischer Herkunft. „Würde deine Freundin dich auch mit anderen Kerls teilen dürfen?“ – „Natürlich nicht“, war seine eindeutige Antwort, „dann bring ich sie um!“

Natürlich verhielt ich mich im weiteren neutral. Es gibt nur einen Typ Kulturmarxist, der mehr irritiert als der Feminist, und das ist der „Weiße Ritter“. Weiße Ritter sind Männer, die die Gleichheit von Mann und Frau propagieren, aber gleichzeitig behandeln sie Frauen wie Prinzesslein, die vom goldenen Turm aus gegen alles Böse auf dieser Welt beschützt werden müssen. In der ersten Klasse der Höheren Mittelschule hörte ich einen Mitschüler sagen: „Was macht‘s mir aus, was für einen Kopf eine Frau hat? Du fickst doch mit dem Körper!“ Auf dem Flur begegneten wir zwei Mädchen. „Du meinst Weiber wie diese“, sagte jemand zu ihm. „Weiber? So redet man nicht über Mädchen!“, zischte er, absichtlich laut, dass die Mädchen es hören konnten. Seither weiß ich, wie der Hase läuft. Ein Weißer Ritter versucht eine Frau in sein Bett zu kriegen mit ritterlichen Sprüchen wie: „Hänschen, Frauen muss man respektieren.“ Oder: „Meine Dame, er versucht nur, Sie zu erobern.“

Außerdem betrachtet ein Weißer Ritter eine Frau als total unschuldig, wenn sie sich liederlich beträgt und jemand das zu seinen Gunsten ausbeutet. „Das ist so schlecht!“, würde er ausrufen. Aber was wiegt schwerer? Die Wünsche des Individuums oder die Realität? Nimm an, eine betrunkene, leicht bekleidete Frau tanzt auf einem Tresen, und jemand missbraucht die Situation. Moralische Entrüstung! Schande! Jedenfalls für den Weißen Ritter, weil Kulturmarxisten auf Intentionen fixiert sind und auf Gefühle, die sie für etwas empfinden. Wer aber Moralität an vorhersehbare Folgen kuppelt, argumentiert von A nach B, und schließt daraus, dass das Resultat vorhersehbar war. Bewusst negieren, was man im voraus wissen konnte, nennen antike Autoren „Hybris“. Kernidee ist, dass die Wünsche von Individuen zu einer eigenen Wirklichkeit werden, und wenn die Realität im Wege steht, folgt daraufhin unproduktive moralische Entrüstung.

Wichtig dabei ist auch das Bild, das man sich vom Begriff „liederlich“ macht. In den Vereinigten Staaten fanden die sogenannten „Slutwalks“ statt. Denn das Wort „Dirne“ sei nicht nur beleidigend, sondern auch unterdrückend. Feminines Denken dreht sich um Eindrücke oder Empfindungen, die ein Wort hervorrufen kann: „Auf welche Weise werde ich von anderen geschätzt?“ Die Welt von Intentionen verdrängt die Welt der Macht. Ein maskuliner Denker würde einfach zugeben, was jedermann weiß: Mit „Dirne“ wird eine liederliche Frau mit ausgeprägter Libido bezeichnet, die nicht davor zurückschreckt, Männer auf ihre Begierden aufmerksam zu machen. Die Szene rund um die Verführungskünstler ist an und für sich eine Äußerung von Feminisierung. Oft handelt es sich um das „Recht, anzugeben“, das ein Mann für sich in Anspruch nimmt, wenn er Sex mit schönen Frauen hat. Normalerweise geht Maskulinität aus von innerlich zur Sache gehörender Validierung, das Verrichten von Taten, die die Welt auf eine gewisse Art und Weise beeinflussen, so dass andere nicht umhin können, davon Kenntnis zu nehmen. Die Welt der Macht bedeutet das Zuwegebringen von Folgen, abgesehen davon, wie andere diese schätzen oder bewerten.

Ein weiteres brillantes Beispiel ist die Kampagne „Don‘t say bossy“ von amerikanischen Feministinnen. Ihre Erklärung für den Mangel an weiblichen Leitfiguren ist, dass Frauen, die die Führung auf sich nehmen, von anderen als herrisch bezeichnet werden. Wieder ein Versuch – einer von so vielen im Sinne Orwells –, Probleme nicht zu lösen, sondern zu verschleiern, indem die Sprache manipuliert wird. Denn wenn jemand sich durch ein einziges Wörtchen aus dem Feld verjagen lässt... Hat diese Person denn überhaupt die Führungsqualitäten? Auch Condoleezza Rice unterstützt diese feministische Aktion – eine weibliche, schwarze Republikanerin, die im Fernsehen behauptete, dass es einen direkten Zusammenhang gebe zwischen al-Qaida und dem irakischen Regime. Sogar innerhalb der Partei sind die „Konservativen“ offenbar schon von dieser kulturmarxistischen Krankheit angefressen.

Schon kurze Zeit nachdem ich den Begriff „narzisstische Differenzierung“ ins Netz gestellt hatte, schrieb mir ein Amerikaner asiatischer Herkunft:

„In der Mittelschule lernte ich, ‚gebend‘ zu sein. Manchmal verführte ich italienische oder jüdische Mädchen mit Charme, Intellekt, Arthousefilmen, einem Glas Wein und Abendessen. Bei weißen Mädchen war es anders. Die nahmen sich einfach, was sie wollten. Es gab ganz klar eine Hackordnung. Die attraktivsten Jungs und Mädels experimentierten mit Beziehungen, Liebe und Sex. Natürlich gab es auch niedrig plazierte Jungs, die auch Sex wollten, aber die Mädchen gaben ihnen nichts. Sie hielten sich an andere Aspekte ihres Lebens, das Studium. Das erklärt, warum heranwachsende Jungs immer geil sind; die Nachfrage nach Sex ist größer als das Angebot. Diese Selektivität schaffte eine erotische Elite. Die ‚Prom Queen‘, die Anführerin des Cheerleader-Teams, von der alle Jungs phantasieren. Der typische Cuckold-Ehemann hat diese Hackordnung wahrscheinlich verinnerlicht. ‚Gott im Himmel‘, denkt er, ‚dieser Kommilitone hat genau das, was ich auch will: Er hat regelmäßig Sex mit Mädchen. Er muss anderen wohl überlegen sein – ich muss ihm dienen.‘

Es ist nicht abwegig, dass ich als untertäniger Haussklave bei einer freigefochtenen Feministin landete. Ich dachte wirklich, dass sie die einzig Richtige war und sogar, dass ich glücklich war. Ich negierte die Tatsache, dass ich ‚gekuckuckt‘ wurde; dass meine Frau Sex mit anderen Männern hatte. Wie das Kuckucksweibchen sein Ei in ein Nest legt, in dem andere Vögel ausgebrütet werden, so sorgte ich für Sauberkeit im Schlafzimmer, in dem meine Frau von anderen Männern gefickt wurde.

Nun sehe ich ein, dass es eine Form von Co-Abhängigkeit war. Wie sehr ich sie liebte, und wie gut ich für sie sorgte, es ging über alle Maßen. Denke an eine Frau, die sich um einen Alkoholiker sorgt, sogar wenn es zu ihrem eigenen Nachteil ist. Diese Co-Abhängigkeit kann direkt auf den Cuckold-Ehemann übertragen werden. Er entdeckt, dass seine Frau ihn betrügt, und versucht, das Beste aus der Situation zu machen. Deshalb lässt er sie gewähren, Sex mit anderen Männern zu haben, und bildet sich ein, die Erniedrigung zu genießen. Co-Abhängigkeit hängt mit der westlichen Fixierung auf Aufopferung zusammen: Weiterhin für diejenigen sorgen, die wir als Leidtragende ansehen, sogar, wenn es uns anfängt, weh zu tun. Woraus wieder ein narzisstisches Selbstwertgefühl entsteht.

Frauen haben eher die Neigung, nach oben zu tauschen, als Männer. Warum stehen Männer Schlange für eine Frau? Überhaupt, warum gibt es diese Reihen? Deshalb also. Eine Frau wird Geschlechtsgemeinschaft lange hinausschieben, bevor sie es mit jemandem mit gleichem sexuellem Marktwert tut. Wahrscheinlich haben männliche Demütigungsphantasien ihre Wurzeln in der Hackordnung, die daraus entsteht. So phantasieren sie zum Beispiel, dass ihre Frau oder Freundin von exotischen, schwarzen Männern mit einem großen Penis genommen wird. So besehen, weiß ich eines sicher: Wenn deine Frau ein Mädchen war, das oft Sex hatte, bevor ihr eine Beziehung eingingt – oder ein Mädchen, das von vielen Jungs begehrt wurde –, dann ist sie ein ideales ‚Hotwife'. Noch stärker: Wenn du sie ihre Sexualität nicht frei erleben lässt, wird sie dich wahrscheinlich betrügen, was eurer Ehe schadet."

Der amerikanische Asiate hatte „Insatiable Wives" (2009) von David Ley gelesen und auf der Grundlage der neurologischen Forschung sein Leben radikal geändert. Er las, dass Sexualität von Natur aus liederlich ist – es handelt sich ja um viele Pollen oder Spermien, die miteinander konkurrieren, um eine einzige Eizelle zu befruchten. Sogar Männer, deren Frauen sie betrügen, werden erregt von der sexuellen Selbstbestimmung der Frau. Ihm zufolge wurde dieses Kennzeichen weitergegeben, weil Männer, die durch sexuellen Wettbewerb erregt wurden, sich effektiver fortpflanzten.

Inzwischen war er geschieden und wieder verheiratet mit einem feingliedrigen, scheuen Mädchen aus einem traditionellen asiatischen Land. Dabei half, so meinte er, dass es wusste, dass Amerikaner zu romantischen und feinfühligen Liebhabern erzogen werden. Er wollte, dass es sich seiner sexuellen Bedürfnisse bewusst wurde, und ließ es deshalb mit vielen Männern schlafen. Gestützt auf das vorgenannte Buch, gelang es ihnen, wie er sagte, den Rausch, den eine neue Beziehung mit sich bringt, von ihren Freunden abzukoppeln und diese Energie ihrer Ehe zuzuführen. Er nannte dies das „Ehereisegefühl". Eine spezielle Erregung, die entsteht, weil man stolz aufeinander ist, weil man den Spielraum bekommt, spannende Sachen zu tun, die andere sich nicht trauen würden. Eine Scheidung ist nicht immer die beste Lösung, meint er. Es gibt viele einsame Menschen, die aus prinzipiellen Gründen geschieden sind, die aber glücklicher gewesen wären in einer Art Beziehung mit Liebe, aber ohne sexuelle Exklusivität.

Der Kernpunkt des Verführungsspiels ist, dass eine Frau es liebt, zu fühlen, dass ein mächtiger Mann sie begehrt. Frauen sagen oft Dinge wie: „Ich möchte einen leidenschaftlichen Mann, der weiß und auch bekommt, was er will. Frauen spielen ‚hard to get', weil sie die männliche Begierde mehr genießen als ihr eigenes Verlangen nach diesem Mann. Auch der Dokumentarfilm „Sletvrees" zeigte, dass Frauen vor allem erregt werden von der Art, wie andere sie betrachten. Nebst dem Selbstbild von Frauen gibt es manchmal auch einen festen Zusammenhang zwischen ihrer sexuellen Befriedigung und wie sie von einem externen Bewusstsein wahrgenommen und geschätzt werden. Etwa so, wie man dieser Redensart entnehmen kann: „Manchmal ist der Spaß, den die Frau daran hat, der Spaß des Mannes."

Von einem Mann, der verführen will, muss also auch ein Air sowohl von Macht als auch von Verlangen ausgehen. Ein Mann versagt, wenn seine Selbstexpression fehlschlägt. Er kommt dann in der sogenannten Freundschaftszone zurecht. Zugleich schafft die westliche Kultur just Hindernisse für maskuline Selbstexpression. Im Januar 2014 nannte der Geschäftsmann Ronald Kahn Ministerin Ploumen „Fotzenminister". Sie antwortete: „Ach ja, Männer sagen auch schon mal was." Wenn ein Mann so etwas über Frauen sagen würde, wäre die Luft feuerrot gewesen von moralischer Entrüstung. Auch Disney-Romantik untergräbt maskuline Selbstexpression: Der Gedanke, den Männer haben, dass irgendwo ein Mädchen auf dich wartet, das dich immer lieben wird, nie genug von dir kriegen kann und dich nie betrügen wird.

Auch Pim Fortuyn kam mit seinem berüchtigten Ausspruch „Mensch, mach dich doch ans Kochen“ auch nur davon, weil er homosexuell war, also zu einer „verwundbaren“ Minderheitsgruppe gehörte. Die Tatsache, dass das Kritisieren des Islam von der Opferrolle der Frau herrührt, des Homosexuellen und dem Juden, sagt schon genug über die Feminisierung des westlichen Denkens. Es zeigt auf, dass es bei der politischen Diskussion um die Opferrolle geht. Aus dem Bewusstsein eigener Kraft argumentieren (zum Beispiel, dass das Denken der Aufklärung überlegen ist, weil es nicht die nicht zu ergründende göttliche Allmacht, sondern die menschliche Ratio darüber setzt), ist Machismo, Imperialismus etc.

Da es nun wieder um Machos geht – warum kann eine Frau nicht *beide* haben wollen? Sich zugleich zu einem rauhen Scharlatan und einem galanten Gentleman hingezogen fühlen? Wenn Leute, die eine Beziehung haben, das Bedürfnis verspüren, eine Beziehung mit einem anderen einzugehen, sehen die meisten sich gezwungen, eine Entscheidung zu treffen. Die Anzahl der Möglichkeiten kann man so aufteilen: [1] Das Verlangen negieren, um die heutige Beziehung fortzusetzen. [2] Die sexuelle Beziehung eingehen, aber geheimhalten. [3] Die heutige Beziehung beenden, um eine neue einzugehen.

Ich studierte den Bericht eines jung verheirateten Mannes, der im Tagebuch seiner Frau deren sexuelle Vergangenheit gelesen hatte. Sie studierte und machte aus ihrer Entjungferung eine Mission. Ein Mädchen von strengen Eltern aus einer kleinen Ansiedlung. Sie arbeitete als Kellnerin und lernte einen schwarzen American-Football-Spieler kennen. Zur Feier seines Geburtstages buchte sie ein Hotelzimmer und kaufte Champagner und Lingerie. Sie hatte sich ausgedacht, ihm ihre Jungfräulichkeit anzubieten! In einem Wutanfall verbrannte die Frau das Tagebuch. „Schade, jedoch auch gut“, sagte der Mann, denn er wurde davon so geil, dass er es jeden Tag hätte lesen wollen.

Der Mann erklärte, dass Treue für ihn eine Art von Hingabe ist: Eine Umgebung bieten, in der der andere sich völlig frank und frei äußern kann, ohne Angst zu haben, verurteilt oder abgewiesen zu werden. Treue bedeutet, dass beide Partner wissen, dass sie einander Rechnung tragen können, was nicht das gleiche ist wie sexuelle Exklusivität. Doch gilt Treue in der täglichen Praxis als Synonym für sexuelle Exklusivität. Das begriff ich, als eine hübsche Frau mich um ein Urteil fragte über Ehebruch und Monogamie. Ich antwortete, dass sie mit dem Ausdruck „betrügen" (cheating) die Exklusivität unter Sexpartnern als moralische Norm bestätigte. Und dass sie so die Frage nicht aus einem offenen Geist heraus stellte. Oft vernehme ich, dass Eifersucht – wenn er oder sie eine andere Beziehung eingehen würde – diese Person davon abhält, das selbst auch zu tun; als Art einer gegenseitigen Übereinkunft, ob ausdrücklich abgesprochen oder nicht. Gleichzeitig, so meinen einige, wird derjenige, der seinen Partner wirklich liebt und sich in dessen Gefühlswelt versetzen kann, dem Partner gönnen, „doppelt so viele Glücksgefühle zu erhalten".

Der sexuelle Exklusivismus ist insofern frustrierend, als man nicht gleichzeitig eine große Blondine mit langen Beinen und eine Frau mit einem kleinen, zart gebauten feenhaften Körper haben kann. Andererseits ist es vielleicht auch sehr schön, für einander die ganz besondere Person zu sein. Möglicherweise führen Polygamie und „Hotwifing" zu verschiedenen Abteilen in einer Beziehung, was zu Lasten der Seelenverwandtschaft führen könnte, die man Platon zufolge in einer Beziehung sucht. Der Wunsch, als Person geschätzt zu werden, als Ganzes, und nicht wegen einer Auswahl von Eigenschaften, die mit anderen verglichen werden können. Und könnte es sein, dass die Verbundenheit, die man mit einem Partner aufgebaut hat, als weniger fest oder intensiv erfahren wird, wenn mehrere Partner in die Beziehung miteinbezogen werden?

Dalrymple setzte in seinen Essays auseinander, dass die Rebellen von 68, die sexuelle Exklusivität als „traditionell und paternalistisch“ über Bord warfen, das Kind mit dem Bade ausschütteten. Polygamie war der aristokratischen Klasse vorbehalten. Man heiratete die Gemahlin, mit der man verkuppelt worden war, um so den Pflichten der Sippschaft zu genügen. Unterdessen hatte man aber Liebhaber und Mätressen, mit denen man nachts den Leidenschaften frönte. Nun wurde diese sexuelle Freiheit auch von der Arbeiterklasse gefeiert. Riskant, Dalrymple zufolge, vor allem für denjenigen, der nur über geringe finanzielle Mittel verfügt und eine ernsthafte Geschlechtskrankheit bekommt oder als alleinstehender Elternteil ein Kind erziehen muss.

Voltaire wohnte mit seiner Mätresse zusammen im Haus ihres Ehemannes. Sie empfingen Gäste, als ob sie verheiratet wären, und es gab wenig moralische Entrüstung. Die Eltern des britischen Philosophen Bertrand Russell lebten in einer Ménage a trois – ein Lebensstil, den sich zu jener Zeit nur eine auserwählte Gesellschaft hochstehender Persönlichkeiten leisten konnte. Jedoch mit dem Durchbrechen von Tabus in den 60er Jahren mehr Leuten zugänglich wurde. Der Slipstream der sexuellen Revolution brachte Dinge mit sich wie die „offene Beziehung“, die von dem einen als Symptome moralischen Zerfalls gedeutet werden, als Auswüchse der Konsumgesellschaft, in der es für jedes Bedürfnis einen Markt geben muss, und von dem anderen als willkommene Möglichkeit für das Individuum, seine oder ihre sexuelle Identität zu entfalten.

Es gab mehrere Leute, die meine Erörterungen lasen und mit mir in Kontakt kommen wollten. Eine 30-jährige Mutter beschrieb einen Dokumentarfilm über erwachsene Frauen zwischen 65 und 70, die sich wie Teenager aufführten. Eine von ihnen hatte eine Sexbeziehung mit einem 40-jährigen schwarzen Mann, die andere suchte im Internet nach jungen Männern. Dass junge Kerle bereit waren, Sex zu haben mit ihren verrunzelten Leibern, bewies ihrer Meinung nach, dass es einen Sexmangel gibt.

Ich lernte sie besser kennen und fand heraus, dass sie in ihrer Studentenzeit schlagartig verliebt wurde und nach Kanada emigrierte. Sie verlor aber ihren Glauben an die Superiorität der europäischen Kultur nicht. Dabei glaubte sie an die fürsorgliche Frau als Mittelpunkt der Familie, aber gewisse Dinge in ihrer Ehe verliefen anders, als sie erwartet hatte. Sie wog 42 Kilo, war schlank und feingliedrig, joggte und machte Aerobic. Letzteres konnte man gut sehen, wenn sie ihre Bauchmuskeln anspannte; ich genoss den Anblick ihres Körpers. Ich war denn auch überrascht, als sie mitten während unseres Abenteuers von einem Mann angerufen wurde, der ihr Ehemann zu sein schien. Ihre Familie dachte, dass sie an einer Konferenz über Literatur teilnahm. Auf eine gewisser Art war das auch so; sie praktizierte „Das Prokrustesbett" (1933) von Camil Petrescu.

Diese Frau nenne ich als Beispiel, weil sie die außereheliche Liebe genoss und sich der Lust hingab, gleichzeitig aber ihre konservativen Lebenswerte beibehielt. Dann streichelte ich ihren schweißnassen Körper und betrachtete ihr Lächeln. Und in ihrem selbstbewussten Blick sah ich, dass sie gar kein Schuldgefühl hatte. In dieser Hinsicht war sie nicht traditionell. Aber sie war frei. Dann streckte sie sich aus, so dass die feinen Linien von den angespannten Muskeln und Sehnen zwischen ihren Schultern sichtbar wurden, und drehte ihren geschmeidigen Körper befriedigt und gesättigt zum Fenster, zur Sonne hin. Dann wusste ich, dass sie noch am gleichen Abend aufgeweckt und voller Liebe zu ihrer Familie zurückkehren würde und noch hingebungsvoller als je zuvor Geschirr spülen würde.

„Wahre Liebe hat etwas Unbeschreibliches", sagte ich ihr, „etwas Ästhetisches, etwas Reines. Es ist in den Augen eines Mädchens, seinem Gesicht, seiner Gestalt und in der Art, wie es sich bewegt. In seiner Ausstrahlung, seinem Lachen. Wahre Liebe kann nicht erwidert werden. Es ist ein Element von Anbetung in ihr, von Unterwerfung, von Unwürdigem. Ihre Reinheit ist etwas Ästhetisches, was für jedermann bewundernswert ist, aber niemandem gehören kann. Wahre Liebe ist grundsätzlich nicht gleichwertig: Wenn sie sich dir geben will, ist ihre Reinheit auch verschwunden.“ Während sie ihr blondes Haar zu einem Pferdeschwanz zusammenband, antwortete sie, dass Frauen ihre Sexualität mit mysteriösen Anspielungen verschleiern. Sie denken, dass sie das weiblich und begehrenswert macht. Aber wenn eine Frau ihr sexuelles Verlangen direkt zugibt, finden Männer das oft viel erregender. Nichts ist so sexy wie eine Frau, die sich ihrer Sexualität bewusst ist, stimmt aber nicht überein mit dem Charme mädchenhafter Unschuld. Und gerade dieses letztere, Zarte, Adrette, ein bisschen Naive ist, was Frauen begehrenswert macht.

Ansonsten war sie eine stolze Frau. Sie lief keck herum, mit ihren enganliegenden Jeans, die Füße steckten in ledernen Stiefelchen. Sie genoss das, was sie fühlte, wenn ich ihre Hinterbacken betrachtete. Ein Gefühl von glühender, pulsierender goldener Energie durchdrang ihr Zwerchfell, so beschrieb sie es. Sie war eine kompakte Sexmaschine mit einer unersättlichen Libido. Sie vereinigte sexuelle Befreiung mit konservativen Lebenswerten; sie bevorzugte die Vorteile eines stabilen Familienlebens, lehnte aber den hebräisch-christlichen Begriff der sexuellen Exklusivität ab. Ihr Sexverhalten war tierisch und heftig.

Während wir miteinander redeten, kam in einem gewissen Moment Prostitution zur Sprache. Ich weiß nicht mehr, wie sich das so ergeben hatte. Vielleicht weil viele osteuropäische Damen, die in den Westen kamen, in der Prostitution zurechtkamen. Und wie die progressiven Eliten darauf reagierten. Natürlich mit Wahnsinn; gesteuerte moralische Entrüstung. Einmal sandte Job Cohen als Bürgermeister um den Jahreswechsel herum den Machthabern im Kreml einen Brief. Er meinte, dass Homosexuelle in Moskau nur wenig Freiheit hatten, und das müsste anders werden. Unterdessen verdrängte die Gemeinde Amsterdam die Prostitution immer mehr: Das gleiche gilt auch für Utrecht. Als ob das die Prostituierten nicht in die Illegalität zurückdrängen würde, in die Hände von Menschenhändlern.

Prostitution wird es nämlich immer geben. Erstens, weil es dafür immer Bedarf geben wird. Zweitens, weil es für viele Menschen, wenn sie sich einmal über ihre moralischen Bedenken hinweggesetzt haben, eine bequeme Manier ist, um in kurzer Zeit viel Geld zu verdienen. Legal oder illegal. Wo ist denn da die Grenze zwischen bezahlter Prostitution und jemandem, der das als Gegenleistung tut für eine Übernachtung in einem teuren Hotel, eine neue Handtasche einer teuren Marke oder etwas ähnliches?

„Amsterdam ist doch eine Stadt, die sich immer profiliert als das Weltbild von Toleranz, sexueller Freiheit und Diversität?“, fragte sie. „Amsterdam ist eine Stadt, in der die PvdA schon viel länger an der Macht ist als die Kommunistische Partei in China“, antwortete ich. „Nicht mit Erdnusskrem, sondern mit Feuerwerk, Coffeeshops und Prostitution ist mein Land am Ende groß geworden.“

Der Kampf gegen heterosexuelle, weiße Männer ist keine Verschwörungstheorie, sondern ganz einfach zu beweisen. „Ab 1. Januar 2015 kommen Kunden von Prostituierten und Leute, die in den vergangenen sechs Monaten sexuellen Kontakt hatten mit drei verschiedenen Personen, beim Gesundheitsdienst nicht mehr in Betracht für einen kostenlosen Geschlechtskrankheiten-Test. Andere Risikogruppen haben weiterhin das Recht auf einen Gratis-Test: Homosexuelle, Jugendliche, Prostituierte und Leute aus Ländern, wo Geschlechtskrankheiten vielfältig vorkommen, wie in Afrika, dem Mittleren Osten und in Südamerika.“[130] Dieser Standpunkt gründet auf Sparwut. Als Argument wird angegeben, dass in dieser ausgeschlossenen Gruppe wenig Geschlechtskrankheiten vorkommen. Aber gerade durch dieses Argument hat diese Einsparung keinen Effekt: „Leuten, die Beschwerden haben, wechselnde Kontakte haben und Kunden von Prostituierten, die anderen Kriterien nicht genüge tun, nicht mehr unter diese Regelung fallen zu lassen, führt zu circa 7.000 weniger Konsultationen, was eine Einsparung von etwa einer Million Euro für Laboratoriumsgebühren ergibt. Davon abgesehen werden nun für diese Gruppen noch etwa 0,3 Millionen Euro bezahlt für die 500 bis 600 Geschlechtskrankheiten, die jährlich bei diesen Gruppen festgestellt werden."[131] Die Botschaft ist klar: An Gesundheit darf nicht gespart werden, ausgenommen die des weißen heterosexuellen Mannes. Ein Geschlechtskrankheits-Test kostet Kunden von Prostituierten, die oft keine andere Zuflucht haben, doch schon mal wieder 110 bis 180 Euro. Nicht ehrlich, dass der Staat gerade diese Gruppe ausschließt, da über Prostitution Steuern erhoben werden.

Wenn ein Humanist für legale Euthanasie ist, muss ein Humanist aus gleichem Grund auch Befürworter legaler Prostitution sein. Wer meint, dass ein Mensch als redliches Wesen an und für sich ein Selbstzweck ist, kann in der Folge nicht ein höheres Wesen über diesen Menschen stellen, dessen Autorität diese Selbstbestimmung danach wieder einschränkt. Sogar der Heilige Augustinus war nicht gegen Prostitution. Seine Weisheit wurde mir klar, als ich über das Internet in Kontakt kam mit einem 20-jährigen Jungen aus Michigan. Er hatte noch nie Sex gehabt, wünschte aber diese Erfahrung zu machen. Weil er autistisch war, konnte er nicht flirten oder mit dem anderen Geschlecht ungezwungen Kontakt haben. Sein Vater war gestorben, und er lebte in einer Familie, die sonst nur aus Frauen bestand, mit denen er über seine Sehnsüchte nicht sprechen konnte. Weil alle Reklame und Medien, die auf seine Altersgruppe ausgerichtet waren, ihn ständig an seine Entbehrung erinnerten, wurde sein Leben unerträglich. So unerträglich, dass er sich ausdachte, schlecht bezahlte Arbeit zu verrichten, bis er genug Geld gespart hatte, um nach Nevada zu gehen – der einzige Staat in Amerika, in dem Prostitution legal war.

Christliche Swinger ringen manchmal mit sich selbst, wie sie ihren liederlichen Lebensstil und ihre fromme religiöse Empfindung auf einen Nenner bringen können. Die Bücher der Bibel stammen aus einer Zeit, in der die Menschen in hohem Maße voneinander abhängig waren. Dadurch verbreiten diese Werke bezüglich „teilen" einen sehr strikten moralischen Codex. Denn wie konnte ein Vater wissen, dass ein Kind wirklich *sein* Kind war, und nicht das Kind des Nachbarn? Wie garantierte man die Reinheit der Blutsverwandtschaft? Wie konnte man absolut sicher sein, dass der wichtigste Besitz der Familie auch tatsächlich in der Familie blieb? Indem man die Söhne und Töchter verheiratete mit Mitgliedern anderer Familien mit gleichwertigem Besitztum, die einen guten Ruf genossen. Das erklärt die strenge sexuelle Exklusivität der hebräisch-christlichen Lehre. Religiösen Glauben praktizieren war wichtig, weil ein guter sozialer Ruf wichtig war. Man war abhängig von den Diensten von Freunden, also von sozialem Kredit. Bastard-Kinder konnten alles in Gefahr bringen. Heutzutage hat man Verhütungsmittel, um die Zunahme der Geburtenraten zu kontrollieren. Familienbesitz wird nicht durch Heirat, sondern von Advokaten und von Gesetzes wegen reguliert. Die Kirche übte Macht aus über Sexualität, weil die nur durch Eheschließung zugänglich war. Diese Macht erodierte durch die Säkularisierung.

Wenden wir die christliche Lehre einmal auf die Sexualität bezogen an. Christentum gründet auf Altruismus und Selbstverleugnung. Wein, Fisch und Brot miteinander teilen ist eine Sache. Aber wie ist das, wenn man die Geliebte teilen muss? Würde es nicht von grenzenloser Nächstenliebe zeugen, wenn du deinen Partner teilst mit jemandem, der kaum je Erfahrung in sexuellen Dingen gemacht hat?

Höchstwahrscheinlich wurde sexuelle Exklusivität nach der Neolithischen Revolution wichtiger. Der prähistorische Mensch lebte in kleinen Gruppen und musste regelmäßig den Partner wechseln, um Inzucht zu vermeiden. Danach ersetzte man das nomadische Jagen und Sammeln durch Siedlungen, Viehzucht und Ackerbau. Die Ehe kam an erster Stelle der festen Beziehungen, und das blieb so, bis die industrielle Revolution einen Anfang nahm und die sexuelle Revolution hervorbrachte. Die Ehe diente, wie gesagt, dazu, Blutbande rein zu erhalten, die Bande zwischen Stämmen zu festigen und Besitz zu gewährleisten. Die Frau wurde denn auch als Teil des Hausrats der Haushaltung betrachtet, was die alten Griechen „oikos“ nannten. Um zu verhindern, dass Nomaden und Vagabunden sich der Frau nähern konnten, musste sie im Haus bleiben, wo sie für die Kinder sorgte. In etwas extremerer Form sehen wir das heute in muslimischen Ländern immer noch. Manchmal dürfen Frauen nur in Begleitung eines männlichen Familienmitglieds sich außer Haus begeben.

Die Kultur der Religionen konnte sich gut an dieses „Oikos"-System anschließen. In der Odyssee lesen wir, dass, obwohl der Held über Jahre hinweg von zu Hause fort ist, seine Frau ihm treu bleibt und versucht, die Verführer, die sich im Haus des Ehepaares befinden und den Reichtum verzehren, hinters Licht zu führen. In Homers Religion ist die Frau die Wurzel des Bösen: Man denke an den Mythos von Troja, den Apfel von Eris, die Missgunst zwischen Athene, Aphrodite und Hera und die Treulosigkeit von Helena. Letztere verführte den trojanischen Prinzen Paris, sie zu entführen, weg von ihrem Ehemann Menelaos. Dessen Bruder, der große General Agamemnon, legte Troja in Schutt und Asche, entspannte sich nach seiner Heimkehr eine ganze Weile im Bad, in dem seine Frau ihn ermordete. Die hebräisch-christliche Tradition kennt das Bild von Eva, die die verbotene Frucht isst.

In der antiken Kultur gaben die Gesetze von Perikles der Frau mehr Macht. Wie angesehen dein Vater auch war – deine Mutter *musste* Athenerin sein, um für das Bürgerrecht in Betracht zu kommen. Bis ins Mittelalter blieb die Frau der springende Punkt beim Eingehen von Eheschließungen. Wer zum Beispiel „Ritter, Frau und Priester" (1981) des französischen Historikers Georges Duby liest, lernt, dass Beziehungen durch Blut bestimmt werden. Die Blutsbande mussten rein bleiben, auf dass die Söhne und Töchter gute Ehekandidaten waren. Wenn die Blutsbande verzettelt wurden, würde auch der Familienbesitz in Teile auseinander fallen. Duby beschreibt, wie ein Ritter einen Turm besteigt, um über das Dach ins Schlafzimmer einer adligen jungen Dame einzudringen. Dass er den Turm hochklettern muss, weist auf eine Bewachung des Schlafzimmers der Frau hin, wo sie sich mit ihren Hofdamen aufhielt. Ein Zimmer, das sie nie verließ und das buchstäblich eine Gebärmutter war.

Ein warmer Ofen, in dem Kinder für politische Zwecke zubereitet wurden.

Mit der industriellen Revolution wurde Landbesitz weniger wichtig. Damit begann der Zerfall des Oikos-Systems. Die Gesellschaft wurde egalitärer, Titel und Klassenunterschiede verloren nach und nach ihre Wichtigkeit. Napoleon führte die zivile Ehe ein, und eine effizientere Produktion vergrößerte den Wohlstand. Dadurch verringerte sich der Grad der Abhängigkeit der Leute von ihren Angehörigen. Auch die Einführung sozialer Gesetzgebung spielte dabei eine erhebliche Rolle. Schlussendlich kamen Verhütungsmittel auf, womit die Leute die Größe ihrer Familie selbst regulieren konnten. So wurde die Ehe mehr oder weniger überflüssig. Die Emotion ist noch die einzige Basis für die Ehe, und gerade diese Basis ist Launen ausgesetzt, also zerbrechlich. Versprechen in der Kirche sind weniger wichtig als Verträge und schriftlich festgesetzte Regeln.

Die industrielle Revolution setzte eine knallharte ökonomische Konkurrenz in Gang. Einen Wettkampf, der so heftig wurde, dass die Gesellschaft beschloss, ihn zu regulieren. Für die Konkurrenz auf dem Liebesmarkt ist jedoch nichts geregelt. Seit die konfessionellen und andere gesellschaftliche (Wohlfahrts-) Einrichtungen aufgelöst wurden, ist sie nur noch heftiger geworden. Es gibt welche, die ein interessantes Sexleben mit vielen erregenden oder exotischen Partnern haben, andere sind jahrelang allein. Außerdem ist Einsamkeit in der westlichen Gesellschaft ein enormes Tabu, schreibt Verwer in „De Liefdesmarkt“ (2011). Der Autor erwähnt, dass Frauen, die von Dating-Sites Gebrauch machen, oft einen Sexkameraden als Reserve haben und deshalb gezielt nach einem Mann mit hohem Status suchen. Männer, die solche Sites durchsuchen, sind oft wirklich allein. Obwohl man den Genuss eines Orgasmus mit Geld erwerben kann, Geborgenheit kann man nicht kaufen. In der westlichen Welt wimmelt es von Personen voll unerfüllter Emotionen, die von der Politik total negiert werden. Weil die marxistische Debatte eben immer noch bestimmt, wie und wo Politik gemacht wird. Der Kernpunkt ist immer noch die Verteilung von Kapital und den dazugehörenden Lasten. Inzwischen sind die sozialen Strukturen, die uns stabile, natürliche und erfüllende Beziehungen boten, seit 68 untergraben. Emotion ist das neue Kapital.

Ich habe versprochen, am Ende noch etwas über Körpergewicht zu sagen, weil man die Vorliebe für wohlbeleibte Personen doch auch als „Beweis" sieht, dass sexueller Marktwert subjektiv ist. Der Maler Rubens aus Antwerpen (1577-1640) verherrlichte robuste Frauen mit faltiger Fettschicht. In Zeiten, in denen die Lebensmittel knapp waren, war Übergewicht ein Zeichen von Wohlstand und demzufolge anziehend. So gesehen wäre sexueller Marktwert bedingt. Wahrscheinlich waren feiste Körper nur ein Fetisch von Rubens und seinen Bewunderern. Im Altertum gab es immer wieder Perioden, in denen Lebensmittel knapp waren: Hungersnot war sogar der Hauptgrund für Oktavian (den späteren Kaiser Augustus) und Agrippa, gegen Sextus Pompeius in Sizilien Krieg zu führen. Und doch sehen wir, dass Übergewicht in der antiken Kunst nicht verherrlicht wurde: Es galt als Zeichen von Maßlosigkeit. In Mumien waren dicke Leiber, die dazu gehörenden Pharaonen hingegen sind mit schlanken Körpern dargestellt.

Tausende Jahre später leben die Leute im Westen in solchem Überfluss, dass jedermann, der sich das wünscht oder nicht aufpasst, dick sein kann. Mediziner lehren uns, dass Menschen mit Übergewicht vermehrt gefährdet sind, Herz- und Gefäßkrankheiten zu bekommen. Der hohe sexuelle Marktwert der Schlankheit gründet auf der biologischen Basis von Gesundheit, die uns von Reklame vorgespiegelt wird. Die zeigt uns vor allem Frauen mit geschmeidigen Armen, schlanken Beinen und straffen Bäuchlein.

Leute identifizieren die „maximale Höhe, die sie in ihrem Leben erreichen können" oft mit ihren Chancen auf dem Liebesmarkt. Nicht imstande zu sexueller Leistungsfähigkeit zu sein, bedeutet für den Mann, zu nichts nütze zu sein. Obwohl er auf einem anderen Gebiet brillant sein kann, wird er nicht glücklich sein. Für das Innere von jemandem hat der sexuelle Marktwert eine bestimmte Bedeutung; eine schöne Person ist oft populär und denkt und beträgt sich dadurch anders. Ein hoher europäischer Beamter sagte, dass er mich bewundere, weil ich mich durchsetze, während er von seinen Kollegen unter Druck gesetzt wurde. Ich sagte: „Warum lässt du dir dein Leben von deinen Untergebenen vergällen? Du stehst in der Hierarchie höher als sie.“ Er erzählte, dass er als Teenager nie populär war und dadurch, trotz seiner hohen Intelligenz, an Untertänigkeit gewöhnt war. Das beginnt schon in der Primarschule am Valentinstag: Schüler können dann anonym ein Tütchen Zuckerherzchen kaufen, das bei einer Mitschülerin abgegeben wird. Manche Schülerinnen bekommen jedes Jahr mehrere Tütchen, andere bekommen nie welche.

Eines Tages kam mir eine Studie über Ferienhedonismus auf Ibiza unter die Augen. Dort kommen viele schöne Menschen zusammen, um Feste zu feiern und Sex zu haben. Statt glücklicher zu werden, wurden viele just weniger glücklich. Die Anwesenheit so vieler schöner Menschen setzte den narzisstischen Selbstwert herunter. Der Liebesmarkt kultiviert das Bild, dass nur populäre und schöne Menschen Sex haben. Die Außenseiter beneiden diese Gruppe. Einige fügen sich in ihr Schicksal und akzeptieren, dass sie nie mit einer schönen Person Sex haben werden. Andere gebrauchen ihr Geld, ihren Status und ihre Leistungen auf sozialem Gebiet als Mittel, um ihren sexuellen Marktwert zu erhöhen. Dieses Spiel ist das, was wir als „narzisstische Differenzierung“ definieren, das Bindeglied zwischen sexuellem Marktwert und der Geldökonomie. Und doch gibt es Pärchen, die sich mit 17 verlieben, heiraten und nie über andere phantasieren. Möglicherweise schätzen sie ihre Chancen auf dem Liebesmarkt so gering ein, dass sie davon ausgehen, dass in dieser Hinsicht Konkurrenz nur Ruhelosigkeit und Enttäuschung mit sich bringen würde.

Jedenfalls ist eine leidenschaftliche Verliebtheit kein guter Grund, eine Beziehung einzugehen. Jedenfalls meint das eine gute Freundin von mir. Sie ist sowohl körperlich als auch mental eine der schönsten Frauen, die ich kenne, obendrein auch noch blond, was aus biologischer Sicht besonders attraktiv sei, weil das Haar von schwangeren Frauen dunkler wird.[132] „Warum sollte Fürsorglichkeit im Wesen der Frau eingewurzelt sein?“, meinte sie provozierend. „Wenn mein Freund krank ist, muss er mir für eine Weile nicht zu nahe kommen. Umgekehrt ist es anders. Aber auch Monogamie finde ich kein Ding der Notwendigkeit. Ich will frei sein in meinem Sexualleben und bestimme selbst, mit wem ich schlafe.“ Ich fragte weiter und äußerte meine Vermutung, dass ihr jetziger Freund als Provider herhalten musste, während sie in derselben Zeit Sex hatte mit den Männern, die es in sich hatten, sie in feurige Leidenschaft zu versetzen. Sie widersetzte sich dieser Schlussfolgerung nicht.

In ihrem Freundeskreis von hoch gebildeten und attraktiven Damen Ende 20 war Monogamie sowieso nicht mehr so wichtig, versicherte sie mir. Eine der Freundinnen – vom Charakter her zurückhaltend, anhänglich und scheu – hatte sich mittlerweile damit versöhnt, dass sie sehr schön ist, und schlief ohne Gewissensbisse mit mehreren Liebhabern. Skrupellos ließ sich dieses zarte, aber hinreißende Mädchen seither zugleich von mehreren rauhen und groß gestalteten Männern bedienen. Seitdem es seine Schönheit akzeptierte, und damit die Tatsache, dass es viele Männer bekommen konnte, unter denen es nicht auszuwählen brauchte, schöpfte es mehr Vergnügen und Befriedigung aus seinem Sexualleben als je zuvor. Die Tatsache, dass nur wenige Leute hinter seiner unschuldigen, Prinzesslein-artigen Erscheinung ein so turbulentes Sexualleben zu vermuten wagten, erhöhte sein joie de vivre umso mehr.

Sie sagte auch, dass es in ihrem Leben einmal einen Mann gegeben hatte, der, objektiv gesehen, gar nicht so attraktiv war. Damit meinte sie, dass sie seinen Körper bis in alle Einzelheiten kannte, und dass jeder Teil seines Leibes Unvollkommenheiten aufwies. Doch war da etwas in seinem Wesen, dass sie danach verlangte, mit ihm schlafen zu wollen. Jemandes sexueller Marktwert kann nicht übereinstimmend identifiziert werden mit seiner körperlichen Attraktivität. Das ist eine besonders wichtige Feststellung, die bewirkt, dass die marxistische Theorie nicht aufrechterhalten werden kann, wenn der Körper an die Stelle der ökonomischen Produktionsmittel plaziert wird.

Marx und Engels fühlten das Gewicht des Geschichtsvolumens in ihren Händen und wendeten das Blatt. Auch die sexuelle Marktwissenschaft beschreibt eine Wende der Zivilisation. Vor allem die Einsicht, dass gerade Sex wichtiger werden wird, wenn er keine Fortpflanzungsfunktion mehr hat. Er ist dann nur noch dazu da, andere auszuschließen, so dass eine erotische Elite entsteht, die ein eigenes Selbstwertgefühl vom eigenen sexuellen Marktwert hat. Ungleichheit kommt vom Drang zu narzisstischer Differenzierung und ist grundsätzlich nicht auszuwischen. Auch dann nicht, wenn wir die ökonomischen Probleme der Wohlfahrt lösen.

9 Sexueller Marxismus

„Überall, wo es Märkte gibt, ist Marxismus.“

Seitdem Ritterromane geschrieben wurden und die höfische Liebe zur guten Sitte geworden war, entstand ein romantisiertes, erhabenes Bild von Leidenschaft, das im Westen zum Brauchtum wurde. „Der Wahre kommt eines Tages von selbst auf deinen Lebensweg.“ Aufgrund dieser Unterstellung meinte man, dass, je freier die Partnerwahl ist, man eine desto bessere natürliche Selektion erzielen konnte, was der ganzen Menschheit zugutekommt. In diesem Kapitel werde ich darüber kritische Bemerkungen machen, was ich anhand der marxistischen Theorie tun werde.

Ein wichtiger Teil des Marxismus ist die Entfremdungslehre. Als die Familie noch für ihren eigenen Lebensunterhalt produzierte (also eine eigene Wiese mit Schafen und einen Gemüsegarten hatte und Fallholz für den eigenen Ofen suchen ging), beschäftigte sich der Arbeiter von Anfang bis Ende mit dem Fertigprodukt seiner Arbeit. Infolge des Kapitalismus fingen Familien an, für den Markt zu produzieren, und so begann die Aufteilung der Arbeit. Man spezialisierte sich auf einen Teil des Produktionszyklus und war nicht während des ganzen Produktionsprozesses dabei. Obwohl die Entfremdungslehre auf eine idyllische Reinheit hinweist, die durch das Aufkommen des Kapitalismus verschwunden sei, ist es mittlerweile soweit gekommen, dass auch die Leute, die in Laboratorien experimentieren, keinen Überblick mehr haben über das ganze Experiment, also das Endprodukt ihrer Arbeit nicht kennen. Der Arbeiter findet immer weniger von sich selbst wieder in seiner Arbeit. Er arbeitet eher für die Belohnung von außen (Geld) als für die Erfüllung und Ehre seines Berufs. So wird Arbeit zur Entfremdung; etwas, das außerhalb des Arbeiters steht.

Wie wir im vorhergehenden Kapitel sahen, dreht sich das Spiel des Liebesmarktes – mit seinen Entwürfen des nach oben Tauschens und „hard to get" Spielens – vor allem um imaginäre Statusniveaus. Das sexuelle Bewusstsein wird auf Zustände eingestellt, die nicht wirklich da sind, wohl aber projiziert werden. Das Aufwerten der eigenen Tauschware führt auch auf dem sexuellen Markt zu Entfremdung: Abweisen der Menschen, die dir ein gutes Gefühl geben, weil du weißt, dass du etwas Besseres bekommen kannst. Das Mädchen lernt schon jung, dass Sex etwas ist, das Männer wollen, wozu es sich so teuer wie möglich verkaufen muss. Der Sex steht so abseits des Mädchens. Das wird durch die Reue bewiesen, die einen Mann nach einem Treffen befällt, weil er nicht sein Bestes gegeben hat: Möglicherweise hätten sie Sex haben können. Eine Frau hingegen ist nach dem Geschlechtsverkehr oft enttäuscht, weil sie sich so leichthin „weggegeben" hat. Verführungskünstler nennen das „buyer's remorse", was bedeutet, dass die Frau den Sex bereut, weil ihr Körper mehr wert gewesen wäre. Die Feministen bringen den Mädchen bei, Männer hinzuhalten, damit sie sich bemühen müssen: Ihre Sexualität ist, mit anderen Worten, Handelsware. So entfremdet sich das Mädchen mit Zutun des Feminismus von einem Aspekt des Lebens, der grundlegend ist für Erfüllung.

Der Marxismus behauptet, dass die Arbeit nicht mehr im Zusammenhang steht mit dem Endziel der Arbeit. Das Endziel ist nämlich nicht, real empfundene Nöte zu befriedigen, sondern, ein Surplus von Gewinn zu schaffen, das theoretisch unendlich ist. Deshalb nennt Marx das Kapital einen „Fetisch". Genauso ist ein hoher sexueller Marktwert nicht dazu da, um Sex zu haben; sondern zur narzisstischen Differenzierung – den eigenen Status immer wieder zu erhöhen. Houellebecq schreibt, dass sogar bei Männern, die keine Hormone mehr produzieren und keine Erektion mehr bekommen, die Anziehungskraft junger Frauenkörper nicht abnimmt: „Diese wird, und das ist vielleicht noch das Schlimmste, eine cosa mentale, eine Begierde nach Begierde."[133] Wie das Kapital ein Fetisch wird, so wird der Sexappeal eine cosa mentale. Die sexuelle Variante der Entfremdungslehre bedeutet also, dass Attraktivität und Begierde sich der Kette von Zielen und Mitteln entziehen und eine eigene Welt von imaginären Statusniveaus bilden.

Nachdem eine gute Freundin viel Geld im Effektenhandel verdient hatte, widmete sie sich dem Studium der Bücher von Nietzsche. Sie redete von ihrem Verlangen, die amor fati nachzuvollziehen. Um auf eigene Kraft ihre Sexualität bis zum hintersten Winkel ihres Schicksals zu entfalten; um ohne Schuldgefühl oder Zweifel lustvolle Beziehungen mit mehreren Männern einzugehen. Innerlich blieb sie jedoch immer wieder der Monogamie zugeneigt. So fand sie heraus, dass vor allem die Phantasie sie erregte: ihre Bewunderung für den von Nietzsche idealisierten Lebensstil. So kamen wir auf eine damit verwandte Lebensweisheit zu sprechen. Nämlich, dass der Partner, mit dem man ein feuriges, immenses Sexualleben hat, nicht unbedingt der Partner ist, mit dem man in Harmonie frühstückt oder dem man die intimsten Geheimnisse anvertraut. Und dass man sich selbst viel Leid ersparen kann, wenn man nicht länger innerhalb einer Beziehung mit nur einem Partner das Perfekte oder den Kompromiss sucht. Die Frau, die mit Liebe für dich ein Käsebrot zubereitet und mit warmer Stimme nach deinen Ambitionen fragt, ist nicht unbedingt die Frau, mit der du ein spektakuläres Sexerlebnis hast. Nicht die Frau, die schon auf einen Blick eine unendliche sexuelle Erregung bei dir auslöst. „Der ultimative Fokus auf ein und dieselbe Person führt meistens zu großen Enttäuschungen."[134]

In der Tat, antwortete die wohlhabende junge Frau: Wenn eine Frau nicht praktisch auszuwählen braucht, weshalb sollte sie dann moralisch auswählen müssen? Wenn sie sich das wünschte, könnte sie jeden Abend der Woche mit einem anderen Mann verbringen; einem Mann, der die letzten Restchen Energie aus seinem Körper pressen würde, um ihr körperlichen Genuss zu verschaffen. Sie könnte ohne Skrupel so leben, als Ausübung eines natürlichen Rechts. Und ein Mann könnte das auch, insofern er dazu in der Lage sein würde. Warum denn auswählen unter Partnern, wenn das Angebot von Personen mit interessanten, aufregenden und einzigartigen Eigenschaften im Grunde genommen unbeschränkt ist?

Das Interesse der Frau unterscheidet sich aber von dem des Mannes, so erklärte sie mir. Weil eine Frau sich Kinder wünscht. Und für die Erziehung eines Kindes ist ein stabiles Umfeld vonnöten. Ein Provider kann dabei auch helfen. In dem Fall ist für die Frau wichtig, den Mann zu der Beziehung zu überreden und auf sexuelle Exklusivität hinzuarbeiten. Würde jemand wirklich nach der Art und Weise von Nietzsche leben, würde das zu moralischen Beschwerden aus der Gesellschaft führen: „Aber das geht doch nicht, was für eine Schande, verletzend, verantwortungslos, rücksichtslos anderen gegenüber." Hier kommt das Sündenbewusstsein zum Zuge, um am Ende Schuldgefühle hervorzurufen. Das erklärt, warum der Kulturmarxismus in seinem Wesen feminin ist und passiv-aggressive Werte verbreitet. Folglich müssen die Starken für die Schwächeren sorgen, und wenn es nicht anders geht, auf ihre eigenen Kosten.

Als Beispiel nenne ich die Erklärung einer Italienerin, die erläutert, dass man Steuern bezahlen müsse, weil es sonst keine Schulen geben würde. Wenn es keine Schulen gäbe, würden Männer nicht lernen, ihren eigenen Lebensunterhalt zu verdienen; sie würden also stehlen und nicht selbst produzieren. „Gangland" würde entstehen. Auf die Suggestion, dass sie dann eine Waffe kaufen müsste, um sich zu verteidigen, sagte sie, dass Männer das könnten, sie aber nicht. Die Schlussfolgerung war, dass Männer Steuern zahlen müssen, damit sie in Sicherheit leben konnte.

Seit Einführung romantischer Erzählungen über edle Ritter, die verletzliche Jungfrauen beschützen, beherrscht dieser Gedanke die westliche Kultur. Obwohl inzwischen Geschichten über „Girlpower" dazugekommen sind, wird vom Mann immer noch erwartet, Schutz und Schild zu sein, Rechnungen zu bezahlen und die Drecksarbeit zu tun. Diese Ungleichheit ist eine auffallende Erscheinung in Beziehungen, denn Frauen dürfen zweifeln und zögern. Wenn ein Mann das tut, hat er „Bindungsangst“ oder „es ist sonst etwas mit ihm los“. Beim „Hamsterwheelen“ werden aus unwichtigen Dingen und nicht-objektiver Information weitgehende Konsequenzen über den Status der Beziehung gezogen. Das wichtigste dabei ist, dass es Frauen vergönnt ist, vage und hilfsbedürftig zu sein, was Männern nicht erlaubt ist. Wenn Leute eine Schwäche bei einer Frau entdecken, wollen sie ihr helfen. Bei einem Mann wollen sie diese Schwäche ausmerzen.

„Aber“, sagte mir eine attraktive, sehr gut gebildete, etwa 18-jährige Blondine, „es gibt da noch etwas anderes als die Rationalisierungen: Das ist das Gefühl. In meiner nächsten Umgebung herrscht eine sehr restriktive sexuale Moral. Sobald ich aus dieser Umgebung herauskomme, gibt es keine einzige Grenze, die mich zurückhält. Oder es muss sich um eine innerliche Grenze handeln. Ich meine, dass ich ohne moralische Bedenken ein Hotelzimmer buche für ein Wochenende, wo ich eine ganze Reihe wilder sexueller Abenteuer erlebe.“

Ich wies darauf hin, dass es der Gemeinschaft früher wohl gelang, dieses polygame oder polyamore Gefühl zu bezwingen: In Nordeuropa verlangte die Neolocality, dass ein Paar nicht bei den Eltern zusammenleben konnte, sondern sich zuerst einen Bauernhof aneignen musste, bevor es eine Familie gründen konnte. Für viele war Sex unerreichbar, und sie starben als Ledige. Gerade um diese Gefühl zu zügeln und auf monogame Wege zu leiten, gibt es die Romance Novel Culture. Das Verherrlichen des Wahren, des Seelenkameraden, des Prinzen auf dem weißen Pferd. Vor allem Frauen sind dafür empfänglich: Der Mann, der vorbeigeht, eine Windbö zerrt an seinem Mantel, das Lächeln, das seine weißen Zähne entblößt, genügen, dass der Funke überspringt. Die sexuelle Entfremdung kommt just in der romantischen Kultur. Das Bewusstsein wird auf eine imaginäre, weil erhabene Ansicht über Liebe, Romantik und Verführung gerichtet. Für die Quelle dieser romantischen Kultur müssen wir Montesquieu zu Rate ziehen, der sie von der christlichen Literatur her ableitet.

Das Gottesurteil, „Judicum Dei“ genannt, wurde vollstreckt, wenn ein Konflikt zwischen zwei Mitgliedern der Gemeinschaft nicht mehr zu überbrücken war. „This world ain't big enough for the both of us“, lautet ein Klischee aus Spaghetti-Western. Es war das Vierte Laterankonzil, das 1215 die Beichte auferlegte und das Gottesurteil verbot. Das fiel zusammen mit dem Aufkommen von Pax Dei, der Gottesfriedensbewegung. Immer mehr Tage wurden als heilige Tage ausgerufen, an denen nicht gekämpft werden durfte. Auch die Ritterturniere wurden durch den Klerus als Ausbrüche barbarischer und maskuliner Gewaltanwendung bezeichnet und in den Bann getan. In Zukunft musste diese virile Energie gezähmt und domestiziert werden. Es sollte nicht mehr um eine Demonstration von Kraft gehen, sondern um eine Ehrenbezeugung: Ein galantes Stechspiel um die Hand einer jungen Dame. Montesquieu beschreibt dies als das Aufkommen der „höfischen Liebe“, mit dazugehörenden Ritterromanen und Fürstenspiegeln, um den Junkern beizubringen, „was sich gehört“.

„Für Paladine in einer Welt, in der es wimmelte von Schlössern, Burgen und Gesinde, immer in Waffenrüstung ihre Verrichtungen entfaltend, war es eine Ehre, Unrecht zu bestrafen und die Unschuld zu verteidigen. Deshalb finden wir auch noch in der heutigen Zeit in unseren Romanen eine Hofmacherei, die auf Liebe beruht, kombiniert mit Kraft und Beschützung. So entstand das höfische Rittertum, als das Bild außergewöhnlicher Männer geschaffen wurde, die bereit waren, sich in Gefahr zu stürzen für die Tugend, der Schönheit und Schwäche beigefügt waren.“[135]

Montesquieu beschreibt also, wie adlige Herren lernten, sich aufzuopfern für verwundbare Damen und in der Kirche ihre sündhaften Gedanken und verinnerlichten Schuldgefühle zu beichten. Ihre Kraft wurde auf diese Weise mit Altruismus zusammengeschmolzen: „Unsere Ritterromane stimulierten dieses Verlangen, Frauen zu behagen; sie brachten den Geist der höfischen Minne in einen Teil Europas, wovon die Alten, das dürfen wir doch wohl behaupten, kaum etwas wussten. Die üppige Pracht der enormen Stadt Rom stimulierte den Gedanken an Sinneslust. Eine bestimmte Vorstellung von Geruhsamkeit auf dem griechischen platten Land führte zu Beschreibungen von Liebesgefühlen. Die Idee der Paladine als Beschützer der Tugend und Schönheit der Frauen führte zur Idee der höfischen Minne."[136]

Die romantische literarische Kultur hat Frauen tiefgehend beeinflusst, denn Frauen verbinden Sex mit dem roten Faden in einer Geschichte und einem Plot. Man wird nie hören, wie Freundinnen zueinander sagen: „Ich ging mit dem und dem Mann mit, weil ich ihn anziehend fand und Lust hatte, mit ihm zu schlafen." Nein, sie würden eine Geschichte auftischen, wie die Atmosphäre stets schwüler wurde, wie es sich durch die Umstände so ergab, dass sie wohl mit ihm nach Hause gehen musste, und so fort. „Der Plot ist eines der ersten Dinge, die aus einer lang andauernden Beziehung verschwinden. Gib Frauen, die keine Lust auf Sex haben, einen neuen Mann, und du wirst sehen, wie sexuell sie auf einmal wieder sind. Weil es dann wieder einen Plot gibt."[137] Das steht jedoch im Gegensatz zur Postmodernität, in der das Weltbild zerstückelt ist und die Wirklichkeit inkongruent. Die Geborgenheit der übersichtlichen, festgefügten Gemeinschaften haben wir hinter uns gelassen für die flüchtigen Kontakte des Großstadtlebens. „Der Autor ist tot", um nicht zu sagen, dass überhaupt keine Rede davon sein kann, einen Plot nachzuahmen. „Die Krise des Begehrens besteht überall dort, wo das romantische Ideal seine Gültigkeit hat. Es ist eine weltweite Krise."[138]

Frauen begehren immer noch die „außergewöhnlichen Männer" der romantischen Kultur. Demzufolge entsteht ein Sex-Manko, weil Frauen dazu bereit sind, ihre sexuellen Wünsche abzuschalten, wenn keine hochwertigen Sexpartner zur Verfügung stehen. Eine Untersuchung der Zeitschrift „Viva" bestätigt das: 40 Prozent der befragten ledigen Frauen haben nur ein paar Mal im Jahr Sex.[139] Sie beurteilen ihr Sexleben als mäßig, geben aber zugleich an, ledig zu sein, weil sie „auf den wahren Jakob warten". Dem ledigen Mann wird gesagt, dass er nicht hinter der Richtigen her gewesen sei. Das heißt aber vom weiblichen Standpunkt aus argumentieren. Der Mann wird sich mit derjenigen begnügen, die ihn haben will: „If you can't be with the one you love, love the one you're with." In unserer verweiblichten Kultur meinen viele, dass zuerst immer das Gefühl da sein muss und man dann danach handelt. Diese Meinung wird fest eingebleut durch romantische Filme wie diesem: In einem Teil von „Life is beautiful" fragt der spanische Erzähler sich, warum schöne Mädchen in der Öffentlichkeit Bücher lesen, und weshalb sie das nicht in aller Ruhe daheim tun. Danach beschreibt er poetisch seine Vermutung, dass die Mädchen sich eben mitreißen lassen wollen in der Geschichte, die um sie herum entsteht:

„Wenn ich wieder einmal mitten in der Woche durch die Stadt bummle, taucht immer wieder die gleiche Frage auf: Warum lesen schöne Mädchen Bücher in der Öffentlichkeit? Warum nicht einfach zu Hause auf dem Sofa? Oder im Bett, und trinken dabei eine Tasse Tee? Auf einem Gartenstuhl oder auf dem Balkon? Ja, sie wendet eine Seite, sie liest tatsächlich. Oder tut sie nur so, weil ich sie beobachte? Nun weiß ich es. Sie sind nicht in der Geschichte, die sie lesen, sondern wollen mitgerissen werden in einer Geschichte, die um sie herum entsteht. Sie melden sich als Hauptpersonen für ihre Geschichte, die noch geschrieben werden muss. Eine Geschichte, die noch echter und noch spannender ist als alle Buchstaben, die je auf ihrem Schoß gelegen haben. Sie lesen nicht, sie schreien: ‚Reiße mich mit... Reiße mich mit... In unsere eigene Erzählung hinein. Worauf wartest du? Ich kann doch nicht den ganzen Tag hier sitzen bleiben, bis ich das Buch fertig gelesen habe. Störe mich nicht. Erschüttere mich. Entführe mich. Mach in der Mitte eine Geschichte mit mir.'

Dann nehme ich mein Gepäck mit und du deins. Ich nehme dich mit in die Berge, wo wir unter dem freien Himmel schlafen. Ich zähle die Sommersprossen auf deinem Leib und du die Sterne am Firmament. Und wenn du am anderen Tag immer noch vor Kälte zitterst nach unserem Bad im Bergsee, erzählst du mir von deiner Familie, deiner Schule, deiner Jugend und deinem Schmerz. Dann essen wir Schnee und trinken Wein, bis wir den Berg hinunterrollen. Dort baue ich ein altes zerfallenes Haus wieder auf, mache ein Schloss daraus. Mit einem Bad mit Lavendel und Honig gefüllt. Und dann erleben wir etwas, das niemand sonst erlebt. Etwas, das uns mitnimmt, so ins Leben hinein. Und dann setzen wir uns mit schwierigen Situationen auseinander. Ich schmeiße Glas kaputt. Du bist so unverständig und küsst es wieder ganz. Und am nächsten Tag... und am nächsten Tag. Und am Tag danach liest du ein Buch im Park und begegnest einem Mann. Nicht so einem wie ich, sondern anders. Abenteuerlicher. Ein Mann, der für dich mordet, wenn es sein muss."[140]

Übrigens, ich ging einmal mit einem Freund in die Ferien. Er hatte sich darauf spezialisiert, Frauen mit dergleichen Traumbildern zu verführen. Das erste, was er sagte, als wir aus dem Flugzeug stiegen, war folgendes: „Während des Flugs sah ich eine Frau und sah, dass sie sich entspannen wollte. Ich bemerkte, dass sie in Träume versank, und hatte darüber so meine eigenen Gedanken. Dass sie heimlich hoffte, einem Mann zu begegnen, mit dem sie noch ein einziges Mal eine feurige Liebe erleben wollte. Und mein Gedanke war: ‚Dieser Mann bin ich nicht.'"

Als er jedoch zum Frühstück erschien, traf er einen verlassenen Raum an, nur ausgefüllt mit nichtssagender Liftmusik, um die Stille zu kaschieren. Am anderen Ende des Saals sah er eine Frau, die ihre besten Jahre gerade hinter sich hatte. Hinter ihren trüben Augen sah er einen Wunsch aufkommen: das Verlangen, noch einmal eine heftige, mitreißende Leidenschaft zu erleben. Nichts in ihrem Leben wies darauf hin, dass dieses Verlangen noch je befriedigt werden würde. Doch sah er, dass sie in ihrem tiefsten Inneren noch nicht bereit war, dieses Verlangen sterben zu lassen. Er ging bis zur hintersten Wand des leeren Frühstückssaals und griff nach dem Stuhl neben ihr. „Bitte entschuldigen Sie", sagte er, „ich finde kein freies Plätzchen mehr. Ist dieser Stuhl besetzt?" Er war ein Gentleman, erläuterte er: Wenn er nicht falsche Versprechen machte, bevor er Sex hatte mit einer Frau, dann fühlte er sich schuldig. „Dieses allgemeine Verlangen, Vergnügen zu bereiten, ist die Quelle der Hofmacherei", schrieb Montesquieu, „die etwas anderes ist als Liebe: die Hofmacherei ist die sanfte, leichte und beständige Lüge der Liebe."[141]

Nun, da wir dieses „falsche Bewusstsein" in der Karte eingezeichnet haben, widmen wir den Rest dieses Kapitels dem Studium der Folgen davon. Erstens hat sich dadurch die Art und Weise von Konflikten verändert: Moralische Entrüstung und passive Aggression spielen eine immer größere Rolle. Danach führt das falsche Bewusstsein zu einer Trennung von der natürlichen Ordnung, die vollständig auf den Kopf gestellt wird. Der Endpunkt ist eine Umkehrung der sexuellen Selektion. Dabei wird die intellektuelle Maskulinität – die Geheimnisse des Kosmos enthüllen zu wollen, das Ergründen der Natur, um der Welt seinen Willen aufzuerlegen, der Eifer der Erfinder, Philosophen und Architekten, der die westliche Zivilisation trägt – eingetauscht für eine erotische Anziehungskraft, die entweder brutal und gangsterhaft ist oder zum Verweiblichten tendiert. Eine Anziehungskraft, die sich allein auf sich selbst niederschlägt und mit den Werten der Gesellschaft nichts zu tun hat. In einer feminisierten Gesellschaft sind Intentionen wichtiger als Konsequenzen und es wird, durch die freie Partnerwahl, die intellektuelle Maskulinität den Kürzeren ziehen. So wird die Basis unter den westlichen ökonomischen und kulturellen Höchstleistungen weggeschlagen und wird der Sieg des Kulturmarxismus komplett sein.

Die Feminisierung der Konfliktführung

Mythen erzählen eine Geschichte zur Unterhaltung. Sie enthalten aber immer eine tiefgründige Botschaft, eine Lektion fürs Leben. Der moderne Mythos, in dem die Leute ihr Spiegelbild finden, ist der Film (oder die Filmserie). So wurde Anfang 2014 berichtet, dass sich die Zahl der Chemiestudenten durch die Serie „Breaking Bad" verdoppelt hatte. Darin gerät ein Chemielehrer auf Abwege.

Ein gutes Beispiel ist die Serie „Fargo“ mit dem Hauptdarsteller Lester Nygaard. Dieser tölpelhafte Versicherungsagent wurde während seiner ganzen Jugendzeit gehänselt und beschließt eines Tages, sich zu rächen. Personen werden ermordet, aber Lester gelingt es auf bewunderungswürdig schlaue Weise, die Polizei immer wieder auf die falsche Spur zu bringen, von seinem Ruf als Stümper profitierend. Zugleich sieht der Zuschauer fasziniert, wie sich das Netz stets fester um ihn schließt.

In solchen Fernsehserien oder Filmen – man denke auch an „Scarface“ mit Al Pacino – geht es um eine Hauptperson, der stets entgegengewirkt wird. Aber die Hauptperson überwindet die Hindernisse, wodurch er oder sie als unbarmherzig und am Ende amoralisch in Verruf gerät. Trotzdem haben sowohl ihre Freunde als auch ihre Feinde Respekt vor ihr. Auch das Publikum fühlt das: Die Hauptperson bezeugt Willenskraft, zu der man instinktiv hingezogen wird. So wie ein Kind die Autorität von Eltern und Lehrern mit passiv-aggressivem Verhalten auf der Grenze der festgesetzten Regeln prüft, so hat das Publikum eine instinktmäßige Bewunderung für Persönlichkeiten, die der Welt ihren Willen auferlegen. Das ermöglicht Führungskapazität und damit das Koordinieren von Gruppenaktivitäten. Was evolutionär unentbehrlich ist.

Das Durchschnittspublikum hat jedoch zugleich eine Abneigung gegenüber starken Charakteren. Das kommt daher, dass man sich selbst mit ihnen vergleicht und die eigene Unzulänglichkeit fühlt. Es geht also auf Kosten der narzisstischen Differenzierung. Einfach gesagt diktiert die Evolution, dass wir uns besser im Leben behaupten können, wenn wir ein gutes Gefühl von uns selbst haben. Forscherin Anita Jansen nennt das die „self serving bias“. „Wenn man in etwas nicht gut ist“, meinte Kallikles, „weicht man dem aus und schimpft darüber. Das andere lobt man, aus Eigenliebe, weil man glaubt, sich so selbst zu loben.“[142]

Zeitgenosse Perikles sagte in seiner berühmten Grabrede etwas Vergleichbares: „Lobpreisung, die über einen anderen ausgesprochen wird, ist nur erträglich, solange ein jeder meint, selbst auch etwas derartiges präsentieren zu können, was er gerade gehört hat. Überschreite diese Grenze, und man ist eifersüchtig und glaubt es nicht.“[143] Es läuft darauf hinaus, dass Schüler, die von sich aus Fragen stellen und gute Noten bekommen, von Mitschülern als „naseweis“ betitelt werden. Die Masse konspiriert, um die Leistungen von hervorragenden Individuen herunterzumachen. Das erkennen wir wieder in den Klagen über Politiker: Von demokratisch gewählten Politikern wird erwartet, eine Spiegelung der Wählerschaft zu sein, sie haben jedoch dieselben Mängel wie ihre Wähler.

Als Beispiel nehmen wir den Politiker Frank Underwood in der berüchtigten Serie „House of Cards“, gespielt von Kevin Spacey. Einerseits bewundert der Zuschauer ihn wegen seiner schlau eingefädelten Manipulationen und des gewissenlosen Siegeszugs auf dem Weg zur Macht; andererseits spürt der Zuschauer Abscheu, weil er bereit ist, die Normen von Anstand und Mitmenschlichkeit zu überschreiten. Für dergleichen Figuren ist das denn auch eine Plage – so wie in „Scarface“ und „Breaking Bad“ –, weil sie am Ende durch ihren eigenen Übermut zugrundegehen. Das wird so dargestellt, um die moralische Welt des Zuschauers zu bestätigen: „Wer anderen eine Grube gräbt, fällt selbst hinein.“ Die Moral der Geschichte ist, dass man sich zum Beispiel nie zu rächen braucht, weil so eine Person sich eines Tages den Kopf einrennt. Das ist eine Art rachsüchtige Abrechnung mit dem intrinsisch bewertenden Bewusstsein. Eine passiv-aggressive Moral, für die der Kosmos schlussendlich für diejenigen eine Belohnung bereithält, die einem äußerlichen Bewusstsein folgen.

Das Beispiel des Kindes, das seine Erzieher herausfordert, steht in direktem Zusammenhang mit dem sexuellen Markt. Weil Frauen die sexuelle Selektionsmacht kontrollieren, sind westliche Männer daran gewöhnt, wie schweifwedelnde Hundchen hinter ihnen herzulaufen, die froh sind, wenn sie ihnen manchmal einen Knochen hinwerfen. Väter mussten ihre Autorität ihren Frauen abtreten, was bedeutet, dass das Unterhandlungsmodell zwischen Partnern während der Erziehung der Kinder kopiert wird. Eine Schuldirektorin erzählte mir von einem Schüler, der die Grenze überschritten hatte. „Ich werde mit meinen Eltern darüber reden“, sagte er, „dann ist diese Rüge vom Tisch gefegt“. Die Direktorin gebot ihm, augenblicklich seinen Vater anzurufen. Er tat es. Der Vater meinte, die Angelegenheit mit seiner Frau erörtern zu wollen, die wiederum wollte die Angelegenheit mit allen Parteien bei einer Tafelrunde besprechen. Denn „das Kind musste eine Chance bekommen, sich selbst zu verteidigen“. Die Direktorin ging nicht darauf ein; auf diese Weise könnten Menschen gegeneinander ausgespielt werden. Die Eltern drohten, den Schüler von der Schule zu nehmen, was infolgedessen auch geschah. Ein Dozent am Canisius College in Nijmegen, Trainer in sozialer Gewandtheit, erzählte eine ähnliche Geschichte. Er musste beim Fußballclub einen jungen Spieler immer wieder körperlich in die Zange nehmen; weil zwei Lesben ihn erzogen, fehlte als Vorbild eine Vaterfigur, die Grenzen setzen konnte.

Während der Diskussion über den Entwurf im September 2014 suchten zwei Damen aus der Welt der Spielgelegenheiten für Kleinkinder Kontakt mit einigen Gemeinderäten. Sie wollten aus ihrem Werk eine „Kindertagesstätte“ machen. Ihr Problem: Eltern, die keiner Arbeit nachgingen, bekamen keine Subvention für die Tagesstätte. Dadurch würde ungefähr ein Drittel ihrer Klientel ihre Kinder abmelden. Subvention für Tagesstätten ist nämlich ein Arbeitsmarktinstrument. Eltern, die zu Hause bleiben, können ihre Kinder selbst hüten, mit ihnen spielen, also sie erziehen. Diese Ein-Drittel-Gruppe bestand nach Aussage der zwei Damen vor allem aus alleinerziehenden Müttern. Sie wollten trotzdem diese Subvention auch für Kinder alleinerziehender Mütter, damit diese Kinder in der Tagesstätte auf die Elementarschule vorbereitet werden können. „Es geht dann ums Zusammenarbeiten“, so erklärten sie, „still dasitzen und einer Geschichte zuhören können. Diese basalen Fähigkeiten werden Kindern alleinerziehender Mütter oft nicht beigebracht.“ Was sehen wir hier? Indem die Vaterfigur beiseitegeschoben wird, wird Kindern keine grundsätzliche Disziplin mehr beigebracht.

Danach wird dieser schief gewachsene Zustand durch die Obrigkeit kompensiert mit Netzwerken bezahlter Kleinkindererzieherinnen. „Aber es gibt in unserer Gemeinde auch konservative Gemeinschaften, die kein Bedürfnis nach Subventionen haben“, sagten sie noch. Oder: die Gemeinschaft, in der Opas, Omas, Nachbarn und Tanten bei der Erziehung noch eine Rolle spielen. Gemeinschaften, die noch nicht durch sozialen Atomismus zersplittert sind.

Wenn wir von einer femininen Kultur sprechen, weisen wir auf die Art hin, wie die Gesellschaft mit Konflikten umgeht. Im mittelalterlichen Europa konnte der Konflikt offen genannt werden und wurde in einem Zweikampf mit offenem Visier ausgefochten. Die heutige Gesellschaft ist dafür viel zu behütend, sorgsam und zu materialistisch. Wird unser Nachbar auf der Straße misshandelt, kommen wir ihm nicht zu Hilfe, denn wir fürchten uns zu sehr, dass später jemand zurückkommt und unser Auto beschädigt. Nein, wir nennen es „Torheiten“ und gehen mit dem Bürgermeister Tee trinken. Übrigens weiß jedermann, dass Frauen auch Konflikte haben. Es sind schlummernde, sich dahinschleppende Gefechte, die nicht während eines einzigen turbulenten Treffens beigelegt werden. Eifersucht und Missgunst spielen dabei eine große Rolle; wenn von einem Grüppchen Freundinnen eine zur Toilette geht, wird gerade in ihrer Abwesenheit über sie getratscht.

Der feminine Konflikt ist passiv-aggressiv. Man tut etwas, das gesetzlich nicht verboten ist, aber trotzdem auf unangenehme Art stört. Wenn das jemand erwähnt, reagiert man moralisch entrüstet; man fühlt sich in seinen Rechten verletzt. Kurzum: Man streckt schon mal den Fuß aus und wartet, bis jemand darauf tritt. So wie der Mitschüler, der immer mit einem Zirkel in den Nacken gestochen wurde. Als er sich eines Tages umdrehte und eine Ohrfeige austeilte, wurde er von der Schule gewiesen. Da kommt noch dazu, dass Gutmenschen die Menschheit so sehr lieben wollen, dass sie sich oft innerlich verstricken, wenn sie dahinterkommen, dass sie jemanden doch nicht mögen. Um mit sich selbst im Reinen zu bleiben, bezeichnen sie diese Person dann als Rassist oder Macho. Für politische Korrektheit ist die Art und Weise, wie du dein Verhalten rechtfertigst, nämlich unendlich viel wichtiger als dein wirkliches Verhalten. Bei passiver Aggression geht es um das Manipulieren von Schuldgefühlen und Vorstellungsvermögen. In einem Teil von „Danni Lowinski“, noch so eine TV-Serie, gerät sie in einen Konflikt mit einem Richter. Um seinem Ruf Schaden zuzufügen, ruft sie: „Hände weg!“, wenn er an ihr vorbeikommt. Obwohl er sie nicht berührt hat, sehen die Passanten den Richter doch empört an.

Die Weise der Konfliktführung hat sich verändert. Man siegt nicht mehr, indem man mit der Person die direkte Konfrontation angeht, sondern indem man durch Verleumdung ihren oder seinen Ruf in Frage stellt. Auch wenn Gerüchte nicht direkt zu beweisen sind, kann ein Image über kurz oder lang doch wesentlich zerstört werden. Ich nehme als Beispiel zwei Beamte beim Europäischen Parlament, die sich zankten, weil die Freundin von einem der beiden ihrem Freund nicht mehr erlaubte, auszugehen. Das betreffende Mädchen studierte in Osteuropa, und um zu verhindern, dass ihr Freund sie betrügen würde, musste er sich jeden Abend via Webcam von seinem Wohnzimmer aus melden. Der zweite Beamte überprüfte die Liste der Freunde von ihrem Profil und stieß auf Namen wie „Achmed“, „Antonio“ und „Alexandre“ – wohlhabende ledige Männer aus verschiedenen europäischen Städten, ohne plausible Erklärung, wie die arme Studentin sie kennengelernt hatte. Der Zwiespalt verschlimmerte sich, bis sogar falsche Facebook-Accounts errichtet wurden und Verdächtigungen von Pädophilie herumgeschickt wurden. Die Verdächtigungen führten dazu, dass dieser hohe Beamte nicht mehr mit Handelsdelegationen mitgehen durfte; also wurde er schlussendlich hinausgeekelt.

Ein zweites Beispiel ist eine Jurastudentin, mit der ich einige Male verabredet war. Als ich ihr mitteilte, dass ich krank war, teilte sie mir mit, dass sie mich dann halt abholen würde. Sie würde mich dann ein wenig pflegen in ihrer Studentenbude, und tatsächlich fuhr sie von Groningen nach Gelderland und wieder zurück. Als ich einmal auf ihrem Bett lag, nahm ich Lakritze zum Lutschen, um die Halsschmerzen zu lindern. „Lakritze!“, rief sie hysterisch. „Ich verabscheue Lakritze! Ich ekle mich schon nur vor diesem Geruch. Ich muss mich übergeben von Lakritze. Wegen dir muss ich nun auf dem Sofa liegen. Was denkst du wohl, wer du bist? Ich beherberge dich unter meinem Dach, und du sorgst dafür, dass ich nicht einmal in meinem Bett schlafen kann! Weißt du was? Ich gehe in ein Hotel. Morgen früh komme ich zurück, und dann bist du verschwunden.“

Ein eher spitzfindiges Beispiel ist das einer Frau, mit der ich via Skype reden sollte. Sie wohnte in den Vereinigten Staaten, und wegen des Zeitunterschieds musste ich aufbleiben. Wegen Lärm im Hintergrund konnte ich sie kaum verstehen. „Warte mal“, sagte sie, als ich das erwähnte, „du fällst weg. Aber wir können ja auch schreiben.“ Sie schrieb, dass sie wieder telefonieren würde, und unterbrach die Verbindung. Ich ließ sie wissen, dass ich das sehr gut fand und dass ich in der Zwischenzeit etwas arbeiten würde. In einem gewissen Moment wurde ich aber allzu müde und legte mich schlafen, brach aber die Skype-Verbindung nicht ab.

Am folgenden Tag schrieb ich ihr, dass sie sich nicht wieder gemeldet habe und sie mich habe warten lassen. Darauf reagierte sie folgendermaßen: „Oh, es war Thanksgiving. Ich hatte Gäste. Tut mir leid, vergaß das zu sagen. Aber ich hatte diese Reaktion nicht erwartet. Hast du mich aus deiner Skype-Freundesliste entfernt? Ach ja, ich wünsche dir ein angenehmes Thanksgiving und weiterhin viel Erfolg.“ So baute sie eine dicke Mauer auf, um sich zu rechtfertigen, also die Wahrheit nicht akzeptieren zu müssen. Ich wies sie darauf hin, dass sie erstens meine Antwort übertrieben ernst nahm und zweitens wahrscheinlich versuchte, die Situation umzudrehen. Ich hatte sie gar nicht von meiner Freundesliste entfernt. Ich hatte Skype sogar in Bereitschaft gehalten. Sie hatte mich entfernt und versuchte nun, Ursache und Wirkung umzudrehen. So erzwang sie einen Konflikt und versuchte dann, ihn mir in die Schuhe zu schieben, so dass sie ihr narzisstisches Verhalten nicht rechtfertigen musste.

So kenne ich auch noch eine Brasilianerin, die meine Einladung zur Freundschaft ganze anderthalb Jahre ablehnte. Dann akzeptierte sie mich doch noch. Zwei Tage danach ließ sie mich wissen, dass sie Probleme hatte mit ihrem Freund. Er war nämlich eifersüchtig geworden und wollte wissen, wer ich bin. Aber eigentlich wollte sie sich von ihm trennen. Also brauchte sie meine Einladung, um eine Beziehung, die ihr nicht mehr behagte, forciert zu beenden. Sein vermeintliches Eigentumsrecht galt jedoch als Ursache. „Monkeybranching" nennen wir das: Ein Mann ist wie eine Spinne, die ein Netz webt und versucht, so viele Fliegen wie möglich damit einzufangen, Frauen sind wie Äffchen. Die lassen einen Ast erst los, wenn sie den nächsten fest in Händen halten.

Das Problem ist, dass es im Internet oder in der Kneipe immer Männer gibt, die sich ein bisschen Zuwendung von Frauen wünschen. Weil sie das Bedürfnis haben, lieb und nett gefunden zu werden, werden sie alle Klagen über eifersüchtige Freunde bestätigen und alles für bare Münze nehmen, wodurch ihr Narzissmus kaum korrigiert wird. Ich wählte eine andere Strategie. Ich beschrieb alles in allen Einzelheiten in einem Brief und schickte den ihrem Freund.

Als LGBT-Aktivisten[144] im Europäischen Parlament eine Versammlung organisierten, fragte ein französisch-spanischer Beamter sie, warum bei dieser Zusammenkunft nur Gender-Fragen an der Tagesordnung seien und warum Latinos kein Thema seien. Als er sagte, sich dadurch ausgeschlossen und verletzt zu fühlen, entschuldigte die Organisation sich sofort. Ein passiv-aggressiver Austausch von Schuldgefühlen. „Ich fühle mich ausgeschlossen. Du hast diese Gefühle verursacht. Also musst du eine Lösung finden." Typisch für eine feminine Annäherung an die Welt ist, dass man Gefühle, die man für eine gewisse Sache empfindet, zum Mittelpunkt macht. Die Gefühle werden dann als Argumente betrachtet, um Dinge zu rechtfertigen. So werden Gefühle wichtiger als die objektiven Ursachen, die hinter dem betreffenden Phänomen stecken. Du stellst eine peinliche Tatsache in den Vordergrund, dann verursachst *du* ihr Schmerz, weil du angefangen hast, darüber zu sprechen. Nicht die Ursachen der Tatsache. Manchmal ist es notwendig, schulmeisterlich streng zu sein und eine Entscheidung zu treffen, die gefühlsmäßig nicht optimal ist. Aber in der romantisierten Kultur hat das Gefühl immer recht. Während das Gefühl doch auf Urreflexe zurückgeht, die in der modernen Zeit nicht mehr so wichtig sind.

Einmal hörte ich, wie eine Mathematikerin in meiner Anwesenheit mit ihrem Freund diskutierte. Er hatte vor, nach dem Essen mit seinen Freunden noch für ein Stündchen in die Kneipe zu gehen, sie aber wollte, dass er daheim blieb. Als sie eine ganze Reihe Einwände machte, begann er, diese Stück für Stück beherrscht zu widerlegen. Schließlich hatte sie keine Argumente mehr und sagte: „Indem du aber alle meine Gefühle wegargumentierst, zeigst du, dass du mich nicht schätzt. Alle deine Begründungen machen mir nichts aus, darum geht es mir nicht. Ich fühle es so, also ist es für mich die Wahrheit. Wenn du das nicht verstehen willst, respektierst du mich nicht.“ Dieses Gespräch war für mich sehr ermutigend, auf die Mathematik zu vertrauen, auf jeden Fall auf logisch begründete Beweise.

Die Umkehr der natürlichen Ordnung

Der heutige Narzissmus steht auf zwei Beinen im 20. Jahrhundert. Einerseits war da die linksgrüne Ideologie, das Bestreben, die Menschen mündig werden zu lassen. Auf dass sie wortgewandt wurden und ihre Meinung frei heraus verkünden konnten. Andererseits war da der amerikanische Neoliberalismus mit seiner Fixierung auf Image-Kultivierung. Das der flotten Dame oder des frischen Wagehalses, der bereit ist, den Gipfel zu erstürmen. Kurz und gut: das Antiautoritäre der 60er Jahre, kombiniert mit dem Kommerzialismus der 90er Jahre. Das setzte sich durch, und die verschiedenen Ränge und Stände verloren ihren Status. Die Welt, in der der Bäckerssohn die Tochter des Landherrn nicht heiraten darf, ist unterdessen in Westeuropa schon längst Vergangenheit. Der sexuelle Marktwert des Individuums wurde damit das wichtigste differenzierende Kriterium. Dieser Attraktivitätswettkampf ist steinhart. Die Hypersexualisierung von Teenagern ist die Folge davon. Du bist vielleicht nicht das schönste Mädchen der Klasse, du kannst aber wohl das kürzeste Röckchen tragen, Make-up auftragen oder einen Push-up-BH anziehen. In Ländern ohne soziale Mobilität ist Sex Appeal die einzige Art, um auf der Gesellschaftsleiter hochzuklettern, wodurch Fabian – wenn er in der Ukraine ausgeht – bürgerliche Mädchen nicht von Prostituierten unterscheiden kann.

Das schuf eine Dichotomie in der westlichen Gesellschaft. Während einerseits der Körper Heranwachsender sexualisiert, ist andererseits die Verurteilung von Pädophilie durch die Gesellschaft immer härter geworden. In den 60er und 70er Jahren gab es noch Politiker wie Edward Brongersma und Daniel Cohn-Bendit, die meinten, dass Pädophilie als sexuelle Freiheit eingeordnet werden könne und deshalb Grenzgebiet war. In den Memoiren von Giacomo Casanova aus dem 18. Jahrhundert lesen wir, dass Eltern von Bourgeois-Familien ihre 15-jährigen Töchter anspornten, ihn zu verführen, wofür er der Familie ein Goldstück gab, das gerne angenommen wurde.

Unterdessen hat das viktorianische Mem, die Reinheit des Kindes, die Schlacht überzeugend gewonnen. Im Westen muss alles erlaubt sein, aber das Kind bleibt rein. Teenager-Mädchen kleiden sich wie Fotomodelle; der Tag kommt, an dem es schiefgeht. Ein Mann täuscht sich in der Einschätzung, ein Mädchen geht mit lumpigen Typen mit, es wird in einem düsteren Zimmer betatscht. Mit anderen Worten: Die Sexualisierung des Jungmädchenkörpers hängt zusammen mit der Chance, dass ein Teenager in einem unerwünschten Moment und viel zu früh mit Sex in Berührung kommt. Der Kulturmarxismus hat jedoch kein Interesse an Konsequenzen und vorauszusehenden Folgen. Es geht um Intentionen. Die Wünsche, Empfindungen und Sehnsüchte des Individuums haben Vorrang vor der Gesellschaft und der Wirklichkeit: „Wenn sie sich so kleiden will, dann ist das ihre Freiheit, sich zu äußern, ihre sexuelle Selbstverwirklichung, es geht niemanden etwas an, es ist ihr Recht."

In „Le Monde“ vom 26. Januar 1977 stand ein Plädoyer für die Freilassung von Bernard Dejager, Jean-Claude Gallien und Jean Burckhardt, die allesamt verhaftet worden waren, weil sie verdächtig waren, sexuellen Umgang mit Kindern unter 15 Jahren gehabt zu haben. Auf der einen Seite können 13-jährige Kinder, wenn sie auf Abwege geraten, wohl für ihre Entscheidungen bestraft werden durch das repressive juristische System. In sexuellen Angelegenheiten hingegen erkennt das System diese Freiheit, selbst zu entscheiden, nicht an. So argumentierten die Verteidiger der Verhafteten. Dieser lange Brief wurde unter anderen unterschrieben von Louis Aragon, Grundleger des Surrealismus und Vertreter des sozialistischen Realismus, und Francis Ponge, der wiederum großen Einfluss ausübte auf den postmodernen Philosophen Derrida. Auch der postmoderne Lyotard durfte nicht fehlen, so wie auch der Marxist Sartre und die Feministin Simone de Beauvoir. Und so haben noch viele einflussreiche Intellektuelle die Liste unterzeichnet.

Zwei Jahre später erschien in der Zeitung „Libération“ ein Brief über einen Gerard R., der nach Meinung des Blattes mit Mädchen von sechs bis zwölf Jahren zusammenwohnte. Er wurde vor Gericht gestellt wegen sexuellen Missbrauchs. Der Brief plädierte dafür, dass ein sechsjähriges Kind voll zurechnungsfähig sei, sich mit sexuellem Kontakt einverstanden zu erklären.[145] Diese Epistel wurde von sage und schreibe 63 Leuten unterschrieben, mit dabei die Feministin Christiane Rochefort und der „Nouveau Philosophe“ Pascal Bruckner.

Das ist sehr interessant, weil derselbe Bruckner in seinem Werk „Le Paradoxe amoureux“ (2009) über die „Entzauberung“ der Ehe schrieb. Dinge wie Familienstatus, Zugang zu Sex und das Garantieren von Besitztum werden nicht mehr durch die Ehe geregelt. Das Gefühl von Verliebtheit ist damit noch die einzige Quelle der Ehe, und gerade das wird immer schwieriger. Man experimentiert mit Beziehungen, macht Erfahrungen und vergleicht die positiven und negativen Eigenschaften des Partners. So wird die Einkaufsliste des postmodernen Menschen immer länger, und indirekt seine Enttäuschung größer. Im Mittelalter heiratete der Mensch, nachdem er sich einmal verliebt hatte: Die Ehepartner waren voneinander abhängig und mussten sich damit zufriedengeben. „Früher zwängte eine Familie wie ein Korsett; nun denkt man dabei eher an eine durchlöcherte Plane, durch die Wind und Regen ihren Weg finden. Das ist der gängigste Blick auf das Debakel, zu dem die individualistische Revolution geführt hat."[146] Und vielleicht auch der Grund weshalb, auf jeden Fall in Europa, 70 Prozent der Ehescheidungen von der Frau angefragt werden. So kommen wir von selbst auf die „no fault divorce marriage". Scheidung, wobei es nichts vorzuwerfen gibt und einer der beiden Partner die Ehebande freiwillig durchtrennt.

1870 schrieb der Österreicher Leopold Sacher-Masoch einen Roman, in dem er den Zusammenhang zwischen Macht und Sex ausdrücklich erklärte. In „Venus im Pelz" stellt er der heißblütigen Verführerin des Altertums die prüde eheliche Treue Nordeuropas gegenüber. Da steckt der Gedanke dahinter, dass einen Mann nichts so sehr reizt wie eine Frau, die ihren sexuellen Begierden nachjagt und ihre Liebhaber ebenso schnell fallenlässt, wie sie sie um den Finger gewickelt hat. Liebe ist wie Politik, meint der Autor: Einer der Partner hat alle Macht. Eine Person ist der Hammer, die andere der Amboss. Ein paradigmatisches Vorbild ist der Riese Samson aus dem Alten Testament, der von der Verführerin Delilah im Schlaf kahlgeschoren wird, wodurch er seine übermenschlichen Kräfte verliert.

In „Venus im Pelz" heißt die Verführerin Wanda von Dunajew. Sie bezeichnet sich als „heidnisch", ist jung, schön und reich und möchte das möglichst ausgiebig auskosten. Wanda entsagt sich selbst nichts und befriedigt Männer, die sie beglücken. Aber nur solange die sie glücklich machen; danach sucht sie einen anderen. Eines Tages läuft ihr ein geplagter Schriftsteller über den Weg, der sich ihr gerne unterwerfen will und sexuellen Genuss erlangt, wenn sie ihn erniedrigt. Dann fällt ihr Blick auf einen mutigen, aber brutalen Offizier. Sie lässt herausfinden, in welcher Kaserne dieser virile Säbelrassler stationiert ist. Heutzutage kennt man diese Phantasie als „cuckolding“, wobei ein Mann Gefühle von Erniedrigung und Unzulänglichkeit sucht beim Sex, den seine Frau mit anderen hat. Zugleich gilt dann aber für die Frau, dass sie einerseits an ihrem Mann schätzt, dass er ihr die Freiheit gibt, mit anderen Männern Sex zu haben, während andererseits der Übergang zu regelrechter Verachtung hauchdünn ist, weil er sich ganz einfach so in den Hintergrund rückt. Die Erniedrigung des Ehemannes kommt zu einem Höhepunkt, wenn sie von einem anderen Liebhaber so gebannt wird, dass sie ihren Mann für immer verlässt. „Masochismus“, so lautet das Wort nach dem Werk von Sacher-Masoch.

Nordeuropäer schließen langweilige, lieblose Ehen, das lässt der Autor Wanda bemerken, sie sind stolz auf ihren einfachen Lebensstil und ihre Treue. Zugleich sind sie fasziniert von den nackten, sensuellen und unbekümmerten Heiden, die sie, inspiriert durch die Antike, immer wieder in Werken abbilden. Die Leidenschaften, die die hemmungslose weibliche Sexualität auslöst, stehen also gegenüber dem Fortschritt, der Zivilisation und der intellektuellen Maskulinität, eingenistet in den nordeuropäischen Volksgeist. Es ist schon gut, dass die Erinnerungen an Helena, Aphrodite und Kalypso unter den Ruinen von Pompeji zugeschüttet wurden.

Die Zeit aber, in der „Venus im Pelz“ erschien, war eine Zeit der Veränderung: Das fin de siècle machte sich bemerkbar, und junge Frauen begannen, die einengenden Gemeinschaften auf dem Lande mit dem Abenteuer in der großen Stadt zu tauschen. Es gab da Damen wie Lola Montez – Verführerinnen und Unterhaltungskünstlerinnen, die sich, wie später Marilyn Monroe, in die Kreise von mächtigen Männern begaben.[147] Die hedonistische Wanda findet Treue nur so lala und will nur eine Beziehung, solange sie dabei selbst Befriedigung findet. Es ist interessant festzustellen, dass die Idee der hedonistischen Ehe gleichzeitig mit der Idee von allerlei Fetischen und Erniedrigungsphantasien eingeführt wurde. Es dauerte aber noch bis in die 60er Jahre des 20. Jahrhunderts, bevor diese Auffassungen auch bis in die niedrigeren Klassen durchdrangen.

Alle unsere (sexuellen) exklusiven Begriffe, die der Familie, die der Monogamie und die der lebenslänglichen ehelichen Treue, kanalisierten die Sexualität. Auf die eine oder andere Weise waren diese Ideen in der natürlichen Ordnung verwurzelt. Nämlich das Erwachsenwerden, das Sichverlieben und das Gründen einer Familie. Jedes Leben kennt solche rites de passage. Jedenfalls waren die Begriffe dazu da, diese rites de passage für jedes Mitglied der Gesellschaft erreichbar zu machen.

Die traditionelle Ehe war der Schlussstein der westlichen Zivilisation, weil der durchschnittliche Mann für einen verantwortungsbewussten und produktiven Lebenswandel belohnt wurde. Also nicht – wie in den Erzählungen von Tom Sawyer und Robin Hood wohl verherrlicht wurde – wie ein Vagabund im Wald zu wohnen, herumzuziehen und von Raub und Mutwillen zu leben. Wie in den genannten Briefen aufgezeigt wird, machen Kulturmarxisten Sexualität zu einer subversiven Angelegenheit. „Was denn, rites de passage? Warum soll es nicht möglich sein, mit dem Experimentieren mit Sex im Alter von sechs Jahren anzufangen?" – „Was denn, Ehe? Die Ehe ist das Knechten der Frau!"[148], und so weiter. Dies alles musste die westliche Zivilisation untergraben. Statistiken zeigen den verheirateten Mann doch als das produktivste und schwerstarbeitende Mitglied jeder Gesellschaft. So kann man den Zahlen des Social en Cultureel Planbureau entnehmen (dem Emanzipationsmonitor, der seit 1998 alle zwei Jahre erscheint), dass die Belastung des Mannes in Stunden gemessen größer ist als die für Frauen.

Die exklusiven Ideen von der wahren Liebe und der Ehe für das ganze Leben – obwohl der verheiratete, verantwortungsbewusste Mann in der populären Kultur schon mal als Stoffel bezeichnet wird – hatten doch auch ihren Zweck. Richtet sich das Verlangen von Frauen denn instinktiv auf „Liebe" oder auf die sensationelle Fahrt in der Achterbahn von Emotionen, die der „Bad Boy" ihnen bietet? Die echt fanatischen feministischen Frauen, mit denen er ins Bett ging, so erzählte der britische Politologe Alexandar Atkinson, fanden ihre größte Befriedigung im Schlafzimmer bei den dominantesten und erniedrigendsten Fetischen. In ihrem Innersten wünschen sie sich, von einem Mann mit hohem Status dominiert zu werden, der sie sättigt und zitternd im Bett liegenlässt. Der Durchschnittsmann kommt dagegen nicht an. Dieser hätte kaum einen Grund, ein produktives und verantwortungsbewusstes Leben zu führen, wenn die sexuell exklusiven Ideen seine Produktivität in der Ehe nicht institutionalisieren würden.

Das Gedicht „Daddy" (1963) zeigt, wie Sylvia Plath darum kämpft, ihre Identität zu entwickeln, weil eine Vaterfigur fehlt. In dem Werk stellt sie ihren Vater als Nazi dar und sich selbst als wehrlosen Juden.

„Every woman adores a fascist", schrieb sie – „sie begehrt, einen Stiefel ins Gesicht gedrückt zu bekommen, und das Herz eines Rüpels." Der Ton, in dem Plath das Gedicht vorträgt, ist eine interessante Mischung aus Wut, Groll, Ergebenheit, Trübsal, Kampfeslust und aufgestauter sexueller Aggression ihrem Vater gegenüber. Deshalb sah Atkinson einen Zusammenhang zwischen Frauen mit masochistischen Fetischen und Ermangelung einer Vaterfigur. Er wies auch auf Eva Braun hin, die sich selbst mit der Pistole ihres Vaters in die Brust schoss, um die Aufmerksamkeit ihres Liebhabers – des berüchtigten österreichischen Diktators – auf sich zu lenken. Letzterer zwang Eva, sich abzusondern, und behandelte sie streng. Doch lässt der Inhalt ihres Tagebuchs erahnen, dass sie ihn immer mehr liebte. „Liebe ich Sie mehr, wenn ich selbst weniger Liebe bekomme?", um schon mal Paulus zu paraphrasieren.[149]

Atkinson arbeitete eine Zeitlang in China, wo Frauen sich sichtlich darum bemühen, einen guten Mann zu finden. Seiner Erfahrung nach betragen chinesische Frauen sich weiblich, höflich und bescheiden. Seine Zeit in Asien nahm ein Ende, und er kehrte in seinen Geburtsort zurück. „Ich ging in den erstbesten Pub und sah, wie viel zu dicke Mädchen in viel zu engen Nabelpullis die Mitte der Tanzfläche dominierten", erklärte er. „In den Eckchen standen die Männer, die an und für sich dezent und gepflegt aussahen, aber die Frauen wie sich unterwerfende Welpen mit Rehaugen anstarrten.“ Auf einmal zog eine Blondine, die er aus seiner Jugendzeit kannte, an seinem Arm. Früher war er einmal verliebt in sie. Sie wusste das, und einmal hatten sie sich geküsst. Wohl sagte Atkinson, dass sie damals mit seinen Gefühlen gespielt habe. Zu jener Zeit war sie bildschön, jetzt war sie dick. Sie war Säuglingsschwester.

„Hol mal einen Drink für mich!“, rief sie ihm zu. Er ignorierte sie und schwatzte wieder mit seinen Kumpeln. Sie versuchte weiterhin, seine Aufmerksamkeit zu erregen. „Ich werde das nicht tun für dich“, sagte er schließlich. „Es sei denn, du gehst vor mir her zur Bar. Vielleicht können wir dort etwas zusammen trinken. Dann erzählst du mir, wie es dir ergangen ist.“ Er bestand darauf, und sie stimmte zu. An der Bar begann sie auf einmal, an seinem Gürtel herumzumachen, wobei sie mit der Hand über sein Geschlechtsteil rieb. Vage erwähnte die Säuglingsschwester etwas vom Kokainschnupfen. Im Licht der Disko fiel Atkinson auf, dass sie nicht mehr so gesund aussah. Er atmete die schwüle Luft ein, deren Nebel durch das Licht der violett-rot blitzenden Lampen durchbrochen wurde. Alles wurde für ihn auf einmal zu einer wahrnehmbaren Klarheit: Er konnte sogar die einzelnen Schweißtröpfchen auf ihren Fingern sehen, mit denen sie das Glas festhielt. Er fragte sie, weshalb sie sich nun auf einmal so anhänglich gab. Warum sollte er ihr auf einmal zuhören, sich von ihr einwickeln lassen? Während sie ihn früher so schlecht behandelt hatte? Was dachte sie wohl, wer sie war?

Auf einmal fixierte sie sich bis ins Extrem auf ihn. Sie wirkte beinahe hypnotisiert. „Du wolltest mir Gitarrenstunden geben“, sagte sie. „Ich wollte nur ficken.“ Atkinson ging nicht darauf ein. Erklärungen, die wir abgeben für unsere Beweggründe in früher erlebten Augenblicken in unserem Leben, hängen von unserer gegenwärtigen Stimmung ab. „Das sagst du, weil du jetzt einfach so drauflos lebst“, antwortete er. „Mit Kokain und hie und da Sex. Früher verhieltest du dich wie ein Prinzesslein, das sich für diese Welt zu gut war.“ – „Nicht wahr“, sagte sie. „Wenn du willst kannst du mich *jetzt* ficken." In aller Ruhe trank er sein Glas aus. „Okay", sagte er bestimmt, doch bedächtig, indem er das Glas mit dumpfem Knall auf die Bar stellte. „Dann kommst du *jetzt* mit mir zu meinem Haus." Plötzlich kam ein panikartiges Glitzern in ihre Augen. Sie fing an, schwerer zu atmen, und er fühlte, wie sie mit ihren klammen Händen seine Handgelenke umklammerte. „Ich will Romantik!", rief sie auf einmal. „Ich sehne mich nach einer Romanze, ich suche die echte Leidenschaft und will mich verlieben!" – „Du hast sie nicht alle", sagte Atkinson trocken. Entschlossen drehte er sich um und ging zu seinen Kumpeln zurück.

Eine solche Geschichte erläutert, warum der Mann von heute wieder „raubritterartiges" Gebaren entwickelt. Er lässt sich nicht so schnell in einer festen Beziehung festhalten, identifiziert sich weniger mit seiner Stelle, legt nicht mehr so viel Wert auf einen hohen Status. Junge Leute so gegen die 30 denken darüber nach, eine Familie zu gründen. „Ich frage mich, ob ich mir wohl ein Kind wünsche", erzählte ein Student der Elektrotechnik an der Fachhochschule. „Denn Beziehungen sind heutzutage nicht mehr so sehr bindend wie vor etwa 50 Jahren. So könnte ich vielleicht ein Kind haben mit einer Frau, mit der ich in drei Jahren nichts mehr zu tun haben will. Das ist kein angenehmes Zukunftsbild. Und dann ist da noch meine Position auf dem sexuellen Markt. Denn, geben wir es nur zu, ein Mann, der noch kein Kind hat, ist auf diesem Markt immer noch etwas besser dran als einer, der schon eines hat. Da kommt noch hinzu, dass ich auch in der Nähe meines Kindes sein möchte, wodurch ich nicht so einfach im Ausland arbeiten gehen kann. Ein Kind würde mich daran hindern, meinen kosmopolitischen Lebensstil fortzusetzen." Das Erwachsenwerden wird verzögert, die Jugendzeit ausgedehnt. Irgendwie, tief im Innersten, ist es nichts anderes als eine gesunde Reaktion auf eine ungesunde Zeit.

„Things had evolved on such a wide front, in such an overwhelming and at first sight apparently irreversible way, that many of us began to hope that the legal regime imposed on the sexual practices of our contemporaries would at last be relaxed and broken up."[150]

So Michel Foucault in einer Diskussion im Radio über die obengenannte Angelegenheit: Sex mit Kindern im Schutzalter. Foucault meint, dass Sexualität erst im 19. und 20. Jahrhundert zu einer Sache wurde, in die sich die Obrigkeit einmischte, und deutet das als zunehmenden „Beherrschungsdrang". Indem man Sexualität immer weiter aufwiegelt, könnte die repressive Staatsordnung „explodieren". Mit dem Resultat der Befreiung dieser rein natürlichen, unberührten und inhärent guten menschlichen Leistungsfähigkeit, die von den 68ern so geliebt wird, „die freie Liebe". Aber ist die Liebe inhärent gut und frei? Denn Liebe ist auch „sie lieber unter der Straßenbahn liegen sehen als in den Armen eines anderen", wie der Schriftsteller Boudewijn van Houten sagte.

Ein halbes Jahrhundert später sehen wir die Folgen der sexuellen Subversivität. Eine jungfräuliche Frau, die Sex grauslich findet, aber doch Kinder will, lässt sich künstlich befruchten. Ein pensionierter Mann zieht nach Thailand und bekommt dort noch ein Kind, das jünger ist als sein Enkel. Oder sogar ein reicher Mann, der als Lediger beschließt, sich mit Hilfe einer Leihmutter ein Kind zu nehmen und ohne Frau aufzuziehen. In Colorado hat man es sogar soweit kommen lassen, dass vor Gericht erzwungen wurde, einem sechsjährigen Jungen zu erlauben, in der Schule die Toilette für Mädchen zu benutzen.

Es ist keine Überraschung, dass der Postmodernismus in Frankreich entstand, weil vieles davon auf die Französische Revolution zurückzuführen ist. Das Bürgertum wollte sich gerne emanzipieren von den hierarchischen, disziplinierten, an Religion gebundenen Monarchien, die Europa um 1789 dominierten. Die Historiker Hugh McLeod und Peer van Rooden meinten, dass die 68er die kollektiven Werte der Französischen Revolution – Freiheit, Gleichheit und Brüderlichkeit – gegen individualistische Werte eintauschten: Authentizität, Expressivität und Reflexivität.[151] „Typisch für diese Epoche war ein vorherrschendes Bekümmernis um das Recht für Individuen, selbst Entscheidungen zu treffen in Sachen Glaube, Moral und Lebensstil, ohne Einmischung des Staates, der Kirche, des Arbeitgebers, Eltern oder Nachbarn. Der Ausgangspunkt, auf dem dies alles aufgebaut wurde, war die Suche jedes Individuums nach seinem oder ihrem eigenen Lebensweg, dabei nicht gehindert durch ‚externe' Verhaltensvorschriften und Behörden."[152]

Diese Suche nach dem Lebenspfad – das sich selbst Entdekken, werden, wer du tatsächlich bist – hängt in hohem Maß mit der Säkularisierung und dem Widerstand gegen religiöse Autoritäten zusammen, was wir auch als „Humanismus" bezeichnen. Das Widersprüchliche des Humanismus ist, dass das Individuum nur imstande ist, sich selbst zu erheben, wenn es einen Maßstab gibt, an dem es nach oben klettern kann: ein Maßstab, der primär noch wichtiger ist als das Individuum, und noch primär wichtiger als dessen Vorzüge. Als bildhaftes Beispiel nannte der deutsche Dichter Rainer Maria Rilke ein 2.500 Jahre altes antikes Standbild. Er sah in dem beschädigten Torso einen gebietenden Auftrag. Das Standbild gab ihm den Auftrag, sein Leben zu bessern: Rilke musste sich selbst disziplinieren, damit er eine höhere Lebensweisheit erreichen konnte.

Ein wichtiges Ziel des Humanismus ist inzwischen erreicht. Die Leute sind in der Tat mündiger denn je. So werden im Internet die Diskussionsplattformen meistens von Hipstern beherrscht, die nicht viel mehr lesen als oberflächliche populäre Blogs, auf denen „Hurra für Gleichheit in allen Formen" den Ton angibt. Es ist diese Masse von, wie Lenin sagen würde, „nützlichen Idioten", die die intellektuelle Maskulinität erdrückt. Bevor diese Hürde entstand, bedeutete über Kenntnis verfügen zu können, einen bestimmten moralischen Status haben. Dieser Status ist nun verwässert: „Warum Tatsachen festlegen, wenn man sie auch im Internet suchen kann?" Vom Erhebungsdenken ist nicht viel mehr übrig. Noch schlimmer: Die eigene Verantwortlichkeit des Individuum-seins ist so erweitert, dass es selbst imstande sein muss, für diese Verantwortlichkeit Grenzen zu ziehen. Wodurch die Verantwortlichkeit wertlos wird. Die Begierden des Individuums dominieren. Die zusammenhängenden, auf tatsächliche Kenntnis basierten Philosophien, um diese Vorlieben einzudämmen, zerbröseln.

Der britische Psychiater Dalrymple beschrieb, wie eine lesbische Patientin ausführlich enthüllte, wie sie sich selbst mit Sperma inseminierte. Sie sagte, damit gegen die Ordnung zu rebellieren, die im Wesen der Natur liegt.[153] 2013 gebar in Berlin ein Mann ein Kind, das war möglich, weil es sich um einen Transgender handelte, der sich als Mann identifizierte, aber ein weibliches Fortpflanzungssystem hatte.[154] Die Idee, dass wir unsere Wünsche und Charaktere nach einer höheren, idealen Ordnung formen müssen, verliert den Boden unter den Füßen; Verlangen werden selbstreferentiell: „Ich will es, weil ich es will", ohne an die Folgen zu denken. Dem liberalen kanadischen Philosophen Charles Taylor zufolge verursacht das eine innere Leere, denn „nichts wird als eine Erfüllung gelten in einer Welt, in der buchstäblich nichts wichtiger ist als die Selbsterfüllung".[155] Selbstübersteigung verlangt eine Philosophie, die mehr sagt als die Deutung von Präferenzen als subjektive und persönliche Bedürfnisse. Sie verlangt nämlich eine Lebensanschauung, in der diese Präferenzen als „schicklich" oder eben „nicht schicklich" bezeichnet werden können. Taylor meint, dass in einer Welt zu leben, die andauernd zurückverweist auf selbst geschaffene Präferenzen, den Menschen am Ende schon Befriedigung, aber nicht mehr Erfüllung schenkt. Um sich im Leben wirklich heimisch fühlen zu können, braucht der Mensch eine Berufung nach Dingen, die größer sind als er selbst und die seine Präferenzen noch übertreffen.

Als ich das mit der Jugendkoordinatorin der IPPF (International Planned Parenthood Federation) besprach, sagte sie: „Warum sollte unsere repressive Gesellschaft etwas über unseren Körper zu sagen haben? Darüber, ob wir uns als Mann oder Frau fühlen, zum Beispiel." Ich sagte: „Wenn ich mich als Napoleon fühle oder allen Ernstes denke, Napoleon zu sein, würde es mir helfen, wenn meine Kollegen, Freunde und Familie das Spiel mitspielen?" – „Nein", sagte sie, „denn es gibt da ganz deutliche historische Tatsachen, die beweisen, dass du nicht Napoleon bist." – „Bei Transsexualität gibt es diese auch", reagierte ich. „Anatomische Tatsachen. Ob wir Mann oder Frau sind, wird durch das Chromosom bestimmt." – „Du sprichst hier über Geschlecht", antwortete sie. „Das ist auf physische Eigenschaften beschränkt. In meiner Organisation sprechen wir von ‚Gender' – das umfasst Männlichkeit und Weiblichkeit als Konventionen einer Gesellschaft."

Ich erklärte, dass man das früher „Frauenstudien" nannte. Durch den Postmodernismus beeinflusst wurde das in den 60er Jahren in „Genderstudien" umgetauft. Man denke an das Zitat des Philosophen Derrida: „Außerhalb des Gefängnisses des Textes gibt es nichts." Anders gesagt: Wirklichkeit war immer schon eine Frage der Sprache und damit der Perspektive. Wissenschaftler konnten höchstens Sprach*konventionen* analysieren. Auch das Geschlecht wurde in diesem Sinn als kulturelle Konvention aufgefasst. Taylor weist die postmoderne Benennung jedoch resolut zurück: „Der Gesichtspunkt, von dem aus wir feststellen könnten, dass jede Ordnung eben gleich willkürlich ist, ganz besonders jede moralische Einsicht, steht uns Menschen ganz einfach nicht zur Verfügung."[156]

Der Postmodernismus gewann jedoch den Kampf um Westeuropa: Das Resultat sehen wir in der heutigen Gesellschaft, wo die natürliche Ordnung vollständig abgeschafft wurde und die Identität einer Person nur noch an seine Selbstidentifikation gebunden ist, oder eben seine Intentionen. Ein ausgeprägt männlich aussehender Mann versucht, in die Frauentoilette einzudringen, wird zurückgehalten und ruft: „Ich fühle mich aber als Frau!" In Deutschland wurde, nebst Mann und Frau, nun offiziell eine dritte „Zwischenkategorie" festgestellt als mögliches juristisches Geschlecht. Schweden hat sich offiziell mit einem neuen Wort bereichert, ein geschlechtsneutrales persönliches Fürwort, speziell für Intersexuelle. Neben „er" („han") und „sie" („hon") gibt es in der schwedischen Sprache nun auch „es" („hen"). Ab April 2015 steht das Wort in der offiziellen Wörterliste der schwedischen Sprachunion.[157] 2010 beschloss die Universität von Cardiff auf Drängen von LGBT-Aktivisten,

Unisextoiletten einzurichten. Der Grund dafür war, dass Transsexuelle gezwungen waren, sich als eines der beiden Geschlechter auszugeben, wenn sie auf die Toilette gehen mussten; was zu Verwirrung und Empfindungen des Ausgeschlossenseins führen könnte. Das Gender-neutral-machen von Toiletten bedeutet in der Praxis, dass Männertoiletten durch Frauentoiletten ersetzt werden: Beide Geschlechter können diese benutzen, derweil nur Männer auf die Männertoiletten gehen können.

Anatomische Tatsachen haben jedoch Einfluss auf geschlechtsspezifisches Verhalten, meint Armin Falk, Professor an der Universität Bonn. Männer lügen nicht so oft wegen des Testosterons. „Je mehr Testosteron, desto weniger Lügen."[158] Nehmen wir mal an, dass es so ist, dass körperlich ein Mann zu sein und dich gleichzeitig als Frau zu fühlen und zu verhalten, etwas ist, zu dem dich die „Verkabelung" in deinem Kopf hinleitet; dann sind Kulturmarxisten falsch gewickelt, wenn sie Geschlechtsidentitäten als gesellschaftliche Konventionen ansehen. Und – in einem durch so weiter argumentierend – wenn Homosexualität angeboren ist, also eine natürliche Sache sein soll, weshalb muss unsere Gesellschaft dann ausgelassen kokettieren mit Homosexualität als *Kultur*? Man denke an Gaybars und Canal Parades. Und ist der Abscheu, den Leute empfinden, wenn sie Frauen mit Bart sehen oder wenn zwei Männer sich in der Öffentlichkeit küssen, dann auch die Folge „gesellschaftlicher Konstruktion"? Oder doch eine natürliche Reaktion?

Betreffs Zusammenhang zwischen Homosexualität und Kultur schrieb die Aktivistin Paula Ettelbrick folgendes: „Homosexuell sein ist mehr als das Fordern der Freiheit, im eigenen Haus mit einer Person deiner Wahl zu schlafen. Homosexuell sein bedeutet, sexuelle Grenzen zu versetzen, um auf diese Weise die Gesellschaft radikal zu verändern."[159] LGBT-Aktivisten geht es offenbar um mehr als das Erwerben von bürgerlichen Freiheiten. Endziel ist, die Art der Gesellschaft zu transformieren. Dazu äußerte sogar der als „links" bekannte Politologe Colin Crouch seinen Widerwillen gegen die Versuche progressiver Parteien, um über die Agenda der Homolobby Stimmen zu gewinnen. Seiner Meinung nach wurden die allerwichtigsten gesellschaftlichen Fragen auf diese Weise eingetauscht gegen Teilinteressen, was die politische Zersplitterung in noch mehr Splitter aufteilte.[160]

Es ist wohl keine große Überraschung, wenn wir in diesem Zusammenhang auch den Eurovision Song Contest von 2014 nennen. Gewinner(in) war eine Frau mit einem Bart, ein österreichischer Transgender. Wenn wir die Stimmung auf populären, politischen Weblogs beachten, war das Songfestival gebraucht worden, um dem kulturell konservativen Russland ein Bein zu stellen. Jedes Mal, wenn der österreichische Kandidat Punkte bekam, wurde gejubelt, als ob es sich um einen politischen Wahlsieg handelte. Francis Yockey, einer der obskursten Denker des 20. Jahrhunderts, fand, dass im Stalinismus noch etwas von der traditionellen europäischen Hierarchie bewahrt worden war. Sollte der Kommunismus einmal in sich zusammenfallen, würde dieses Element in Russland wieder an die Oberfläche kommen, während aus Amerika dem Abendland eine falsche Maske von Freiheit aufgezwungen würde – einen oberflächlichen Lebensstil unter dem Deckmantel des Multikulturalismus und der Diversität. Ein ähnliches Gefühl drückte Guus Lodeizen in einem Brief an seinen Sohn Hans Lodeizen in den Worten aus: „Sich selbst übertreffen ist unmöglich in einem Land, in dem die Massenproduktion von Kühlschränken als kultureller Höhepunkt gilt.“[161]

Der Kulturmarxist Franz Boas und sein Lehrling Margaret Mead meinten, dass jeder Aspekt menschlichen Verhaltens bestimmt wird durch kulturelle Konditionierung und nicht durch Biologie. Um das zu beweisen, reiste Mead nach Samoa, wo sie zwei junge Damen über die Art und Weise, auf die ihre Gemeinschaft mit Sexualität umgeht, befragte. Fa‘apua‘a Fa‘amu und Fofoa Poumele erzählten ihr, dass die Männer in Samoa schüchtern seien und dass deshalb sexuelle Aggression von Frauen erwartet werde. In der westlichen Kultur wird vom Mann beim Verführungsritual erwartet, Annäherung an die Frau zu suchen.

In einer anderen Kultur war das anscheinend umgekehrt. Auf Basis dieses Befundes publizierte Mead 1928 „Coming of Age in Samoa“; es wurde ein Bestseller in feministischen Kreisen.

David Freeman jedoch untersuchte 1983 dieselbe Sachlage: Er entdeckte, dass Mead beim Interview zum Besten gehalten worden war. Die jungen Damen hatten sich befangen gefühlt, Fremden Fragen über Sex zu beantworten. Deshalb hatten sie sich eine Geschichte ausgedacht, erklärten sie in einem auf Video festgehaltenen Gespräch: Sie fanden ihre Geschichte selbst so absurd, dass sie davon ausgingen, dass Mead sie nicht glauben würde. Sie aber glaubte sie. Diese Enthüllung zeigt die Grenzen der Auffassung auf, dass sexuelle Rollenmuster kulturelle Konstruktionen sind.

Obwohl ein wichtiger intellektueller Pfeiler des Feminismus auf einem Hoax beruht, hält ihn das nicht zurück, seine Agenda durchzusetzen. In „De mythe van het glazen plafond“ (2009) erläutert Ökonomin Marike Stellinga, wie in skandinavischen Ländern männliche Betreuer mit Kindergartenkindern nicht einmal Fußball spielen dürfen – das würde Stereotypen nur noch mehr Nachdruck verleihen. Vivian Gornick von der Universität von Illinois erklärte sogar, dass es die Aufgabe des echten Feministen sei, die Gesellschaft so zu verändern, dass die Frauen nicht länger die Wahl haben, daheim für die Familie zu sorgen.[162] Demgemäß meinte PvdA-Mitglied Sharon Dijksma 2006, dass Frauen, die nicht arbeiten gingen, ihr Bafög zurückzahlen müssten.[163] Hier sieht man darüber hinweg, dass Mann und Frau biologisch und anatomisch verschieden sind. Das, was wir „gerecht“ nennen, ist eine gleichmäßige Verteilung von Chancen. Das garantiert keine gleichen Ergebnisse bei einer sexuell dimorphen Sorte, also dem Menschen.

Meine Freundin aus Zypern besuchte während einer Besichtigung in Brüssel mit einer Gruppe kosmopolitischer Hipster eine Schokoladenfabrik. Um zusammen Kekse zu backen. Die Hipster verschmierten alles; die Schokolade schmolz in ihren Händen, und ihre Kekse klebten aneinander. Sogar den Damen gelang nichts. Sie fand das eine traurige Sache: All diese sogenannt emanzipierten Nordeuropäer konnten nicht einmal etwas Leckeres für ihren Freund oder zukünftigen Ehemann zubereiten. Sie selbst arbeitete mit einer traditionell erzogenen jungen Griechin. Von allen in der Gruppe buken sie zu zweit die schönsten Kekse.

Das Thema Feminismus bringt einen schon mal in Versuchung, zu denken: „Ich bin selbst kein Feminist, ich würde auch keine feministische Frau zur Freundin nehmen, lass sie halt machen, was kümmert's mich." Ein Mensch ist jedoch keine Insel; du bist zum Teil von anderen abhängig, und wenn sich nur genug Menschen an die femininen Werte anpassen, wird es auch für dich Folgen haben. Die Politik kann dir den Feminismus auferlegen, so bekommst du bei deiner Arbeit damit zu tun. Es kann auch schwieriger werden, Freundschaften zu schließen, weil es Leute gibt, die deine maskulinen Werte ablehnen. Das feministische Szenario ist deshalb mit einer Reihe mittelalterlicher Scharmützel zu vergleichen. Wenn dein Landesherr merkt, dass Banditen deine Bauern bei der Arbeit außerhalb des Dorfes überfallen, dann musst du sofort handeln, direkt eingreifen und sie bestrafen. Oder du kannst dich dazu entscheiden, dem Konflikt aus dem Wege zu gehen, und die Bauern ins Dorf zurückrufen. Eines Tages jedoch werden die Rohstoffe knapp. Der Feind wird sich stets aggressiver verhalten, so dass du schlussendlich nur noch in deinem eigenen Dörfchen ein bisschen Freiheit hast.

Das Beispiel von den Rohstoffen ist vielleicht rein allegorisch, aber der Feminismus hat ganz entschieden einen nachteiligen Einfluss auf die Sicherheit. Wendy Tapia musste für ihre Ausbildung bei der Feuerwehr imstande sein, ohne Gepäck in zwölf Minuten anderthalb Meilen zu rennen. Sie versuchte es fünf Mal, fiel bei den Tests durch, bekam aber trotzdem ihr Diplom.[164] Eine Nebenerscheinung der Emanzipation ist die drastische Zunahme der Kriminalität unter Frauen, was der Sicherheit auch nicht zugutekommt. 1980 wurden rund 4.000 Mädchen von der Polizei vernommen, 2006 waren es schon über 12.000: Dreimal so viel in 26 Jahren.[165] Aus der landesweiten Übersicht vom Dienst IPOL (Internationale Polizei-Information) geht hervor, dass 1996 der Anteil der Frauen, die krimineller Handlungen verdächtig waren, 16 Prozent betrug; 2007 waren es 17,1 Prozent. Frauen werden vor allem mit Vermögensdelikten in Verbindung gebracht, aber die Anzahl der Gewaltdelikte nimmt stark zu. 1996 ging es in 12 Prozent der Fälle um ein Gewaltdelikt, 2007 in 42 Prozent.[166]

Vor allem in der Alterskategorie der 12- bis 25-Jährigen wächst dieser Prozentsatz weiblicher Verdächtigen erheblich. Bei minderjährigen Mädchen ist der Prozentsatz von 0,5 Prozent auf 1,2 Prozent gestiegen.[167] Bei minderjährigen Knaben wuchs er von 2,9 Prozent auf 4,5 Prozent. Möglicherweise spielt auch hier wiederum das Fehlen der Vaterfiguren eine Rolle. Wenn die Kriminalität steigt, ist ein starker Staat vonnöten, ein Super-Papa, der uns beschützt. Das Auseinandertreiben von Vätern und Müttern spielt also bestimmten Politikern in die Karten. In einem Artikel mit dem vielsagenden Titel „Wo die Ehescheidung anfängt, hört der Rechtsstaat auf" beschreibt Marcel de Haas die Folgen der no fault divorce laws. Man benötigt mehr Wohnungen sowie auch mehr Mittel für Sozialhilfe, Kinder straucheln, und Scheidungen belasten die Gerichte. „Wussten Sie, dass, wenn eine Frau sich scheiden lassen will und Kinder da sind, der Mann – als wäre er ein Krimineller – für mindestens ein Jahr außer Hauses gesetzt wird? Wieso Eigentumsrecht? Für die Hypothek aber darf, nein, muss der Mann ganz einfach weiterhin aufkommen. Ja, für ein Haus, in dem er nicht wohnen darf. Und warum muss der Mann, gegen den eine Ehescheidung angefragt wird, einem Rechtsanwalt Zehntausende von Euros bezahlen für eine Scheidung, die er prinzipiell nicht will?"[168] Jedermann trägt das Gute und das Böse in sich, aber nichts fördert das Böse so schnell zutage wie eine Belohnung in Geld.

Aus einer Untersuchung – „Egalitarianism, Housework and Sexual Frequency in Marriage" genannt – geht hervor, dass Paare, die eine traditionelle Rollenverteilung haben, beim Sex mehr Befriedigung erlangen. Obendrein haben sie 17,5 Prozent öfter Sex.[169] Eine Beziehungstherapeutin schilderte das auf brillante Weise.[170] „Wann ist dein Mann am attraktivsten?", fragte sie eine

Klientin. „Wenn er nach sportlicher Betätigung heimkommt und sein Leibchen auszieht und ich seinen Schweiß rieche und seine Muskeln sehen kann“, lautete die Antwort. Der Mann erzählte jedoch, dass sie böse auf ihn geworden war, weil er das Leibchen auf den Boden geworfen habe. Außerdem war er an der Reihe mit Staubsaugen. Er fragte seine Frau, ob sie erregt worden wäre, wenn er sofort nach dem Staubsauger gegriffen hätte. „Natürlich nicht“, war ihre vielsagende Antwort. Mit anderen Worten: Je kleiner der Unterschied zwischen den Geschlechtern, desto seltener Sex: „In our attempt to be gender-neutral, we may have become gender-neutered.“[171] Wenn die Frau einmal anfängt, sich zu beklagen, dass er „auch niemals ungefragt ein Staubtuch zur Hand nimmt“, ist es vorbei mit dem Sexualleben.

Die Amsterdamerin Sara Coster hat zusammen mit einem Homopaar zwei Söhne im Alter von sechs und acht Jahren und ist damit ein Pionier: „Eines Morgens erwachte ich und wurde mir bewusst: Ich bin 35 und habe nicht einfach so Kinder bekommen. Wenn ich Kinder will, muss ich jetzt etwas unternehmen.“[172] Sie meinte, dass es zu spät war, noch einen Mann zu finden, eine Beziehung mit ihm einzugehen und in absehbarer Zeit Kinder zu kriegen. Eine Freundin schlug einen mit ihr befreundeten homosexuellen Freund vor, der gerne Kinder haben wollte. Coster fand das eine brillante Idee, vor allem freuten sich ihre Eltern, doch noch Großeltern zu werden. Bei der sogenannten Sache Coy Mathis ging man noch etwas weiter. Die Eltern beschrieben ihr Kind nämlich als transsexuell. Das Kind wurde mit Zwillingsschwestern geboren und identifizierte sich selbst mit deren Geschlecht. Deshalb wurde bei ihm die Diagnose „Gender Identity Disorder“ gestellt. Als progressive Parteien die Wahlen gewannen, wurde diese Diagnose jedoch von der diesbezüglichen Diagnostik-Liste gestrichen. „Geschlecht ist doch nichts anderes als eine von der Gesellschaft auferlegte Konstruktion“, so die Meinung der Kulturmarxisten.

In dieser Hinsicht ist das nicht der einzige Fall, denn im Juli 2013 urteilte der Familiengerichtshof in Australien, dass ein 13-jähriges Pflegekind Medikamente nehmen durfte, um den

Veränderungen der Pubertät entgegenzuwirken. Das Kind war nämlich als Knabe zur Welt gekommen, identifizierte sich selbst aber als Mädchen.[173] Dasselbe geschah mit einem zwölfjährigen Kind, genannt Jodie, das als Knabe geboren wurde, aber als Mädchen erzogen wurde.[174]

„Das Kind ist nicht länger mehr eine Frucht des Zufalls, sondern das Produkt des Willens."[175] Meint also der oben erwähnte Pascal Bruckner. Anscheinend gehört unterdessen zu dieser Freiheit des Auswählens auch das Geschlecht des Kindes. Wie auch immer, Verhütungsmittel haben die Welt auf den Kopf gestellt: Einander Lieben ist natürlich, Gebären ist künstlich. Die Begriffe von Sexualität, Exklusivität und die herkömmliche Familie wurden durch die Kritische Theorie dekonstruiert, aber ist das Resultat eine Welt, in der wir leben wollen? Oder ist es eine Welt, in der unten kein Unten ist und oben kein Oben? Denn die nach Meinung der Kulturmarxisten „repressive" Exklusivität sorgte wohl dafür, dass der durchschnittliche Mann mit niedrigem sexuellem und gesellschaftlichem Status doch eine Frau finden konnte und eine Familie gründen und seinen Kindern eine gediegene Erziehung bieten konnte.

Klarheit verschafften Gespräche, die ich mit guten Freundinnen führte, mit körperlichen Vorzügen und auch geistig sehr begabt. Eine Frau wünscht sich tief in ihrem Innern einen Mann, zu dem sie aufschauen kann, der ihr Halt bietet, wenn es einmal nicht so gut geht. Diese Freundinnen verdienen jedoch mehr als die meisten Männer und sind außerdem sehr gebildet.[176] Deshalb haben sie die Idee der Monogamie und feste Beziehungen aufgegeben. Sexuell wählen sie den „Bad Boy", den Mann, der sie einen „Thrill" erleben lässt, das Exotische. Während unsere Gesellschaft ökonomisch und politisch stets demokratischer wird, kehrt sie sexuell wieder zur Aristokratie zurück.

Die ausgeprägt selektiven, ausschließenden, elitären Mechanismen des sexuellen Marktes werden mit allgemein beschönigenden Worten überzuckert. „Du wirst schon dem Wahren begegnen, lass dein Herz sprechen und sei einfach nur so, wie du bist." Solche Redewendungen müssen dafür sorgen, dass das sexuelle Proletariat – diejenigen ohne sexuellen Marktwert – unwissend und machtlos bleibt. Frauen sagen öfter, dass die Liebe von selbst kommt: Im Gegensatz zu Männern können sie abwarten, weil man von Männern erwartet, die Initiative zu ergreifen. Männer sagen nicht: „Ich werde dich mal anrufen", sondern verabreden einen konkreten Zeitpunkt. Frauen verlassen sich auf Männer, um die Löcher zu stopfen (also um frühzeitig Kontakt aufzunehmen, mit konkreten Plänen aufzuwarten und wenn nötig ein Schema abzuändern). Auch das ist der narzisstischen Differenzierung dienlich, denn wenn du dir selbst vormachen kannst, dass du deinem Partner „zufällig" begegnetest, gehörst du einer erlesenen Gesellschaft an. Ganz anders als die Loser im Internet, die sich anscheinend auf die Suche begeben müssen.

Diese Außenseiter-Haltung ist begreiflich. Gefühle der Einsamkeit und der inbrünstige Wunsch, dem abzuhelfen, werden in unserer individualisierten Gesellschaft kaum akzeptiert. Niemand lässt sich etwas anmerken. Suchen müssen bedeutet verwundbar sein und riskieren, Fehler zu machen. Viele sehen sich vor gegen Enttäuschungen, indem sie ihre Handlungen als Spiel oder Witz darstellen. So nimmt man die Verantwortlichkeit als Schicksal hin. Wer alleine ist, sagt: „Ich warte auf den Wahren." Man gibt sich wacker, tapfer.

Früher war eine Eheschließung ein Deal, wobei Geld, Güter, Ländereien und manchmal ganze Königreiche im Spiel waren. Von Romantik konnte keine Rede sein. Das war etwas für Minnelieder und Rittergeschichten, für Künstler und Heranwachsende. Obwohl der ökonomische Unterbau der sexuellen Exklusivität durch die Einführung der zivilen Ehe, den Versorgungsstaat, die Säkularisierung und allgemein zugänglich gewordene Verhütungsmittel vernichtet wurde, hält unsere Kultur doch noch hartnäckig an der „Oberschicht" fest. An dem christlichen Konzept der Eroberung des Herzens und der Schicksalsverbundenheit. Das Verherrlichen „außergewöhnlicher Männer", wie Montesquieu es nannte, die nur in Ritternovellen bestehen, und in der heutigen Variante davon die „teenage romance comedy". Darin verliebt sich das hässliche Entlein in das populäre Mädchen. Alle verspotten ihn, er aber gewinnt mit einem wagemutigen Akt ihr Herz.

Wer jedoch einen Blick wirft auf die Straßen von Ayia Napa – oder auf den Luxemburgplatz in Brüssel –, sieht abgestumpfte und abgezehrte Geschäftsleute mit jugendlichen und knackigen Blondinen Hand in Hand gehen und lernt, dass die Realität von Verführung und Beziehungen härter, grimmiger und brutaler ist. Die Lebenserfahrung, die jemand hat, unterscheidet sich unverkennbar abhängig von seinem oder ihrem sexuellen Marktwert. So trägt das Empfangen von Streicheleinheiten dazu bei, mentale und physische Schmerzen zu lindern. Ein Angelo aus Den Haag schrieb einmal einen Brief an Pornoproduzentin Kim Holland. Er beschrieb sich selbst als gerade geschiedenen, 62-jährigen, gewöhnlichen Kerl. Er erwähnte auch seinen Traum: es einmal gratis und umsonst mit drei etwa 20-jährigen Mädchen zu treiben, bis ihm Hören und Sehen vergeht. Kim antwortete ihm. „Witzig“, schrieb sie, „dieser Dein Traum ist nun gerade der Alptraum dieser Mädchen...“ Natürlich lachte man darüber, aber in der westlichen Gesellschaft von heute ist diese Ungleichheit ein Tabu. Demjenigen, der über solche Sachen spricht, werden Dinge gesagt wie: „Für jedes Töpfchen gibt es ein passendes Deckelchen“ oder: „Hab Geduld, geh auf die Leute zu, und du wirst sehen, dass alles gut wird.“ Das geht auf die christliche Weltanschauung zurück, in der die kosmische Ordnung gut ist. Denn Gott sorgt, hütet die Herde und bewacht das Heil der Schwachen. Es ist sehr unchristlich, zuzugeben, dass jemand überlegen ist oder über einen inneren Wert mit erhabener Eigenschaft verfügt.

In dem französischen nihilistischen Film „Irréversible“ (2009) ist die sexuelle Ungleichheit ein wichtiges Unterthema. Eine attraktive junge Frau wird in einem schmuddeligen kleinen Tunnel vergewaltigt. „Du denkst sicher, dass dir die Welt zu Füßen liegt, weil du schön und reich bist“, sagt der Wüstling während dieser Missetat. Ihr Freund startet eine Hetzjagd nach dem Täter. Dann scheint der Vergewaltiger eine berüchtigte Figur in der Unterwelt der Homoszene zu sein, in die er sich begibt, um trotz seines hässlichen Aussehens einen Blitzableiter für seine Begierden zu finden. Doch ist es nicht ihr Freund, sondern ihr bester Freund – der nach einigen Verabredungen in ihrer Friendzone unterkam und seither jahrelang keinen Sex mehr hatte –, der am Ende durchdreht und einen Mord begeht.

„Wenn du Menschen ein Lächeln schenkst, schenkt jedermann dir auch ein Lächeln", sagte einst eine schöne Spanierin. Das bedeutet zweierlei. Erstens, dass sie schön ist und deshalb kein Einfühlungsvermögen hat für Menschen, die nicht schön sind. Wissenschaftliche Untersuchungen haben ergeben, dass man hübschen Babys öfter zulächelt als solchen, die nicht so hübsch sind; hübsche Kinder bekommen auch mehr Zuwendung und werden weniger oft bestraft.[177] Schöne Menschen, also diejenigen, die einen hohen sexuellen Marktwert haben, erfahren das Leben grundsätzlich auf eine andere Art. Sei es in der Schule, bei der Verwandtschaft oder am Arbeitsplatz. Wie bei Kindern kommt bei jungen Frauen da noch die Neotenie hinzu, das Gefühl, man müsse es oder sie einfach gern haben, streicheln, herzen, küssen, weil sie ein schmales Kinn haben, ein zart geformtes (rundes) Kinn, volle Lippen, eine schmale Nase, ein hohes Jochbein und große, ziemlich weit auseinanderstehende Augen. Das erklärt die Neigung der Männer, für Frauen zu sorgen wie für Kinder, und ihnen deshalb nicht aggressiv entgegenzutreten.

Der Grund dafür, dass diese Spanierin kein Einfühlungsvermögen entwickelte für nicht schöne Menschen, war, als zweites, dass man nie über diesen Lebenserfahrungs-Unterschied spricht. Das ist eben tabu. Da kommt hinzu, dass, wenn zwei hässliche Menschen sich schließlich zusammen niederlassen, sie das tun, weil sie sich bewusst wurden, andernfalls alleine weiterleben zu müssen. Das ist etwas anderes als Herzklopfen und Anziehungskraft auf den ersten Blick. Denn hässliche Menschen fühlen sich auch zu schönen Menschen hingezogen. Bei einer Diskussion überzeugen schöne Menschen andere Menschen mit Leichtigkeit, also eher als umgekehrt. So much for democracy – es herrscht eine sexuelle Aristokratie.

Der sexuelle Markt – und die gesellschaftliche Ungleichheit, die daraus hervorgeht – ist eine Empfindung vieler. Es ist ein schwelendes Unbehagen, worüber aber selten gesprochen wird. So gelang es dieser lettischen Blondine, die im achten Kapitel erwähnt wurde, eine Stellung beim Überwachungsbüro für die Zertifizierung von Apparaten für die Raumfahrt zu ergattern. Beamte wiesen darauf hin, dass ihr intellektuelles Niveau für diese Arbeit bestimmt nicht genügte (in diplomatischen Kreisen erregte sie einmal Aufsehen, weil sie den britischen Premierminister David Cameron mit dem Premier von Kamerun verwechselte). Das tat aber weiter nichts zur Sache. Sie wussten, dass es zu jener Zeit unbezahlte Volontäre (von denen es in Brüssel sehr viele gibt, wo viele hoch Ausgebildete aus armen europäischen Regionen eine Stelle suchen) geworben wurden, um ihre Fehler zu korrigieren.

Warum hält man dieses Tabu instand? Vielleicht, weil das Christentum über diesen Darwinismus eine dicke Lage Grundierungsmasse von „Soulmates" geschmiert hat. In der religiös-paternalistischen Gesellschaftsform war Ehebruch verboten und beinahe jedermann konnte einen Sexpartner finden. In einer liberalen sexuellen Ordnung haben einige Leute wechselnde und aufregende Partner, während andere immer von den Jugendlieben, die sie nicht gekannt haben, gezeichnet sein werden. So versucht der europäische Beamte Fabian die Liebkosungen, wonach er als Teenager schmachtete, immer noch nachzuholen, indem er im Jahr mit 300 verschiedenen Volontärinnen schläft. Das Tabu wird unter dem romantisierten Bild von Beziehungen verborgen, das nur in der Phantasie besteht, von der Unterhaltungs- und Illusionsindustrie genährt. Anspielungen auf Sex – jedoch auch auf Romantik – dominieren die Öffentlichkeit. ChristenUnie-Stadtrat Albert Kok musste das Feld räumen, weil er sich Pornofilme anschaute, es wird jedoch nie jemand gefeuert, weil er sich romantische Filme anguckte. Während diese Filme Männern eine unmögliche Norm auferlegen und sie so zum „Objekt" machen. Wer auf viktorianische Art und Weise denkt, glaubt an Liebe auf den ersten Blick, an Soulmates und gegenseitiges Einfühlungsvermögen. Von Stunts in Filmen wissen wir, dass Tricks dahinterstecken, und doch nehmen Frauen die Erzählung und den Verlauf von romantischen Komödien ernst. Liebe heißt, dass man sich zu Rendezvous trifft, um sich besser kennenzulernen, und das menschliche Selbstbewusstsein romantisiert das hinterher. Denn das Ego steht auf dem Spiel.

In ihrem Innersten wissen viele es wohl besser. Der Weißrusse Viktor Nisnevich aus New York sagte es einmal so: „Wenn du siehst, wie ein Pärchen diskutiert, und die Frau suggeriert, dass sie keinen Sex haben, nimmt der Mann sofort eine zustimmende Haltung an.“[178] Unsere Gesellschaft sieht Sex als „bargaining tool“, als etwas, das Frauen nur für einen hohen Preis „aufgeben dürfen“. Man sieht die weibliche Sexualität nicht primär als eine Quelle der Freude und des Genusses aus der Perspektive der Frau: Der feministische Diskurs ist ein Hindernis zwischen dem Bewusstsein der Frau und ihrer Sexualität. Houellebecq schreibt in „Plattform“, dass Frauen aus traditionellen Kulturen just ohne Zurückhaltung und ganz hingebungsvoll Genuss teilen können. Das kommt dann auf natürliche Weise aus ihrer Spontaneität und Weiblichkeit heraus, während die westliche „emanzipierte Frau“ Sex als eine Art Spiel der Macht sieht, oder als irgendein Tauschobjekt. Die westliche gesellschaftliche Grundvoraussetzung der ökonomischen Konkurrenz beeinflusst das Wohlbehagen beim Liebesspiel. Die Frau, die nicht imstande ist, Liebe und Sorgsamkeit zu erwidern und nur Beziehungen eingehen kann, die verwünscht und destruktiv sind, ist ein typisches postmodernes Phänomen.

Die Fiktion von Houellebecq enthüllt Wahrheiten, die die Realität vertuscht. In seinen extremen Sexszenen geschehen Dinge, die sich beinahe jeder Mann einmal heimlich wünscht, und doch gibt es das Gefühl: „Wow, das will ich mitmachen“ dabei nicht. Durch seinen Schreibstil tritt just die Leere so klar zutage. Es gelingt ihm, die Hohlheit dieser Form, dem schnellen, kurz andauernden Genuss nachzujagen, zu verdeutlichen, die Aussichtslosigkeit durch das Wegfallen der Strukturen, der Religion und der Gefahr. Die Besessenheit von Jugend und Status, die Suche nach immer mehr Sensation, um doch noch von etwas erregt zu werden... Von Orgien bis zu Unfällen und Selbstmordversuchen im Film. Sein Werk ist ein Bericht vom Todeskampf der westlichen Zivilisation, die ihre historische Rolle erfüllt hat.

Houellebecq kündigt das letzte Stadium in vier Phasen an. Als erstes wird Homosexualität allgemein akzeptiert. Vegetarismus und andere Gesundheitsfetischismen werden weit verbreitet, ebenso New-Age-Hippie-Faselei. Schlussendlich ersetzt man Kinder durch Haustiere. Die Endphase wird durch einen weltweiten Kreuzzug gegen Prostitution eingeläutet. Die Homosexualität betreffend ist es tatsächlich bemerkenswert, dass osteuropäische Schulen, die Aufklärung über Homosexualität verweigern wollen, von europäischen Richtern gerügt wurden. Unterdessen wurden Proteste mit kommunistischen Symbolen vom gleichen Gerichtshof verboten, weil sie im osteuropäischen Kontext „zersetzend" waren. Die Schulen meinten, dass die Aufklärung über Homosexualität für ihre Identität mindestens ebenso zersetzend war. Ihre Anschauung, die sie vertreten, ist doch die traditionelle Familie. Jedoch vergebens.

Die Arbeit ist für einen Mann wichtiger, als die Arbeit einer Frau für sie ist: Ein Mann, der von seiner Arbeit spricht, redet über sein Gefühlsleben. Frauen nennen das oft „nur die Außenseite zeigen". Aber auf dieser Arbeitsmoral gründet die Zivilisation. Es sind eben gerade die Frauen, die Sex und Liebe voneinander unterscheiden. „Leerer Sex" nennen sie das. Ein Ausdruck, der die Frage aufwirft, ob die Frauen wohl so wenig Selbstwertgefühl haben, dass sie meinen, dass Sex mit ihnen ein leeres Gefühl gibt. „Deine Orgasmen und deine Emotionen musst du voneinander getrennt halten" ist typischerweise das Motto einer Frau, die wohl einen Sexfreund hat, aber bewusst einen gewissen Abstand von ihm wahrt, weil sie sonst zuviel für ihn empfinden würde. Bei Männern gehen Lust und Liebe Hand in Hand. Ein Mann, der genießt, ist ein Mann, der mit der richtigen Partnerin Sex hat. Je mehr die traditionelle Rollenverteilung zwischen Mann und Frau vager wird, berechnen gerade Frauen andauernd Gewinn und Verlust. So entfremden sie sich von ihren Emotionen, von Intimität und Verbundenheit: ein Symptom des sexuellen Marxismus.

Spinoza lehrte uns, dass von allen kosmischen Kräften am Ende zwei übrig bleiben: Anziehungs- und Abstoßungskraft. Diese zwei Kräfte können wieder zu einer Regel zusammengefasst werden, die lautet, dass Menschen einander am nützlichsten sind, wenn ein jeder seinen eigenen Interessen nachstrebt.[179] Diese Vorstellung hat Folgen für Loyalität. Alles fiel auseinander, und ein tiefes Misstrauen schlich sich in die Gesellschaft ein. Fällt Ihre Frau die Treppe herunter und bekommt eine Querschnittslähmung? Dann kann sie nicht von Ihnen verlangen, dass Sie bei ihr bleiben und sie pflegen.[180] Jedermann ist andauernd auf der Hut und versucht zugleich, die Augen offenzuhalten, um nach einem hübscheren, noch entzückenderen Partner Ausschau zu halten. Frauen und ihre Märchen bestimmen inzwischen den Diskurs über Beziehungen. Manchmal jedoch ist der Lack von den Romkoms und Prinzessinnenmärchen für einen Moment verschwunden und das Leben offenbart seine sozial-atomistische Ehrlichkeit. „Sein Kampf machte auch mich kaputt“, erklärte die 34-jährige Lideweij Bosman, als sie ihren Freund Sander Ebbeling verließ, der sich mit Lymphdrüsenkrebs im letzten Stadium abplagte.[181] Als seine Familie sie verurteilte, beschloss sie, ein Buch zu schreiben, um sich zu rechtfertigen und „Tabus zu brechen“. Die Botschaft ist klar: Bei einem sterbenden Alpha-Affen hat das Weibchen nichts mehr zu suchen. Ein Darwinismus der schön eingerahmten weiblichen emotionalen Worte zum Wiedergutmachen: „Das ist nicht mehr der Mann, in den ich mich einst verliebt habe.“

Frauen sagen wohl, dass sie den Schönheitsstandards der Männer genügen müssen, sind aber vor allem damit beschäftigt, einander eifersüchtig zu machen. Meine Freundin fragt mich, wie sie in ihrem neuen Kleid aussieht. Ich sage: „Phantastisch“, und sie zieht sich doch noch um. Sag zu einer Frau, dass sie ganz besonders ist, sie wird dir nicht glauben; sag ihr, dass sie dick ist, und sie wird dir das nie verzeihen. Männer sind so kritisch, lautet die Erörterung der Frauen, aber zugleich setzen Frauen sie herab, weil sie „doch immer wollen“. Wie auch das Sprichwort aufzeigt: „Der Mann läuft seinem Schwanz hinterher“, gilt die männliche Sexualität als etwas Böses. Während das für die Frau, die „nur Freundschaft will“, nicht gilt.

Folgendes Beispiel bietet eine bildhafte Darstellung. Ein Mann berauschte sich an der Selbstbestätigung seiner Frau und wurde erregt, wenn sie mit anderen Männern flirtete. Deshalb lief sie zu einem Tischchen und redete mit dem Mann, der dort stand. Danach ging sie zurück und berichtete. „Ich flirtete mit ihm“, sagte sie. „Ich wartete auf sein Zeichen, mich verführen zu wollen. Er ließ es sein, schien aber trotzdem Interesse zu haben.“ Ihr Mann erläuterte danach, dass ein Mann anders ist als eine Frau: Wenn er nicht direkt auf etwas eingeht, will das nicht sagen, dass er es abweist. Wenn sie ein bisschen aggressiver gewesen wäre – zum Beispiel wie zufällig seinen Arm berührt hätte, wenn er etwas Lustiges sagte – oder wenn sie so nebenbei gesagt hätte, dass sie ihn nett finde, dann hätte es wahrscheinlich schon etwas mehr Feuerwerk gegeben.

Übrigens ist für diese Sorte Szenarien – wobei ein Mann sich daran berauscht, dass andere Männer seine Frau begehren – Girards Theorie des mimetischen Verlangens anwendbar. Das bedeutet, dass ein Objekt schon nur deshalb begehrenswerter wird, weil andere ihre Begierde auf dieses Objekt fixieren. Wenn Sie sich inmitten einer Gruppe befinden und Sie starren nach einem nichtssagenden Fleckchen in der Leere, werden Sie sehen, dass auch andere nach diesem Fleckchen starren werden. Zwei Kinder spielen mit Zinnsoldaten, eines von ihnen nimmt das Löschfahrzeug. Dann will das andere auf einmal auch das Löschfahrzeug. Ein Objekt wird mit den Sehnsüchten von anderen belastet und wird dadurch begehrenswerter. Es bekommt ein höheres Statusniveau, sei es auch nur rein imaginär. Peter und Janice haben schon jahrelang langweiligen Sex. Dann zieht ein neuer Nachbar ein in die Wohnung neben der ihren. Janice spricht mit ihm am Gartenzaun, während Peter drinnen Fußball guckt. Sie kommt wieder herein, und sie haben den wildesten Sex seit Jahren. In der Cuckolding-Szene nennt man das „reclaiming sex“, wobei das „Beta-Männchen“ für einen Augenblick doch eben mal das „Alpha-Gefühl“ erlebt. Frauen üben ihre Macht eher über Statusniveaus aus – via das Begehrlichsein für andere – als via reales Eingreifen in der Welt.

Der Mann ist der Ritter, der Streiter, der Kräftige. Die Frau ist zart, rein, unschuldig. Der Mann muss sie deshalb beschützen und dafür sorgen, dass er sie nicht unabsichtlich mit seiner Kraft verletzt. Das ist im großen und ganzen die viktorianische Denkweise. Dem femininen Denken ist es gelungen, diese Kraft via Schuldgefühl zu knechten, weil der Stärkere sich fortwährend um den Schwächeren kümmern muss, im Notfall zu seinem eigenen Nachteil. Dieses Viktorianische finden wir wieder im geopolitischen Denken. So kam der französische Ökonom Thomas Picketty auf die Idee, eine Weltsteuer einzuführen, wobei die höchsten Beiträge aller Wahrscheinlichkeit nach vom Westen bezahlt werden sollten. Als Argument wird aufgeführt, dass Vermögen aus Vermögen schneller wächst als Vermögen aus Arbeit. Da ist schon was dran, aber diese Art von Denken ignoriert die Tatsache, dass zum Beispiel der chinesische Staat eine nationale Investmentbank gründete, um kollektiv Rohstoffe aufzukaufen. Überdies investieren dergleichen repressive Regime bewusst kaum in die Verbesserung der Arbeitsumstände, so dass die Arbeitskosten niedrig bleiben und der Zustrom von ausländischem Geld dementsprechend hoch ist. Kurzum, wieder eine Theorie von vielen, die nach der Sündhaftigkeit des Westens weist und der Machbarkeit der Welt.

Wenn ich allen Ernstes über meine Beweggründe nachdenke, taucht die Frage auf, weshalb ich dies alles aufschreibe, unter Berücksichtigung der Tatsache, dass ich mir zweifelsohne bei der progressiven Klasse Feinde mache. Weil die Generation 68 eine Welt geschaffen hat, in der wir, wenn wir alles gründlich überdenken, wirklich nicht leben wollen. Als ich einen Tag als Freiwilliger in einem Altersheim arbeitete, erzählte mir eine über 80 Jahre alte Frau ihre Lebensgeschichte. Ihre Eltern waren überhaupt nicht an Politik interessiert und hatten sie demnach ohne politische Anschauungen erzogen. Wohl meinten sie, dazu verpflichtet zu sein, für den PvdAler Drees zu stimmen, weil sie die staatliche Altersrente bezogen. Das war der Beginn des progressiven Klientelismus. Die Frau wohnte 20 Jahre lang in Amsterdam, zog aber um, weil sie das Wohnen in dieser Stadt nicht mehr als angenehm empfand. Früher kannten die Leute einander, der Fensterputzer trank auf der Leiter stehend eine Tasse Kaffee mit der Familie. Dann kam der Multikulturalismus, der zur Bildung von in sich selbst gekehrten Gruppen führte. Mit der Gemütlichkeit war es aus und Amen, und mit der Sicherheit ging es immer mehr bergab.

Die Menschen kannten einander kaum noch und konnten einander oft auch nicht verstehen. Beinahe niemand knüpfte noch spontan ein Gespräch an. Die Atmosphäre wurde bedrohlich, sie bekam einen Sohn und ging weg. Ihr Sohn hatte schon seit seinem 24. Lebensjahr keine Freundin mehr gehabt und war nun 47. Er arbeitete in einem Laboratorium, und weil er in seiner Freizeit am liebsten auf Reisen ging, sah sie ihn nicht oft. Sri Lanka, Brasilien, China, Thailand. Sie vermutete, dass er so seine sexuellen Nöte befriedigte. Sie erwartete nicht mehr, noch Oma zu werden. Auf jeden Fall fühlte ihr Sohn nichts für die holländische feministische Frau und blieb lieber selbständig und ungebunden. Für sie war das Leben nun schön genug gewesen, sagte sie zum Schluss. Euthanasie kam aber nicht in Frage, weil die christlichen Parteien das in ihrem Fall verhinderten. Sie unterzeichnete wohl eine Willenserklärung, dass sie nicht reanimiert werden wollte. An jenem Abend begann ich in der Abenddämmerung zu schreiben.

Die Vernichtung der intellektuellen Maskulinität

„When you see a river, you must follow it to its source, no matter the peril. No matter those comrades that fall along the way. You must know how things work. You must unlock.“[182]

So ein Dialog in „Penny Dreadful“, einer Serie, die 1890 spielt, einer Zeit, in der die intellektuelle Maskulinität noch in hohem Ansehen stand. Victor Frankenstein, hier als junger Wissenschaftler dargestellt, antwortet, dass Wissenschaft für ihn mehr ist als sich in Faszination über die Spiralformen einer Natter zu verlieren. „Das ist keine Wissenschaft, sondern Narzissmus, wenn du das eine oder andere Detail entdeckst, das du auf deinen eigenen Namen festlegen darfst.“ Victor widmet sich der Wissenschaft, um das Geheimnis, das zwischen Leben und Tod steht, zu entschlüsseln. Dabei erblassen die Geheimnisse des tiefsten Ozeans, des am weitesten entfernten Planeten oder des höchsten Berges. So zerbrechlich wie das Flattern von Fledermausflügeln, so faszinierend wie das schönste Sonett. Das ist für Victor der Unterschied zwischen Leben und Tod. Worauf sein Gegenspieler von ihm sagt, dass in ihm die Seele eines Dichters wohne.

Die politische Weltordnung, die seit 68 das Abendland beherrscht, unterschätzt die Wichtigkeit der intellektuellen Maskulinität. Diese Ordnung argumentiert im großen und ganzen folgendermaßen:

„Jedes Land wünscht am Ende denselben Lebensstandard wie den der westlichen Welt zu erwerben, also ist jeder Bürger dieser Welt im Grunde genommen ein westlicher Bürger. Grundsätzlich will jeder Mensch arbeiten, damit er schöne Sachen kaufen und in die Ferien gehen kann, also muss der Staat seine Aufmerksamkeit darauf richten, Arbeitskraft frei zu machen, und Hindernisse zwischen dem Individuum und dem Markt wegnehmen. Wenn Menschen einmal anfangen, Geld zu verdienen, und ökonomisch produktiv werden, wird diese westliche (säkulare) Denkweise sich verbreiten, weil Menschen de facto nach der ökonomischen Rationalität handeln. Sachen wie Religion, Kultur und Geschichte sind deshalb nicht so wichtig, und darüber braucht der Staat denn auch kein Urteil abzugeben. Noch krasser, es ist besser, wenn der Staat über solche Sachen überhaupt keine Meinung oder Werturteil hat und nur in dem Moment eingreift, wenn Gruppierungen oder Privatpersonen Gewalt anwenden.“ Ein CDA-Gemeinderatsmitglied in Duiven fasste das alles folgendermaßen zusammen: „All diese Menschen kommen nicht hierher wegen der Kunstfertigkeit der holländischen Meister.“

Oben aufgeführte Argumentation ist ganz sicher vereinbar mit der (kultur-) marxistischen Einsicht, nämlich dass ökonomisches Wachstum und ökonomische Gier nach Gewinn den Motor bilden für sowohl die Geschichte als auch die Zivilisation, und dass Kultur und Lebensanschauung im Grunde genommen nichts damit zu tun haben oder nur lose obendrauf treiben. Das ist jedoch eine sehr naive Anschauung, weil die Geschichte und die Kultur uns zu dem machen, was wir sind. So sind der Handelskapitalismus, die Entdeckungsreisen, die industrielle Revolution und das Denken der Aufklärung allesamt aus der westlichen Liebe für Wahrheitsfindung in Verbindung mit unserer Ausrichtung auf die Zukunft hervorgegangen. Schon früh fassten unsere Vorfahren Zeit auf als linear und dynamisch, und nicht als zyklisch oder statisch, wodurch die Modernität sich erst in Europa manifestierte und von dort aus über die übrige Welt verbreitet wurde. Die seelentiefe Verwunderung war der Startschuss für die technische Innovation, die es der westlichen Welt ermöglichte, zur führenden Weltmacht zu werden. Die innerlich zur Sache gehörende Motivation, um die Wunder der Natur und das Universum zu enträtseln, war hierfür der Grundsatz. Erst später ist hier die kapitalistische Handelsideologie darauf gebaut worden, mit ihrer Ansicht vom gewinnsüchtigen, kalkulierenden homo oeconomicus.

Vielleicht ist jemandes Abstammung nicht so interessant wie seine Zukunft; wenn du aber nicht weißt, wo du herkommst, weißt du auch nicht, wohin du unterwegs bist. Die Kulturgeschichte bildet die Tragfläche, die unsere Gesellschaft zusammenhält, und der genannte Post-1968er-Kurs verantwortet sich dafür nicht: Er betrachtet sie nur als eine Ansammlung von mehr oder weniger zufällig zustandegekommenen Privat-Präferenzen individueller Personen. Sogar die neoliberalen Ökonomen Hayek und Friedman mussten jedoch erkennen, dass die Basis des westlichen Erfolgs Werte sind wie Vertrauenswürdigkeit, sein Wort halten, Pünktlichkeit, die abgesprochene Zeit einhalten, Disziplin, Beharrlichkeit, Erfindergeist und Sparsamkeit. Werte, die nicht das Produkt des

Kapitalismus waren, sondern der protestantisch-humanistischen Kultur.

Was die zentralsten Fragen des Lebens betrifft, beschränkt die post-68er politische Ordnung den Menschen nicht, bietet jedoch auch keine Festigkeit, weder Richtlinie noch einen Orientierungspunkt, außer, etwas zynisch gemeint: „Geh in die Welt hinaus, verdiene Geld und zahle Steuern." So negiert sie ein fundamentales gesellschaftliches Bedürfnis: Die Gesellschaft möchte gern eine Gemeinschaft sein. Nicht eine Konstellation von ökonomisch kalkulierenden Atomen, sondern ein Verband von eifrigen, rechtschaffenen und tugendsamen Mitmenschen. Weil die post-68er politische Ordnung die so entstandene Leere nicht als Leere anerkennt (sie verwechselt Liederlichkeit und Gleichgültigkeit mit Freiheit), kann sie sich nicht in die Gedankenwelt versetzen, die dieses westliche Denkmuster als feindlich betrachtet und deshalb vernichten will. Zum Beispiel junge Leute, die nach Syrien gehen, und Dschihadisten. Sie kann nicht begreifen, dass Leute, die in europäischer Freizügigkeit aufwachsen, die Waffen aufnehmen, um dieses System zu bekämpfen. Möglicherweise hängt diese maskuline Gewalt zusammen mit sexuellem Ausgeschlossensein.

Die Radikalisierung der jugendlichen Muslime entsteht zum Teil, weil die westliche Gesellschaft zu pluriform ist, um ihnen eine ethische oder spirituelle Handhabe zu bieten. Dadurch ziehen sie sich zu ihren eigenen Wurzeln und Traditionen zurück. Früher gab es Rituale, bei denen man die Werte der Leitkultur verinnerlichte, indem man die äußerlichen Handlungen des Rituals zelebrierte. Rituale lehrten einen Disziplin, lehrten den Umgang mit Autorität und zeigten, „was sich gehört". Das Verwässern dieser Rituale hängt mit „sozialer Anomie" zusammen, mit dem Unvermögen der Gesellschaft, Menschen kulturelles Gepäck mitzugeben, das als intellektuelle Festigkeit dient. Es ist sehr schwierig, noch auf irgendeine Art und Weise zu Menschen durchzudringen, damit sie eine Botschaft auch wirklich in sich aufnehmen und dann auch danach handeln.

So ist die Situation entstanden, dass erwachsene Leute, aber auch Kinder, einander nicht mehr auf unerwünschtes Verhalten hinweisen. „Ich denke dies darüber, du denkst halt etwas anderes, lassen wir's sein, denn Konfrontation führt doch nur zu Wut und Konflikt.“ Weil wir mit sovielen Kulturen zusammenleben, fühlt sich niemand mehr so mutig, andere zu korrigieren; als Folge davon ist die gesellschaftliche Zersplitterung der Preis, den uns die 68er bezahlen lassen für das Unterwandern der Leitkultur. Ob es sich nun um fanatische Muslime handelt oder Einzelgänger wie den Königinnentag-Raser/Mörder Karst Tates: Radikalisierung hängt immer zusammen mit einem Manko an Erfüllung. Das Problem ist also nicht ein Mangel an Freiheit, sondern an einer sinnvollen Ausfüllung der Freiheit. Dazu braucht es Geschichten, die das Individuum übertreffen.

Wenn wir das alles auf den Liebesmarkt beziehen, bringt uns das zu folgendem: Ein Fundament der verhältnismäßig umfangreichen, wohlhabenden Gemeinschaften ist, dass Männer und Frauen gute Chancen haben, einen Partner zu finden, solange sie sich an die in der Gesellschaft gültigen Gesetze und Normen halten. Ausnahmen wird es immer geben, wer aber auf der Durchschnittslinie bleibt, wird kein Außenseiter werden. In der postmodernen Zivilisation sind wir jedoch atomisierte Individuen, die einander nichts schuldig sind. Das ist, aus historischer Sicht, eine komische Lebensart und verträgt sich nicht gut mit der menschlichen Psychologie, die sich im Zuge der Evolution weiterentwickelte, um in kleinen, eng miteinander verbundenen Gruppen zu überleben. Das Resultat ist etwas, das auch Elliot Rodger bemerkte: Ein Junge, der aus Frustration darüber, dass er als 22-Jähriger noch nie ein Mädchen geküsst, geschweige denn je eine Freundin gehabt hatte, einen Mordanschlag beging.[183] Er beobachtete, dass Frauen tun, was ihnen gerade so passt, sie werden ja in einer gesetzlichen, akademischen und kulturellen Blase beschützt. Diese Blase isoliert sie von physischen und sozialen Folgen, was zu Hypergamie führt: Fixierung auf eine kleine Gruppe von Männern mit einem hohen sexuellen Status.

Im Westen entsteht so eine Situation, die es immer weniger Männern ermöglicht, zum größten Teil der Frauen Annäherung zu suchen. „Wer alle Zahlen zusammenzählt, sieht in den letzten Jahren stets, dass ungefähr 80.000 Frauen einen Mann suchen, und 100.000 bis 150.000 Männer eine Frau."[184] Eine wachsende Zahl von Männern ist vom Liebesspiel ausgeschlossen oder befindet sich am Rande des Ausgeschlossenseins. Um regelmäßig Sex zu haben, braucht es immer extremere, beinahe heroische Anstrengung. Diese Situation ist phantastisch für die Minderheit der Männer, die sich auf dem Gipfel des sexuellen Marktwertes befinden: Dieses Niveau indes werden nur wenige Männer erreichen.

Es ist schon interessant, die Einsicht von Nikola Tesla, dem berühmten serbisch-amerikanischen Elektrotechniker, zu diesem Punkt heranzuziehen. Tesla merkte, wie Frauen sich veränderten, als elektrische Energie und fossile Brennstoffe in den 30er Jahren ihr Leben erleichterten: „Statt der Frau mit der charmanten weichen Stimme, die ich anbete, gibt es nun die Frau, die denkt, dass sie im Leben erfolgreich sein wird, indem sie sich als Mann beträgt, wo und wann immer es ihr angebracht erscheint. In Sachen Kleidung, in der Sprechweise, ihrem Handeln, beim Sport und allerlei Leistungen."[185] Wenn die dazugehörenden kulturellen Strukturen wegfallen, meint Tesla, werden die egoistischen Seiten der Frau ans Licht kommen. Ihre liebevollen Eigenschaften erscheinen just in einer Gesellschaft an der Oberfläche, die darauf eingerichtet ist, dass die Frauen Kinder erziehen und sich um die alten und schwachen Mitglieder der Gesellschaft kümmern. Frauen liefern so das emotionale Kapital der Gesellschaft, während die Männer das physische Kapital liefern. Die zunehmende Neigung der Frauen, die Maskulinität in den Schatten zu stellen, sieht Tesla als ein Zeichen, dass eine Zivilisation zerfällt. Beinahe alle Erfindungen von Männern, die der Zivilisation zugutekamen, von Gedichten bis zu Maschinen, gingen aus ihrer Liebe und Zuwendung für Frauen hervor.

Dieses alte Feuer, das den Mann inspirierte, die Möglichkeit, etwas zu leisten, womit er die Aufmerksamkeit und Ehrerbietung der Frau gewinnen konnte, erlischt. Frauen phantasieren heutzutage schon noch darüber, es ist aber nicht mehr das, wofür sie sich einsetzen. Es ist nicht wahrscheinlich, dass die westeuropäische Frau in der heutigen Zeit noch zu Männern aufschauen wird. In ihrem Internetprofil stehen viele Fotos von Taucherferien auf den Galapagosinseln. Unter der Überschrift: „Was kann man nicht mehr entbehren?" steht nicht „meinen Mann" oder „meine Kinder", sondern: „Mein Handy." Was heißt: „Ich genüge mir selbst. Ich brauche andere nicht, um mich zu unterhalten, andere brauchen mich." Ihre Ambitionen reichen dabei oft weiter als ihr natürliches Bestreben, diese Wünsche wahrzumachen.

Frauen können diese Form sehr radikaler Autonomie nur genießen, solange wir einen Überschuss an Wohlfahrt und Technologie haben, solange wir die zurückgehenden Geburten kompensieren und solange Männer bereit sind, dafür zu arbeiten. Was die abnehmenden Geburtenraten betrifft, ist die Geburtenrate der deutschen Frau sogar 1,3, während ein Zuwachs von 2,1 nötig ist, um auf gleichem Niveau zu bleiben.[186] Des weiteren geht aus Untersuchungen hervor, dass Einheimische und Immigranten aus dem Westen weniger Kinder bekommen als Einwohner nichtwestlicher Herkunft.[187] Kurzum, für eine Zivilisation ist das keine dauerhafte Basis, vor allem auch, weil Männer in geringerem Ausmaß bereit sein werden, Steuern zu zahlen, einen eigenen kleinen Betrieb zu gründen oder einen gefährlichen Beruf auszuüben, wie Feuerwehrmann oder Polizist. Des weiteren werden Männer nicht mehr bereit sein, Arbeit zu leisten, die mit einem niedrigen sexuellen Marktwert einhergeht, wie Klempner, Bauarbeiter, Reinigungskraft oder Mitarbeiter auf einem Bohrturm.

Ohne Zugang zum Frauenkörper – ohne Liebesgelöbnis, Wärme und Sex – sind Männer nicht mehr motiviert, noch etwas in die Gemeinschaft zu investieren. Sie werden entweder depressive Aussteiger oder zynische Spieler, die zum Spaß mit Frauen spielen. Der dänische Philosoph Søren Kierkegaard schrieb schon, dass Sex für einen solchen Mann nicht mehr im

Verhältnis steht zu einem produktiven Ziel innerhalb der Gesellschaft, sondern alleine nur als ästhetisches Erlebnis zweckdienlich ist. Im „Tagebuch des Verführers“ (1843) führt Johannes seine geliebte Cordelia auf „die Gipfel der Leidenschaft“, wenn sie aber dort einmal angekommen ist, findet er, dass es schön genug war, und stößt sie weg. Diese Art Männer lebt weit weg von der Gesellschaft und fühlt sich keiner Gemeinschaft verbunden. Sie werden die Gemeinschaft denn auch ganz sicher nicht beschützen. Hin und wieder taucht ein frustrierter Verschnupfter wie Elliot Rodger auf und rächt sich. Möglicherweise ermutigt von den Worten von André Gide: „Familien, ich hasse euch! Fest verschlossene Häuser, abgeschlossene Türen, Panzerschränke aufgestapelten Glücks.“[188] Richard III., eine Gestalt von Shakespeare, beschrieb dieses Gefühl folgendermaßen:

„And therefore – since I cannot prove a lover,
To entertain these fair well-spoken days –
I am determined to prove a villain,
And hate the idle pleasures of these days.“[189]

Selbst nachdenken und kritisch um dich schauen. Auf diese Weise stellte Atkinson die allgemeine Malaise der westlichen Kultur fest: „Wie alle Studenten der Politologie war ich früher sehr links. Denn das gehörte sich so, so wurde man geschult. Bis ich einen Professor bekam, der dozierte, dass Krieg inhärent frauenfeindlich ist, weil ferngesteuerte Raketen Phallussymbole darstellen, also Penisse. Mir wurde bewusst, dass das nichts mit Wissenschaft zu tun hatte, das war Gehirnwäsche. Ich zweifle ernsthaft daran, ob man als europäischer Mann in der westlichen Kultur noch das Richtige tut, wenn man so anständig ist, eine Stelle zu suchen und Steuern zu zahlen. Schließlich bezahlst du das Salär von dieser Sorte Kulturmarxisten, die Studenten lehren, dich zu hassen.“

Das bedeutet, dass die Stärke des Kulturmarxismus zugleich auch seine Schwäche ist. Einerseits fühlen Kulturmarxisten ganz genau, dass es der europäische Mann mit seinem

Arbeitsethos ist, der an der Basis des ökonomischen Wohlstandes steht. Deshalb haben sie ihn mittels feministischer Geschichten über Unterdrückung von Frauen und anderen Kulturen wie ein Schoßhündchen dressiert: Sie halten ihn in einem falschen Bewusstsein von Sündhaftigkeit und Bußetun gefangen, um so seine Arbeit zu besteuern und die progressiven Subventionsquellen sprudeln zu lassen. Das ist aber zugleich die Achillesferse, denn du kannst nicht der Underdog sein, wenn gleichzeitig von dir erwartet wird, dass du jedermann unterhältst.

Das Ziel des Marxismus war immer schon: die Vernichtung der besitzenden Klasse und die Enteignung ihres Vermögens. Wenn wir das auf das ganze Volk übertragen, dann ist eine Frau ein strategisches Vermögen und ein Mann ein taktisches Vermögen. Denn wenn nach einer Attacke auf eine Gruppe nebst 100 Frauen nur ein einziger Mann überlebt, dann kann dieser eine Mann doch dafür sorgen, dass im nächsten Jahr wieder 100 neue Kämpfer geboren werden. Der kontroverse norwegische Blogger Fjordman wies darauf hin, dass Länder von Männern beschützt werden. Frauen spielen im physischen Kampf höchstens eine unterstützende Rolle. In seiner Schlussfolgerung meint er, dass infolge der Demoralisierung der Männer diese nicht mehr bereit sein würden, ihren „Stamm" gegen andere Stämme zu verteidigen. Am Ende wird die Zivilisation dafür den Preis bezahlen.

Beziehen wir hier nun noch einen Zeitungsartikel mit dem Titel „Vergewaltiger oft junger Mann ausländischer Herkunft"[190] mit ein, ist das strategische Bild komplett. Jung erscheint manchmal als sehr jung: So wurde im August 2014 ein 13-jähriger Somalier in Utrecht verurteilt wegen Vergewaltigung eines zehnjährigen Mädchens.[191] Im britischen Rotherham sind in den vergangenen 16 Jahren 1.400 Kinder von pakistanischen Banden missbraucht worden. Mindestens ein Drittel der Opfer war schon bei der Jugendbehörde registriert. Dabei war auch von Gruppenvergewaltigungen und Entführungen die Rede. Und noch wurden diese Missstände von Polizei und Politikern bewusst schubladisiert, aus Angst, bezichtigt zu werden, rassistische Motive zu haben.[192] Im Mai 2011 erschien in Norwegen der Bericht „Voldtekt i den globale byen“ (Vergewaltigung in der globalen Stadt). Daraus geht hervor, dass verhältnismäßig sehr viele Männer nicht-westlicher Herkunft unter den Vergewaltigern, und in Besonderheit unter brutalen Vergewaltigern sind.

Die Psychiaterin Esther van Fenema äußerte darüber in einer Kolumne ihre Besorgnis: „Seit dem Anschlag auf das Jüdische Museum in Brüssel [wo im Mai 2014 am hellichten Tag Leute erschossen wurden] habe ich Angst. Der wichtigste Grund dafür ist der, dass ich bemerke, dass wir keine Männer mehr haben, die uns beschützen können. Wir sind ein wehrloses Volk geworden [...] Diejenigen, die nach Syrien gegangen sind, haben ihren Kampf in Syrien beendet, und sie suchen jetzt natürlich nach neuen Herausforderungen. Unsere Gemeinschaft ist eine ideale ‚Herausforderung‘. Der durchschnittliche niederländische Mann ist jetzt damit beschäftigt, in der Straße orangefarbene Girlanden aufzuhängen, sucht eine karnevaleske Montur zusammen und kauft soviel Bier ein, dass er ein paar Wochen lang ausgeflippt auf dem Sofa liegt.“[193] Das, was van Fenema beklagt, ist der tatsächliche Sieg des Marxismus und Kommerzialismus über die westliche Maskulinität. Dem Marxismus ist es gelungen, den westlichen Mann zu demoralisieren, indem er als unterdrückende Klasse betitelt wird. Feministisch ausgedrückt: das Patriarchat.

Maskulinität manifestiert sich standhaft und voll Selbstvertrauen im Wettbewerb. Kontrolle ist dabei ein Zeichen der Überlegenheit: Ohne Kontrolle und Selbstvertrauen ist Maskulinität nicht viel wert. Der Typ „Straßen-Kultur-Maskulinität“ ist nicht immer produktiv, aber oft aggressiv und destruktiv. Als der große, muskulöse Kickboxer Badr Hari nach einer langen Kampfpause wegen Problemen mit der Justiz in den Ring zurückkehrte, äußerte er sich in einem Interview sehr dominant. Er sagte, dass der Meister wieder voll und ganz anwesend sei, und dass das, was die „anderen Jüngelchen“ während seiner Abwesenheit geleistet hatten, kaum der Rede wert sei. Hari wurde jedoch von seinem kleineren ukrainischen Gegner Zabit Samedov k.o. geschlagen. Im Nachhinein unterminierte seine Aufschneiderei seine Glaubwürdigkeit. Seltener und komplexer ist die intellektuelle Maskulinität, die Kontrolle durch Einsicht erlangt. Sie will wissen, wie etwas funktioniert, will die Gesetze des Daseins begreifen, und arbeitet in der Folge mit dieser Kenntnis auf konkrete Ziele hin. Die perfekt geschliffenen Brillengläser verdanken Sie Snellius, der sich fragte, warum es bei einem aus dem Wasser ragenden Zweiglein aussieht, als ob es gerade unter der Wasserlinie eine Bruchstelle hätte. Das Penizillin verdanken wir Fleming, der neugierig war auf das, was genau sich in den durchsichtigen Flecken seiner Bakterienkulturen abspielte. Die intellektuelle Maskulinität legte die Basis für die westliche Zivilisation und trieb diese aufwärts zu ihrer führenden Position. Und doch kriegen die Badr Haris auf dieser Welt alle Mädchen. Die intellektuelle Maskulinität liegt im Schatten der Straßen- und Konsum-Kultur, die assoziiert wird mit einem höheren sexuellen Marktwert.

„Kannst du das beweisen?“, fragte der Schachspieler Hway Ik Oei oft, wenn ein Spiel hinterher analysiert wurde. Das ist eine wichtige Frage. Wenn meine Worte nicht überzeugen, dann bitte ich Sie, sich eine Weile in der Lebensgemeinschaft umzuschauen und Ihren eigenen Wahrnehmungen zu vertrauen. Ein Student an der Technischen Universität Delft erarbeitete einen Plan, um die Plastiksuppe aufzuräumen. Die aus Abfällen gebildeten Inseln dümpeln auf dem Ozean. Darüber vernahm man beinahe nichts. Unterdessen tauchen in allerlei Nachrichtenrubriken und Supermärkten Schwachköpfe und sich in Szene setzende Figuren wie Barbie und Roy Donders auf. Leute, die berühmt wurden, ohne je einmal etwas Nützliches geleistet zu haben.

Zur Maskulinität gehört, sich selbst Ziele zu setzen und diese auch zu erreichen. Männer bauen mit diesem Vermögen ihren Status auf. In einer Gesellschaft, wo die Macht des Individuums durch bürokratische Verfahren eingeengt wird und das Anfertigen eines Produkts immer komplexer ist, ist es für einen

Mann kaum möglich, noch selbständig Ziele zu erreichen. Das ist doch die Essenz des Mannseins. Die „Feminisierung“ der Gesellschaft heißt, dass die Macht auf soziale Nebensächlichkeiten übergeht. In diesen Sachen sind Frauen oft schlauer als Männer. So stellen Frauen manchmal Fragen, nicht weil sie eine Antwort wollen, sondern weil sie begreifen, was der andere beim Beantworten dieser Frage empfindet. Voskuil beschreibt in einem seiner Bücher, wie ein Konflikt entsteht, wenn eine Frau ihren Mann bittet, einen Spaziergang zu machen. Der Mann lässt sich darauf ein und macht einen Vorschlag, wohin sie gehen könnten. Daraufhin entsteht eine geladene Stimmung, schließlich scheint es so zu sein, dass die Frau von ihrem Mann erwartet hatte, dass er die Frage „Wo spazierengehen?“ an sie richten würde. Ihrer Meinung nach hatte er versagt, weil er das nicht gefühlsmäßig gemerkt hatte. Aber für Männer ist eine solche Denkweise kontraintuitiv: Sie stellen Fragen, um sich zu informieren, Pläne zu schmieden und Hindernisse zu bewältigen.

Frauen sind empfindsamer für die Art und Weise, wie andere sie ansehen und beurteilen; sie wollen sich gerne mit einer Umgebung assoziieren, von der ein bestimmter Status ausgeht. Frauen begehren einen Mann, in dessen hohem Status sie sich sonnen können. Verführungskünstler raten denn auch, Frauen an Orte mitzunehmen, wo man selbst ein gern gesehener Gast ist. Wenn jedermann eine gewisse Frau hässlich findet, schaut der Mann sie noch einmal richtig an, um das Schöne in ihr zu sehen. Dass der Mann denkt, auf diese Weise noch eine Chance zu haben, kommt daher, weil Männer nicht so darauf aus sind, „nach oben zu tauschen“. Diese letztere Strategie schlägt meistens fehl, weil eine Frau sich nach Männern sehnt, die hohe Standards handhaben.

Um das zu beweisen, beschrieb jemand – auf eigenen Wunsch als Anonymus – im Internet seine Ehe. Während seiner Studentenzeit schlief er regelmäßig mit einem Mädchen, in das er unsterblich verliebt war. Nachdem sie ihr Abschlussdiplom bekommen hatte, beendete sie die Beziehung. Er schrieb ihr einen langen Brief, in dem er seine ganzen Emotionen und Frustrationen äußerte. Im Moment, in dem er diesen in den Briefkasten gleiten lassen wollte, besann er sich eines anderen. „Sie ist es nicht wert", sagte er zu sich selbst und zerriss den Brief. Als sie ihn später aus lauter Neugier noch einmal anrief, log er leichthin und guter Dinge, dass es ihm in allem gut gehe. Wenig später schickte just sie ihm einen Liebesbrief. Sie schien folgendes erlebt zu haben: Sie hatte mehrere Sexfreunde gehabt, aber diese zwei hatten auf ihre Zurückweisung verzweifelt, traurig und enttäuscht reagiert. Sie deutete deren Abhängigkeit als ein Zeichen von Schwäche. „Ich wollte einen Mann, der auch ohne mich ein Superleben hat", ließ sie ihn wissen. Danach heirateten sie doch noch.

Ein zweiter Beweis des Nach-oben-Tauschens ist, dass das durchschnittliche Einkommen des amerikanischen schwarzen Mannes sich um zwölf Prozent verringerte, während das der schwarzen Frau um 75 Prozent zunahm. In derselben Periode, von 1974 bis 2004, verringerte sich die Zahl der Eheschließungen unter der schwarzen Bevölkerung. „Eine Frau, die gut verdient, fühlt nicht viel für eine Heirat mit einem Mann, der nicht so viel verdient", so blackdemographics.com.[194] In den Niederlanden ist es kaum anders: 2005 entdeckte Thijs Peters, dass 87 Prozent der Frauen einen Mann wollen, der eine mindestens gleichwertige Ausbildung genossen hat wie sie selbst.[195]

Im Internet fand ich auch eine Dokumentation über Verführungskünstler, die in Diskotheken und auf Festivals ihre Dienste anbieten. „Lass dich von den Vibes der Disco berauschen", sagte einer von ihnen.[196] „Weil auch die Damen mit dieser Energie durchtränkt sind, werden sie mit dir vibrieren." Er erklärte, dass die meisten seiner Klienten Geschäftsleute sind. Das sind Menschen, die ihr Leben größtenteils damit verbringen, von Punkt A nach Punkt B zu reisen. Sie setzen sich klare Ziele und arbeiten darauf hin. Sie räumen Hindernisse aus dem Weg und negieren Ablenkung. So führt man im Leben seine Pläne aus. Um auf die gleiche Frequenz wie die der Frau zu gelangen, muss man just in der herrschenden Atmosphäre untertauchen.

Das, was dieser Verführungskünstler beschrieb, war in der Tat der Unterschied zwischen denjenigen, die schaffen, und denjenigen, die von der Energie der anderen zehren, um ihre innerliche Trägheit zu überwinden. „Wenn du nur so tust, als ob du am Swingen bist, um ein Mädchen küssen zu können, bist du nicht auf derselben Wellenlänge wie es. Denn denke dran! Frauen sind nicht so auf Ziele ausgerichtet, wie Männer das sind.“ Die sexuelle Selektionsmacht ist dabei der Drehpunkt. Denn ein erfolgreicher Mann ist auf Ziele ausgerichtet, also dementsprechend auf Ergebnisse erpicht. Die durchschnittliche Frau ist empfindsam für eine herrschende Sphäre, she goes with the flow und lässt sich so durch soziale Eindrücke leiten. Beim sexuellen Wettbewerb fördert das Männer, die einen entspannten und glücklichen Eindruck machen – „let it all hang out ‘n chill“. Keine zielbewusste Schöpfer von Werten, sondern Laid-back-Hippie-Festhammel.[197]

In diesem Zusammenhang ist es auch wichtig, Männer davor zu warnen, weibliche Probleme lösen zu wollen. Nehmen wir als Beispiel ein Mädchen, das oft Dinge sagt wie: „Ich hasse mein Leben, ich fühle mich so unsicher, ich könnte wohl weinen.“ Männer haben die Neigung, Probleme zu lösen. Die einzige Folge davon ist jedoch, dass du ihre Stimmung legitimierst und sie auch noch ermutigst, bärbeißig zu sein, wenn sie von dir Bestätigung ihres trübsinnigen Verhaltens verlangt. Außerdem ist ein Ausspruch wie „ich hasse mein Leben“ eine Beleidigung für ihren Freund: Er nimmt doch auch Teil an diesem Leben. Leute, die ihre Probleme auch wirklich lösen wollen, können das in der Regel selbst. Wenn sie öfter darüber sprechen, ist das meistens, weil sie Bestätigung für ihre Rolle als Leidtragende suchen. Ich hatte einmal eine Freundin, die stets solche Geschichten auftischte. „Vergiss nicht, dass deine Familie dich lieb hat und dir im Notfall finanziell unter die Arme greifen wird. Du hast ein prächtiges Lächeln, bist gesund, du hast einen Universitätsabschluss und hast viel von der Welt gesehen. Schließlich hast du auch noch einen Freund, der dich nicht im Stich lässt, was immer auch geschieht.“ Das sagte ich zu ihr, während sie in ihrem Zimmer in meinen Armen lag. „Was hast du doch einen prächtigen Charakter", sagte sie. „Ich fühle mich durch dich so stark." Zwei Tage danach gab sie mir den Laufpass.

Was diese Opferrolle betrifft, ergriff die feministische Lobby in Boston im Februar 2014 die Initiative für eine Petition gegen ein Konzert des Musikers Robin Thicke. In seiner Nummer „Blurred Lines" kam die Bemerkung „I know you want it" vor, was nicht als frauenfreundlich betrachtet wurde. Die Feministen gebrauchten sogar das Wort „Vergewaltigungslied". Obwohl Musik mit spärlich bekleideten Frauen, Slogans mit sexuellen Anspielungen und hurenartiges Gehabe nichts neues sind, bestärkt die feministische Kampagne gegen Thicke auch wieder die Suggestion, dass nur nicht-weiße Künstler noch Maskulinität besitzen dürfen. Obwohl diese Subkultur im R&B-Genre schon seit Jahrzehnten besteht, wurde just Thickes Clip als Quelle moralischer Entrüstung auserwählt. Als das Lied vorgetragen wurde, stürmte eine wütende Feministin die DJ-Booth eines irischen Pubs. Nachdem sie entfernt worden war, entschuldigte sich der Club und versicherte der Frau, dass das Lied dort nie mehr abgespielt werden würde.

Die weibliche Fixierung auf die Opferrolle wurde dermaßen gesteigert, dass man unterdessen das Leiden des Mannes oft negiert. Bei den Obdachlosen bilden die Männer die größte Gruppe. In den 70er Jahren errichtete Erin Pizzey die Bleibe-mir-vom-Leib-Häuser. Sie entdeckte, dass Gewalttätigkeit in Familien oft von beiden Seiten ausgeübt wurde. Als sie suggerierte, dass auch Frauen, die bei ihr Hilfe suchten, oft gewalttätig waren, wurde Pizzey mit dem Tode bedroht und ermordeten Feministinnen ihren Hund. Um die Aufmerksamkeit auf männliche Gewaltopfer im Familienkreis zu lenken – in Großbritannien 40 Prozent der Opfer – veröffentlichte Mankind Initiative im Mai 2014 ein mit versteckter Kamera gefilmtes Video. Eine Schauspielerin und ein Schauspieler stritten sich in der Öffentlichkeit. Der Mann berührte die Frau aggressiv, und Umstehende mischten sich in den Streit ein. Als die Szene zu einem anderen Zeitpunkt am selben Ort wiederholt wurde, war die Situation umgedreht worden: Nun betrug die Frau sich besonders aggressiv dem Mann gegenüber. Jetzt reagierte überhaupt niemand. Wenige Leute wissen auch, dass Frauen mehr Kinder ermorden und entführen, als Männer das tun.[198]

Ein gutes Beispiel einer intellektuell maskulinen Person ist ein mexikanischer Ingenieur namens Fernando. Er schwor einen Eid, sich in seinem Leben dem Verbessern der Lebensgrundlage der Menschheit zu widmen. Deshalb arbeitet er als Ingenieur, um neue, effizientere Landbaumethoden zu entwickeln. Sein Ziel ist es, eine nachhaltige, umweltfreundliche Lösung gegen den ewigen Hunger in der Welt zu finden. Er kombiniert seine Forschung in Biologie und Technik mit großem Interesse für Geschichte und Psychologie. Einmal erzählte er von seiner Jugendfreundin und den Gefühlen, die er für sie empfindet. Aus dem Gespräch ging hervor, dass sie zu einer jungen Frau im heiratsfähigen Alter herangewachsen war. Wenn sie mit erhobenem Kopf durch die mexikanischen Straßen ging, tanzte der Stoff ihres Rockes im auffrischenden Wind, und die Sonne zauberte eine Glut auf die zarte Haut ihres Gesichtes. Sie erzählte Fernando, dass er ihr Prinz auf dem weißen Pferd sei, dass sie seine Tugend und sein reines Herz bewundere. Sie wusste, dass er treu war und sie mit seinem ganzen Wesen liebte. Die junge Dame war am Anfang von seinem Antrieb und seinen Ambitionen für die Menschheit beeindruckt. Aber wie jede junge Dame wurde sie täglich vom kommerziellen Weltbild überflutet. Das Bild einer Welt, zusammengehalten von Romkoms, Videoclips mit verschwitzten Rappern und oberflächlichem Tratsch über Celebrities. Ich sagte Fernando im vorhinein, dass sie dahinterkommen würde, dass er nicht in dieses Bild passt; sie würde mit der Zeit seine Erläuterungen über Geschichte und die Zukunft langweilig finden, und er müsste sich oberflächlicher dartun, als er ist, wenn er sich ihrer Liebe versichern wollte.

Fernando wies meine Überlegung erst einmal zurück: „Nicht alle Mädchen sind so…“ Bis er mir gegenüber am Ende doch auf die Angelegenheit zurückkam. Er gab zu, dass er gerne über Technik und Innovation las, auch von Herodes und dem

Tempel von Salomon, dass er mit seiner Freundin jedoch nicht über diese Dinge reden konnte. „Denke einmal darüber nach“, sagte ich eindringlich zu ihm, „Mädchen wie sie betrachten dich als Nerd, weil du dich für die wissenschaftliche Forschung interessierst und dich mit dem Verbrennungsmotor beschäftigst. Sie mokieren sich über dich, weil du den Mut hast, dich in der Klasse zu melden, wenn du über ein bestimmtes Thema mehr wissen möchtest oder wenn du auf die Frage des Professors die richtige Antwort gibst. So ein Mädchen würde zur Vorbereitung eines Examens deine Hilfe beanspruchen oder deine Hausaufgaben abschreiben wollen, wird sich aber hinterher nicht mit dir zu einem Rendezvous verabreden.“

Obwohl seine Jugendfreundin, in die er heimlich verliebt war, von seinen Tugenden beeindruckt war, geriet sie doch auf den falschen Weg. Fernando wusste, dass sie mit der falschen Sorte Männer herummachte. Wenn sie in seiner Nähe war, pries die junge Dame ihn wegen seiner hochstehenden moralischen Werte. Manchmal nannte sie ihn sogar ihren „Ritter auf dem weißen Pferd“. In der Öffentlichkeit hielt sie ihr Image aufrecht, weil sie nicht als liederlich gelten wollte: Sie ging denn auch gesittet mit ihrer Mutter in die Kirche. Unterdessen schaute sie sich Serien an wie „Sex and the City“ und geriet so in die Fänge der Meme des Kulturmarxismus. Solche Serien zeigen ökonomisch unabhängige Frauen, die Männer, die versuchen, sie zu erobern, ins Lächerliche ziehen. Sie lassen sie durch Reifen hüpfen und beschließen dann doch, ledig zu bleiben, „weil sie sich selbst so oft in Beziehungen verloren hatten“. Sie sah auch die TV-Clips mit Straßenmachos und Gangstern und fühlte sich mächtig zu ihrer rauhen aggressiven Sexualität hingezogen. Obwohl sie vielleicht die Werte ihres Freundes, des Ingenieurs, kognitiv anerkannte, gab sie sich falschen Jungs mit dubios teuren Wagen hin. Wie diese Autos tatsächlich funktionierten, faszinierte sie nicht. Sie wollte damit nur herumrasen.

Sogar noch krasser, die junge Dame negierte bewusst Fernandos Warnungen von den unsauberen Begierden der Männer, mit denen sie es anlegte. Am Ende schien es doch so, dass sie ihn einen „Labgeek“ fand. Für sie spielte es keine Rolle, dass es diese Autos nie gegeben hätte ohne solch ein Hirn, wie er eines hatte. Als ich weiblichen Rat einholte und die Angelegenheit mit der jungen Effektenhändlerin besprach, sagte sie folgendes: „Diese Sorte Mädchen meint, dass Wissenschaftler kein richtiges Leben führen, weil sie viel Zeit verbringen mit Studieren und, immer sich selbst über alles Fragen stellend, sich in die Materie vertiefen. Selbst aber essen sie immer noch das Gemüse, das gezogen wurde mit Hilfe der Technik, entwickelt von einem offenbar genialen Tüftler, wie er einer ist. Der Vater ihrer Kinder wird wahrscheinlich ein ‚Pretty Boy‘ sein oder der eine oder andere sich lässig gebende Zuhälter. Fernando wird sie nicht schwängern, wohl aber wird seine Technik sie ernähren und kleiden.“ Das lodernde Feuer der Inspiration, von dem Tesla sprach, erlischt. Haben weiße Naturwissenschaftsstudenten bei weißen Frauen ein nicht sehr erotisches Image als tölpelhafte Einzelgänger, asiatische Frauen finden sie manchmal doch noch interessant. Möglicherweise ist das der Widerschein einer geopolitischen Transformation: das Aufblühen Asiens als industrielle Macht.

„Bevor ich sterbe, möchte ich gerne einmal zwischen den Sternen herumreisen“, sagte Fernando. „Wenn die Leute ihre Sinne doch einmal auf die Dinge richteten, die sie faszinieren, würde es mit der Narretei ein Ende nehmen: der Durst nach dem Klatsch über sexuelle Eskapaden, Spekulationen über Fußball und die Sucht nach Zerstreuung durch Fernsehprogramme. Wissen ist für den menschlichen Geist der einzige Fluchtweg aus der eigenen Verderbnis.“ Ich musste an etwas denken, das ich von dem Astronauten André Kuipers bei einer Zusammenkunft über Raumfahrt im Europäischen Parlament vernahm: „Es ist phantastisch im Weltraum, von wo aus man die Erde aus so weiter Distanz beschauen kann. Aber wenn man dann wieder zurück ist, die Anziehungskraft wieder fühlt und den Duft von frischem, nassem Gras riecht, erfährt man, wie kostbar unsere Lebensqualität ist. Und gegen mein Lebensende kann ich zu mir selber sagen, dass ich alles aus mir herausgeholt habe und mitgeholfen habe, die Menschheit ein kleines bisschen weiter zu bringen.“[199] Diese Zusammenkunft war organisiert worden, weil Europa kaum in Wissenschaft investiert. Man zeigt erst in dem Moment Interesse, wenn die Technologie schon auf den Markt gebracht ist und sich in absehbarer Zeit rentieren wird: Sonst ist unsere Geschäftswelt nicht daran interessiert. Wir halten unseren Blick auf den Bauchnabel gerichtet, und eines Tages richten wir ihn nach oben und sehen, wie China den Weltraum erobert.

Die frivole Menschheit

„Ein wenig Gift ab und zu: das macht angenehme Träume. Und viel Gift zuletzt, zu einem angenehmen Sterben.Man arbeitet noch, denn Arbeit ist eine Unterhaltung. Aber man sorgt dass die Unterhaltung nicht angreife. Man wird nicht mehr arm und reich: Beides ist zu beschwerlich. Wer will noch regieren? Wer noch gehorchen? Beides ist zu beschwerlich. Kein Hirt und Eine Heerde! Jeder will das Gleiche, Jeder ist gleich: wer anders fühlt, geht freiwillig in‘s Irrenhaus. (...) ‚Wir haben das Glück erfunden‘ – sagen die letzten Menschen und blinzeln.“

Friedrich Nietzsche, „Also sprach Zarathustra“, 1883-1885, S. 1.

Wer naiv ist, meint immer noch, dass die freie Partnerwahl den sexuellen Wettbewerb, und damit die natürliche Auslese, fördert. Und dass die Hypergamie also gut ist, weil sich die produktivsten Mitglieder der Gesellschaft auch in Mehrzahl fortpflanzen. Ein kleines Beispiel kann das widerlegen. In Maryland erklärten Forscher, dass 25 Leute wegen Geldwäsche und Drogenschmuggel in ein Gefängnis angeklagt wurden. Unter den Verdächtigen waren 13 weibliche Wärter, die einer schwarzen Guerillabande geholfen haben sollen, indem sie die Konterbande in ihrer Unterwäsche verborgen hatten. Vier von diesen Frauen wurden vom Anführer der Bande befruchtet – anscheinend konnten sie den Verlockungen des Bad Boy nicht widerstehen.[200]

Diese Art Erklärungen für „natürliche Selektion" beruhen auf der Annahme, dass Frauen sich nach Männern mit überlegener DNS sehnen. Es ist schon fraglich, ob diese Annahme sich in einer Gesellschaft halten kann, die die Umstände, in denen Knappheit herrschte, eliminierte, worauf dieser im Grunde genommen strenge selektive Mechanismus beruhte. Weil es keine Knappheit mehr gibt, sind zum Überleben auch keine Vermögen mehr vonnöten. Man vergleiche es mit Pfauen: Pfauenweibchen fühlen sich zu schönen Schwänzen hingezogen, diese Schwänze sind grundsätzlich nicht nützlich, bewirken nur, dass die Tiere Raubtieren nur noch mehr auffallen. Merze die Raubtiere aus: Das Extravagante siegt.

In unserer Menschengesellschaft bedeutet das, dass unsere selektiven Mechanismen auf sich selbst bezogen werden können. Sie verweisen nicht auf innere Werte, sondern auf Projektionen von dem, was die große Masse als populär betrachtet: Ein Unternehmer, der Millionen Kopien von „Twilight" oder CDs von Rebecca Black verkauft, wird erfolgreicher und also begehrlicher sein als ein Unternehmer, der einige Hundert Exemplare von Platons „Politeia" an den Mann, oder die Frau, bringen kann. Erfolg wird hauptsächlich in Verkaufsziffern gemessen, der Anzahl von Klicks im Internet und ausgefüllten Wahlzetteln. Das sagt nichts über die Qualität und alles über die Zugänglichkeit für den Mainstream, was wiederum auf die menschliche Neigung zurückzuführen ist, Energie zu sparen, indem man nicht durch die Oberfläche dringt, um sich in etwas zu vertiefen. Deshalb gibt es schließlich auch Fast Food: Warum sich erhabener Kochkunst widmen, um Geld zu verdienen, wenn man auch billige Burger zubereiten kann, die der Mehrheit der Leute genügen?

Wenn alle natürlichen Feinde wegfallen, wird der Wettlauf der Evolution von denjenigen gewonnen, die sich so oft fortpflanzen wie sonst niemand von den anderen. Die Leute im Westen verkehren im täglichen Leben nicht mehr in Situationen, in denen Leben und Tod durch Intelligenz bestimmt werden. Wie das Beispiel des Ingenieurs, der herausfand, wie man

Wasser aus dem Boden herauspumpen konnte, verdeutlicht, so dass die Jäger und Sammler zu einer sedentären Gemeinschaft übergehen konnten. Vor Jahrtausenden musste man, wenn man als herumziehende Gruppe überleben wollte, dafür sorgen, dass man die Person mit dem besten Gedächtnis die Spur nach der Wasserquelle suchen ließ. Denn wenn man das dem falschen Anführer der Gruppe überließ, verdurstete man. Genau so war es beim Jagen: Die Stärksten und Schnellsten wurden mit den Speeren ausgerüstet. Das machte begabte Männer für Frauen attraktiv.

Weil es keinen Mangel mehr gibt, geht diese Rechnung nicht mehr auf. Die begehrten Eigenschaften hängen nicht mehr mit genetischer Überlegenheit zusammen, sondern mit Memen, die in einem Wettbewerb um die Popularität an die Oberfläche kommen, wobei die Verkaufsziffern ausschlaggebend sind. Mache einen Vergleich zwischen Mozart und Madonna. Es geht vor allem um die Menge: Die innerlich zur Sache gehörende Qualität des Werkes und der Geist, der es hervorgebracht hat, werden unter den „Mass Appeal" gesetzt. Westliche Menschen machen sich lustig über Papuas, die einen Penisköcher tragen. Wenn du aber einen Papua fragst, weshalb er einen Penisköcher trägt, wird er dir einen Vortrag halten über die Geschichte und Kultur seines Volkes. Stelle Leuten meiner Generation die gleiche Frage über die Kleider, die sie tragen, und du wirst nur oberflächliche Antworten bekommen über Mode und Geschmack.

Wer sieht, was in einer Gesellschaft als Gipfel der Anziehungskraft gilt, als das höchst Begehrenswerte, kann einschätzen, was er von seiner Zukunft erwarten kann. Alexandar Atkinson kehrte nach Großbritannien zurück und sah auf der Straße Männer, die in Begleitung schöner Frauen waren, allesamt sahen sie aus wie verweiblichte Boy-Band-Figuren, oder just wie aufgeblasene Rabauken. Wenn Maskulinität in der westlichen populären Kultur noch gepriesen wird, geschieht das nur als Teil der „Metrosexualität": Die übrige Maskulinität ist auf eine sehr basale Form zurückgestutzt. Wo ist Da Vinci geblieben? Der Erfinder, Künstler und brillante Stratege? In der westlichen populären Kultur werden solche als Outcasts und Bücherwürmer betitelt. „Die Jungs, die in dieser Situation an die Oberfläche gelangen, sind nicht die Newtons und Einsteins unserer Generation“, folgerte Atkinson. „Unsere Zivilisation hat Helden und Genies überflüssig gemacht, und Frauen wälzen sich in der Trivialität, die die Folge davon ist.“ Intellektuelle haben ihr Format verloren und sind zu Hofnarren geworden, die sich auf Basis des Prinzips „Sie fragen, wir spielen“ in Nachrichtenprogrammen aussprechen dürfen. Und dann am liebsten in Soundbites, die leicht verdaulich sind. Die gleichen Fernsehstationen bringen Abende hintereinander Programme, in denen Männer über Fußball sprechen, Männer, für die vor allem das wichtig ist, was andere über sie denken. Als Klatschtanten schreiben sie Kolumnen übereinander und laufen pikiert weg, wenn ein Kollege auch nur einen kurzen Blick auf sie wirft.

In „Die Möglichkeit einer Insel“ (2005) schreibt Houellebecq: „Dasjenige, das wir zu erreichen versuchen, ist eine gekünstelte frivole Menschheit, die nie mehr ernsthafte Sachen annehmen wird, auch keinen Humor, die bis zu ihrem Tod in vermehrter Hoffnungslosigkeit ihr Leben fristen wird auf der Suche nach Fun und Sex; eine Generation ewiger Kids. Das wird uns nicht gelingen.“[201] Dieser Meinung, sei es auch in anderen Worten, war auch der obengenannte kanadische Flirtcoach zugetan. Menschen entwickeln sich seiner Meinung nach zu „den mechanischen Tieren des social engineering“. Er meint Frauen, die aus Langeweile Dating-Sites besuchen, während ihr Freund im gleichen Zimmer auf der Xbox spielt. „Sie plustern ihre Egos auf mit ‚duck-faced, sugar daddy luring selfies‘ und kommunizieren lieber durch fragmentierte Stückchen Text, statt gebannt in einem lebendigen Gespräch aufzugehen. Dating-Sites aufzurufen ist der schnellste Weg, um das Vertrauen in die Menschheit zu verlieren; der Junge versucht andererseits verzweifelt, ihre Aufmerksamkeit festzuhalten, während sie mit Freunden appt, Musik runterlädt und im Internet nach neuen Schuhen sucht. Dann findet sie, dass er zu ‚needy‘ wird, und blockiert ihn mit einem leicht überheblichen Seufzen. Oder sie hält ihn hin, flattert aber weiterhin wie ein Schmetterling von ihm weg, während er ihr mit seinem Fangnetz zuwinkt. Das ist dann die Definition ihrer Beziehung." Es ist wohl klar, dass ein einigermaßen charaktervoller Mann nicht in eine solche Frau investiert. Sie wird höchstens Jungs kriegen die ihre Begierden genießen, sich aber weigern, ihre Lasten zu teilen.

Wir wachsen in einer Welt auf, die ausgerichtet ist auf Statussymbole und Äußerlichkeiten. Eltern sind so gut wie verpflichtet, für ihre Tochter eine „Sweet Sixteen Party" zu organisieren, inklusive rosa „Ballroomdress", sonst wird sie von ihren Altersgenossen ausgeschlossen und verhöhnt. Die westliche Welt ist nicht allein auf Statussymbole fixiert, der technologisch gesteuerte Konsumismus richtet sich auch nach der Bequemlichkeit des Verbrauchers. Indem wir „Skripte" anbringen, richten wir unsere Umgebung effizient ein: Einen Lift durch Knopfdruck kommen lassen bis hin zur Verkehrsampel, die durch Signale von unserer Anwesenheit in Kenntnis gesetzt wird. Sogar das banalste Beispiel kann man hier nennen: Der Mitarbeiter am Fließband, der optimale Leistung bringt, weil er sich nicht langweilt, wenn er nicht in jeder Minute dieselbe Handlung verrichten muss. Schlussendlich bedeutet das, dass wirtschaftlicher Erfolg und in Betracht kommen als akzeptabler Fortpflanzungspartner nicht zusammenhängen mit genetischer Überlegenheit, sondern mit dem erfolgreichen Sich-Einspielen auf Regeln, die wir selbst entworfen und bestimmt haben.

„Wir fühlen, dass, selbst wenn alle *möglichen* wissenschaftlichen Fragen beantwortet sind, unsere Lebensprobleme noch gar nicht berührt sind." Das meint Ludwig Wittgenstein in Punkt 6.52 seines „Tractatus Logico-Philosophicus" (1921). Jahrhunderte zuvor fanden junge Leute ihre Identität, indem sie sich mit solchen Fragen abmühten. Heutzutage geht es bei diesen Fragen vor allem um Marken-Identitäten. Hörst du Tiësto oder 50 Cent? Studierst du in Oxford oder Stanford? Trägst du Armani oder Versace? Gehst du in den Ferien zur Costa Brava oder doch nach Ayia Napa? „Titanic" oder „Trainspotting"? Und so weiter. Weder der Erfolg des Kommerzialismus, noch der des Versorgungsstaates hat auch nur das geringste getan, um der narzisstischen Differenzierung Grenzen zu setzen. Eine Vorliebe, die keine Kaufergebnisse erzielt, eine Fähigkeit, für die man keine speziellen Sachen braucht, eine gesellschaftliche Überzeugung, die nicht zur Unterstützung einer Non-profit-Organisation führt, die aggressiv Werbung betreibt, scheint auf dem Liebesmarkt vollkommen nutzlos zu sein. Im postmodernen Leben konsumieren wir uns einen Weg zu einer Identität und sogar zu Beziehungen. Aber dann, wenn die Einkaufstaschen einmal ausgepackt sind und die Geschenke aus ihrer Verpackung geschält, sieht sich die westliche Zivilisation vor eine Frage gestellt: Welche genetischen Eigenschaften, erfüllenden Fähigkeiten und moralischen Werte wollen wir auf die Zukunft übertragen?

„Wer den Impulsen des Herzens keine Grenzen setzt, kann doch auch nichts gegen die Schwächen des Geistes tun?"[202] Diese Frage stellte Montesquieu, und das zu Recht. Jemand, der eifrig studiert, bekommt später eine vorzügliche Stelle, eine Hypothek und so weiter, ist aber oft noch Jahre nach der Jugendzeit nicht richtig erfolgreich beim Daten. Wenn wir so etwas Launenhaftes wie weibliche Emotionen bestimmen lassen, wer wohl Kinder bekommt oder just keine, dann würden 10 bis 20 Prozent der Männer über 80 bis 90 Prozent der Frauen verfügen. Das Problem betrifft die ganze Gemeinschaft, denn eine wirksam funktionierende Gesellschaft braucht viele glückliche, also sexuell nachhaltig befriedigte „Arbeitsbienen", um auch weiterhin zu funktionieren. Schließlich muss jemand die Pneus des Schulbusses aufpumpen, das Motoröl wechseln und die Pulte und Stühle für die Schule schreinern. Die traditionelle Ehe ermöglichte der Mehrheit der Männer auch sexuelle Befriedigung. Das Abbröckeln der traditionellen Institute und Strukturen hat eine „Winner takes all"-Gesellschaft zur Folge, die solche Männer der Motivation beraubt, sich noch für eine wohlhabende und flexible Gemeinschaft einzusetzen.

So sehen wir, dass der „sexuelle Marxismus" eine Summe ist von sechs Symptomen. Erstens ist da die Entfremdung der Frau von ihren ursprünglichen Emotionen. Ihr Sexerlebnis gehört nicht ihr selbst, sondern ist ein Tauschobjekt: Kein Ziel an sich, sondern Teil eines berechnenden Strebens. Sowie das Streben nach Gewinn nach Meinung des Marxismus ein Fetisch ist, so ist der Sexappeal eine „cosa mentale“; ein geistiges Verlangen nach Begierde, das keinen realen Schlusspunkt kennt. Wie Marx voraussagte, dass die steinharte Konkurrenz unter Kapitalisten zu immer mehr Konkursen führen würde, und am Ende zu einer Elite von einigen Besitzern, einer Oligarchie, so entsteht auf dem Liebesmarkt eine erotische Elite. Dabei herrscht viertens ein romantisiertes „falsches Bewusstsein“, eine Abhandlung über „Soulmates“, ritterliche Männer und Liebe auf den ersten Blick, das alles, damit das „sexuelle Proletariat“ machtlos bleibt. In der marxistischen Doktrin vergegenwärtigt der Arbeiter die verworfene, unterdrückte Klasse – im viktorianischen Bewusstsein ist die Frau das Opfer des Mannes. Zum Schluss wird das sexuelle Produktionskapital in einer Art Revolution von der militanten Klasse, den „Bad Boys“, der tatsächlich produktiven Klasse, den Laboranten, Mechanikern, und so fort, die sexuell nicht in hohem Ansehen stehen, weggenommen.

10 Europa: Abhandlung über Selbstverleugnung und Fortschritt

„Die Weltgeschichte ist das Weltgericht“ – Schiller/Hegel

Zusammen mit der Entwicklung des Handelskapitalismus und der hochgradig entwickelten Technologie wurde der europäische Kontinent in einer Zeitspanne von einigen Jahrhunderten zum Weltzentrum ökonomischer, politischer und militärischer Macht. Ein europäischer Beamter in hoher Position erzählte mir letztes Jahr von einer Begegnung mit einem chinesischen Diplomaten. „Die letzten 2.200 Jahre ist die chinesische Ökonomie im Durchschnitt die größte Ökonomie auf Erden gewesen“, hat dieser letztere gesagt. „Ausgenommen die letzten 200 Jahre. Wir haben vor, diese Lücke in diesem Jahrhundert zu schließen.“ Diese Enthüllung rüttelte mich unsanft wach und nötigt mich, dem europäischen Eigenwert ein Kapitel zu widmen.

Europäische Selbstrelativierung
Menschen wollen, dass die Zukunft die Vergangenheit in einer Lebensgeschichte festhält, die eine Bedeutung oder ein Ziel hat. Das Gelöbnis des Christentums nimmt historische Geschehnisse in eine sinnvolle Ganzheit auf. Denn die hoffnungsvolle Erwartung der Wiederauferstehung von Jesus Christus am Ende der Zeiten stellt eine transzendente, „überirdische“ Progression in den Mittelpunkt, die den vorangegangenen Geschehnissen eine sinnvolle Bedeutung verleiht. Der Sinn, den Religion der Geschichte zuerkennt, liegt am Ende abseits der Geschichte: nämlich im ewig dauernden (also zeitlosen) Seelenheil.

In diesem Kapitel setze ich auseinander, wie durch das Aufkommen des mechanistischen Weltbildes die vorher genannte christliche Darstellung nicht mehr tragbar wurde. Die mechanistische Auffassung vom Universum sieht den Kosmos als Hervorbringer von intrinsisch ziellosen Zusammenstößen zwischen Elementarteilchen. Denker wie Spinoza und Darwin trugen zur Verbreitung dieses Weltbildes bei. Als das christliche Weltbild auf das mechanistische Weltbild prallte, kam es zu einer existentiellen Krise, ein hedonistisches Fluchtverhalten, das ich bereits als eine „Kultur der Potentialität“ beschrieb. Kultur gibt dem Individuum die Möglichkeit, etwas Wertvolles zu schaffen, das über seinen Tod hinaus erhalten bleibt. Gerade das Vertrauen in diesen Wert ist, was das europäische Kulturgut betrifft, durch die Kultur der Potenzialität untergraben worden. Um dieser existentiellen Krise die Stirn zu bieten, werde ich zum Abschluss einen humanistischen Appell formulieren.

Bevor das mechanistische Weltbild ein vollwertiges Gegenstück zum christlichen Weltbild werden konnte, versuchten Aufklärungsdenker, dem Fundament der christlichen Zivilisation, mittels feuriger Auseinandersetzungen, den universellen Fortschritt der Menschheit hinzuzufügen. Dabei spielte Europa eine führende Rolle und bekam dadurch Eigenwert. Unterdessen scheint es aus und vorbei zu sein mit einem Europa als Weltmacht, und das Streben nach Zivilisation ist zum Teil Realität geworden. Der Holocaust machte das Sinnlose der Geschichte zum Sinnbild.

Christliche Elemente wie Schuld- und Sündenbewusstsein, Mitgefühl für die Schwächeren und der Nachdruck auf Selbstbesinnung blieben erhalten. Kombiniert mit der Erfahrung der Dekolonisierung führte das zu einer Besessenheit von Opferrolle und Bußetun. Mit Zutun des Historismus hat Europa sich selbst relativiert. Durch die Medien fließt das weiter wuchernde Leiden der Menschheit täglich ins Wohnzimmer hinein. Die Mission der Zivilisation hat scheinbar versagt, die Zeit wird nicht mehr als sinnvolle Ganzheit erfahren, sondern als etwas, das als zur Sache gehörende Sinnlosigkeit des Kosmos unerträglich wurde. Als etwas, das getötet werden musste. Inzwischen befinden wir uns in einer postmodernen Konsumkultur: einer Kultur, bei der sich alles nur um Unterhaltung und Zerstreuung dreht. Wir sind im Bann von machbarer Schönheit, ewiger Jugend und Gesundheit. Es gibt keine Geschichte, die das Christentum ersetzen könnte, das Wissen um das absolute Ende unseres Lebens lastet schwer auf uns.

Der Postmodernismus bedeutet den Tod, deutlicher gesagt: Der Nihilismus ist Europas Ende. Sogar wenn jemand sich erheben und eine gut unterbaute Beweisführung vortragen würde, die die christlichen und nihilistischen Darlegungen ersetzen könnte, würden die Postmodernen noch sagen, dass auch das nur eine Geschichte ist, eine fabrizierte Konstruktion. Eine selbstgeschaffene Illusion. So ist denn keine einzige echte Überzeugung noch lebensfähig, und es bleibt nur die Selbstrelativierung. Die europäische existentielle Krise entstand, weil man einerseits meinte, dass Moral an Kultur gebunden ist, und dass man jede Kultur nach ihren Verdiensten gewichten muss. Andererseits blieben bestimmte dunkle Seiten aufrechterhalten – die Greueltaten während der Weltkriege und der europäische koloniale Imperialismus –, die nichtsdestotrotz als universal amoralisch gelten.

Im selben Moment, in dem ich dies schreibe, scheint das europäische Selbstvertrauen sich zu verflüchtigen, ebenso das Vertrauen in (christliche) Traditionen. So ließ die Haagse Hogeschool einen Weihnachtsbaum wegschaffen, aus Angst, dass muslimische Studenten sich daran stören könnten. In Brüssel wurde 2012 der traditionelle Tannenbaum durch eine Panorama-Installation ersetzt. Die Universitätsleitung zensierte die Abschiedsrede des Theologen Pieter van der Horst, weil er darin Antisemitismus in der arabischen Welt behandelte. Der Multikulturalismus konfrontiert Europäer mit Minderheitsgruppen, die untereinander einen ausgeprägten Zusammenhang kennen und in Traditionen verankert sind. Das kann auf Europäer bedrohlich wirken, die für ihre historischen und spirituellen Wurzeln nicht mehr so viel übrig haben, was denn auch eine Erklärung ist für die zunehmende Kritik am Islam. Dies alles erwägend stelle ich mir folgende Frage:

„Hat der Untergang des Christentums in Europa das Selbstvertrauen der europäischen Kultur untergraben?“

Meine Antwort auf diese Frage ist zwiespältig.

„Nein“, lautet die Antwort einerseits. Das europäische Bewusstsein trägt einen Kern von Positivismus in sich. Die erwartete überirdische augustinische „Stadt Gottes“ transmutierte in ein innenweltliches Verbesserungsstreben. Eine zentrale Figur bei dieser Umschaltung im europäischen Denken war Joachim von Fiore. Joachim war ein christlicher Mystiker im 12. Jahrhundert, der meinte, in den Büchern der Bibel eine neue Bedeutung entschlüsselt zu haben. Eine Bedeutung, die dem Menschen ermöglichte, das heilige Licht auf Erden herbeizuführen, statt zu warten, bis er in den Himmel kommt.

Dieses Verbesserungsstreben entwickelte sich immerfort weiter und wurde zu einer Kraft, die sich durch den Positivismus der Aufklärung äußerte, und in der Folge via einen breiten Fächer von Strömungen und Bewegungen wie die Französische Revolution und der säkulare Humanismus. Der Ausgangspunkt war immer der, dass der Mensch imstande ist, die Natur der Dinge bis in den Kern hinein zu ergründen. Infolgedessen konnte er mit dieser Kenntnis eine angenehmere, gerechtere Gesellschaft schaffen. Er brauchte nicht auf das Eingreifen Gottes zu warten, der Mensch erlöste sich nun selbst.

Die franziskanischen Nachfolger von Joachim sind ein zutreffendes Beispiel: Sie meinten, die Ankunft des himmlischen Paradieses vorbereiten zu müssen. Das Entstehen der sozial-utopischen Projekte von Robert Owen und der kommunistischen Staatsbauernhöfe lässt sich nur von diesem Streben her erklären. Der Utilitarist Jeremy Bentham erdachte das „Panopticon“: eine Institution, die Gefangene disziplinieren sollte zu tugendhaften, eifrigen Bürgern, um der Wirtschaft auf diese Weise Auftrieb zu geben. Der russische Adlige Peter Kropotkin setzte sich für soziale Experimente ein. Psychiatriepatienten arbeiteten wie Brüder unter den Bauern auf dem Land. Durch diese optimistischen Initiativen konnte man eine überirdische Rettung der Seele fahrenlassen. Nach Bentham und Mill stellte die Natur die Menschheit unter die Herrschaft von Lust und Schmerz. „Am Ende sind diese Reize das einzige in sich selbst Gute und Böse."[203]

Obwohl in Europa kommunistische Ideale nicht länger Mainstream sind, wurde das positivistische Programm, das heißt, das Weltbild, das diesem zugrundelag, nicht verworfen, sondern angepasst. Die Pyramide von Maslow und das sozial-liberale Denken von John Rawls bekamen einen Platz als Ziel der Zivilisation. Inbegriff dieses Ideals ist das Streben nach einer festgefügten Gesellschaft, in der dem Menschen alle Möglichkeiten geboten werden, sich optimal zu entfalten und individuelle Freiheit und soziale Gerechtigkeit zu genießen. Kurzum: Das Leiden wird nicht als Prüfung angesehen, die man vor Gott bestehen muss, sondern als etwas, das beim Menschen im Laufe seiner Evolution, also seiner Entwicklung, nach und nach abnehmen wird. Wenn aber, wofür Mill sich einsetzte, das größte Glück nur für die größte Zahl gilt, hat derjenige, der eine Wunderdroge oder ein Medikament erfindet, das Glücksgefühle erweckt, dann auch zugleich den Höhepunkt der Ethik und Exzellenz erreicht?

Andererseits antworte ich auf die Frage, ob die Säkularisierung das europäische Selbstvertrauen beschädigt hat, dass man nicht umhin kann, auch die Frage zu stellen, ob das Christentum selbst nicht auch Elemente enthält, die die Selbstsicherheit der europäischen Zivilisation untergraben. Vorsichtig ausgedrückt, meine ich Demut, Selbstrelativierung und Sündenbewusstsein. Krasser ausgedrückt, meine ich eine Besessenheit von Opferrollen, Bußetun und Mitleid mit den Schwächeren. Ein Schuldkomplex, der trotz Säkularisierung auf das heutige europäische Bewusstsein übertragen wurde.

Weil die europäische Zivilisation sich auf einem christlichen Fundament entwickelt hat, gehen wir zuerst auf diese letzte

Frage ein. Danach werden wir den Positivismus, der die Transmutation von diesem Fundament umfasst, analysieren.

Christliche Opferrolle

Wenn der Christ sich der Erlösung würdig erweisen will, dann muss er sich schuldig fühlen für das Leid, das Christus angetan wurde. Das wird so in der Matthäuspassion von Bach besungen. „Liebet eure Feinde und bittet für die, welche euch verfolgen. Dem, der dich auf den Backen schlägt, biete auch den andern dar, und dem, der dir den Mantel nimmt, verweigere auch den Rock nicht", lehrte uns das Christentum jahrhundertelang.[204] Der Apostel Paulus verlangt, demütig und ergeben zu sein, wenn er schreibt: „Wenn ich euch in höherem Maße liebe, werde ich [dann] in geringerem Maße geliebt?"[205] Den Hang zur Opferrolle und zum Märtyrertum, der in das Christentum eingeflochten ist, sehen wir offen dargelegt bei Ignatius von Antiochien. Leidenschaftlich beschreibt er seinen Wunsch, zwischen den Kiefern eines Löwen zu Getreide für Gott zermalmt zu werden.[206] In seinem Wesen dürstet der Christ danach, beschuldigt zu werden, denn um geläutert zu werden, muss er seine sündhafte Natur erkennen.

„Europa muss wieder etwas gutmachen, und Buße tun muss Schmerzen verursachen", ist anscheinend der Kerngedanke. So meinte die Politikerin Evelien Tonkens, dass die Kosten für Immigration eine Selbstverständlichkeit sind, sonst würde es ja den Anschein erwecken, dass wir „bitter wenig für den Rest der Welt erübrigen wollen".[207] Kommentator Bart Jan Spruyt zitierte ein Gespräch, das er auf dem Markt gehört hatte: „Wir haben vor Jahrhunderten die Kolonien ausgeplündert, und ich finde, dass die Leute schon recht haben, wenn sie sich jetzt das Geld wieder zurückholen. Es ist gerecht, dass auch meine Enkel dafür büßen müssen."[208] Europa muss hier ganz deutlich „die zweite Meile begehen", „... der gute Hirte gibt sein Leben hin für die Schafe."[209]

Auf sich selbst bezogene Abstufung, Reflexivität und Mitgefühl stehen im Mittelpunkt der idealen Zivilisation. Intrinsische Validation ist möglicherweise eine bedeutende Motivierung für Menschen aus Zivilisationen wie der islamischen Welt und China. Ich meine, dass sie einen geringeren Drang danach verspüren, ihr Handeln dem Rest der Welt gegenüber zu legitimieren: Sie finden ihre Macht selbstverständlich und betrachten sie als ein Recht. Samuel Huntington meinte in „The Clash of Civilisations" (1996), dass sie nirgendwo Rechenschaft ablegen, auf jeden Fall nicht für Menschenrechte, ausgenommen das Schwert, das sie küssen, so lange es (noch) zu stark für sie ist, um es zerbrechen zu können. „Küsse das Schwert, das du nicht brechen kannst, und bete zu Gott, dass er es brechen wird", lautet ein Sprichwort aus einem anderen Weltteil. „Wenn euer Feind euch die Hand reicht, hackt sie ihm ab. Wenn ihr dafür zu schwach seid, nehmt sie an", so lautet ein zweites Sprichwort.

So hat zum Beispiel Ecuador hohe Schulden bei der Volksrepublik China, infolge dessen, trotz der Beschwerden von sieben einheimischen Bevölkerungsgruppen, im Regenwald des Amazonasgebiets nach Erdöl gebohrt werden muss.[210] Etwas Vergleichbares spielt sich ab in Surinam. Gebiete, in denen es viele Rohstoffe gibt, werden an die chinesische Regierung verpachtet für Hilfe bei Bauprojekten als Gegenleistung. Wenn Europäer auf die gleiche Art und Weise operierten, würde ihnen Kolonialismus vorgeworfen. Im Juli 2013 klagten die Karibischen Inseln europäische Staaten an wegen Sklavenhandels, der Jahrhunderte zuvor stattgefunden hatte.[211] Im Monat davor klagte die Afrikanische Union, dass der Internationale Strafgerichtshof rassistisch sei, weil vor allem Schwarze angeklagt werden.[212] Nicht so verwunderlich, weil Genozide in Afrika oft eine Folge von Stammesfehden sind; wer aber solche Sachen durchschaut, weiß, dass das nicht der Grund dafür ist. Es geht darum, dass jedermann begreift, dass europäische Länder empfänglich sind für Schuldgefühl und Sündenbewusstsein, mit Ausnahme der europäischen Amtsträger selbst. Die Franzosen nennen diesen Schuldkomplex „Tiersmondisme".

Europa hat sein positivistisches Streben nach Fortschritt – seinen Glauben, dass es nun einmal im Strom der Völker vorne liegt – mit einer christlichen Zivilisationsmission verknüpft. Aus diesem Gefühl heraus will es als Klassenbester für den Rest der Herde als guter Hirte auftreten. Aus seinem ursprünglich christlichen, egalitären und universalistischen Ausgangspunkt folgt, dass es auch dem Rest der Menschheit verpflichtet ist, dessen Leiden hinwegzunehmen: „Everybody to count for one, nobody for more than one.“[213] Wieder Bentham und Mill. Europa leidet mit, wenn in anderen Kulturen Frauen gesteinigt werden, unterbezahlte Bergarbeiter verschüttet werden oder sich feindlich gesinnte Stämme einander aufspießen. Zugleich aber will es diese anderen Kulturen nicht verurteilen. Weil Europa nicht wünscht, sich selbst als überlegen zu manifestieren, leidet es psychisch an seiner faktisch überlegenen Position. Europa sitzt in einem Spagat.

Dieser Geisteszustand ist ein Unikum für den europäischen Kontinent; in Ländern wie Russland gilt die Redensart, dass große Fische nun einmal kleine Fische fressen. Die Minderheit beugt sich dem Willen der Mehrheit, die Schwachen weichen den Starken aus. Nicht die pluralistische, sondern die monokulturelle Gesellschaft ist Grundlage für soziale Gesundheit. Die gleichen afrikanischen hohen Offiziere, die den Internationalen Strafgerichtshof wegen Rassismus anklagen, sagen wahrscheinlich stolz: „In Afrika gibt es wenigstens keine Homosexuellen!“[214] Der iranische Präsident Ahmadinedschad hielt vor den Vereinten Nationen eine Ansprache und legte dar, dass Europa nichts gelernt hatte aus den Kreuzzügen, dem Imperialismus und – unvermeidlich – dem Aufkommen Hitlers. Er hielt diese Ansprache nicht, weil diejenigen, die er vertritt, empfänglich sind für Hitlers Taten, sondern weil sie wissen, dass Europäer es sind.

Hat der Westen darauf eine Antwort? Nach Augustinus‘ Ansicht nicht. Er meinte deutlich, dass das Aufkommen oder der Untergang einer Zivilisation für den wahren Christen eigentlich nichts ausmacht. Diese Formulierung war 410 seine Antwort auf das Plündern des Römischen Reiches durch die Goten. Sich auf den Status eines Weltreiches festzulegen war eine falsche Loyalität. Die Loyalität des wahren Gläubigen gehörte nur Gott allein.[215] Nur Gott allein wird über die betreffende individuelle Seele urteilen, ob sie im Jenseits zugelassen wird.

Argumentiert man vom Basisfundament des Christentums aus, gibt es überhaupt kaum einen Grund, Vertrauen in die europäische Zivilisation zu haben. Nun mag man einwenden, dass ich dem Christentum zu Unrecht eine politische Deutung beimesse und es nicht als spirituelles Phänomen betrachte. Dann sage ich, dass das Christentum die westliche Seele formte und in diese Seele Werte aufnahm wie: „Selbsterniedrigung ist heilsam", „Leiden ist nobel" und „Du sollst andere mehr lieben als dich selbst". Je größer der Abstand zu demjenigen, für den Sie opfern, desto reiner und moralisch besser ist das Opfer. Diese psychische Wende hat politische Folgen. Das römische militärische Opfer bekam eine andere, eine christliche Bedeutung. Das römische Opfer war ein Opfer zur Verteidigung der vertrauten Gemeinschaft und Bestätigung der eigenen Kultur. Die christliche Selbstverleugnung steht als anonymes Ganzes im Dienst des Seelenheils der Menschheit.

Alle negativen und positiven Folgen des Christentums gegeneinander abzuwägen, würde vom Zweck dieses Buches ablenken. Viele wichtige Werke gingen unter dem Einfluss des Christentums verloren. So zerstörte eine christliche Meute im Jahr 391 den schönen Tempelkomplex von Isis und Serapis in Alexandrien. Jahrhunderte später stellte Niccolò Machiavelli fest, dass „wer die Maßregeln liest, die Papst Gregorius und andere Führer des christlichen Glaubens nahmen, sieht, wie fanatisch sie alles, was an frühere Zeiten erinnert, verfolgten: Sie verbrannten Werke von Dichtern und Geschichtsschreibern, schlugen Statuen in Stücke und vernichteten alles, was auf die eine oder andere Weise an die Antike erinnerte."[216] Diese Befunde werden unterstützt durch die „Narratio de mirabilibus urbis Romae". Ein Reisebericht eines Engländers, der das mittelalterliche Rom besuchte. Religiöse Fanatiker beschränkten die Verbreitung von Kenntnissen wie der Evolutionslehre und des Heliozentrismus. Mit den Edikten der Kirche wurde die Chirurgie seit dem Konzil von Tours (1163) für viele Jahrhunderte in den

Bann getan.[217] Doch wäre es nicht richtig, so zu tun, als ob das Christentum nur negativ wäre. Die kirchliche Gelehrtheit sorgte dafür, dass einige Werke über den Fall des Römischen Reiches gerettet wurden. Des weiteren sorgte das Christentum für eine bestimmte Einheit, den die Europäer sich zunutzemachten, um in der Schlacht von Poitiers (732) und bei der Belagerung von Wien (1529 und 1683) den vorrückenden Islam aufzuhalten. Auch die Erfolge der Klosterorden müssen erwähnt werden. Die Lebensregeln von Benedikt sorgten für Ruhe und Ordnung in einer Zeit voller Gewalt. Sie gaben der Arbeit Würde und verstärkten die Ehrfurcht vor Wissen. Die Genügsamkeit, Disziplin und Hingabe einiger Klosterorden war von großer Bedeutung für die europäische Arbeitsmoral.

Positivismus

Nun, da wir die Beziehung zwischen Christentum und Selbstverleugnung behandelt haben, richten wir unsere Aufmerksamkeit auf den Positivismus, die europäische Transmutation der christlichen Heilsbotschaft. Liberale Denker wie Karl Popper kritisierten die positivistischen Entwürfe aufs Heftigste: „Sogar wenn sie mit den besten Absichten den Himmel auf Erden erschaffen wollen, führt das nur zum Verursachen einer Hölle, eine Hölle von Menschen für Menschen."[218] Doch sind die sozialistischen und liberalen Strömungen die starrköpfige Seite derselben Medaille. Die Rettung des Menschen ist nicht vorherbestimmt. So wie die Seele bei Augustinus dazu vorherbestimmt war, gerettet oder verdammt zu werden, so war der Weltuntergang durch die Prophezeiung der Apokalypse unvermeidlich. Nein, der Ausgangspunkt ist, dass der Mensch sein eigenes Schicksal wählt. Beim Liberalismus ist das individuell, beim Sozialismus wählt der Mensch sein Los als Kollektiv. Der Sozialismus meint, dass die beste Art und Weise, dieses zu erreichen, der gemeinsame Besitz der Produktionsmittel ist, der Liberalismus schwört auf Privatbesitz. Bei beiden sind die Ausgangspunkte das Vermehren von Wohlfahrt, Wohlbefinden und Genuss.

Wir können sagen, dass die europäische Zivilisation ihr Selbstvertrauen nicht durch die Säkularisierung verlor, weil unter anderem das Wunschbild des utilitaristischen Ausgangspunktes durch die liberale Kritik nicht in Frage gestellt wurde. Sie hat den christlichen Ausgangspunkt eines linearen, endlichen Zeitbewusstseins transmutiert zu neuen dynamischen Werten und Fundamenten wie Unternehmungsgeist, unveräußerliche Menschenrechte, Selbstverwirklichung und wissenschaftlichen Fortschritt und darauf ihr ökonomisches und politisches Leben gegründet.

Sogar bei Ayn Rand, der überzeugten Marktfundamentalistin, die sich unmissverständlich gegen jede Verknüpfung von Markt und Politik äußerte, finden wir einen Grundgedanken, der im Kern christlich, und vielleicht sogar älter ist. Die Voraussetzung, die ihre antisozialistische Kritik trägt, ist die des klassischen Weltbildes, dass der Kosmos von Natur aus gut und ordentlich ist. Die kapitalistischen Kräfte verkörpern die kosmischen Kräfte, und der Kosmos ist im Grunde genommen gut. Zu jedem Pöttchen gibt es ein Deckelchen. Laisser faire, laisser passer. In ihrem Meisterwerk „Atlas Shrugged“ insistiert sie darauf, dass der Mensch die Naturgesetze nicht neu erschaffen kann, diese aber – wie auch die Positivisten meinten – wohl zum eigenen Nutzen anwenden kann.[219] Alles, was geschieht, ist also Teil eines größeren Plans: die unvermeidliche Kette von Ursachen und Folgen. „We all move the Great Chain, and the Great Chain moves us all…“ Für einen Katholiken wie Paulo Coelho kommt dieser Plan von „der Hand, die alles geschrieben hat“.[220] Für die ungläubige Rand ist es die „invisible hand“, die dafür sorgt, dass alles gut ausgeht. Wenn die Menschheit dieser Hand nur allen Spielraum gewährt.

Die bürgerliche Kultur verbreitet die Auffassung, dass, wenn Sie nur hart arbeiten und genügsam leben, Sie Schritt für Schritt einen wohlgemuten Geist, ein lebendiges Familienleben und eine wohlhabende Nation zuwegebringen werden. Wenn es jemandem geschäftlich gut geht, ist das für Protestanten möglicherweise ein Zeichen, dass Gott es mit ihm auch in einem folgenden Leben gut meint. Die Bibel lehrt sowieso, dass der Mensch die Pflicht hat, für Gott zu arbeiten.[221] Die europäische Dynamik stammt aus ihrer einzigartigen sinnlichen Wahrnehmung als erste Stufe des Erkennens der Zeit. Sowohl die „Götterdämmerung" als auch die Apokalypse stellt die Geschichte als endlich dar. Zeit ist nicht zyklisch, sondern linear, etwas, das investiert werden muss, nicht nur totgeschlagen. Max Weber wies darauf hin, dass diese Grundvorstellung eine eigene Dynamik besaß, die auch ohne die christliche Basis gedieh.

Das Kennzeichen der westlichen Kultur ist Schnelligkeit, Dynamik, Selbstexpression und eine unternehmungslustige Mentalität. Diese Identität löst bei anderen Kulturen überreizte Reaktionen aus. So laufen viele, manchmal hysterische, Typen in Staaten herum, in denen die Texte und Taten des Propheten Mohammed nachgelebt wurden. Anscheinend rief diese religiöse Tradition Erwartungen hervor, die im 20. und 21. Jahrhundert nicht erfüllt wurden, mit dem Resultat Wut und Gewaltanwendung. Wir leben in einer Zeit aufeinander prallender Ideologien, Menschenbildern und Interessen. Obwohl fanatische Muslime viel vernichten können, bleibt die Frage, ob sie imstande sind, die Vernunft und Kreativität der westlichen Welt mit einer eigenen muslimischen Antwort zu übertreffen.

Weil nach dem mechanistischen Weltbild das Universum intrinsisch sinnlos ist, muss der Mensch diesen Sinn selbst erschaffen, via allerlei Formen des Fortschritts und Befriedigung der Bedürfnisse. Dieser Positivismus machte aus dem Menschen ein starrköpfiges Wesen: Einerseits ist er Prometheus, Schöpfer von Zivilisation und Entdecker der Planeten, andererseits ist alles, was Prometheus denkt und fühlt, bestimmt durch die Umdrehungen der allerkleinsten Teilchen. Seine Präferenzen wurden ihm durch die Evolution gegeben, aber via genetische Modifikation hat er seine Evolution inzwischen in eigener Hand. Oder eben: Eine Gesellschaft, die im Grunde genommen darauf erpicht ist, Präferenzen zu befriedigen, verliert ihren Anker, sobald auch diese Präferenzen anscheinend machbar sind.

Hat der Positivismus, die menschlichen Präferenzen zur absoluten Priorität, zum Sinn der Geschichte, zu erklären, nicht eine maximale Ruhelosigkeit über sich selbst hervorgerufen? Auch diese Frage steht im Kern der europäischen Selbstkritik. Ich meine die 24-Stunden-Ökonomie, die den Menschen zum Sklaven des iPhones macht und sowohl das Familienleben als auch Freundschaften verflüchtigt hat. Dass seit dem Ersetzen von Augustinus durch Auguste Comte der Schwerpunkt der europäischen Zivilisation von Spekulation auf Produktion übertragen wurde, nun ja, aber in der heutigen Zeit scheint das Leben ganz im Zeichen des Marktes zu stehen. Ökonomische Konzepte wie Konkurrenz sind sogar in romantische Beziehungen eingedrungen. So gibt es da die „Pick up art", eine kommerzielle Verführungskunst, die jungen Herren, die in Europa keine Frau finden können, den Rat gibt, „hard to get" zu spielen und ihren Wert zu demonstrieren, indem sie das Beantworten von SMS-Nachrichten absichtlich lange hinauszögern. Um als Freund erhöhten Wert zu bekommen, müssen Sie via Updates auf Facebook zeigen, welch dynamisches Leben Sie haben, und mittels Ihres Profils auf Linkedin beweisen Sie, wie interessant Sie als potentielle Verbindung sind.

Das digitale Zeitalter der Schnelle und Dynamik mag dann wohl das Fundament für den europäischen Reichtum gemauert haben. Die BRICS (die neu aufkommenden Industrieländer) versuchen momentan mit allen Mitteln, dem allem beizukommen. Aber die Frage, ob wir es nicht zu weit getrieben haben, bleibt bestehen. „Glücklicherweise kann ich dort campen gehen, wo sie Wifi haben", sagte ein Junge kürzlich im Fitness-Center. „Wieviel Zeit verbringst du täglich am Bildschirm?", fragte ich. „Jetzt gehst du in die Ferien, in eine andere physische Umgebung. Aber deine Erlebniswelt bleibt dieselbe." Forscher wie Nicolas Carr bewiesen, dass durch (schon ab früher Kindheit) Umgang mit Technologie die Art, wie unser Hirn Information verarbeitet, sich verändert. Es geht zu weit, hier jetzt darauf einzugehen, aber die westlichen Entwicklungen haben ganz sicher auch ihre Schattenseite.

Sich wieder auf einen persönlichen Gott und einen Entwurf für eine übernatürliche Rettung zu besinnen, ist inzwischen anscheinend nicht mehr möglich: jedenfalls nicht für das europäische Bewusstsein. Nicht, seit Spinoza die These verkündete, dass das Universum aus einer Kette von Ursachen und Folgen besteht und dass die Anwesenheit des Menschen im Universum dieser Kette entspringt; deshalb aber noch nicht in sich wertvoll ist oder einen Sinn hat. Nietzsche stützte sich auf dieses Weltbild, um das Christentum tiefgründig zu kritisieren. Oder: Welche Ausgangspunkte, mit Ausnahme der Präferenzen der Menschen, blieben dann noch übrig? Welche bedeutenden Geschichten gab es noch, die die menschlichen Triebe, Begierden und Impulse bezähmen konnten? In „Vom Nutzen und Nachteil der Historie für das Leben" (1874) meinte Nietzsche, dass solche Geschichten keine Chance mehr hatten. Die Europäer wurden nämlich vom Gewicht ihrer Geschichte zerquetscht. Und das war noch bevor die Weltkriege tobten, bevor der Holocaust stattfand und bevor man die Jauchegrube des Kolonialismus öffnete.

Der europäische Widerspruch

Wie beschrieben, stellte das hebräisch-christliche Denken die Geschichte schematisch dar: das Abzählen bis zum Urteil am Jüngsten Tag, worauf die Katastrophe und die Rettung folgen. Der Marxismus übernahm dieses Schema und säkularisierte es. Mit seiner historischen Dialektik der Entfremdung führte das zum Klassenkampf und am Ende zum Heilsstaat. Schon Comte, von der Aufklärung inspiriert, stellte die Geschichte schematisch dar. Er entwickelte das „Gesetz der drei Stadien", möglicherweise der wichtigste Beitrag zur positivistischen Weltanschauung. Comte meinte, dass die Menschheit einen gleichmäßigen Weg Richtung Heil zurücklegte: Von Jägern und Sammlern, die launische Naturkräfte anbeteten, zu monotheistischer Religion und eindeutigen Grundvorstellungen. Schließlich erreichte die Menschheit das dritte Stadium, die rein naturwissenschaftliche „positive" Annäherung. Diese wissenschaftliche Grundhaltung bedeutet, dass man Naturphänomene auf Naturgesetze zurückstufte.

Wir sehen also den Widerspruch, dass Europa das Thema „Weltgeschichte“ erfand und damit – ironischerweise – zugleich den historischen Relativismus. Das Studieren der Geschichte zeigt nämlich auf, dass jedes Volk eine eigene Entwicklung durchmacht und eigene moralische und ethische Auffassungen hat, die sich außerdem mit der Zeit verändern.[222] Nach Meinung der Historisten hatte der Wissenschaftler nicht das Recht, diese Auffassungen zu beurteilen. Dieses Urteil fällte nur Gott allein. Aber nur, um diese „volkseigenen“ Auffassungen „objektiv“ aufzulisten.

Während der Nachwehen des Zweiten Weltkrieges (1939-1945) plagte sich die internationale Gemeinschaft mit der Frage, welche Methode man für ein Gerichtsverfahren gegen die Deutschen für die Judenverfolgung anwenden musste, weil sie ja nach den in Deutschland geltenden Gesetzen gehandelt hatten. „Jede Epoche ist unmittelbar zu Gott“, hatte der Historist Ranke doch schon vorher geschrieben? Sein Historismus legte den Grundstein für den Kulturrelativismus des 20. Jahrhunderts. Den Holocaust konnte man anscheinend nicht relativieren, infolgedessen traten Schuldgefühle auf.

Der Zweite Weltkrieg und seine Nachwehen beschädigten das europäische Selbstvertrauen in hohem Maße. Ein Selbstvertrauen, das durch den unmenschlichen Kampf in den Schützengräben und den irrationalen Nationalismus des Ersten Weltkriegs ins Wanken geraten war. Der erste kleine Kratzer auf dem Ideal der Zivilisation entstand, als im Russisch-Japanischen Krieg (1904-1905) ein weißes Volk zum ersten Mal seit langer Zeit gegen ein nicht-weißes Volk verlor. Das Selbstnuancierende, Selbstreflexive des Christentums schien Folgen zu haben für das Selbstbild der europäischen Zivilisation. Europäer haben nämlich die Neigung, sich innerhalb der Geschichte, die eigentlich schon vollendet ist, selbst zu deuten. Der Geschichte, die als Ausfluss einer Epoche eigentlich schon abgeschlossen ist. Das führte zu Relativismus und schließlich zu Schuldbewusstsein, Ermüdung und Lähmung. Das Buch Daniel in der Bibel beschreibt eine Folge von Weltreichen, die untergingen. Unter anderen ließ Oswald Spengler sich dadurch inspirieren, als er „Der Untergang des Abendlandes“ schrieb.

Einerseits kam Europa durch den Historismus zu der Einsicht, dass Kulturen sich auf ihre eigene Art entwickelten: Ideen über Gut und Böse mit eingeschlossen. Andererseits konnte man als Folge des Christentums (jede Seele wird vor dem Thron Gottes gleich gewogen), der Französischen Revolution (Rechtsgültigkeit und Brüderschaft für jeden Bürger) und des Holocausts (wenn man über diese teuflischen Morde schon kein moralisches Urteil fällen kann, dann kennt die Menschheit überhaupt keine Moral) doch nicht am Universalismus vorbeigehen. So wurde Europa Fürsprecher für sowohl universelle Erhebungsprinzipien als auch an Kultur gebundene Moral. Sie verbindet ökonomische Dynamik mit mentaler Lähmung und lässt eine römische Auffassung der Legitimität (die Vorsehung ist auf der Seite des Siegers) und die christliche (die Schwachen sind die Auserwählten) verschmelzen. Sie ist schizophren und süchtig nach Antidepressiva. Füge die Jauchegrube des Kolonialismus hinzu, und das europäische Selbstvertrauen konnte nur noch in sich zusammenfallen.

Die direkte Beeinflussung der politischen Realität durch diese ambivalente Haltung zeigte sich deutlich, als Silvio Berlusconi während eines Besuchs in Berlin im September 2001 sagte, dass die westliche Zivilisation der islamischen Welt überlegen sei. Louis Michel, damals Außenminister von Belgien, betitelte die Bemerkung als „unakzeptabel und im Widerspruch mit europäischen Werten“.[223] Wer jedoch Zivilisationen aufgrund der universellen Erklärung der Menschenrechte vergleicht, kann ausschließlich feststellen, dass die europäische Zivilisation nach jahrhundertelangem Blutvergießen gegenüber der islamischen einen Vorsprung von vielen Pferdelängen hat. Aber: „Richtet nicht, damit ihr nicht gerichtet werdet!“[224] Wir Europäer bilden uns wohl ein, ein Vorbild zu sein, aber „die Weisheit dieser Welt ist Torheit vor Gott“.[225] Europäer müssen sich vor allem nicht auf ein Podest stellen. Das ist nach Meinung von Guy Verhofstadt, Präsident der liberalen ALDE-Gruppe, nur gefährlich.[226] Denn „wer sich aber selbst erhöht, wird erniedrigt werden, und wer sich selbst erniedrigt, wird erhöht werden".[227]

Das Vorbild dieses Widerspruchs ist der Irakkrieg zu Beginn dieses Jahrtausends. Einerseits verabscheute man den Diktator Saddam Hussein, der sogar bereit war, Giftgas einzusetzen, um sein eigenes Volk unter der Knute zu halten. Es gab keinen Rechtsschutz, etwas, worauf europäische Länder stolz sind und seit der Aufklärung befürworten, davon konnte unter seinem Regime niemals die Rede sein. Auch Menschenrechte – so wichtig für Kant und Locke – wurden täglich verletzt. Europa war begeistert, als Saddams Standbild vom Sockel gestürzt wurde. Zugleich war man auch zurückhaltend, verbittert und zynisch. Vor allem, als bekannt wurde, dass dieses Ereignis allem Anschein nach von amerikanischen Medien inszeniert worden war.[228] Wir hassen Saddam, so schien die Übereinstimmung, aber noch mehr hassen wir unsere Rolle als Vormund der Welt. Europäer verabscheuen Diktaturen, aber eben auch den Kolonialismus, den sie mit der eigenen Geschichte assoziieren: Lombok, Kongo, Algerien.

China steht Menschenrechten abweisend gegenüber, hält sie für westlichen Imperialismus. Die Organisation de la cooperation islamique sucht bei den Vereinten Nationen um die Einführung der Scharia-Gesetzgebung nach. Für die Europäer war es schon klar, dass westliches Denken über Ethik, Gesellschaft und Politik wirklich nicht überall auf der Welt willkommen geheißen wird. Europäische Kritiker kehrten sich gegen den amerikanischen Neokonservatismus, der so naiv war, zu denken, dass, wie in Deutschland und (in etwas geringerem Ausmaß) Japan, eine Demokratie nach westlichem Modell gegründet werden konnte. Amerika hat, im Gegensatz zu Europa, seine Position als Weltmacht noch nie verloren. Das ist vielleicht der Grund, weshalb man den Widerstand der lokalen Bevölkerung gegen westliche Präsenz im Irak unterschätzte.

Unsere vorläufige Schlussfolgerung ist, dass es genug Beispiele gibt, die nachweisen, dass christliche Grundvorstellungen durch säkulare, ökonomisch-politische Auffassungen eine neue Form bekamen. Allerlei Bewegungen und Strömungen huldigen heute diesen humanitären Prinzipien immer noch, von Richard Dawkins, dem Humanistisch Verbond bis zu PvdA und VVD. Wohl hat das „sich selbst schuldig Fühlen", das intrinsisch mit den christlichen Wurzeln verbunden ist, die europäische Zivilisation in einem Schraubstock festgesetzt, aus dem sie sich, da nun ihre geopolitische Position ins Wanken gekommen ist, wahrscheinlich nicht mehr befreien kann.

Wenn es sich um Biomasse handelt, fühlen wir uns schuldig an der Armut der brasilianischen Bauern. Wir importieren kein Motoröl mehr aus Kanada, weil das Parlament beschloss, dass die Niederlande das Leid der dortigen einheimischen Bevölkerung mittragen müssen. Wir erwägen, das Verbrennen von Abfall zu besteuern, weil wir uns selbst kasteien für das Leid, das unser Lebensstil der Umwelt antut, währenddessen China sich die Müllströme aneignet und daraus nützliche Rohstoffe gewinnt. Wegen Smogbildung werden dort die Berggipfel schon seit Jahren abgetragen. China ist jedoch bereit, den Schmerz zu akzeptieren, um stärker emporzukommen. Das Land beherrscht unterdessen 90 Prozent des Handels von seltenen Mineralien. In der Zwischenzeit wird Europa ein Kontinent, der sich selbst überflüssig macht mit seiner Regelsucht. Wir können kein Goldenes Jahrhundert erwarten, auch kein Grünes, sondern ein Graues Jahrhundert.

Meine europäischen Vorfahren verrichteten jahrhundertelang schwere Arbeit: Sie versuchten, die Welt zu beherrschen und danach zu verändern. Bis zu einem gewissen Punkt gelang das auch. Sie taten es aus ökonomischem Interesse und Liebe für ihre Arbeit, zugleich aber auch, weil sie an die Überlegenheit ihrer Zivilisation glaubten: Sie hatten den Traum, den Fortschritt, die Utopie und die Zukunft erfunden. Dieses Bewusstsein einer zivilisierenden Mission wurde im Laufe des 20. Jahrhunderts schwächer und schwächer. Die Europäer arbeiteten weiterhin, manchmal arbeiteten sie sehr hart, aber im Interesse des Individuums. Oder vielleicht auch, weil sie ein zwanghaftes Verhältnis zu ihrer Arbeit entwickelt hatten; die naive Überzeugung, es sei ihr natürliches Recht, die Welt zu dominieren und die Geschichte zu steuern, verschwand. Dank aller Anstrengungen blieb Europa ein reicher Weltteil. Aber wir kennen nicht mehr die Tatkraft und Arbeitslust, die unsere Vorfahren entfalteten.

Der Mensch und seine Meister

Wie wir schon feststellten, haben wir in Europa die „großen Geschichten" eingetauscht gegen Auseinandersetzungen von geringerem Ausmaß, die eher auf individuelle Entfaltung und das Finden von persönlicher Erfüllung ausgerichtet sind. Wer aber für einen Augenblick die Augen schließt, merkt durch das Ticktack-tick-tack-tick der Uhr, das er dann hört, dass er ein an Zeit gebundenes, sterbliches „Teilchen" von diesem unermesslich weit ausgedehnten Weltall ist. „Tick tack, that's the time of your life running out..." Wenn er seine Augen wieder öffnet, steht er vor einer niederschmetternden Verantwortlichkeit. „Dieses Leben wurde Ihnen gegeben. Es ist ein kurzer Blitz in einem unendlich tiefen und dunklen Raum. Erschaffen Sie sich etwas, holen Sie alle sich das, was Sie ergattern können. Leben Sie episch."

Ein Mensch, sich der Tatsache bewusst, wie kostbar dieses Leben ist, findet auf seinem Weg auch Unannehmlichkeiten vor, beständige Konventionen und die Unbeweglichkeit seiner Mitmenschen. Eigentlich sind wir faule Gewohnheitstiere: Unsere Evolution hat uns programmiert, mit Energie sparsam umzugehen. Wir schlafen gerne aus, essen im Mikrowellenherd aufgewärmte Mahlzeiten, wenn uns das besser in den Kram passt, und nehmen lieber das Auto statt das Fahrrad. Einerseits wissen die Leute, wie wertvoll ihr Leben ist, andererseits fühlen sie sich machtlos gegenüber ihren Unzulänglichkeiten. Unsere kognitive Einsicht ermutigt uns, uns gegen die Bequemlichkeit unseres Körpers zu wehren: Wahrscheinlich hat der Mensch deshalb eine gebrochene Natur. Um im Leben wirklich aus dem Vollen zu schöpfen, müsste er vielleicht ein Herkules sein. Aber der Mensch ist kein Halbgott. Und doch trägt er die Last von Herkules: die Mission, episch zu leben.

Christen wie Augustinus erlösten die Menschen von ihrer Last. Sie gaben ihnen einen Meister. Dieser Meister hieß Gott. Denn Gott hatte dem Kosmos eine Ordnung auferlegt, und innerhalb dieser Ordnung (Ordo) kannte jeder Mensch seinen Platz. Aus dieser Ordnung ausbrechen war Hybris, Übermut. Es gab keine soziale Mobilität in der Gemeinschaft, dafür aber Ruhe. Wenn der Bauernsohn in der Nacht zu den Sternen hinaufschaute, wusste er, dass die Welt älter war als er selbst. Er wusste, dass er einmal den Bauernhof seines Vaters erben würde, so wie sein Vater ihn vom Großvater geerbt hatte. Der Bauernsohn wird eines Tages die Tochter der Nachbarn heiraten, Kinder bekommen, und nachdem er seine Fähigkeiten seinen Kindern beigebracht hatte, nahm er den Zerfall seines Körpers hin als unabdingbaren Teil der Natur.

Der Europäer, der *heute* zu den Sternen hinaufschaut, weiß nur, dass die Welt um ihn herum sich schneller verändert als er selbst. Er lebt in einer dynamischen Welt.

Dieser „Prozess des Werdens“ ist genau das, was der Europäer von heute fürchtet. Ein Blick auf die heutige Generation zeigt die Obsession mit Potentialität über Aktualität. Sie reisen von Stadt zu Stadt, wechseln eine Universität nach der anderen, hoppen von Stelle zu Stelle. Sie wollen einen Horizont an Optionen bereithalten, ohne sich mit solch einer Option zu identifizieren. Eine solche Gemeinschaft ist darauf versessen, die ewige Jugend zu erhalten – mit immer wieder neuer Kleidung, Frisuren, plastischer Chirurgie und Angst vor Zerfall und Krankheit – mit dem Hinauszögern des Todes, ohne es zu etwas gebracht zu haben. Mit dem Behalten von 100 Prozent Potentialität gegenüber null Prozent Aktualität. „Forever Young.“ In der Kultur der Potentialität entfliehen die Leute gerne der Gegenwart, indem sie sich verlieren in Phantasien über Zukunftsmöglichkeiten. Diese Phantasien werden jedoch von einem unguten, beklemmenden Gefühl begleitet: der Angst, dass sie das Gefühl haben werden, in diesen potentiellen Zukunftsmöglichkeiten eingeschlossen zu sein, falls diese zur Wirklichkeit werden sollten. Sie träumen von einem friedlichen Familienleben, haben aber zugleich Angst, sich zu binden. Europäer sind lieber ungebunden, als Verpflichtungen für Kinder auf sich zu nehmen.

Wenn man Religion, Ideologie und absolute Wahrheit wegnimmt (als Konstruktion abbricht), ist alles, was übrigbleibt: eine Kultur der Potentialität.

Nietzsche erkannte zerfallende Weltzivilisationen an deren Besessenheit nach allem, was „erfrischt, heilt, beruhigt oder betäubt".[229] Dann schaue ich auf die Rolle, die Schönheitsprodukte in unserer Kultur spielen, Schönheitssalons, ärztliche Vorsorgeuntersuchungen und sogenannte „weiche Drogen". Eine dekadente Kultur kennzeichnet sich durch einen passiven Nihilismus, wobei man nicht mehr wirklich an die überlieferten Werte glaubt, aber auch nicht mehr die Kraft hat, neue Werte zu schaffen. Scheinbar widersprüchlich ist es, wenn Leute bei ihren Versuchen, authentisch zu sein, einem *Bild* von Authentizität nachstreben – „du kannst ein Rockstar sein" – das, oh Ironie, für jedermann gleich aussieht. Und das, während unsere Vorfahren ihr Streben nach dem Wahren, Schönen und Guten selbstverständlich fanden. Nicht als eine Rolle oder eine Identität, nach der man suchen musste, sondern als etwas, das intuitiv aus der kosmischen Ordnung hervorging.

Wer Gott nicht mehr akzeptiert, hat noch eine zweite Möglichkeit: zu erklären, dass das Leben im Grunde genommen sinnlos ist und dass jede andere Ordnung, von der man meint, sie zu finden, unwirklich ist, weil es nur eine Ordnung ist, die Sie sich selbst ausgedacht haben. Dann gibt es wirklich nichts größeres mehr als den Menschen, wobei aber das Ideal der Selbst*übersteigung* zum Problem wird. Dann feiert man nicht mehr die Größe Gottes oder die Wichtigkeit des Lebens, sondern man feiert dann, dass das Leben im Grunde genommen keinen Sinn hat. Und so gleitet die herkulische Last von Ihren Schultern. Nach dem existentiellen Aufruf: „Das Leben, damit müssen Sie etwas anfangen" kommt dann die Frage: „Wer sagt das?"

Eine Gesellschaft, die letzteres wählt, hat dazugehörende Monumente. Das sind keine Tempel oder Kathedralen. Es sind Fastfood-Ketten und Shopping Malls. Orte, an denen der Konsument sich in Vergesslichkeit wälzt. Wenn Sie keinen Meister mehr haben, können Sie entweder nach einer epischen Existenz streben oder sich selbst einreden, dass die Existenz überhaupt sinnlos ist. Denn Vergesslichkeit ist nicht so schmerzlich. Sie haben den Lehm in Händen, um eine prächtige Vase zu töpfern. Aber sie zweifeln, ob Sie wohl die Energie und Inspiration haben, um es fertigzubringen. Deshalb sagen Sie, dass am Ende doch alle Vasen zerbrechen.

Oswald Spengler beschrieb einen römischen Soldaten, der, zu Asche geworden, in den Ruinen von Pompeji angetroffen wurde. In den Wirren des Vulkanausbruchs hatte man den Soldaten vergessen. „Ein echter Römer verlässt seinen Posten nie", muss der Soldat gedacht haben.[230] 100 Jahre nach Spengler erfahren wir, dass die Erkenntnis, dass man nicht das ewige Leben hat – die Knappheit der Zeit –, der Europa seine Dynamik und führende Position verdankte, in einer säkularen Epoche auch etwas Verletzbares geworden ist.

Der Dichter Samuel Putnam skizzierte den unermesslich tiefen Abgrund, in dem die Menschheit am Ende verschwindet: „Gerade in dem Moment, in dem der Mensch sein arges Schicksal erkennt, gerade dann kommt seine Wesensgröße zur Geltung. Denn er kann lieben; er kann leiden; er kann ohne Angst untergehen."[231] Das Universum ist ein Ganzes aus seelenlosen Atomen, sich unendlich drehend, treibend aufeinander prallend. Unvermeidlich wird die Menschheit durch diese Zusammenstöße zermalmt werden. Aber vielleicht macht gerade das den Menschen nobel: dass er die Unwiderrufbarkeit seiner Sterblichkeit kennt, sich aber davon nicht entmutigen lässt. Trotzen wir also dem Abgrund wie der Soldat von Pompeji. Vollkommen bewusst unserer Sterblichkeit, aber gerade dadurch furchtlos.

11 Ein episches Europa

In diesem Kapitel behandle ich Europa als eine „Zivilisation“, die zu den aufkommenden Machtblöcken Stellung nehmen muss. Ich meine, dass Europäer sich wieder auf unter anderem Kultur, Geschichte und Philosophie besinnen müssen, um dieser geopolitischen Konfrontation die Stirn bieten zu können. Dabei kann Humanismus eine Rolle spielen.

Kürzlich kündigte Geert Wilders an, zukünftig mit dem Front National zusammenzuarbeiten, einer nationalistischen französischen Partei, die auch als extrem rechts beschrieben wird. Schon vorher hielt der britische Premier David Cameron eine sehr eurokritische Rede. Nun, da ich dabei bin, dieses Werk zu Ende zu bringen, tue ich gut daran, über die Frage nachzudenken, ob ich meine persönlichen gesellschaftlichen Ideale mit Europa verbinden kann.

Als Trainee im Europäischen Parlament bekam ich das Spiel um die Macht aus nächster Nähe zu spüren. So sah ich, wie Lobbyisten und Referendare ihre feministischen Steckenpferde in alles hineinritten. Nicht ein einziger Vorschlag über Research and Development in der Stahlindustrie konnte zustandekommen, ohne viele hinzugefügte Amendments über Frauenrechte. Vorschläge, die ursprünglich dazu dienen sollten, kurzfristig tatkräftig Eingriffe vorzunehmen, wurden so zu Dokumenten in schwülstiger Sprache, die niemand mehr begreifen konnte. Alle europäischen Parteien wissen, dass das die Tatkraft Europas untergräbt, jedoch hat jedes Mitglied des Parlaments sein eigenes Steckenpferd, also machen sie alle mit. Wie ist ein Mitglied in einer Menge von 751 Gesichtern sonst zu erkennen? Äußert man Zweifel darüber, kriegt man zu hören: „Sind Sie etwa gegen Europa?“, schreibt Derk Jan Eppink. „Auf diese Weise ist das Europäische Parlament kein richtiges Parlament, sondern eine Glaubensgemeinschaft, in der jede Debatte in einen Intentionsprozess ausmündet.“[232]

Europäische Diskussionen

Wie Sie vielleicht schon aus obenstehendem schließen konnten, wird die Diskussion über Europa von Gefühlsduselei dominiert. Meiner Meinung nach keine gute Sache, weil wir hier doch über unsere Zukunft sprechen. Die Zeit, in der Großbritannien, Spanien, Frankreich und die Niederlande als Kolonialmächte über die Hälfte der Erdoberfläche herrschten, sind längst vorbei. Momentan beherrscht Europa durch die Bank genommen ein Drittel des Welthandels. Mehr als der Handel der Vereinigten Staaten oder China. Die Europäische Union ist die größte ökonomische Macht der Welt: aber wie lange noch?

Um unsere Wohlfahrt erhalten zu können, muss etwas geschehen. Ich meine die Politik bezüglich Rohstoffe und Industrie. Natürlich ist freier Handel phantastisch, doch sieht man, dass es Länder gibt, die europäische Betriebe kaum zulassen, währenddessen sie wohl auf dem europäischen Markt konkurrieren. Neben den wirtschaftlichen Fragen gibt es auch noch Civil Liberties. Wie behandeln wir zum Beispiel Privacy-Angelegenheiten? Wie die Sicherheit und Freiheit des Datenverkehrs im Internet? Wie die Kontroversen rund um Echelon, Wikileaks, PRISM und Snowden aufzeigen, könnten diese Angelegenheiten die Zukunft meiner Generation einschneidend beeinflussen.

Europäische politische Parteien gebrauchen das Europäische Parlament als Parkplatz für Politiker, die ihnen im Mitgliedsstaat bei der Politik im Wege stehen, aber immer noch genug Gewicht ins Zeug legen, um sie doch noch an Bord zu halten. Wer kandidieren will, muss sich zuerst den Prozeduren von allerlei Scouting-Kommissionen unterziehen. Diese bestehen aus Leuten, die in der Politik ihre Sporen verdient haben, Leute, die sich selbst emporarbeiteten aufgrund von alten Ideen. Die Technik macht unterdessen schneller Fortschritte als die Justiz. Politik hinkt der Wirtschaft hinterher. Die Gesellschaft verändert sich schneller als das Anpassungsvermögen der politischen Eliten. Anscheinend ist dieses Problem innig verbunden mit dem Funktionieren der heutigen Demokratie und erklärt unter anderem auch das plötzliche Aufkommen von Anführern wie Fortuyn und Wilders.

Dieses oben beschriebene Problem wird noch verstärkt durch Worte, die man bei den heutigen Europa-Diskussionen gebraucht. Wie gesagt, scheinen Gefühle vorherrschend zu sein. Gefühle wie Aussprüche „für“ Europa (europafreundlich) oder „gegen“ Europa (europaskeptisch). Die Themen der Diskussion sollten die Fragen darüber sein wie wir, die europäischen Völker, unser Kultur- und Gedankengut grundlegend festigen könnten in einer Welt, in der auch andere Machtblöcke ihren Einfluss geltend machen. Welche Befugnisse müssen wir der Europäischen Union geben, und welche bleiben bei den einzelnen Mitgliedsstaaten?

Als ich diese Nuance in einem Medien-Interview erläuterte, gab der Redakteur folgende Zusammenfassung meiner Erklärung: „Lukkassen gibt eine äußerst politisch korrekte Antwort und meint, dass die europäische Amtsführung in höherem Maße transparenter dargelegt werden muss, und so weiter.“ Auch die Medien haben einen Anteil an der wegweisenden Legitimität des europäischen Projekts. Der Slogan „Lange lebe Europa – nie mehr Krieg!“ findet bei den Nachkriegsgenerationen nicht viel Anklang. Unterdessen kommt immer mehr aus Brüssel. „In Brüssel, da geschieht etwas, der Binnenhof wird immer mehr zum Provinzhaus Nederland.“[233] Soweit Journalist Joris Luyendijk.

Was können wir noch erwarten?

Wenn es um Europa geht, gibt es noch viel zu tun. Europa ist wirtschaftlicher Anführer auf der Welt. Gebraucht man diese Macht auch auf die richtige Art und Weise? Ganz sicher nicht immer. Man zeigt keine Einheitlichkeit, wenn ein arabisches Land einen Mitgliedsstaat boykottiert, weil irgendwo eine Karikatur über den Islam erschienen ist. Man denkt dann: „Was können wir tun, um dieses Stückchen Handel in die Hände zu bekommen?“ So können europäische Staaten einfach gegeneinander ausgespielt werden.

Als der amerikanische Präsident John Adams (1735-1826) Großbritannien besuchte, konnte er nicht garantieren, dass alle Staaten die spezifischen Verträge mit den Briten unterzeichnen würden. Er wurde also nicht ernst genommen. Als individuelle Staaten ihre Häfen für britische Schiffe sperrten, öffnete Connecticut sofort die Häfen zu eigenen Gunsten. Ein gutes Beispiel in der heutigen Zeit ist das Gerangel um die chinesischen Solarzellen. So wie wir das in Europa tun, geht es einfach nicht. Russen und Chinesen lachen uns aus. Wir sind wohl reicher, aber über vieles nicht einer Meinung, und deshalb schwächer.

„Ihr vertretet Europa?“, vernahm ein mit mir befreundeter europäischer Funktionär von einem chinesischen Diplomaten. „Das ist interessant. Wenn wir einen Airbus kaufen wollen. Strategisch seid ihr für uns nicht wichtig. Ihr könnt nicht einmal einen Flugzeugträger steuern.“

Nicht nur mit Solarzellen gibt es ein Problem. Zum Beispiel auch mit Trockenmilch. Im Mai 2013 war in den Niederlanden die Trockenmilch ausverkauft, weil in China die Nachfrage nach diesem Produkt enorm zugenommen hatte. Dies weist auf Knappheit von Rohstoffen hin. China schuf auch noch eine Investmentbank, die auf aggressive Art Mineralien aufkauft. Unterdessen besitzt das Land 90 Prozent des Weltvorrats.[234] Eine wachsende Weltbevölkerung bedeutet eine zunehmende Nachfrage nach Konsumgütern. Das bedeutet, dass diejenigen die Macht haben, die die Rohstoffe besitzen und die industrielle Kapazität haben, diese Rohstoffe zu Konsumgütern zu verarbeiten. Während Westeuropa liberale Ansichten über globalen Geld- und Güterverkehr propagiert, kaufen autoritäre Staten seltene Rohstoffe von failed states, um diese als strategisches Druckmittel einsetzen zu können. Das könnte auf längere Sicht eine zerstörende Auswirkung auf das europäische Wirtschaftswachstum zur Folge haben. Europäische Führer (auf jeden Fall die niederländischen) stammen jedoch aus der Zeit, in der die Interessengruppen Politik, Wirtschaft und Gewerkschaften miteinander sprachen und verhandelten, wissen also auch nicht mehr weiter.

Die Japaner waren gezwungen, neue Motoren zu entwikkeln, weil China sich weigert, die dazu benötigten seltenen Erden zu liefern. In Europa wird verhältnismäßig wenig Geld für „pure science" und wissenschaftlich-innovative Forschung ausgegeben.[235] Der Wert des Geldes, die fiskalischen Erleichterungen und die wachsenden Schuldenberge in Betracht gezogen, gibt es immer mehr Anlass, daran zu zweifeln. Obwohl europäische Staaten eine Entwicklung der Wissens- und Informations-Ökonomie anstreben, kommt vielleicht der Moment, in dem andere Staaten unser Geld nicht mehr annehmen wollen. Die Tatsache, dass die BRICS-Länder 2014 eine eigene Weltbank gründeten, ist schon mal ein Zeichen an der Wand.[236]

Ein totaler Liberalismus des Laissez-faire ist der genannten chinesischen Strategie nicht gewachsen. Man kann ja noch so viel Geld haben, es bringt nichts, wenn ein anderer Staat beschließt, an erster Stelle seine eigene Bevölkerung zu ernähren. Diese Informations-Technologie ist auf längere Sicht eine riskante Sache. Ein verständiges Europa investiert in industrielle Produktionskapazität. Um durch Manipulation von Elementarteilchen selbst neue Rohstoffe machen zu können. Geld, womit nun die Landwirtschaft subventioniert wird, müsste für Forschung und Entwicklung verwendet werden. Wie gesagt, Geld verflüchtigt sich als Entität außerordentlich schnell. Die Staatsschuld der Amerikaner wächst ja jeden Tag um Milliarden: Geld, das einfach immer wieder gedruckt wird. Die Amerikaner und Chinesen sind schon einen Schritt weiter als Europa. Sie sehen ein, dass Währungen Figuren eines strategischen Spiels sind und dass Geld nichts wert ist, wenn es nicht in greifbare Produkte umgesetzt werden kann. Mit Information alleine kann kein Volk zu Wohlstand kommen.

Ich frage mich, wie es sein wird, wenn man in rund 200 Jahren auf die europäische Zivilisation zurückblickt. Auf der Weltkarte ist es ja doch nur ein ganz kleiner Kontinent, buchstäblich ein Anhängsel der großen asiatischen Landfläche. Es nimmt mich wunder, ob die Welt ein Museum errichten würde, eine Kammer, die über alles Rechenschaft ablegt, das die europäische Zivilisation der Menschheit geschenkt hatte. Und ob dort dann auch Globen, Teleskope und Messinstrumente stehen würden, und Büsten von historischen Persönlichkeiten wie Shakespeare, John Locke und Antoni van Leeuwenhoek. Standbilder von kreativen Menschen, die uns Dinge wie Linsen und Grundrechte verschafften. Andere geniale Geister entdeckten die Druckerpresse und das Pasteurisieren von Lebensmitteln. Kunstdünger, die Evolutionslehre, die Definition der Anziehungskraft der Erde und das Dualsystem. Europäische Kunst. Europäische Literatur. Europäische Technologie. Erbgut, das die ganze Welt veränderte.

Europa ist seit der Renaissance, der Aufklärung und der industriellen Revolution weltweit maßgebend gewesen. Wir entdeckten, dass die Erde die Sonne umrundet und nicht umgekehrt. Der Globalismus tauchte auf, die Berliner Mauer fiel, die großen Ideologien wurden vage. Nun befinden wir uns in einer kritischen Phase, dem Übergang. Wollen wir diese großartige Zivilisation auf einem Seitenweg der Geschichte abstellen? Wenn die Sickergrube der Geschichte der letzte Abschnitt ist, kann ich das meinen Kindern nicht erklären. Dann muss ich begründen, warum ich nicht mit allen Mitteln versucht hatte, das Schiff zu wenden.

Wo liegt das Problem?

Alexis de Tocqueville schrieb in „Democracy in America" (1835): „Bei allen Föderationen, die vor dem heutigen Amerika bestanden, appellierte die föderale Obrigkeit an die nationalen Obrigkeiten, die gesetzten Ziele zu erreichen. Wenn einer dieser Staaten die vorgeschriebenen Maßnahmen nicht als wünschenswert erachtete, konnte die Pflicht, zu gehorchen, umgangen werden. War der Staat stark, berief er sich auf seine Bewaffnung; war er schwach, konnte er diese Schwäche als Entschuldigung anführen, das Missachten der Maßregel zu dulden."[237]

Dies alles sehe ich in der EU-Debatte widergespiegelt. Die Europäische Union ist machtlos, wenn große Mitgliedsstaaten ihrer Verpflichtung, Verträge einzuhalten, nicht nachkommen.

Man erinnere sich zum Beispiel an die Diskussionen zwischen dem damaligen Finanzminister Zalm und Frankreich und Deutschland, als diese Länder die Budgetdisziplin nicht einhielten. Obendrein hat man immer Angst, den einen regulierenden Mechanismus einzuführen, der auch die Macht der großen Mitgliedsstaaten einschränken kann, denn eine solche bürokratische zentrale Macht würde wie das Schwert des Damokles über den kleineren Mitgliedsstaaten schweben. Durch solch eine Konzentration der Macht würde die EU nur noch weiter vom Bürger weg treiben. Die Leute haben jetzt schon das Gefühl, dass die EU zu weit in ihre lokale Identität und nationale Souveränität eindringt.

Dasselbe gilt auch für die Schuldenkrise. Man streitet sich über Stimulanz gegen Sparsamkeit und bleibt auf halber Strecke stecken. In Florida crashte der Immobilienmarkt, vergleichbar mit dem in Spanien, aber im Gegensatz zur Uneinigkeit in Europa wurde die Angelegenheit tatkräftig angegangen.

Wie kann man das Problem lösen?

Die Namen der europäischen Parteien sagen den Leuten kaum etwas oder überhaupt nichts. Haben Sie schon je etwas von ALDE, EPP oder S&D gehört? Die Namen verschwinden in der Küchenschublade, in der ich die Kugelschreiber, die ich manchmal aus Brüssel mitbringe, aufbewahre. Nehmen Sie an, dass ein Beschluss über Kernenergie gefasst wird. „Die Eurokraten beschließen etwas, das wir nun in die Tat umsetzen müssen." Etwa so denken die Leute darüber. Indem man jedoch eine deutlichere Verbindung zwischen nationalen und europäischen Parteien schafft, kann man einen Rahmen bilden, in dem die Parteien gegeneinander agieren können. Ironischerweise müssen sie zusammenarbeiten, um sich gegenseitig bekämpfen zu können. Dann hat man aber wenigstens das Gefühl, dass es statt einer Debatte über ein europäisches Dekret eine *europäische Debatte* über Atomenergie gegeben hat.

Ich nenne das „Wahlkampf auf Europäisch". Viele Parteien wollen europäische Agrarsubventionen reformieren, aber diese

Reformen findet man nie zuoberst auf der Prioritätenliste. Das gleiche gilt für den monatlichen Umzug nach Straßburg und wieder zurück. Wenn europäische Parteien unterschiedlicher Gesinnung diese Agrarreformen zum Kampagnenthema machen würden, könnte etwas geschehen. Aber Parlamentsmitglieder und nationale Parteien denken nicht so. Man reitet die alten Steckenpferde, um beim angestammten Wähler Beachtung zu finden. „Wir sind für Wachstum und Arbeitsstellen, wählen Sie uns für soziale Gerechtigkeit!" Und so fort. Die Angst ist viel zu groß, sich spezifisch zu manifestieren und so mit dem Eurokraten-Zirkus in Verbindung gebracht zu werden.

In Amerika ist das Kongressmitglied Debbie Wasserman Schultz Mitglied des Democrat National Committee. Sie wirbt in Amerika überall Gelder für die demokratische Kampagne ein. Martin Schulz und Hannes Swoboda besuchten europäische Mitgliedsstaaten, zum Beispiel 2012 während der nationalen Wahlen in Litauen. Man verkehrte dort schon in der angenehmen Situation, dass Europa im Osten populär ist, weil man dort den heißen Atem Russlands im Nacken spürt. Und doch verstärken dergleichen Aktivitäten die Anwesenheit der europäischen Politik. Es ist eine Bedrohung für das europäische Projekt, die Befugnisse der europäischen Institutionen zu erweitern, wenn die Sichtbarkeit nicht vergrößert wird. Ich denke, dass es das ist, was Mark Verheijen vom niederländischen nationalen Parlament meinte, als er sagte, dass Europhile wie Verhofstadt die Unterstützung für die EU mehr beschädigen als Euroskeptiker wie Le Pen.

Wir leben in einer sich sehr schnell verändernden Epoche, in der eine neue CD von Gordon mehr Aufmerksamkeit genießt als, sagen wir, das Anti-Bank-Run-Gesetz. In vorangegangenen Jahrhunderten verbuchten nationalistische Strömungen Fortschritte, weil kulturelle Wurzeln des Volkes geehrt wurden. Indem auf die Siege und Opfer ihrer Vorfahren hingewiesen wurde, erweckten sie politische Zuwendung. Heutzutage führt diese Art Nationalismus zu nur noch größerer Uneinigkeit. Wir müssen nach einer Vereinigung der europäischen Völker streben. Eine

Vereinigung, in der jedes Volk seine eigenen Kräfte und Spezialitäten hat. Man nenne es einen aufgeklärten militanten Humanismus. Eine Fusion von nationalem Stolz, kulturellem Bewusstsein und Aufklärungsphilosophie unter einer Kuppel der europäischen Identität. Nicht eine Identität von Schuldgefühlen und Schuldenbergen, sondern kraftvoll und selbstbewusst.

Woher kommt das demokratische Defizit?
Wenn wir über die tatsächlichen Führer von Europa sprechen – ich meine die Leute, die politisch, finanziell und industriell an den Fäden ziehen –, dann sprechen wir über die kosmopolitische Superklasse. Wähler geben ihre Stimme ab, und von einem Politiker, den sie wählen, wird erwartet, das Volk zu vertreten. Wie aber werden wählbare Plätze denn wirklich zuerkannt? Das geschieht in obskuren Kommissionen, die in Häusern des Grachtengürtels Versammlungen abhalten. Sogar die Telders-Stiftung, ein sehr liberaler Thinktank, gibt zu, dass die Suche und Selektion der Kandidaten aus politologischer Sicht ein großes schwarzes Loch ist.[238] Handhaben, die Parteimitglieder haben, um die Reihenfolge auf den Listen zu beeinflussen, werden beschrieben als „Möglichkeiten, die nur auf dem Papier bestehen".[239]

Die Telders-Stiftung stellt in ihrer Untersuchung einen krassen Unterschied fest bei der Weise des Wählens zwischen hoch und niedrig gebildeten Wählern. Eine politische Schiedslinie, die noch wichtiger ist als das Niveau der Bildung, ist jedoch die der lokalen Loyalität gegen kosmopolitisches Weltbürgertum. Der Bürger mit lokalen Wurzeln und Bindungen steht gegenüber dem Wähler mit dem kosmopolitischen Wertmuster. Der Graben betreffs Erlebniswelt wird nur noch tiefer. Und sei es auch nur, weil die Leute immer öfter selbst bestimmen, wie sie sich informieren lassen wollen. Man kann die Gewohnheit haben, die „New York Times" auf das iPad runterzuladen, aber auch, in der Stammkneipe das Regionalblatt durchzustöbern.

Wie werden zum Beispiel die persönlichen Mitarbeiter der Politiker ausgewählt? Im allgemeinen geschieht das durch Mund-zu-Mund-Reklame in den besseren gesellschaftlichen

Kreisen: Die Tochter von dem netten Kollegen ist gerade mit dem Studium fertig und sucht nun eine Stelle... „Du weißt schon, Angélique, deren Mutter Richterin ist, und ihr Vater ist Rektor an einer Universität.“ Ich meine Eltern, die den richtigen Weg kennen, um der lieben Tochter bei einer ausländischen Botschaft eine Praktikantenstelle zu besorgen. Das sind nicht die Leute, die die billigen Eurobus-Tickets kaufen müssen, wenn sie ins Ausland reisen wollen. Sie brauchen nicht inmitten von betrunkenen Osteuropäern zu reisen, neben Zigeunern, die der Länge nach zwischen den Sitzen am Boden liegen, und Muslimen, die um fünf Uhr morgens den Aufruf zum Gebet von Tonträgern abspielen. Ich sah mit eigenen Augen, wie die Praktikantenstellen an die Kinder der kosmopolitischen Superklasse verteilt werden: Von meinem Jahrgang war ich der einzige, der Mitglied einer politischen Partei war. Der Vater von jemandem bekam einen Tipp von einem Europaparlamentarier, mit dem er geschäftlich zu tun hatte. Ein anderer wiederum hatte zum Beispiel eine Schwester, die beim Sekretariat arbeitete. Ich vernahm, wie der Sohn eines steinreichen Metallfabrikanten innerhalb weniger Wochen von der liberalen Partei zu den Sozialdemokraten wechselte: innert kürzester Frist war der Stadtrat bei der Familie zum Essen eingeladen und saß der junge Herr plötzlich im Gemeinderat. Auf wessen Kosten, denke ich dann. Auf die eines Jungen aus einem Arbeiterquartier, der versucht, etwas für seine nächste Umgebung zu tun?

Nein, die kosmopolitische Superklasse wird das Medikament gegen den Zerfall Europas nicht verabreichen: Sie haben nicht die leiseste Ahnung von den Problemen. Sie haben die Illusion, dass alle Menschen tief in ihrem Inneren Brüder sind, und sie sind der Auffassung, dass die Erde ein flaches Spielfeld ist – der Markt – und dass moralische und spirituelle Meinungsverschiedenheiten zwischen Zivilisationen höchstens kleine Akzente sind in Sachen Geschmack und Ansichten. Etwas anderes ist ja auch kaum möglich, wenn man in dem einen Moment in Kopenhagen ist und im nächsten in Rom oder New York. Weil sie leicht von einem Ort zum anderen gelangen können und nach

Lust und Laune auch immer wieder einfach abreisen können, wachsen Kosmopoliten auf mit einem Blick auf die Welt, der im Kern der Sache ein touristischer ist. Die Welt von Expats, Hotels mit schöner Aussicht und Studentenzimmer in den besten Vierteln der Stadt. Bei einem luxuriösen Lebensstil mit aller zur Verfügung stehenden Technologie kann man schon progressive Ideen haben und trotz physischer Distanz ein gleichartiges Leben führen.

Verlierer auf diesem „flachen Spielfeld“ ist just die Mittelschicht. So beobachte ich zum Beispiel die kleinen Unternehmer in den örtlichen Einkaufszentren. Es sind gerade diese Unternehmer, die in diesem Zentrum die Geselligkeit erhalten. Sie sind mit Leib und Seele bei ihrem Geschäft und schauen abends nach, ob alles abgesichert ist. Die Starbucks und McDonald‘s in dieser Welt arbeiten mit Studenten und billigen, auswechselbaren Arbeitskräften. Das sind nicht die Leute, die nach Ladenschluss alles noch einmal kontrollieren und mit den Nachbarn ein Schwätzchen machen. Diese internationalen Riesen haben jedoch Tag und Nacht geöffnet und bieten obendrein die Vorteile, in großem Maßstab operieren zu können. Sie verfügen über genügend Mittel, um die politische Lobby zu beeinflussen, und drücken ihre kleinen Konkurrenten nach und nach ins Abseits. Übrig bleiben „Big Mac Jobs“: Stellen ohne jede Aussicht auf Beförderung, und darüber – Sie ahnen es schon – die kosmopolitische Superklasse.[240]

Die Unterschicht schließlich ist politisch schlecht informiert – und schon gar nicht interessiert an Philosophie. Wenn sie schon eine politische Kraft bildet, ist das nur deshalb, weil die Kulturmarxisten sie mit Versprechen, die Sozialhilfe und die Löhne anzuheben, für sich selbst einnehmen. Als Gegenleistung muss sie progressive Propaganda austragen. Politische Bewegungen, die sich für die Interessen der Unterklasse einsetzen, aber den Kulturmarxismus abweisen, werden spöttisch als „nostalgisch“ oder „sozial-konservativ“ bezeichnet. Vor allem von der linken Seite offenbart sich viel Bitterkeit, weil man existentiell fühlt, dass man die „diskriminierten“, „ausgebeuteten“ und „zurückgestellten“ Menschen fortan nicht mehr mit einer linken Ideologie an sich binden kann. Das heißt, dass die Linke keine praktisch ausführbaren Strategien mehr hat, worauf sie ihre Versprechungen stützen kann. Dieses Vakuum wird in Europa vom Islam, der das Jenseits verspricht, ausgefüllt.

Die Thatchers und Reagans kamen Ende des 20. Jahrhunderts als Reaktion gegen den Kulturmarxismus an die Macht. Es fehlte ihnen jedoch ein Idiom, ein Wortschatz, in dem die passiv-aggressive Erlebniswelt des Kulturmarxismus zum Ausdruck kam und erläutert werden konnte. Ein Vorbild dieses passiv-aggressiven Kulturmarxismus ist, dass Kritik an der Massenimmigration mit Rassismus und Fremdenhass gleichgesetzt wurde. Man denke an die Centrums-Demokraten von Hans Janmaat, dessen politische Aktivitäten damals durch Gerichtsverfahren sabotiert wurden, die von durch den Staat subventionierten antifaschistischen Aktionsgruppen angespannt wurden. Die einzige sozial akzeptable Art, den Kulturmarxismus fernzuhalten, war, sich wieder auf die Werte des klassischen Liberalismus zu besinnen. Eine kleinere Obrigkeit, also weniger Subventionen, ist gleich weniger Geld für die Hobbys der Linken. Es wird immer deutlicher, dass die „neoliberale Amtsführung“ der Thatchers und Reagans nicht genügte, die europäischen Völker gegen das Pervertieren der westlichen Kultur und die Bedrohungen der globalisierenden Welt zu verteidigen. So bietet der freie Markt auch Freiraum für radikale Imame und Moscheen, weil diese von Ländern wie Saudi-Arabien finanziert werden.

Ironie des Schicksals: Der Kulturmarxismus wurde, beeinflusst vom Neoliberalismus, nur noch verstärkt. Durch den Neoliberalismus wurden alle gesellschaftlichen Errungenschaften wieder zu *individuellen* Rechten. So konnte man nicht mehr sagen, dass die Kultur ihre patriotischen Werte in Ehren halten wollte, dass die Gemeinschaft die traditionellen Tugenden bewachten musste, dass die Familie eines heterosexuellen Elternpaares der Grundstein der Zivilisation sein musste. Weil die Kultur nun als Summe individueller Geschmäcker angesehen wurde, konnte sie als Ganzes kein normatives Werturteil mehr fällen über „gültige“ und „ungültige“ Geschmäcker. Wenn Kultur in der Tat kein maßgebendes Kriterium sein kann, dann muss ein Land das Erbauen von Moscheen genau so behandeln wie das Erbauen von Kirchen. In der Praxis aber geht das vielen Leuten gegen den Strich. 2008 wurde sowohl in der Schweiz als auch in Norditalien ein Referendum gegen den Bau von Moscheen in Erwägung gezogen. In der Schweiz stimmten 57 Prozent der Wahlbeteiligten 2009 für ein Referendum, den Bau von Minaretten zu verbieten.

Es gibt Neoliberale, die aus tiefster Überzeugung finden, dass nur Privatbesitz und die Meinungsfreiheit gewährleistet sein müssen. Das bedeutet, dass, wenn Schüler mit Schultaschen mit der Aufschrift: „Fuck die Niederlande, die Türkei an erster Stelle!“ in die Schule kommen, die Gesellschaft sich das dann halt gefallen lassen muss. Der Nationalstaat bedeutet ja doch nichts mehr, there is no such thing as society: Thatchers Meinung nach besteht nur noch das Individuum. Aber jedermann weiß, dass, wenn man auf der Straße mit einer Person ausländischer Herkunft Händel bekommt, man es nicht mit einem Individuum zu tun hat, sondern mit einer ganzen Gruppe. Man kann natürlich zur Polizei gehen, die ist meistens aber intensiv mit der Bürokratie beschäftigt. Dass dieser Ausgangspunkt des absolut freien Individuums in der Praxis sehr beschränkt ist, ist etwas, das auch Bio-Ingenieur Lieven Gevaert erfuhr, als er am 31. Mai 2003 durch 40 Marokkaner am Ufer der Freizeitkuhle Nekker in Mechelen misshandelt wurde. Der Grund dafür war seine, nach den Maßstäben der Scharia, zu kurze Badehose. Obwohl er danach sechs Monate arbeitsunfähig war, weil er Gehirnverletzungen erlitten hatte, fand der Staatsanwalt von Mechelen die Sache nicht ernst genug, um einzugreifen. „Das ist hier an der Tagesordnung“, sagte ein Polizist aus Mechelen zu ihm. „Siehst du meine schiefe Nase? Das haben mir dieselben Männer angetan.“ Gevaert war denn auch außerordentlich überrascht, als er 2010 mit seinem Betriebsfahrzeug ein wenig zu schnell fuhr und dafür gleich ein Bußgeld auferlegt bekam. In dem Fall schien die Justiz dann doch keine „Eile mit Weile" zu spielen, sondern forderte das Bußgeld auf die Schnelle.

Auch in den Vereinigten Staaten, wo das Fahnden nach politischer Korrektheit im täglichen Leben schon beinahe zur Religion geworden ist, fehlt das Idiom, um den Kulturmarxismus in der Gesellschaft beim Namen zu nennen und auf die politische Traktandenliste zu setzen. So gesehen ist dort die Lage für viele Menschen anscheinend geradezu kränkend. Ein Amerikaner, der gegen den Kulturmarxismus stimmen möchte, stimmt praktisch immer für die Darlegung der Republikaner gegen die Obrigkeit, was unter anderem durch die größere Einkommensungleichheit ein wachsendes Unbehagen verursacht. So entsteht eine Polarisation, auf die die völkischen Anführer der Tea Party anspielen.

Es ist denn auch nicht verwunderlich, dass jahrzehntelange Babyboomer-Kampagnen für exklusives Selbstvertrauen zusammen mit dem Erwecken von Misstrauen gegen alles, was nach „bei etwas dazugehören" riecht, über-individuelle Identifikation sehr erschweren.[241] Zwei Weltkriege leisteten dieser Kampagne Vorschub, sie bedeuteten den Konkurs der großen Geschichten und Ideologien. Unterdessen ist der Westen in eine post-politische Epoche geraten, was sagen will, dass die Ideale der 60er Jahre so tief in die gesellschaftliche Wirklichkeit eingebaut sind, dass die Leute sie nicht mehr als zu einer Ideologie gehörend erkennen. Der hieraus entstehende Sozial-Atomismus fungiert als Vorbeugung gegen eine unerwünschte Zusammenballung aufständischer Elemente. Oder er verhindert das Aufkommen organisierter Gruppen, die die Lügen der postmodernen Konsumenten-Existenz bewusst abweisen. Denn die Isolation des Individuums und seines Narzissmus stehen jedem Vertrauen in größere Zusammenarbeitsverbände – darunter das Volk, die Kultur oder Zivilisation, zu der man gehört – im Weg.

Übrigens wurde im Film „Fight Club" durch die Hauptperson Tyler Durden darauf hingewiesen. „Als wir aufwuchsen, erzählte man uns, dass wir alle einzigartige Schneeflöckchen sind", sagt er in einem Monolog. „Dass wir allesamt Rock'n-Roll-Stars sein können, wenn wir es nur auch inbrünstig wollen.

Werbung lässt uns Dingen hinterherlaufen, Sachen wie Autos und Designkleidung, die wir nicht wirklich nötig haben. Unsere Generation hat keinen großen Krieg oder große Depression, um unsere Identität zu bilden. Unser Krieg ist ein spiritueller Krieg, unsere große Depression ist unser eigenes Leben."

Die aristokratischen Häuser aus vergangenen Zeiten, so schrieb Christopher Lasch, fühlten sich wohl über die Massen erhaben. Die Ehre ihrer Häuser brachte jedoch auch Verpflichtungen gegenüber den Massen mit sich. Wie das Sponsern und Organisieren von kulturellen Anlässen, das Unterstützen von talentierten jungen Leuten, der Unterhalt der Landschaft und der weiteren Umgebung. Die kosmopolitische Superklasse lebt mit dem Gefühl, Meister und Erschaffer des eigenen Erfolgs zu sein, und meint so, niemandem etwas schuldig zu sein.[242] Bret Easton Ellis beschreibt die Entwurzelung des Kosmopoliten in „American Psycho" (1991). Das Leben des Investmentbankers Patrick Bateman besteht aus Geldverdienen und noch mehr Geld ausgeben, Health Clubs besuchen, reichlich zu Mittag essen und herumirren in Tanzpalästen, die Nase voll Koks. Seine erschöpften Sinne, gesättigt, weil sie alles Erdenkbare schon gekostet haben, werden abgestumpft, so dass er immer extremere Stimulanzien sucht, um überhaupt noch etwas fühlen zu können. Bateman ist sowohl ein überreizter Neurotiker als auch ein verfeinerter Ästhet, ein in Ausschweifungen schwelgender Dandy. Was er auch unternimmt, eine unermessliche Langeweile bedrückt ihn. Verlangen bedeutet nichts und Besinnung gibt keine Antwort. Intellekt ist keine Heilung. Unschuld, Verschwendung und Unvermögen vergegenwärtigen in seiner Welt die Emotionen, die niemand mehr richtig fühlt; Äußerlichkeiten scheinen noch das einzige zu sein, was einem Bedeutung verleiht.

Mittlerweile beginnt sich eine Veränderung abzuzeichnen, nun, da Elite-Leute aus der Finanzwelt alle Normen unwiderlegbar überschritten haben (Bankleute wie Rijkman Groenink und Dirk Scheringa machen pleite, und der Steuerzahler muss dafür aufkommen), ist man zurückhaltend geworden, den eitlen Kosmopolitismus mit Lobhudeleien zu verehren. Dieser Stimmungswechsel bedeutet jedoch noch nicht, dass wir in eine Zeit gelangen, in der neue Führer die Massen mit inspirierenden Reden in Richtung eines gemeinsamen Ziels in Bewegung setzen können. Weil Leute nicht das Gefühl haben, zu einer größeren Identität zu gehören, können sie auch nicht über diese Identität ermutigt und ermuntert werden, Tatkraft zu entfalten, wie es den großen Redeführern des 20. Jahrhunderts gegeben war. Im 21. Jahrhundert fühlen Menschen sich nur existentiell angesprochen, wenn es um ihre persönlichen und direkten Interessen geht. Existentielle Erfahrungen sind hiermit grundsätzlich einsame Erfahrungen, was zu Empfindungen von Nichtigkeit und Machtlosigkeit führt, und am Ende zu Passivität als endgültigem Resultat. Die Bürger haben ihre gesellschaftliche und politische Begeisterung verloren und schauen sich daheim Sportwettkämpfe, Romkoms und Talentwettbewerbe an, nihilistisch denkend, dass jede sinnige, großartige oder erdenkliche Philosophie schon erprobt und misslungen ist.

Das alles bedeutet, dass eine wirklich neue Macht auf eine sehr langsame und spitzfindige Art und Weise aufgebaut werden muss. Konkret heißt das, die gesellschaftliche Leiter hinaufklettern, Beziehungen eingehen mit Leuten, die einigen Einfluss haben, wie etwa Politiker, Unternehmer, Wissenschaftler und hohe Beamte, und zugleich Ausschau halten nach eher „völkischen" Menschen, die die richtige Gesinnung haben, um sie alle in einem Netzwerk zusammenzufassen. Die Schlussfolgerung in diesem Buch ist, dass Europa heimgesucht wird von neuen geopolitischen Spielern mit starken nationalen und religiösen Identitäten. Europa wird ihnen eine eigene Identität gegenüberstellen müssen. Diese Identität kann nicht kulturmarxistisch sein, denn der Kulturmarxismus wurde ja erschaffen, um westliche Traditionen und Kulturgut zu vernichten.

12 Todestrieb

Jeden Tag sehe ich Leute auf der Straße. In schicke Anzüge gekleidet und dezente Aktentaschen mit sich tragend, stehen sie diszipliniert Schlange bei der U-Bahn; während des Wartens werfen sie hastige Blicke auf ihre Armbanduhren und Handys. Sie haben Angst, zu spät zu kommen, fürchten, die letzten Neuigkeiten könnten ihnen entgehen.

Jeden Tag sehe ich, wie Menschen hastig durch die Straßen gehen. „Warum?“, frage ich mich selbst. „Warum diese Eile für eine Gesellschaft, die einen abgründigen Todestrieb in sich hat, die sich offensichtlich inbrünstig den Tod wünscht?“ Mich überkommt ein ironisches Gefühl. Sie verhalten sich wie „wealth producing units“, tadellos politisch korrekt abgerichtet, mit einem enormen Selbstwertgefühl.

Des noch größeren Kampfes, der schon angefangen hat, sind sie sich jedoch überhaupt nicht bewusst.

Dieser Kampf ist der Todeskampf der westlichen Zivilisation. Nirgendwo sonst gibt es einen breiteren Graben zwischen den Generationen. In der Werbung gibt es immer nur Leute derselben Altersstufe, ob sie nun Spaß haben oder in Not sind. Wir treiben Männer und Frauen auseinander. Im Namen des Genderprogressivismus und der Transsexualität zerstören wir sogar den Unterschied zwischen den Geschlechtern. Wir opfern Blut und Material, indem wir Stammeskonflikte in den Entwicklungsländern bekämpfen, haben aber noch nicht einmal eine Armee, die den Russen Widerstand bieten kann. Im Namen der Emanzipation macht man Karriere und schiebt das Kinderkriegen hinaus. Dann holen wir uns Leute aus anderen Kulturen ins Land, die mehr Kinder zeugen als die ursprüngliche Bevölkerung und die man obendrein auch noch subventioniert. Das sterbende Europa auferlegt sich Bußen für die die Umwelt belastende Wohlfahrtsproduktion, vergisst aber, dass in Asien sowohl die Bevölkerung als auch die Industrie außerordentlich schnell wächst. Der Hammer ist, dass die westliche Zivilisation abhängig ist von Antidepressiva, Mitteln gegen Erektionsstörungen, Marihuana und Ritalin.[243] Alles, um das Unbehagen zu vertuschen, uns im Zaum zu halten und unsere verlorene Vitalität auszugleichen; das alles zusammen ist zugleich ein großes Tabu. 1969 landete die Menschheit auf dem Mond, heutzutage werden Sonden zum Mars lanciert. Aber zu unseren Nachbarn finden wir den Weg oft nicht.

Wir betrachten noch einmal die Ideale von 1968, die das Dorf und die Familienverhältnisse als einschränkend betitelten. Das war eine bedrückende Umgebung, in der deine Tante dich bat, mitzuhelfen, die Wäsche aufzuhängen; die Zeit, in der du deinen kleinen Bruder hüten musstest. Dort „roch es muff nach Rosenkohl“, was einen an Gerard Reves „Die Abende“ erinnerte (1947). Kaufe ein Auto und gehe nach Amsterdam in einen Park Gitarre spielen! Sei feministisch und mache Karriere. Kinder bekommen konnte man später auch noch (oder überhaupt nicht). Und unterdessen Feste feiern mit dem Erlös der Gasvorkommen. Beziehungen musste man sich natürlich selbst auswählen, die Karrierechancen mit sich bringen und Spaß machen. Beziehungen mussten dynamischer werden, eher eine Sache sein von Angebot und Nachfrage. Bande, die man nicht selbst gewählt hatte, standen der Selbstverwirklichung nur im Wege.

Viele von dieser zu jener Zeit so befreiten und rebellischen Generation liegen heute mutterseelenallein in einem Pflegeheim, niemand, der sich um sie kümmert. Jemand, der jeden Tag zu einem Schwätzchen kommt, muss angeheuert werden. Die Party ist buchstäblich vorüber, und die Frustration spiegelt sich im Wahlverhalten wider. Die jüngere Generation ist in der Minderheit und muss die Kosten tragen.

Es ist das, was man wollte.

13 Nach dem Spaziergang durch das „Museum der Gegenwart“

Nachwort von Derk Jan Eppink

Mit seinem Buch „Abendland und Identität“ wandert der Autor Sid Lukkassen durch das Museum der Gegenwart. Wer es gelesen hat, ist geistig reicher geworden. Eigentlich führt er eine kulturhistorische Debatte, die selten geführt wird, weil politisch kulturelle Eliten ahistorisch denken, während „Kultur“ sich auf die Welt der Künstler beschränkt. Das ist unter anderem das Resultat eines Unterrichtssystems, in dem Geschichte einen untergeordneten Platz einnimmt. Es gibt Leute, für die Geschichte bei ihrer Geburt beginnt. Alles vorherige betrachten sie als Prosa. Somit wird es finster im Abendland.

Menschen verbleiben und arbeiten in Epochen, von denen sie sich nur ein Bild machen können, wenn sie das ganze Gemälde sehen. Die meisten verstehen nicht, wer sie sind, wo sie sich befinden und weshalb ein Ereignis sich eben ereignet. So gesehen ist das Buch „Abendland und Identität“ ein Leuchtturm, damit man die heutige Zeit begreifen kann, wie auch eine Situation, die bald wieder überholt wird von neuen Phänomenen auf der Weltbühne. Deshalb die Überschrift „Museum der Gegenwart“.

Die Niederlande mussten sich nach dem Zweiten Weltkrieg mit zwei Trennungslinien auseinandersetzen.

Erstens der „Entsäulung“, die die Struktur und den Geisteszustand der Gesellschaft veränderte, und zweitens der Immigration, die die Bevölkerungszusammensetzung veränderte. Die politisch kulturelle Elite des Landes erkannte die erste Trennungslinie schnell und stellte sich darauf ein, somit fand in den Niederlanden eine soziologische Revolution statt. Die Niederlande gingen den anderen Staaten in Europa voraus.

Die zweite Trennungslinie, die Massenimmigration, wollte man lange Zeit nicht ernst nehmen, jedenfalls nicht den großen Einfluss auf die Gesellschaft.[244] Die Niederlande wurden dieser Meinung nach ganz einfach eine „multikulturelle Gesellschaft", womit alle Probleme wie Schnee in der Sonne verschwinden würden. Der Durchschnittsbürger sah das anders, vor allem die Unterschicht der Gesellschaft, die in alten Stadtvierteln die Folgen tragen musste. Das andauernde In-Abrede-Stellen durch die regierende politisch-kulturelle Elite hat schließlich politische Erdbeben verursacht. Protest und Zersplitterung drücken ihre Stempel auf Wahlen.

In seinem Buch zeigt Lukkassen die Folgen der ersten Trennungslinie auf, nämlich den Kulturrelativismus, den Feminismus und die Sexualisierung der Gesellschaft. Danach die Folgen der zweiten Trennungslinie: das Aufkommen des Islam in den Niederlanden mit seinen total gefestigten Werten: die untergeordnete Rolle der Frau und sexuelle Gehemmtheit.

Die niederländische Gesellschaft, wie sie damals war, sollte den immigrierenden Muslimen eine „Leitkultur" bieten, aber der Kulturrelativismus bietet aus sich selbst heraus keine Führung, weil alle Werte gleich sind und damit wertlos. Der alte Kontinent schafft Gott ab; die Neuankömmlinge bringen ihren Gott mit.[245]

Das Resultat des Aufeinanderprallens der zwei Trennungslinien ist ein Kulturkampf. Die Neuankömmlinge füllen die entstandene Leere selbst mit Imamen, Kopftüchern und dem Bekämpfen von sexuellen Minderheiten. Die politisch-kulturelle Elite weiß nicht so recht, was sie mit den Werten der Neuankömmlinge anfangen soll, also hat man vor allem „Verständnis" dafür. Feministen verurteilen alle alten Strukturen im eigenen Land, tolerieren aber größtenteils die Unterdrückung der Frauen, die im Islam gang und gäbe ist. Alle „Kulturwerte" sind ja gleich. Kurzum, die westliche Kultur korrumpiert sich, indem sie kapituliert, und der alte Kontinent, das „Abendland", gibt seine Identität auf. Auf dieser Schnittfläche stehen wir jetzt. Die Geschichte wird mit demjenigen abrechnen, der das nicht sieht.

Glücklicherweise nimmt ein Großteil der Bevölkerung diesen Kulturkampf wahr. Sie kühlt ihre Wut an der Wahlurne, das einzige Mittel, das sie noch hat, sich zu äußern. In beinahe allen EU-Ländern verlieren linke Parteien, die jahrelang die Fahnenträger des Kulturrelativismus und der kulturellen Kapitulation waren. Sie taten das unter anderem auch, weil sie via Immigration ein neues Elektorat an sich binden wollten, wofür ihr traditionelles Elektorat die Rechnung bezahlte. Dieses Elektorat begann, nach äußerst rechts oder nach äußerst links zu schweben. Die politische Mitte des herkömmlichen Konsenses zerbröckelte. Also leistet ein großer Teil der Bürger mental Widerstand. Man kann wieder hoffen.

Bürger verlangen nun von Führungskräften mehr Wertschätzung für die eigenen Werte, die eigene Kultur, die eigene Nation und trauen sich – sogar noch mehr als die Eliten –, für das einzustehen, was man ist. Länder in Europa brauchen also Führungskräfte, die das können und sich trauen, das auch auf anständige Art und Weise in Worte zu fassen und damit die Unterstützung zu vergrößern.[246] Man könnte von „l'Europe profonde" sprechen, dem tiefen Europa, der Seele des alten Kontinents, das sich wehrt und nicht auf den Misthaufen der Geschichte deponiert werden will. In Frankreich ist zum Beispiel die politisch-kulturelle Elite Parisien und gauchiste. Aber la France profonde im Lande ist es nicht. Das tiefe Frankreich rührt sich.

Auch die europäische Elite kann sich dieser Berufung nicht mehr entziehen. Diese Elite präsentierte sich als Beschützer der „europäischen Werte", wobei Europa das leuchtende Vorbild für die Welt werden sollte. Der Euro würde als Einheitswährung Europa vereinen, die Entwicklungshilfe sollte ein Beispiel sein für andere, und in Sachen Klimaschutz würde Europa absoluter Weltführer sein. „European Governance" sollte die Welt retten.

Unterdessen sehen wir, wie dieses Streben sich ins Gegenteil verwandelte und in Richtung eines kulturellen Bankrotts geht. Es gibt nicht viele, die „Brüssel“ noch Glauben schenken.

Ist Europa verloren? Ich denke, noch nicht. Solange die Völker an ihrem Selbstbild festhalten, bleibt die Hoffnung bestehen. Die Suche nach einer eigenen Identität ist lebendig wie nie zuvor, zu Europa zählen viele starke Nationalstaaten wie die Niederlande und Frankreich, aber auch Staaten in Mittel- und Osteuropa, die zur Geltung kommen möchten. Eine Kultur, die während einer langen Geschichtsperiode aufgebaut wurde, verschwindet nicht innerhalb einer Generation. Aber schon innerhalb einiger Generationen. Deshalb brauchen europäische Länder Eliten, die kulturelles Selbstvertrauen manifestieren, die ihre Geschichte kennen und die Führung übernehmen bei der Werte-Diskussion. Und Neuankömmlingen so zum Integrieren einen Rahmen bieten, integrieren aufgrund von grundgesetzlichen Werten, die für jedermann gleichermaßen gelten. Wem das nicht passt, kann sonst irgendwo ein Zuhause suchen. Niemand ist verpflichtet, in den Niederlanden oder Europa zu wohnen. Eine Leitkultur kann man nicht bei der HEMA kaufen, sondern muss man sich aufgrund zunehmender Einsicht selbst schaffen.

Europa hat das Bild Gottes durch das Konzept der „Machbarkeit der Gesellschaft“ ersetzt. Brüssel verbreitet dieses Konzept auf einem ganzen Kontinent. Aber eine Lebensgemeinschaft ist das, was Menschen selbst erschaffen; dazu gehören Kulturwerte wie Selbstverantwortung, selbst Initiativen ergreifen, mitverantwortlich sein, sein Leben bewältigen und den eigenen Lebensunterhalt bestreiten, Zusammengehörigkeit. Die Machbarkeit der Gesellschaft erhebt die Obrigkeit zum Schöpfer und macht den Bürger zum willenlosen Objekt. Die Obrigkeit geht aus von einem Glauben, wobei der „Glaube an die Sache“ wichtiger ist als auf Tatsachen bezogene Amtsführung, kritisches Denken, Selbstkritik und akademische Strenge. Das führt von selbst zu einem Glauben auf Treibsand: der Fyra, der Euro und eine Nordsee voller Windmühlen.

Lukkassen bietet mit seinem Buch eine prächtige Gebrauchsanweisung für die Frage: Wo stehen wir? Er zeigt auch, wie es weitergehen muss. Ich bin kein Kulturpessimist, und Europa hat im vorigen Jahrhundert zwei Weltkriege durchgestanden. Die heutige Herausforderung besteht darin, den Erosionsprozess der europäischen Kultur kentern zu lassen, seine Werte und Traditionen, die eine Leere hinterlassen, die andere wieder auffüllen werden. Der Einschlag ist möglicherweise schlimmer als Krieg, weil der Prozess langsam vor sich gehen wird und die Folgen davon nicht mehr zurückgedreht werden können. Durchschnittsbürger haben eine Nase dafür und läuten die Sturmglocke. Sie sind die Wachflamme der europäischen Kultur. Es ist Sache der politischen Eliten, die Führung zu übernehmen für einen Kontinent mit kulturellem Selbstvertrauen, mit Inspiration und einem Zukunftsbild. Sid Lukkassen hilft ihnen, damit anzufangen. Dieses Buch ist Pflichtlektüre für eine politisch-kulturelle Elite, die sich verirrt hat. Lukkassen schreibt nachvollziehbar und bietet damit Aussicht, aus dem Schlamassel herauszukommen.

Derk Jan Eppink (Steenderen, 1958) ist Kolumnist in den Niederlanden und Belgien; er war Journalist bei „NRC Handelsblad“ und „De Standaard“. Er arbeitete sieben Jahre bei der Europäischen Kommission, unter anderem im Kabinett von Europakommissar Frits Bolkestein. Er war fünf Jahre lang Mitglied des Europäischen Parlaments und war dort Vizepräsident der Europäischen Konservativen und Reformer (ECR). Seine Erfahrungen mit den europäischen Institutionen beschrieb er in seinen Büchern „Europäische Mandarine“ und „Das Reich der kleinen Könige“.

Anmerkungen

1 Zum Vorwort von Thierry Baudet
1. Um die von Dr. Baudet genannte demographische Entwicklung hervorzuheben: Eurostat sagt vorher, dass die Anzahl der Kinder in Europa zwischen null und 14 Jahren abnimmt, von etwas mehr als 78 Millionen 2010 auf 66 Millionen 2050. Von den 500 Millionen Einwohnern der EU hatten 2010 239 Millionen Arbeit, 2050 werde diese Zahl abnehmen auf ungefähr 188 Millionen. Quelle: http://www.europa-nu.nl/id/vhscjefsjypz/vergrijzing_in_de_europese-unie (10. Juni 2015). Zum Vergleich: Afrika zählte 1950 etwa 230 Millionen Menschen, diese Zahl wird 2050 zehn Mal so hoch sein, 2,2 Milliarden, und wird sich erhöhen auf 3,5 Milliarden Menschen gegen Ende dieses Jahrhunderts. Allein Nigeria wird um 2050 herum mit 440 Millionen Einwohnern eine größere Bevölkerungszahl haben als die Vereinigten Staten. Quelle: United Nations, Department of Economic and Social Affairs, World Populations Prospects: 2012 revision.
2. Bezeichnend für die Beschreibung Dr. Baudets ist der kürzlich erschienene Dokumentarfilm über Professor Ruud Koopmans, tätig für das Institut für Sozialwissenschaften der Humboldt-Universität Berlin. Er untersuchte die Einstellung von Muslimen in Westeuropa und kam zum Schluss, dass mindestens vier von zehn muslimischen Gläubigen fundamentalistische Ansichten haben. In der Fernsehsendung „Brandpunt“ erklärte Koopmans: „Dabei fanden wir heraus, dass zum Beispiel 70 Prozent der niederländischen Muslime meinen, dass die Regeln des Korans wichtiger sind als die niederländische Gesetzgebung, und 75 Prozent meinen, dass nur eine einzige Interpretation des Islam möglich ist, an die sich jeder Muslim halten müsse. Typische Aspekte von Ansichten eines fundamentalistischen Glaubens.“ (Gesendet am 21. September 2014.)

2 Mit „Kulturmarxismus“ meine ich, dass der Marxismus die kulturelle Oberschicht hasste, weil diese die aristokratischen Werte widerspiegelte. Das hieß: ein hierarchisches Verhältnis zwischen Arbeitgeber und Arbeitnehmer, zwischen Eltern und Kind, zwischen Dozent und Student, zwischen dem Westen und dem Rest der Welt. Dieses Wertmuster war das Gegenteil des marxistischen Strebens nach Gleichheit und musste deshalb

umgekrempelt werden, auf dass es krank wurde. Als die Oberschicht einmal krank war, konnte sie „aufgeräumt“ werden.

3 Aus einer kürzlich erschienenen Untersuchung geht hervor, dass beinahe drei Viertel der niederländischen Muslime die jungen Leute, die nach Syrien reisen, um dort zu kämpfen, als Helden betrachten. Nur 19 Prozent der muslimischen jungen Leute sind der Meinung zugetan, dass Seelenverkäufer für diesen Kampf bestraft werden müssen, gegenüber einer Mehrheit der Autochthonen, die diese Meinung wohl vertreten. Siehe: http://altijdwat.ncrv.nl/nieuwsblogs/driekwart-nederlandse-moslims-ziet-Syriëgangers-helden-1266504W/ (aufgerufen am 20. Oktober 2013). „Von den Befragten sagen 72 Prozent, dass es gut ist, dass niederländische Muslime abreisen, um zu kämpfen, während acht Prozent der Autochthonen dies gutheißen. 73 Prozent der Muslime bezeichnen die Syrien-Kämpfer sogar als Helden. Die Untersuchung wurde durchgeführt durch Motivaction im Auftrag des NCRV-Programms Altijd Wat.

4 Friedrich Nietzsche, „Also sprach Zarathustra“ (1883-1885), S. 89.

5 Leon de Winter, „Angstaanjagend doortrapt“, („Beängstigend durchtrieben“), in: „Telegraaf“, 27. Juli 2013.

6 Siehe: „De slag om de Wallen“ („Die Schlacht um das Rotlichtmilieu“), in: „Brandpunt Reporter“, 27. März und 3. April 2014: „Die Gemeinde äußerte harte Anschuldigungen, die sie nicht beweisen konnte. Das Bibob-Gesetz gab nichts her, weil kriminelle Aktivitäten nicht bewiesen werden konnten. Auch das Einziehen von Bewilligungen gelang nicht. Die Gemeinde Amsterdam konnte bis jetzt 30 Fensterbordelle schließen. Musste dafür aber tief in den Beutel greifen. Für den Ankauf der Prostitutionsgebäude bezahlten die Gemeinde und die Wohnungsgesellschaften den höchsten Preis. Rund 31 Millionen Euro.“.

7 http://www.meervrijheid.nl/?pagina=1297 (11. Juni 2014).

8 Herman Vuijsje, „Verboden voor onderzoek“, (NWO 1996, „Untersuchen verboten“).

9 Hinweis durch den Präsidenten des Sozial-Kulturellen Planungsbüros und Mitglied der PvdA (Arbeiterpartei), Kim Putters.

10 „Telegraaf“, 20.02.2014.

11 Pierre Rosanvallon, „Democratic Legitimacy“ (Princeton 2011), S. 189-190.

12 Wahrscheinlich spielt es auch eine Rolle, dass osteuropäische Länder im

Gegensatz zu den westeuropäischen keine Kolonien besaßen, wodurch ihnen das Trauma der Dekolonisierung erspart blieb.

13 Derk Jan Eppink, „De bevrijde vrouw", in: „De Morgen", 06.03.2012.

14 Nigel Lawson, zitiert von Raziye Akkoc, in: „The Telegraph", 09.07.2014.

15 „VN enquète", in „Vrij Nederland", 11. Oktober 2008.

16 „Nieuwe Revu", 27. Juni 1995.

17 „‚Ich sage einfach, was ich um mich herum wahrnehme', erläuterte ich in dem Gespräch mit Simone van Saarloos für nrc.next. ‚Er nennt das empirisch', behauptete sie, aber ‚ich nenne das einen Mangel an Idealismus'." http://cult.thepostonline.nl/2014/12/01/terugblik-op-de-affaire-julien-blanc/ (01.12.2014)

18 Johan Galtung, „Cultural Violence", in: „Journal of Peace Research", vol. 27, no. 3, 1990, S. 291-305. „If mathematics is viewed as a formal game with one basic rule, that a theorem T and its negation -T cannot both be valid, then there may be violent consequences [...] This means that mathematics disciplines us into a particular mode of thought highly compatible with black-white thinking and polarization in personal, social and world spaces." (S. 301.) In demselben Aufsatz (S. 299) nennt Galtung Sprachen wie Italienisch, Spanisch und Französisch als Beispiele für kulturelle Gewalt. Sie sollten die Frau unsichtbar machen, indem sie das gleiche Wort für beide Geschlechter gebrauchen. Dass dadurch auch der Mann unsichtbar gemacht wird, bleibt unerwähnt.

19 Immanuel Kant, „Beantwortung der Frage: Was ist Aufklärung?" in: „Berlinische Monatsschrift", 1784, H. 12, S. 481-494.

20 Karl Raimund Popper, „Die Logik der Forschung", Wien 1934.

21 Sammlung Hans Lodeizen NLMD. Mappe A XXI.

22 Brief Hans Lodeizen an Adriaan Morriën, 19.November 1949, Sammlung Adriaan Morriën von Rob Molin.

23 Tagebuch, 9. Dezember 1949, Sammlung Hans Lodeizen NLMD.

24 Tagebuch, 10. Dezember 1949, Sammlung Hans Lodeizen NLMD.

25 „Hans Lodeizen's benepen stem werd verhoord", in: „De Gaykrant", Nr. 6, 1986.

26 Sammlung Hans Lodeizen NLMD.

27 „Le Figaro", 16. Dezember 2012.

28 „Aischylos redet Unsinn, wenn er behauptet, dass Achilles der Liebhaber von Patroklos gewesen sein soll." Symposion.

29 Evan Sayet, „Regurgitating the Apple“, Vortrag am 5. März 2007.

30 Siehe auch: Raymond Tallis, „Sokal and Bricmont: Is this the beginning of the end of the dark ages in the humanities?“ („Sokal und Bricmont: Ist das der Anfang vom Ende des dunklen Zeitalters der Geisteswissenschaften?“), in: „PN Review“, Nr. 128, Juni 1999. Tallis nennt die postmoderne Feministin Julia Kristeva als Vorbild, die sehr abstrakte Formeln der Mathematik abguckte und auf die Poesie übertrug. Jahrelang schluckten Studenten diese Theorien wie Honigkuchen. Als Wissenschaftler ihr Werk überprüften, kamen sie jedoch zum Schluss, dass Kristeva die Formeln wahrscheinlich selbst nicht begriff. Postmoderne wie Kristeva beschreiben die westliche Kultur als „logozentrisch“.

31 Alexis de Tocqueville, „Democracy in America“, New York 1969, S. 538.

32 Marcus Minucius Felix, „Octavius“, 197 n. Chr., 36.9.

33 Dante Alighieri, „Monarchia“, II.8: „nullum dubium est quin prevalentia in athletis pro imperio mundi certantibus Dei iudiucium sit secuta“ (übers. Brouwer).

34 Johannes 8:7. Zürcher Bibel 1957.

35 Vincent Hunink, „Graan van God“ (Utrecht 2012).

36 Friedrich Nietzsche, „Zur Genealogie der Moral“

37 Epheser 2:8, Philipper 1:29.

38 Kohelet 1:2.

39 Matthäus 5:5.

40 Bart Croughs, „de wetten van het progressieve denken“, in: „In naam van de vrouw, de homo en de allochtoon“, 1995.

41 Für ein schönes Beispiel dieser passiv-aggressiven Austausches: Geertje Mak, „Vrijen“, in: „Sporen van verplaatsing“ (IJsselacademie 2000), S. 150-151.

42 ALDE Party Liberal Bulletin 01/2013, S. 12.

43 So die Begründung des Centraal Bureau voor de Statistik, 30. März 2010. Zitat von Professor Jan van Ours, Universität Tilburg. Siehe: http://www.nrcnext.nl/geld-en-werk/2010/03/30/vrouwen-zijn-slimmer-maar-werken-minder/.

44 Renzo Verwer, „De Liefdesmarkt“, Maassluis 2011, 163-164.

45 Nach den Autorinnen von „The Life and Death of Emily Wilding Davison“ (1988), Liz Stanley und Ann Morley, war sie eine Sozialistin und aktives Mitglied der Workers‘ Educational Association und des Central Labour

College.

46 http://www.lymec.eu/news/lymec-astonished-alde%E2%80%99s-support-gender-quota (21. Mai 2013).

47 Emmeline Pankhurst, „My Own Story“, London 1914, S. 315.

48 http://www.demorgen.be/dm/nl/5036/Wetstraat/aricle/detail/1905792/2014/0602/Negers-op-gevel-Peter-Verlinden-Politici-geven-racistische-onderstroom-vrij-spel.dhtml (2. Juni 2014).

49 Matthäus 5:44.

50 Lukas 6:29.

51 Römer 8:17.

52 http://www.groene.nl/lab/2013-03-25/pleidooi-voor-de-utopie (9. April 2013)

53 „Metro/Sp!ts“, 11. Oktober 2013.

54 Alexis de Tocqueville, „Democracy in America“, S. 692-693.

55 Baruch de Spinoza, „Tractatus Politicus“, X. 8.

56 Baruch de Spinoza, „Tractatus Theologico-Politicus“, XX [6].

57 Bei Primaten besteht ein Zusammenhang zwischen dem Volumen des Neocortex und der Größe der sozialen Gruppe, in der sie leben: größeres Hirn, größere Gruppe. Der Anthropologe Robin Dunbar berechnete, dass der Mensch aufgrund der Größe seines Neocortex‘ in einer sozialen Gruppe von ungefähr 150 Personen leben müsste. Diese Zahl stimmt überein mit der Einwohnerzahl eines Dorfes, in dem die Menschheit einen Großteil ihrer Evolution lebte, und kommt in traditionellen Lebensgemeinschaften immer noch vor. Siehe: Robin Dunbar, „How many friends does one person need?“, London 2010.

58 http://www.telegraph.co.uk/news/worldnews/europe/france/9097054/Mademoiselle-banned-on-official-French-forms.html (22. Februar 2012).

59 http://www.dailymail.co.uk/news/article-2785156/War-le-words-French-MP-fined-using-sexist-GRAMMAR-calling-female-colleague-Madame-Le-President.html (8. Oktober 2014).

60 Dazu ein ausgezeichneter Artikel mit Bezug auf Machiavelli von James Kirk Wall: http://www.chicagonow.com/an-agnostic-in-wheaton/2014/08/isis-provides-further-proof-that-machiavelli-was-right/

61 De Tocqueville, „Democracy in America I&II“, S. 692.

62 Spinoza, „Tractatus politicus“, Art. 13, 14.

63 Verwer, „De Liefdesmarkt“, S. 102.

64 http://dagelijksestandaard.nl/2013/07verlamd-door-60-jaar-verzorgingsstaat (28. April 2014).

65 „Betrekkelijke betrokkenheid; Studies in sociale cohesie. Sozialer und kultureller Rapport 2008".

66 Thomas Hobbes, „Leviathan" (1651), xvii.

67 „Game of Thrones", Staffel 3, Teil 7.

68 Verwer, „De Liefdesmarkt", S. 43-44.

69 http://www.actiefburgerschap.nl/cms_data/omwana_casestudy.pdf, S. 7 (aufgerufen 14. Juli 2013).

70 „Reyers laat", 06.02.2013.

71 Hobbes, „Leviathan", xiii.

72 Colin Crouch, „Post-Democracy" (Cambridge 2004), S. 85.

73 Platon, „Charmides", 161 C.

74 Friedrich Nietzsche, „Also sprach Zarathustra", (1885) Kapitel XLI „Der Wahrsager".

75 „Symposium", 32.

76 Ebd., 31.

77 Fjodor Dostojewski, „Die Brüder Karamasow".

78 Platon, „Gorgias".

79 Platon, „Gorgias".

80 Der Brief ist von Mai 1643, siehe: Margaret Atherton (ed.), „Selections of the Descartes-Elisabeth Correspondence", in: „Women Philosophers of the Early Modern Period" (Hackett 1994), 11-12.

81 Spinoza, „Tractatus theologico-politicus", XVI [2].

82 Platon, „Der Staat".

83 Ebd.

84 Ebd.

85 Diverse Aufnahmen von Besmenows Vorträgen sind öffentlich zugänglich, zum Beispiel auf Youtube.

86 2013 gibt es in den Niederlanden insgesamt beinahe 7,6 Millionen Haushalte. Ungefähr 37 Prozent der Haushalte, etwa 2,8 Millionen, bestehen aus nur einer Person. Das sind 16,7 Prozent der Gesamtbevölkerung. Dieser Anteil wird, wie erwartet wird, 2040 zunehmen auf beinahe 43 Prozent. So das Rijksinstituut voor Volksgezondheid en Milieu.

87 https://www.youtube.com/watch?v=2L3QdUo2a0 (17. April 2014).

88 So scheint die Unterschicht in den Niederlanden viel weniger Besitz zu

haben, zum Beispiel Effekten oder Grundbesitz, als in anderen westlichen Ländern, wo die Ungleichheit der Einkommen größer ist. Die Forscher Bas van Bavel und Ewout Frankema aus Utrecht erklären das durch die Umverteilung des Wohlstandes auf Basis des Versorgungsstaates. Der sorgt nämlich dafür, dass das Einkommen immer wieder ergänzt wird, solange man am Rande des Minimums balanciert. Leute mit niedrigem Einkommen brauchen weniger zu sparen, weil sie stets mit den Sozialbeiträgen rechnen können.

89 http://www.geenstijl.nl/archives/imagesOp_verzoek_van_de_VVD__bijgevoegd_nota_VVD_n.a.v._conceptkadernota_VSD_NIEUW_.pdf (30. Mai 2014).

90 Dokumentation von Jan Vrijman, „De werkelijkheid van Karel Appel", (1962). Siehe auch sein Interview in „Vrij Nederland" (29. Januar 1955).

91 http://www.theguardian.com/books/2013/may/01/sex-pol-essays-reich-review (13. Juli 2014).

92 Verwer, „De Liefdesmarkt", S. 46.

93 http://www.nu.nl/media/3858443/kritiek-uitspraak-vrouwen-laat-jeroen-pauw-koud.html (22. August 2014)

94 Bernard Delfgaauw, Frans van Peperstraten, „Beknopte geschiedenis van de wijsbegeerte" (Kapellen 2001).

95 De Tocqueville, „Democracy in America", 692.

96 http://mens-en-samenleving.infonu.nl/psychologie/19389-je-zelfbeeld-realistisch-of-juist-niet.html (24. Mai 2014).
Siehe auch: http://vorige.nrc.nl/scholieren/article1717112.ece

97 Siehe über diesen Aspekt des sexuellen Marktes „De Kaapverdiaan" von Victor Onrust (http://onrust.2fd.eu/2012/06/de-kaapverdiaan/). Er beobachtete, dass die Errichtung einer technischen Universität in Delft einen Überschuss von jungen Männern mit sich brachte, während die wenigen zur Verfügung stehenden Damen auf einen einzigen Mann kapverdischer Herkunft fixiert waren. Einheimische Frauen, die sich zu „falschen Männern" hingezogen fühlen, landen seiner Meinung nach oft bei Migranten und „landen manchmal in schwarze Lappen gehüllt an der Spüle oder hinter dem Kinderwagen". Zugleich wird dieses Ausströmen nicht ausgeglichen durch die Einwanderung von Migrantenfrauen: In Kreisen der Immigranten wird das sexuelle Verhalten der Töchter nämlich streng bewacht. Auch das ist in der „ach so freigekämpften" europäischen Zivilisation ein

großes Tabu, so groß, dass Renzo Verwer in seinem Buch ausdrücklich vermeldet, auf diese Facette nicht weiter eingehen zu wollen („De Liefdesmarkt“, S. 48).

98 Noch bevor die Gastarbeiter ankamen, wurden in den Niederlanden „Indische Jungen und Mädchen als mysteriös, gefügig, musikalisch, attraktiv und gefühlvoll“ bezeichnet. Mathijs Tuynman, „Stereotypen über die gemischte Liebe“, in: Marian van der Klein (Hrsg.), „Vertrouwd en Vreemd“ (Hilversum 2000), S. 51-64, hier S. 63.

99 Sara Berkeljon, „Fuck romantiek“, Interview mit Esther Perel, in: „Volkskrant“, 3. Juli 2014, S. 18.

100 Verwer, „De Liefdesmarkt“, S. 72.

101 Das meint auch Daniel Bergner, der bei seiner Untersuchung Messungen der Blutzufuhr zur Vagina mit einbezieht. Siehe https://www.youtube.com/watch?v=geUJjwSBG (3. August 2013).

102 „Frauen haben die Neigung, ihr Bedürfnis nach Sicherheit über dasjenige nach Sex zu stellen“, so Psychologin und Beziehungstherapeutin Esther Perel. Siehe: „Fuck romantiek“, in: „Volkskrant“, 3. Juli 2014, S. 18.

103 „Hávamál“, Vers 78.

104 Verwer, „De Liefdesmarkt“, S. 49.

105 Montesquieu, „Vom Geist der Gesetze“.

106 Hugh McLeod,„Why were the 1960s so Religiously Explosive?“, in: „Nederlands Theologisch Tijdschrift“ 60, 2 (2006) S. 109-130. Siehe auch: Peter van Rooden, „Oral History und das komische Sterben des niederländischen Christentums“, in: „Bijdragen en Mededelingen betreffende de Geschiedenis der Nederlanden“, S. 119 (2004), S. 524-551.

107 Karen Hagemann, „A Valorous *Volk* Family: ‚The Nation, the Military, and the Gender Order‘: Gendering Nations“ (Oxford/New York 2000), S. 179-203, hier S. 192.

108 Arthur Schopenhauer, „Parerga und Paralipomena“ Bd. 2 (1851).

109 Verwer, „De Liefdesmarkt“, S. 185.

110 Universiteit van Utrecht, 2009.

111 David Lisak et al., University of Boston. Siehe: http://www.icdv.idaho.gov/conference/handouts/False-Allegations.pdf (18. Mai 2014).

112 Studie des Urban Institute Policy Center.

113 Auch den Film „Disclosure“ (1994) mit Demi Moore und Michael Douglas kann man als Vorbild nehmen.

114 Hadjar Benmiloud, „Metro“ (29. Mai 2013), S. 8.

115 Malou van Hintum in: „Volkskrant“ (2007).

116 Gesendet am 1. Juli 2012 auf Nederland 1.

117 http://www.parool.nl/4/AMSTERDAM/article/detail/3605829/2014/03/01/Het-slettenstigma-kleeft-alleen-aan-impopulaire-meisjes,dhtml (23. Mai 2014).

118 Sara Berkeljon, „Fuck romantiek“, Interview mit Esther Perel, in: „Volkskrant“, 3. Juli 2014.

119 Ebd.

120 Roy Baumeister, Kathleen Catanese, Kathleen Vohs, „Is There a Gender Difference in Strength of Sex Drive?“, in: „Personality Psychology Review“ 2001, Vol. 5, No. 3, S. 242-273.

121 Kostenvoranschlag des Königreichs der Niederlande 2015: Gesundheitswesen 72,9 Milliarden, Soziales 77,6, Militärdepartement 7,3. Pro Tag gibt der Staat immer noch 40 Millionen Euro mehr aus, als eingenommen werden.

122 Christopher Lasch, „The Revolt of the Elites and the Betrayal of Democracy“ (New York 1996), S. 21-22.

123 Konfuzius, „Die Analekten“, Buch 17, Vers 25.

124 Montesquieu, „Vom Geist der Gesetze“, Buch 7, Kapitel 8.

125 „The Rules of Seduction“, ein britischer Dokumentarfilm von John Farrar, gezeigt auf Channel Four.

126 „Bei sechs von zehn gemischten Paaren geht es um eine Beziehung zwischen einem einheimischen Mann und einer ausländischen Frau. Das gilt sowohl für Beziehungen mit jemandem aus dem Westen als auch mit jemandem nichtwestlicher Herkunft. Thailändisch-niederländische Paare sind zu mehr als 95 Prozent Ehepaare, bei denen der Mann Niederländer ist und die Frau aus Thailand stammt. Auch bei Beziehungen mit einer einheimischen Person und einem Partner aus dem vormaligen Ostblock geht es überwiegend um einen autochthonen Mann und eine Partnerin ausländischer Herkunft.“ Quelle: StatLine, „Haushalte nach Herkunftsgruppen“, 1. Januar 2012.

127 Siehe zum Beispiel: http://www.happierabroad.com/ebook/Page1c.htm (20. Juni 2014).

128 Daniel Bergner, in: „What Women Want“, http://www.vandaag.be/entertainment/152014_vrouwen-zijn-stout-wild-en-onvoorspelbaar-.html (20..

Juni 2014).

129 Michel Houellebecq, „Die Möglichkeit einer Insel".

130 „Nieuwe Revu", nr. 22, 2014, S. 19.

131 Andersson Felix, „Evaluation, Subventionsregelung, zusätzliche sexuelle Gesundheitsvorsorge 2012" (Utrecht 2013), S. 38.

132 Nancy Etcoff, „Survival of the Prettiest" (New York 1999), S. 105.

133 Houellebecq, „Die Möglichkeit einer Insel".

134 Sara Berkeljon, „Fuck romantiek", Interview mit Esther Perel, in: „Volkskrant", 3. Juli 2014, S. 18.

135 Montesquieu, „Vom Geist der Gesetze".

136 Ebda.

137 Sara Berkeljon, „Fuck romantiek", Interview mit Esther Perel, in: „Volkskrant", 3. Juli 2014, S. 18.

138 Ebda.

139 http://www.singleenstijl.nlmind/viva/single-onderzoek-het-seksleven-van-singles-onder-de-loep/ (1. Juni 2014).

140 http://tvblik.nl/life-is-beautiful/ik-lees-dus-ik-ben
Siehe auch: http://www.uitzending-gemist.net/aflevering/40183/Life_Is_Beautiful.html (2.Juni 2014).

141 Montesquieu, „Vom Geist der Gesetze".

142 Platon, „Gorgias", 485 A.

143 Thukydides, „Gefallenenrede de Perikles", in: „Der Peloponnesische Krieg".

144 Lesbian, Gay, Bisexual, Transgender

145 http://www.statemaster.com/encyclopedia/French-petitions-against-age-of-consent-laws (20. April 2014)

146 Pascal Bruckner, „De hel die huwelijk heet", in: „Trouw", 3. Juli 2010 (Übersetzung Martin de Haan).

147 Man denke auch an die Beziehung zwischen der Bordell-Madame Aspasia und dem altgriechischen Staatsmann Perikles. Das erwägend, hatte der französische Denker Jean-Jacques Rousseau Bedenken gegen die Anwesenheit von Frauen in den Salons, die mit ihren Anspielungen Männer aus dem Konzept brachten und gegeneinander ausspielten. Er fürchtete, dass Diskussionen so nicht mehr der Wahrheitsfindung dienten, sondern dem sexuellen Wettstreit. Siehe: Barbara Caine und Glenda Sluga, „Citizenship and Difference: the age of Revolution", in: „Gendering European History",

(London/New York 2000), S. 7-31, hier S. 14.

148 Michelangelo Signorile, „Bridal Wave“, in: „OUT Magazine“ (Dezember/Januar 1994), S. 161.

149 2. Korinther 12.

150 Michel Foucault: „politics, philosophy, culture: interviews and other writings“, hrsg. von Lawrence D. Kritzman (New York: Routledge 1988).

151 Peter van Rooden, „Oral History und das komische Sterben des niederländischen Christentums“, in: „Beiträge und Mitteilungen die Geschichte der Niederlande betreffend“ (2004), S. 524-551.

152 Hugh McLeod, „Why were the 1960s so Religiously Explosive?“, in: „Nederlands Theologisch Tijdschrift“ 60.2 (2006), S. 109-130, hier S. 110.

153 Theodore Dalrymple, „All Sex, All the time“, in: „City Journal“ (Sommer 2000).

154 http://www.thelocal.de/national/20130911-51873.html (13. September 2013).

155 Charles Taylor, „Bronnen van het zelf“ (Amersfoort 2009), S. 656.

156 Ebd., S. 159.

157 http://www.rtlnieuws.nl/nieuws/opmerkelijk/transseksueel-zweden-krijgt-eigen-voornaamwoord (30. Juli 2014).

158 http://www.medicalnewstoday.com/articles/251411.php (6. Juni 2014).

159 Paula Ettelbrick, „Since When Is Marriage a Path to Liberation?“, in: William Rubenstein (Hrsg.), „Lesbians, Gay Men and the Law“ (New York: The New Press, 1993), S. 401-405.

160 Colin Crouch, „Post-Democracy“ (Cambridge 2004), S. 56.

161 Sammlung Hans Lodeizen NLMD, 27. Oktober 1946.

162 Vivian Gornick, „The Daily Illini“ (25. April 1981).

163 http://www.elsevier.nl/Politiek/nieuws/2006/3/Niet-werkende-vrouw-moet-stude-terugbetalen-ELSEVIER071452W/ (6. Juni 2014).

164 Suzan Edelman, „Meet the seemingly unfireable firefighter“, in: „New York Post“, 10. November 2013.

165 http://www.rechten.vu.nl/nl/-onderzoek/onderzoeksinstituten-en-centra/nsmv/index.asp (6. Juni 2014).

166 http://www.profnews.nl/899281/criminaliteit-door-vrouwen-vraagt-meer-aandacht (6. Juni 2014).

167 Siehe auch: „Crimineel is steeds vaker een vrouw“, in: „Algemeen Dagblad“, (22/01/13): „Die Anzahl der Frauen, die wegen Gewaltdelikten

arretiert wurden, verdoppelte sich in den letzten 16 Jahren. Kriminalität unter Mädchen und Frauen wurde zu lange bagatellisiert und zu wenig untersucht, denken die Forscher."

168 Marcel de Haas, „Waar de echtscheiding begint houdt de rechtsstaat op", in: „Volkskrant", 15. November 2013.

169 American Sociological Association (2012). Lori Gottlieb schrieb darüber: „If men did all of what the researchers characterized as feminine chores like folding laundry, cooking or vacuuming – then couples had sex 1.5 fewer times per month than those with husbands who did what were considered masculine chores [...] Couples in which the husband did plenty of traditionally male chores reported a 17.5 percent higher frequency of sexual intercourse than those in which the husband did none."

170 Lori Gottlieb, „Does a more equal marriage mean less sex?", in: „New York Times" (6. Februar 2014).

171 Ebd.

172 http://www.trouw.nl/tr/nl/4492/Nederland/article/detail/3556779/2013/12/05/Gevraagd-twee-vaders-voor-single-vrouw-met-kinderwens.dhtml (5. Dezember 2013).

173 http://www.news.com.au/national/family/court-permits-orphaned-girl-13-to-undergo-gender-change/story-fncynjr2-1226680715l1#ixzz2ZhfrCvKX (20. April 2014).

174 http://www.inquisitr.com/534876/gender-challenged-allowed-for-12-year-old-child/ (20. April 2014).

175 Pascal Bruckner, „De hel die huwelijk heet", in: „Trouw", 3. Juli 2010 (Übersetzung Martin de Haan).

176 „A large national study in the late 1990s found that women who were more educated than their husbands were more likely to engage in sexual infidelity than if they were less educated than their husbands." Gottlieb, „Does a more equal marriage mean less sex?".

177 Nancy Etcoff, „Survival of the Prettiest", S. 32.

178 „In any given relationship, whichever partner wants sex more is in a weaker position, insofar as greater desire creates dependency on the partner." Roy Baumeister, Kathleen Catanese, Kathleen Vohs, „Is There a Gender Difference in Strength of Sex Drive?", in: „Personality and Social Psychology Review" 2001, Vol. 5, No. 3, S. 242-273, hier S. 242-243.

179 Spinoza, „Ethica" IV, (1678) st. 35, Anhang II.

180 „Es ist fürwahr eine Narretei, von einem anderen zu verlangen, was niemand von sich selbst verlangen kann, nämlich dass er lieber über einen anderen wacht als über sich selbst.“ Spinoza, Tractatus theologico-politicus, (1677) VI,3.

181 http://www.ad.nl/ad/nl/1012/Nederland/article/detail/3662702/2014/05/28-Lideweij-verbrak-relatie-met-terminaal-zieke-vriend.dhtml (28. Mai 2014).

182 „Penny Dreadful“, Staffel 1, Teil 1 (2014).

183 http://www.dagelijksestandaard.nl/2014/05/schietpartij-uit-seksueel-marxisme (26. Mai 2014).

184 Verwer, „De Liefdesmarkt“, S. 133.

185 „Galveston Daily News“ (Texas, 10. August 1924), S. 23.

186 Patrick van Schie et al., „The Dynamics of Demographic Decline“ (Den Haag 2011), S. 73.

187 http://www.flipvandyke.nl/2014/04/marokkanen-de-cijfers/ (9. Juni 2014).

188 Zitiert von Pascal Bruckner in: „De hel die huwelijk heet“, in: „Trouw“, 3. Juli 2010 (Übersetzung Martin de Haan).

189 William Shakespeare, „The Tragedy of Richard the Third“ (1595).

190 „Telegraaf“, 10. Januar 2013, S. 11. Aus einem Untersuchungsrapport des ACB-Wissenschaftszentrums geht hervor „dass elf Prozent der türkischen und marokkanischen Jungen schon mal jemanden zu sexuellen Handlungen gezwungen hat, gegenüber drei Prozent der einheimischen Jugendlichen. Dabei finden sogar 15 Prozent der türkischen und marokkanischen Jugendlichen es in Ordnung, dass ein Mädchen zum Sex genötigt wird. Forscherin Rénie van der Putten erklärt, dass das von der in anderen Ländern herrschenden Macho- und Straßen-Kultur herrührt.“

191 „Algemeen Dagblad“, 26.08.2014.

192 http:/www.telegraph.co.uk/news/uknews/crime/11057647/Rotherham-sex-abuse-scandal-1400-children-exploitet-by-Asian-gangs-while-authorities-turned-a-blind-eye.html (26. August 2014).

193 http://politiek.thepostonline.nl/column/aanslag-brussel-zijn-een-weerloos-volk-geworden/ (3. Juni 2014).

194 http://www.healthymarriageinfo.org/research-and-policy/marriage-facts/culture/african-americans-and-black-community/index.aspx (10. Juni 2014).

195 Thijs Peters, „Mann hat lieber dumme Frau“, in: „Intermediair“, 30.08.2005.

196 Owen Cook, auch als „RSD Tyler“ bekannt, Autor von „Real Social Dynamics: The Blueprint Decoded“ (2008).

197 Gegenwärtig wird das Wort „Yolo“ hierfür auch schon mal gebraucht. Es wurde 2012 in Deutschland zum Jugendwort des Jahres erkoren.

198 Verwer, „De Liefdesmarkt“, S. 199.

199 Organisiert von EU40, 18. Oktober 2012.

200 Russell Goldman, „Gang Leader Impregnates Four Female Prison Guards“, ABC News (24. April 2013).

201 Houellebecq, „Die Möglichkeit einer Insel“.

202 Montesquieu, „Vom Geist der Gesetze“.

203 John Stuart Mill, „Utilitarianism“ (1863), Kapitel 4.

204 Matthäus 5:44 und Lukas 6:29. Zürcher Bibel von 1957.

205 2. Korinther 12:15. Zürcher Bibel von 1957.

206 Hunink, „Graan van God“ (Utrecht 2012).

207 E. Tonkens, „Immigratie“, „Volkskrant“, 5. August 2009.

208 „25 jaar integratiedebat“, „Opinio“, 21. September 2007.

209 Johannes 10:11. Zürcher Bibel von 1957.

210 Jonathan Kaiman, „Ecuador auctions off Amazon to Chinese oil firms“, in: „The Guardian“ (26. März 2013).

211 Ben Fox, „Slavery Reparations Sought by Caribean Nations For ‚Lingering Legacy Of Atlantic Slave Trade‘“, in: „Huffington Post“ (25. Juli 2013).

212 http://www.capitalfm.co.ke/news/2013/05/icc-denies-racism-allegations-from-african-union/ (12. Juni 2014).

213 Mill, „Utilitarianism“ (1863), Kap. 5.

214 „Nigeria verbietet Homo-Beziehungen“, in: „Spits“ (14. Januar 2014), S. 6.

215 Ecclesiastes 1:2.

216 Niccolò Machiavelli, „Discorsi“ (1519), II.5.8.

217 Michel Onfray, „Der Körper, das Leben und das Leiden“ (Lemniskate 2004), S. 231.

218 Karl Popper, „Die offene Gesellschaft und ihre Feinde“.

219 Ayn Rand, „Atlas Shrugged“ (London 2007), S. 1035-1036.

220 Paulo Coelho, „Der Alchemist“ (Amsterdam 2011), S. 128.

221 Genesis 3:19-24: „Im Schweiße deines Angesichts sollst du dein Brot essen.“

222 Hans Blumenberg, „Cusaner und Nolaner (Frankfurt 1979), S. 12.

223 http://www.gva.be/cnt/oid157590/archief-michel-over-berlusconi-onaanvaardbaar (27/09/2001).

224 Matthäus, 7:1. Zürcher Bibel von 1957.

225 Korinther, 3:19. Ebd.

226 http://nos.nl/archief/2001/vs_ramp/nieuws/september/270901/verhofstadt.html

227 Matthäus 23:12. Zürcher Bibel von 1957.

228 Joris Luyendijk, „Het zijn net mensen“ (Amsterdam 2012), S. 203.

229 Friedrich Nietzsche, KSA, 12 9 [35] (27).

230 Oswald Spengler, „Der Mensch und die Technik“ (1931), S. 88-90.

231 T. Todorov, „Théories du symbole“ (Seuil / Paris, 1977), S. 185.

232 Derk Jan Eppink, „Die Grenzen von Europa“, in: Ideen und Wirklichkeit (Amsterdam 2013), S. 47 - 53, hier s. 50.

233 Joris Luyendijk, „Je hebt het niet van mij, maar...“ (Amsterdam 2010), S. 51.

234 James Areddy, „China Moves to Strengthen Grip over Supply of Rare-Earth Metals“, in: „Wall Street Journal“ (7. Februar 2011).

235 Innovation Union Scoreboard 2010 (2011), S. 8.

236 http://wwwnrcq.nl/2014/07/15/de-nieuwe-bank-van-brics-landen-kom-er-en-het-hoofdkantoor-komt-in-shanghai (16. Juli 2014).

237 De Tocqueville, „Democracy in America“ I&II, S. 156.

238 Mark van de Velde et al., „Die Pflicht der politischen Parteien“ (Den Haag 2013), S. 12.

239 Ebd., S. 8.

240 Anthony Giddens, „Europe in the Global Age“ (Cambridge 2007), S. 62.

241 So scheint es für politische Parteien, aber auch für den Humanistischen Verband immer schwieriger, langjährige Mitglieder zu werben.

242 Christopher Lasch, „The revolt of the Elites and the Betrayel of Democracy“ (Janson 1996), S. 39-40.

243 „A marked increase in the number of methylphenidate prescriptions per person first became evident in the early 1990s, although the overall volume at that time was still low. Since 1997, the volume of prescriptions has increased nearly tenfold; in 2007, 45.7 million daily doses of methylphenidate were prescribed.“ So Prof. Gerd Lehmkuhl von der Universität Köln. Siehe: http://www.aerzteblatt.de/int/archive/article?id=78180 (17. Juni 2014).

244 „1972 gab es etwa 31.000 Türken, 22.000 Marokkaner und 22.000 Antillianer (inklusive Arubaner) [...] War 2003 einer von zehn Einwohnern nicht-westlicher Herkunft, werden es 2050 doppelt so viele sein." Quelle: „Allochtonen in Nederland 2003", Centraal Bureau voor de Statistik. CBS StaLine führte am 16. Mai 2014 eine Anzahl von 374.996 Marokkanern in den Niederlanden auf, und eine Anzahl von 396.414 Türken. Dabei muss man anmerken, dass man schon 1975 aufhörte, Gastarbeiter zu werben; wohl wurden Familien zusammengeführt. CBS StatLine schätzte die Zahl der nicht-westlichen Menschen ausländischer Herkunft auf ungefähr zwei Millionen.

245 „Die Integration von diesen Migranten kann, es ist schon paradox, vielleicht noch am besten über ihren Glauben zustandekommen. Das ist jedenfalls der einzige Anker, den sie haben, wenn sie in der niederländischen Gesellschaft ankommen." Sagte Job Cohen, Bürgermeister von Amsterdam, in seinem Vortrag „Fremdlinge" vom 26. November 2002. In „Gegen die Dekadenz" (Amsterdam 2004, S. 75-76) nennt Rechtsphilosoph Paul Cliteur das aber nicht „paradox", sondern eine Kontradiktion: „Glaube und Handeln sind beim Islam ein und dasselbe." Das verträgt sich nicht miteinander, wenn man den Islam als Instrument zur Integration einsetzen will. Cliteur bemerkte, dass eine Obrigkeit, die zutiefst vom demokratischen Rechtsstaat als Fundament unserer Gesellschaftsordnung überzeugt ist, die Redlichkeit und das Wunschbild davon auch unterbauen können muss, ohne auf Passagen aus dem Koran oder andere religiöse Offenbarungen hinzuweisen.

246 Als Vorbild, wie man das nicht machen soll, nenne ich, Sid Lukkassen, die folgende Aktion von Martin Schulz. Der Präsident des europäischen Parlaments reagierte heftig moralisch entrüstet auf den Film Innocence of Muslims: „Wir sind uns einig darüber, dass gotteslästerliche Filme verurteilt werden müssen", sagte er, unterstützt von Mitgliedern des Gulf Cooperation Council „Ich verurteile nicht nur den Inhalt, sondern auch die Verbreitung eines solchen Films, was für viele Menschen auf der ganzen Welt enorm erniedrigend ist." Quelle: https://www.youtube.com/watch?v=FSd2JK78C48 (25. September 2012).

Anmerkungen und Bemerkungen

Politische Parteien in den Niederlanden:

CDA: Christen Demokratisch Appel = Christlich Demokratischer Appell; vergleichbar mit der CDU

CU: Christen Unie = Christliche Union (evangelisch)

SGP: Staatkundig gereformeerde Partij = Staatskundig reformierte Partei = streng evangelisch/protestantische Gemeinschaft, die den Frauen immer noch keine politischen Aktivitäten und auch nicht das passive Wahlrecht erlaubt. Nun mussten die „Männerbrüder" aufgrund der Verfassung die Statuten anpassen, setzen aber einfach keine Frauen auf die Wahllisten!

Pvda: Partei der Arbeit, was so viel heißt wie Arbeiterpartei = Sozialdemokraten

VVD: Volkspartij voor Vrijheid en Democratie = Volkspartei für Freiheit und Demokratie; die „Rechtsliberalen"

D 66: Democraten 66 = Demokraten 66. Das sind die Linksliberalen.

SP: Socialistische Partij = Sozialistische Partei. Entstanden aus dem, was noch von den Kommunisten übrig war: Maoisten, Marxisten, Stalinisten und andern Linksradikalen

GroenLinks: GrünLinks = Linke Umweltfreaks, alles andere als Realos

PVV: Partei Voor Vrijheid = Partei für Freiheit; die berühmt-berüchtigte „rechtspopulistische" Bewegung des Geert Wilders.

Dann gibt es noch einige kleine Parteien mit ein bis zwei Sitzen im Parlament, die im und für das Buch keine Rolle spielen:

Partei voor de Dieren = Partei für die Tiere, kämpft für nachhaltige Tierhaltung und Agrarpolitik

„DENK", neu gegründet von zwei Abtrünnigen türkischer Herkunft, die sich von der PvdA lossagten.

„Forum voor Democratie" = Forum für Demokratie, errichtet durch Thierry Baudet, der das Vorwort zu „Avondland en Identiteit" schrieb. Nimmt am 15.3.2017 zum ersten Mal an den Parlaments Wahlen Teil mit einer Liste, auf der, soweit ich feststellen konnte wohl auch Frauen, aber ausschließlich allesamt hoch und höchst ausgebildete Kandidaten stehen: Publizisten, Wissenschaftler, ein Rechtsanwalt und sonstige Akademiker.

„Centrum Democraten": Zentrumsdemokraten, besteht nicht mehr. In den 1980er Jahren errichtet von Hans Janmaat, von den „anständigen" Politikern und Medien verpönt, wurde gerichtlich verfolgt wegen Rassismus und dergleichen, zu einer Geldstrafe verurteilt. Bei einer Parteiversammlung wurde das Gebäude von (subventionierten) Linksradikalen angezündet. Die Lebensgefährtin von Hans Janmaat erlitt so schwere Brandwunden, dass ihr ein Unterbein amputiert werden musste.

Humanistisch Verbond: Humanistischer Verband = gesellschaftliche Strömung, nicht politisch tätig, eher sozial und kulturell.

„Entsäulung": In den Niederlanden sprach man bis in die 1970er Jahre von kulturellen, religiösen und politischen Säulen: Katholiken, Protestanten (von den letzteren gab es etwa zehn Strömungen, jetzt noch etwa drei), Humanisten. Alle hatten sie ihre eigenen Zeitungen, Zeitschriften, (Sport-) Vereine, Krankenhäuser, politischen Parteien, Radio- und Fernsehsender. Davon ist Artikel 23 des Grundgesetzes übriggeblieben, und wird auch hartnäckig gehätschelt: die „Besonderen Schulen". Katholisch, protestantisch, auch wieder in zwei bis drei Variationen, jüdisch, und nun auch die islamischen, ein gefundenes Fressen für (radikale) Imame. Wie die „Öffentlichen", also die staatlichen Schulen, müssen auch die „Besonderen" sich an die von der Obrigkeit verordneten Lehrpläne halten, weil der Staat ja bezahlt, und wer zahlt, befiehlt. Was den Imamen, Lehrkräften und den Schulverwaltern nicht so recht gefällt, das Einhalten des Pensums fällt ihnen schwer.

Schulnoten von der Grundschule bis zur Universität: 10 bis 1. 10 ist die Höchste.

CPB: Centraal Planbureau = Zentrales Planungsbüro; Institution der Obrigkeit, soll aber unabhängig sein. Macht wissenschaftlich fundierte ökonomische Analysen und Prognosen für Regierung und Parlamente. Für politische Parteien oder deren Fraktionen in den Parlamenten in Sachen Wahlprogrammen und Gesetzesvorlagen.

SCP: Sociaal Cultureel Planbureau = Sozialkulturelles Planungsbüro. Interdepartementales wissenschaftliches Institut. Berät, gefragt und ungefragt, die Regierung und die zwei Kammern des Parlaments in sozialen und kulturellen Angelegenheiten.

NIOD: Nederlands Instituut voor oorlogsdocumentatie. = Niederländisches Institut für Kriegsdokumentation. Broschüre von 2004: Allochtonen van nu & oorlog van toen = Leute ausländischer Herkunft von heute & Krieg von damals.

VOC: Verenigde Oostindische Compagnie = Vereinigte Ostindische Kompanie. Die Niederländer nennen die Organisation gerne „das erste multinationale Unternehmen der Welt".

CITT: Commissie Integraal Toezicht en Terugkeer = Kommission integrale Kontrolle und Heimkehr. Verantwortlich für die Ausschaffung von Illegalen, Flüchtlingen und Migranten, die keine Aufenthaltserlaubnis bekamen.

Stichting Vluchteling: Stiftung Flüchtlinge. Sorgt für Rechtsanwälte und wirkt der CITT und Behörden entgegen wo sie nur kann.

RIVM: Rijksinstituut voor Volksgezondheid en Milieu = Reichsinstitut für Volksgesundheit und Umwelt.

„Het Rijk" ist der gängige Ausdruck für den offiziellen Namen des Staates: Koninkrijk der Nederlanden = Königreich der Niederlande. Die Inseln in der Karibik gehören ja auch noch dazu.

Grachtengordel: Grachtengürtel = Bezeichnung für die Altstadt von Amsterdam, wo die alten Herrschaftshäuser an den berühmten Kanälen (Grachten) situiert sind.

Binnenhof: „Innenhof", mittelalterlicher Komplex in Den Haag, Sitz des Parlaments, 2. Kammer im Binnenhof, 1. Kammer im Buitenhof.

Achterhoek: Hinterste Ecke = Region im Osten der Niederlande im Grenzgebiet „Euregio".

Doetinchem und Doesburg sind alte (Hanse)Städtchen in der „Hintersten Ecke".

Schaarbeek: Stadtteil in Brüssel. Herbergt eine umfangreiche Bevölkerungsgruppe marokkanischer Herkunft. Davon viele „Bad Guys". Auch kamen einige der Terroristen, die Anschläge verübten in Brüssel und Paris.

Dr. Willem Drees, PvdA. Als die noch als normale sozialdemokratische Partei funktionierte, war „Väterchen Drees" Sozialminister und Ministerpräsident in den 1950er Jahren. In der Zeit wurde die staatliche Altersrente eingeführt, wodurch er sehr geliebt wurde von den alten Leuten, die bis zu ihrem Tod immer wieder die PvdA wählten, auch als der alte Drees (er wurde 102 Jahre alt) seine Mitgliedschaft schon lange gekündigt hatte. Einer seiner Söhne gründete noch eine neue Partei: DS 70, der aber kein langes Leben beschieden war. 1972 gewann die PvdA mit dem Pragmatiker Joop den Uyl die Wahlen, womit alles begann, worüber Sid Lukkassen nun Abendland und Identität schrieb.

Gerrit Zalm, VVD: War einige Jahre Finanzminister, Vorfechter und Verfechter des Euro. Bis Januar 2017 Präsident der ABN AMRO Bank, nach Rijkman Groenink, der zum Abschied 36 Millionen Gulden an Boni bekam. Für geleistete Dienste, die für die Bank offenbar nicht so günstig waren.

Dirk Scheringa führte wenigstens noch seine eigene Bank in den Abgrund, aber auch den Erstligisten AZ (Alkmaar) zum Konkurs. Und viele Gutgläubige, von denen wohl auch etliche einmal ‚das Große Geld' machen wollten, blieben auf einem für sie unübersehbaren Schuldenberg sitzen.